"十四五"职业教育国家规划教材

# 建筑工程经济（第3版）

JIANZHU GONGCHENG JINGJI

主　编　何　俊　马庆华
　　　　张　莉
副主编　张　志　尹　程
　　　　汪　扬　黄梦婧
　　　　李正焜　李　婷
　　　　张国富
参　编　潘光翠　黄伟彪
　　　　代齐齐　石　倩
主　审　柏　娟　王旭东

中国·武汉

# 内 容 简 介

本书是首批"十四五"职业教育国家规划教材之一。本书依据国家最新公布的专业教学标准和工程经济师岗位职责,参考建造师、造价工程师等职业资格证书考试大纲,遵循高素质技术技能人才成长规律,采用校企合作方式开发的工作手册式教材。本书结合工程经济研究现状及发展趋势,及时更新教材内容。

本书围绕党的二十大提出的"促进数字经济和实体经济深度融合"战略部署,明确课程思政人目标,梳理工程经济理论所蕴含的节约意识、环保意识和工匠精神,增加了教材内容的广度、深度和温度。

本书的主要内容包括:建筑工程经济概述、资金的时间价值、工程经济效果评价的方法、工程项目经济分析与评价、建筑设备更新经济分析、价值工程等。

本书配有教学课件等教学资源包,任课教师可以发邮件至 husttujian@163.com 索取。同时制作了课程学习网站,把重要知识点、技能点制作成微课视频、动画等数字资源,以二维码的形式插入到教材相关内容中,读者可随扫随学。

本书图文并茂、深入浅出、简繁得当,不仅可作为高职高专院校土建类建筑工程、工程造价、建设监理等专业的教材使用,而且可作为工程技术人员以及成人教育、函授教育、网络教育、自学考试等相关人员的学习参考书。

**图书在版编目(CIP)数据**

建筑工程经济/何俊,马庆华,张莉主编.—3 版.—武汉:华中科技大学出版社,2020.8(2025.1重印)
ISBN 978-7-5680-6414-9

Ⅰ.①建… Ⅱ.①何… ②马… ③张… Ⅲ.①建筑经济学-工程经济学-高等职业教育-教材
Ⅳ.①F407.9

中国版本图书馆 CIP 数据核字(2020)第 137257 号

| | |
|---|---|
| **建筑工程经济(第 3 版)** | 何 俊 马庆华 张 莉 主编 |
| Jianzhu Gongcheng Jingji(Di-san Ban) | |

| | |
|---|---|
| 策划编辑: | 康 序 |
| 责任编辑: | 康 序 |
| 责任监印: | 朱 玢 |
| 出版发行: | 华中科技大学出版社(中国•武汉)　电话:(027)81321913 |
| | 武汉市东湖新技术开发区华工科技园　邮编:430223 |
| 录　　排: | 武汉三月禾文化传播有限公司 |
| 印　　刷: | 武汉市洪林印务有限公司 |
| 开　　本: | 787mm×1092mm　1/16 |
| 印　　张: | 19 |
| 字　　数: | 487 千字 |
| 版　　次: | 2025 年 1 月第 3 版第 9 次印刷 |
| 定　　价: | 49.00 元 |

本书若有印装质量问题,请向出版社营销中心调换
全国免费服务热线:400-6679-118　竭诚为您服务
版权所有　侵权必究

## 主编简介

### 何俊

何俊，女，安徽水利水电职业技术学院教授、高级工程师、造价工程师。

1988年毕业于合肥工业大学土木工程系，在安徽水安建设集团股份有限公司从事土木工程施工、工程造价等相关工作。2001年进入安徽水利水电职业技术学院任教，主要承担《建筑工程经济》《建筑工程计量与计价》《水利工程造价》等专业核心课程的理论与实践教学，指导本科、高职学生毕业实习、毕业设计等。

研究方向：建设工程管理、工程造价

作为安徽省工程管理专业带头人、安徽省工程造价特色专业负责人，先后主持省级以上教科研项目29项，获安徽省教学成果奖4项，其中特等奖1项、一等奖1项，建设国家级、省级精品资源共享课程7门，国家实用新型专利2项。指导学生参加省级以上技能大赛，分别获特等奖、一等奖29人次，单项团体第一6次。

作为第一作者，发表论文15篇。主编教材16部，其中：《建筑工程经济》入选首批"十四五"职业教育国家规划教材，《房屋建筑与装饰工程计量与计价》入选安徽省一流教材，《水利工程造价》入选全国水利职业教育优秀教材和"十四五"时期水利类专业重点建设教材。

荣获国家级教学名师、全国水利职教名师、安徽省新时代教书育人楷模、安徽省模范教师、安徽省最美教师、安徽省教学名师、安徽省职业学校江淮技能大师、校十大优秀教师及十大优秀教育工作者等荣誉。

# 前言

建筑工程经济是一门研究建筑工程(技术)领域经济问题和经济规律的学科,是研究如何使工程技术方案(或投资项目)取得最佳经济效益的一种科学评价体系。本书围绕党的二十大提出的"促进数字经济和实体经济深度融合"战略部署,落实**立德树人**根本任务,弘扬**工匠精神**,正确引导学生的政治方向和价值导向。结合最新专业教学标准和工程经济师岗位职责,对接建造师等职业资格考试大纲和"1+X"职业技能等级标准,突出**"以学生为中心"**的教育理念,与企业共同开发**岗课赛证融通**教材,适应企业用人需求,促进**产教深度融合**。

本书紧扣土建类专业人才培养能力目标,对接建筑行业工程经济师岗位要求,用最新生产技术、工艺、规范和未来技术发展相关案例,开发实训教学资源。**注重实训,强化实践**,如介绍新技术时,引入"火神山医院"这一最新装配式技术案例,阐述如何提高设计质量,减少设计变更,节约工程投资;如何提高施工质量,降低安全风险,缩短施工工期。

本书系统地介绍了建筑工程经济概述、资金的时间价值、工程经济效果评价的方法、工程项目经济分析与评价、建筑设备更新经济分析、价值工程等内容,以工程经济评价方法为主线,通过大量的案例,重点介绍工程经济在工程实际中的应用。

本书采用工作手册的思路编排主要知识点,注重工程经济相关理论在工程建设实践中的应用,科学编排工作任务,增强教材的实用性和可操作性。

编写团队由承担本课程教学任务的"双师型"一线教师、企业技术与经济专家组成。由安徽水利水电职业技术学院何俊、连云港职业技术学院马庆华、聊城职业技术学院张莉担任主编;由安徽水利水电职业技术学院张志、尹程,安庆职业技术学院汪扬,安徽水利水电职业技术学院黄梦婧,安徽粮食工程职业学院李正焜、浙江工贸职业学院李婷、滁州职业技术学院张国富担任副主编;安徽水利水电职业技术学院潘光翠、广东建设职业技术学院黄伟彪、安徽水利水电职业技术学院代齐齐和石倩参与编写;由何俊、尹程、李婷统稿并校订,由安徽中技工程咨询有限公司柏娟、安徽水安建设集团股份有限公司王旭东担任主审。

为了方便教学,本书还配有教学课件等教学资源包,任课教师可以发邮件至 husttujian@163.com 索取。

由于作者水平有限,书中难免存在不妥和错漏之处,恳请广大读者批评指正。

编 者
2024 年 1 月

# 目录

绪论 ………………………………………………………………………………… (1)

**工作手册1　建筑工程经济概述** ………………………………………………… (4)
 任务1　工程经济学概述 ……………………………………………………… (5)
 任务2　工程、技术与经济的关系 …………………………………………… (6)
 任务3　工程经济学研究的范围、对象和特点 ……………………………… (9)
 任务4　工程经济分析的基本原则 …………………………………………… (11)
 任务5　工程经济分析的基本要素 …………………………………………… (15)

**工作手册2　资金的时间价值** …………………………………………………… (18)
 任务1　资金时间价值的含义 ………………………………………………… (19)
 任务2　资金的等值原理 ……………………………………………………… (24)
 任务3　资金时间价值的计算 ………………………………………………… (25)
 任务4　名义利率与实际利率 ………………………………………………… (40)

**工作手册3　工程经济效果评价的方法** ………………………………………… (50)
 任务1　经济评价指标体系 …………………………………………………… (51)
 任务2　投资方案的分类及方案比选的意义 ………………………………… (72)
 任务3　互斥型投资方案的比较选择 ………………………………………… (76)
 任务4　独立方案和混合方案的比较选择 …………………………………… (86)

**工作手册4　工程项目经济分析与评价** ………………………………………… (91)
 任务1　工程项目可行性研究 ………………………………………………… (92)
 任务2　工程项目财务评价 …………………………………………………… (115)
 任务3　工程项目国民经济评价 ……………………………………………… (133)
 任务4　不确定性经济分析 …………………………………………………… (151)

**工作手册5　建筑设备更新经济分析** …………………………………………… (175)
 任务1　设备更新经济分析概述 ……………………………………………… (176)
 任务2　设备的磨损、补偿和折旧 …………………………………………… (179)
 任务3　设备的经济寿命 ……………………………………………………… (185)

任务 4　设备更新的经济分析 …………………………………………… (191)
工作手册 6　价值工程 ……………………………………………………………… (202)
　　任务 1　价值工程概述 …………………………………………………… (204)
　　任务 2　价值工程的工作程序与方法 …………………………………… (213)
　　任务 3　价值工程的应用 ………………………………………………… (236)
案例 …………………………………………………………………………………… (242)
附录 A　复利系数表 ………………………………………………………………… (277)
参考文献 ……………………………………………………………………………… (295)

# 绪 论

**学习目标**

习近平总书记在中国共产党第二十次全国代表大会上的报告:高举中国特色社会主义伟大旗帜 为全面建设社会主义现代化国家而团结奋斗。

10月16日,习近平在中国共产党第二十次全国代表大会上作报告(新华社记者 饶爱民 摄)

通过解读二十大报告中与经济相关的内容,提高学生的爱国情怀,提升学生的专业认同感。党的二十大报告中与经济相关内容如下:

**1. 中国式现代化**

报告论述:从现在起,中国共产党的中心任务就是团结带领全国各族人民全面建成社会主义现代化强国、实现第二个百年奋斗目标,以中国式现代化全面推进中华民族伟大复兴。

中国式现代化,是中国共产党领导的社会主义现代化,既有各国现代化的共同特征,更基于自己国情的中国特色。中国式现代化是人口规模巨大的现代化,是全体人民共同富裕的现代化,是物质文明和精神文明相协调的现代化,是人与自然和谐共生的现代化,是走和平发展道路的现代化。

中国式现代化的本质要求是:坚持中国共产党领导,坚持中国特色社会主义,实现高质量发展,发展全过程人民民主,丰富人民精神世界,实现全体人民共同富裕,促进人与自然和谐共生,推动构建人类命运共同体,创造人类文明新形态。

**2. 质的有效提升和量的合理增长**

报告论述:我们要坚持以推动高质量发展为主题,把实施扩大内需战略同深化供给侧结构性改革有机结合起来,增强国内大循环内生动力和可靠性,提升国际循环质量和水平,加快建设现代化经济体系,着力提高全要素生产率,着力提升产业链供应链韧性和安全水平,着力推进城乡融合和区域协调发展,推动经济实现质的有效提升和量的合理增长。

**3. 高水平社会主义市场经济体制**

报告论述:我们要构建高水平社会主义市场经济体制,坚持和完善社会主义基本经济制度,毫不动摇巩固和发展公有制经济,毫不动摇鼓励、支持、引导非公有制经济发展,充分发挥市场在资源配置中的决定性作用,更好发挥政府作用。

**4. 实体经济**

报告论述:建设现代化产业体系,坚持把发展经济的着力点放在实体经济上,推进新型工业化,加快建设制造强国、质量强国、航天强国、交通强国、网络强国、数字中国。

**5. 主体功能区战略**

报告论述:促进区域协调发展,深入实施区域协调发展战略、区域重大战略、主体功能区战略、新型城镇化战略,优化重大生产力布局,构建优势互补、高质量发展的区域经济布局和国土空间体系。

**6. 制度型开放**

报告论述:推进高水平对外开放,稳步扩大规则、规制、管理、标准等制度型开放,加快建设贸易强国,推动共建"一带一路"高质量发展,维护多元稳定的国际经济格局和经贸关系。

**7. 科教兴国**

报告论述:教育、科技、人才是全面建设社会主义现代化国家的基础性、战略性支撑。必须坚持科技是第一生产力、人才是第一资源、创新是第一动力,深入实施科教兴国战略、人才强国战略、创新驱动发展战略,开辟发展新领域新赛道,不断塑造发展新动能新优势。

**8. 人才自主培养质量**

报告论述:我们要坚持教育优先发展、科技自立自强、人才引领驱动,加快建设教育强国、科技强国、人才强国,坚持为党育人、为国育才,全面提高人才自主培养质量,着力造就拔尖创新人才,聚天下英才而用之。

**9. 关键核心技术攻坚战**

报告论述:完善科技创新体系,坚持创新在我国现代化建设全局中的核心地位,健全新型举国体制,强化国家战略科技力量,提升国家创新体系整体效能,形成具有全球竞争力的开放创新生态。加快实施创新驱动发展战略,加快实现高水平科技自立自强,以国家战略需求为导向,集聚力量进行原创性引领性科技攻关,坚决打赢关键核心技术攻坚战,加快实施一批具有战略性全局性前瞻性的国家重大科技项目,增强自主创新能力。

**10. 财富积累机制**

报告论述:我们要完善分配制度,坚持按劳分配为主体、多种分配方式并存,坚持多劳多得,鼓励勤劳致富,促进机会公平,增加低收入者收入,扩大中等收入群体,规范收入分配秩序,规范财富积累机制。

**11. 经济全球化正确方向**

报告论述:中国坚持经济全球化正确方向,共同营造有利于发展的国际环境,共同培育全球发展新动能。

# 工作手册 1

# 建筑工程经济概述

## 学习目标

### 1. 知识目标

（1）了解工程、技术与经济的概念及其相互关系。
（2）了解工程经济学研究的对象和范围，掌握工程经济评价原则。
（3）熟悉建设项目经济评价的基本要素、建筑工程经济的特点。

### 2. 能力目标

能够运用工程经济分析的方法对一些案例进行初步分析。

课程介绍（宣传片）

基本知识

## 项目描述

在日常生活中，人们对所遇到的事情都要进行选择。当采购一样物品时，人们总是会选择适合自己使用且价格便宜的物品。例如，当选择不同的交通工具外出旅行时，我们会发现，去往同一目的地的飞机或是火车往往都会按照乘坐环境的舒适程度给出不同等级的票价。飞机有商务舱和经济舱，高铁有商务座、一等座和二等座。每位乘客可按照自己的喜好和经济能力来选择不同票价的座位。对于乘客来说，经济且快捷的交通方式是其出行的首选。对于商家来说，为了适应现在竞争激烈的市场环境，他们会根据乘客出行的日期的不同推出不同价格的机票或车票，比如提前一个月预订的机票比提前一周预订的机票价格要便宜，而提前预订的机票有时候甚至比火车票的价格还要实惠。

同样，在工程实践中，工程技术人员会面对各种设计方案、工艺流程方案的选择，工程管理人员会遇到投资决策、生产计划安排和人员调配等问题，解决这些问题也有多种方案。由于技术上可行的各种方案可能涉及不同的投资、不同的经常性费用和收益，因此就要对这些方案进行比较，判断一个方案是否在经济上更为合理，这就是工程经济所要解决的问题。目前主要有以下四种观点：一是研究建设工程中的技术方案、技术规划、技术措施等的经济效果，通过计算分析寻找具有最佳经济效果的技术方案；二是研究工程技术与经济的关系，探讨它们之间相互促进、协调发展的途径，以达到技术和经济的最佳结合；三是研究如何通过技术创新，推动技术进步，促进企业发展和国民经济增长的科学；四是研究生产和建设中各种技术经济问题的科学。

我们可以将建设工程经济定义为一门研究工程（技术）领域经济问题和经济规律的科学，即研究为实现一定功能而提出的技术上可行的技术方案、生产过程、产品或服务，在经济上进行分析、论证的方法的科学。

# 任务 1 工程经济学概述

## 一、工程经济学的概念

随着科学技术的飞速发展，为了用有限的资源来满足人们的需要，可能采用的工程技术方案越来越多。怎样以经济效果为标准对许多技术上可能的方案进行互相比较，做出评价，从中选择最优方案的问题，就越来越突出，越来越复杂。工程经济学（engineering economy）这门学科就是在这样的背景下产生的。工程经济学是一门为从经济角度在一组方案中选择最佳方案提供科学原理和技术方法的应用经济学科。

## 二、工程经济学的产生和发展

工程经济学源于1887年亚瑟·M.惠灵顿的著作《铁路布局的经济理论》。他首次将成本分析方法应用于铁路的最佳长度和曲率选择上,开创了工程领域经济评价工作的先河。他将工程经济学描述为"少花钱多办事的艺术"。

20世纪20年代,戈尔德曼在他的《财务工程学》一书中,提出了决定相对价值的复利程序,并说:"有一种奇怪而遗憾的现象,就是许多作者在他们的工程学著作中,没有或很少考虑成本问题。实际上,工程师的最基本的责任是分析成本,以达到真正的经济性,即赢得最大可能数量的货币,获得最佳的财务效率。"

1930年,格兰特在其《工程经济原理》一书中指出了古典工程经济的局限性。他以复利计算为基础,讨论了判别因子和短期投资评价的重要性,以及资本长期投资的一般比较。他的许多观点得到了业界的普遍认同,为工程经济学的发展做出了突出贡献。因此,他被西方尊称为"工程经济分析之父"。

1982年工程经济学家里格斯教授出版了《工程经济学》一书,使工程经济学的学科体系更加完整与充实,从而成为国外许多高等学府的教材,使得工程经济学发展到一个新的高度。

我国是从20世纪70年代开始进行工程经济学研究的,所以,工程经济学在我国尚属于新兴学科。尽管时间较短,但工程经济学的理论研究和实际应用出现了两旺的局面。

工程经济学以"工程经济"系统为核心,站在关注工程活动的经济性,亦即"工程的有效性"的视角上开展相关项目的研究。目前有一批从事工程科学领域研究的学者投身到了工程经济的研究领域,并且全国绝大多数高校的工程类专业都开设了"工程经济学"课程,这些都是这门学科在不断丰富和发展的十分可喜的现象。

# 任务 2 工程、技术与经济的关系

## 一、工程

工程(engineering)是指土木建筑或其他生产、制造部门用比较大而复杂的设备来进行的工作,如土木工程、机械工程、交通工程、化学工程、采矿工程、水利工程等,它包括工程技术方案、技术措施和整个工程项目。其目的就是将自然资源转变为有益于人类的产品,它的任务是应用科学知识解决生产和生活中存在的问题,来满足人们的需要。

工程不同于科学,也不同于技术,它是指人们综合应用科学理论和技术手段去改造客观世界,从而取得实际成果的具体实践活动。一项工程能被人们所接受必须做到有效,即必须具备两个条件:一是技术上的可行性;二是经济上的合理性。

## 二、技术

技术(technology)是指把科学研究、生产实践、经验积累中得到的科学知识有选择、创造性地应用,从而进行各种生产和非生产活动的技能,以及根据科学原理改造自然的一切方法。

技术与科学常被视为一体的,但严格说来,科学和技术其实是有着根本区别的。科学是人类在探索自然和社会现象的过程中对客观规律的认识和总结;而技术是人类活动的技能和人类在改造自然的过程中采用的方法、手段。要实现资源向产品或服务的转变,必须依赖于一定的技术。所以,人们总在期盼着用先进的工程技术,达到投入少,产出多的目的。因而,人们不断地学习、不断地创新,以期实现人们日常生活中的理想和愿望。

从表现形态上看,技术可体现为机器、设备、基础设施等生产条件和工作条件的物质技术(硬技术),以及体现为工艺、方法、程序、信息、经验、技巧、技能和管理能力的非物质技术(软技术)。

## 三、经济

经济(economy)一词在我国古代有"经邦济世"、"经国济民"的含义,是治理国家、拯救庶民的意思,与现代的"经济"含义不同。现代汉语中使用的"经济"一词,是19世纪后半叶,由日本学者从英语"economy"翻译而来的。经济是一个多义词,通常包含下列几方面的含义。

(1) 经济指生产关系。从政治经济学角度来看,"经济"指的是生产关系和生产力的相互作用,它研究的是生产关系运动的规律,如经济体制。

(2) 经济是指一国国民经济的总称,或者指国民经济的各组成部分,如工业经济、农业经济、商业经济等。

(3) 经济指社会生产和再生产,即物质资料的生产、交换、分配、消费的现象和过程。

(4) 经济是指节约或节省。在经济学中,经济的含义是指从有限的资源中获得最大的利益。

工程经济学所研究的主要是人、财、物、时间等资源的节约和有效利用,以及技术经济决策所涉及的经济问题。任何工程项目的建设都伴随着资源的消耗,同时经历研究、开发、设计、建造、运行、维护、销售、管理等过程。在工程实践活动中必将产生经济效果、社会效果以及对生态、环境的影响。如何以最少的耗费达到最优的经济效果正是工程经济学研究的目的。

## 四、工程经济分析的基本原理

### 1. 工程经济分析的目的是提高工程经济活动的经济效果

工程经济活动,不论主体是个人还是机构,都具有明确的目标。工程经济活动的目标是通过活动产生的效果来实现的。由于各种工程经济活动的性质不同,因而会取得不同性质的效果,如环境效果、艺术效果、军事效果、政治效果、医疗效果等。但无论哪种技术实践效果,都要涉及资源的消耗,都有浪费或节约问题。由于在特定的时期和一定的地域范围内,人们能够支配的经济资源总是稀缺的,因此工程经济分析的目的是,在有限的资源约束条件下对所采用的技术进行选择,对活动本身进行有效的计划、组织、协调和控制,以最大限度地提高工程经济活动的效益,降低损失或消除负面影响,最终提高工程经济活动的经济效果。

**2. 技术与经济之间是对立统一的辩证关系**

经济是技术进步的目的,技术是达到经济目标的手段和方法,是推动经济发展的强大动力。技术的先进性与经济的合理性是社会发展中一对相互促进、相互制约的既统一又矛盾的统一体。

(1) 技术进步促进经济发展,而经济发展则是技术进步的归宿和基础。

技术进步是经济发展的重要条件和物质基础。技术进步是提高劳动生产率、推动经济发展的最为重要的手段和物质基础。经济发展的需要是推动技术进步的动力,任何一项新技术的产生都是经济上的需要引起的;同时技术发展是要受经济条件制约的。一项新技术的发展、应用和完善主要取决于是否具备必要的经济条件,以及是否具备广泛使用的可能性,这种可能性包括与采用该项技术相适应的物质和经济条件。

(2) 在技术和经济的关系中,经济占据支配地位。

技术进步是为经济发展服务的,技术是人类进行生产斗争和改善生活的手段,它的产生就具有明显的经济目的。因此,任何一种技术在推广应用时首先要考虑其经济效果。一般情况下,技术的发展会带来经济效果的提高,技术的不断发展过程也正是其经济效果不断提高的过程。随着技术的进步,人类能够用越来越少的人力和物力消耗获得越来越多的产品和劳务。从这方面看,技术和经济是统一的,技术的先进性和它的经济合理性是相一致的。

**3. 工程经济分析可以科学地预见活动的结果**

工程经济分析的着眼点是"未来",也就是对技术政策、技术措施制定以后,或者技术方案被采纳后,将要带来的经济效果进行计算、分析与比较。工程经济学关心的不是某方案已经花费了多少代价,它不考虑"沉没成本"(指过去发生的,而在今后的决策过程中,我们已无法控制的、已经用去的那一部分费用)的多少,而只考虑从现在起为获得同样使用效果的各种机会(方案)的经济效果。

既然工程经济学讨论的是各方案"未来"的经济效果问题,那么就意味着它们含有"不确定性因素"与"随机因素"的预测与估计,这将关系到工程经济效果评价计算的结果。因此,工程经济学是建立在预测基础上的科学。人类对客观世界运动变化规律的认识使得人可以对自身活动的结果做出一定的科学预见,根据对活动结果的预见,人们可以判断一项活动目的的实现程度,并相应地选择、修正所采取的方法。如果人们缺乏这种预见性,就不可能了解一项活动能否实现既定的目标、是否值得去做,因而也就不可能做到有目的地从事各种工程经济活动。以长江三峡工程为例,如果我们不了解三峡工程建成后可以获得多少电力,能在多大程度上改进长江航运和提高防洪能力等结果的话,那么建设三峡工程就成为一种盲目的活动。因此,为了有目的地开展各种工程经济活动,就必须对活动的效果进行慎重的估计和评价。

**4. 工程经济分析是对工程经济活动的系统评价**

因为不同利益主体追求的目标存在差异,因此对同一工程经济活动进行工程经济评价的立场不同、出发点不同、评价指标不同,得到的评价结论就有可能不同。例如,很多地区的小造纸厂或小化工厂从企业自身的利益出发似乎经济效果显著,但这类生产活动排出了大量废弃物,对有关河流、湖泊和附近的人或组织造成了直接或间接的损害,是国家相关法规所不容许的。因此,为了防止一项工程经济活动在对一个利益主体产生积极效果的同时损害到另一些利益主体,工程经济分析必须体现较强的系统性。其系统性主要体现在以下3个方面。

(1) 评价指标的多样性和多层性,构成一个指标体系。

(2) 评价角度或立场的多样性,根据评价时所站的立场或看问题的出发点的不同,分为企业财务评价、国民经济评价及社会评价等。

(3) 评价方法的多样性,常用的评价方法有定量或定性评价、静态或动态评价、单指标或多指标综合评价等几类。

由于局部和整体、局部与局部之间在客观上存在着一定的矛盾和利益摩擦,系统评价的结论总是各利益主体目标相互协调的均衡结果。需要指出的是,对于特定的利益主体,由于多目标的存在,各方案对各分目标的贡献有可能不一致,从而使得各方案在各分项效果方面表现为不一致。因此,在一定的时空和资源约束条件下,工程经济分析寻求的只能是令人满意的方案,而非各分项效果都最佳的最优方案。

**5. 满足可比条件是技术方案比较的前提**

为了在对各项技术方案进行评价和选优时能全面、正确地反映实际情况,必须使各方案的条件等同化,这就是所谓的"可比性问题"。由于各个方案涉及的因素极其复杂,加上难以定量表达的不可转化因素,因此各方案的条件不可能做到绝对的等同化。在实际工作中一般只能做到使方案经济效果影响较大的主要方面达到可比性要求。其中,时间的可比性是经济效果计算中通常要考虑的一个重要因素。例如,有两个技术方案,产品种类、产量、投资、成本完全相同,但时间上有差别,其中一个投产早,另一个投产晚,这时很难直接对两个方案的经济效果大小下结论,必须将它们的效果和成本都换算到同一个时间点后,才能进行经济效果的评价和比较。

在实际工作中,工程经济活动很多是以工程项目的形式出现的。因此,本书对工程经济原理及方法的应用主要针对工程项目展开。

# 任务 3　工程经济学研究的范围、对象和特点

## 一、工程经济学的研究范围

工程经济学的研究范围非常广泛,涉及工程技术和经济领域的各个方面和层次,贯穿于工程建设的全过程。

**1. 宏观工程经济问题**

宏观工程经济问题包括人口增长、能源危机、资源消耗、生态恶化、环境污染等方面的技术

政策，以及从国家角度来说，涉及国民经济全局的问题，如国民经济发展速度、国家投资规模、生产力合理布局、产业结构调整、科技发展规划、资源的开发利用、引进技术确定、资金的引进与外资利用等。

**2. 中观工程经济问题**

中观工程经济问题涉及地区和行业两个范畴。地区的经济问题与国家层次上的工程经济问题类似，包括地区的经济发展速度、生产力合理布局、产业结构调整、投资结构与方向、资金引进与利用、资源的开发利用、人才的开发引进、开发区建设规划、城镇化建设规划等；行业的工程经济问题包括产业的发展规模与速度、产业的技术发展规划、产业的技术创新、产业技术扩散与转移、产业的规模经济、产业的合理聚集、产业的市场机制等。

**3. 企业工程经济问题**

企业的工程经济问题包括企业的发展战略、产品开发、技术策略、资本运营、组织创新、流程再造等。

**4. 项目工程经济问题**

项目工程经济问题是指工程项目、科学研究项目、技术开发项目等方面的工程经济问题。对工程项目而言，其工程经济问题包括产品方案、合理规模、材料选择、能源选择、地址选择、技术选择、设备选择、协调匹配、资金筹措、环保措施等。

## 二、工程经济学的研究对象

工程经济学的研究对象是工程项目（或投资项目），以及解决各种工程项目问题的方案或途径，其核心是工程项目的经济性分析。进一步讲，是工程技术的经济问题，确切地说是工程技术的经济效果。具体而言，包括工程实践的经济效果；技术与经济的辩证关系；技术创新对技术进步与经济增长的影响等几个方面。

这里所说的项目是指投入一定资源的计划、规划和方案并可以进行分析和评价的独立单元。项目的经济效果是指人们在生产活动当中的劳动消耗与所得的效果的比较，或者是消耗的资源（人力、物力、财力）总量与所取得的成果的比较。它可用绝对量或相对量表示，即采用差值法或比率法表示。

工程经济中，经济效果与经济效益的含义是有所差别的。经济效果是经济活动中产生的效果，它可能是好的，也可能是不好的，而只有好的经济效果，才能称其为经济效益。

通常情况下，工程项目技术经济分析，是研究采用何种方法、建立何种方法体系，才能正确估价工程项目的有效性，才能寻求到技术与经济的最佳结合点。

工程经济学从技术的可行性和经济的合理性出发，运用经济理论和定量分析方法，研究工程技术投资和经济效益的关系。例如，各种技术在使用过程中，如何以最小的投入取得最大的产出；如何用最低的寿命周期成本实现产品、作业或服务的必要功能。工程经济学不研究工程技术原理与应用本身，也不研究影响经济效果的各种因素，而只研究这些因素对工程项目产生的影响。研究工程项目的经济效果,具体内容包括对工程项目的资金筹集、经济评价、优化决策,以及风险和不确定性分析等。

## 三、工程经济学研究的特点

工程经济学以自然规律为基础而不研究自然规律本身,以经济科学作为理论指导和方法论而不研究经济规律。它是在尊重客观规律的前提下,对工程方案的经济效果进行分析和评价,从经济的角度为工程技术的采用和工程建设提供决策依据。工程经济学具有如下特点。

(1) 综合性。工程经济学横跨自然科学和社会科学两大类。工程技术的经济问题往往是多目标、多因素的,因此工程经济学研究的内容涉及技术、经济、社会与生态等因素。

(2) 实用性。工程经济学的研究对象来源于生产建设实际,其分析和研究成果直接用于建设与生产,并通过实践来验证分析结果的正确性。

(3) 定量性。工程经济学以定量分析为主,对难以定量的因素,也要予以量化估计。用定量分析结果为定性分析提供科学依据。

(4) 比较性。工程经济分析通过经济效果的比较,从许多可行的技术方案中选择最优方案或满意的可行方案。

(5) 预测性。工程经济分析是对将要实现的技术政策、技术措施、技术方案进行事先的分析评价。

综上所述,工程经济学具有很强的技术和经济的综合性、技术与环境的系统性、方案差异的对比性、对未来的预测性以及方案的择优性等特点。

# 任务 4 工程经济分析的基本原则

## 一、技术可行基础上的选择替代方案的原则

工程经济学的研究内容是在技术上可行的条件已确定后,也就是在技术可行性研究的基础上进行经济合理性的研究与论证工作。工程经济学不包括应由工程技术学解决的技术可行性的分析论证内容,它为技术可行性提供经济依据,并为改进技术方案提供符合社会采纳条件的改进方案。

无论在什么情况下,为了解决技术经济问题,都必须进行方案比较,而方案比较必须要有能解决统一问题的"替代方案"。所谓替代方案就是方案选择时,用于比较或相互进行经济比较的一个或若干个方案。由于替代方案在方案比较中占有重要地位,因此,在选择和确定替代方案时应遵循"无疑、可行、准确、完整"的原则。无疑就是对实际上可能存在的替代方案都要加以考虑;可行就是只考虑技术上可行的替代方案;准确就是从实际情况出发选好选准替代方案;完整

就是指方案之间的比较必须是完整的比较,不是只比较方案的某个部分。

## 二、技术与经济相结合的原则

工程经济学是研究技术和经济相互关系的学科,其目的是根据社会生产的实际以及技术与经济的发展水平,研究、探求和寻找使技术与经济相互促进、协调发展的途径。所以,我们在讨论、评价工程项目或技术方案时,应当遵循技术与经济相结合的原则。

技术是经济发展的重要手段,技术进步是推动经济前进的强大动力,人类几千年的文明史证明了这一点。同时,技术也是在一定的经济条件下产生和发展的,技术的进步要受经济情况和条件的制约,经济上的需求是推动技术发展的动力。技术与经济这种相互依赖、相互促进、相辅相成的关系,构成了我们考虑与评价技术方案的原则之一,而经济效益评价又是我们决定方案取舍的重要依据,在评价方案的技术问题时,既要考虑方案技术的宏观影响,使技术对国民经济和社会经济发展起到促进作用,又应考虑到方案技术的微观影响,使得采用的技术能有效地结合本部门、本单位的具体实际,发挥出该项技术的最大潜能,创造出该技术的最大价值。同时,又要注意避免贪大求洋,盲目追求所谓的"最先进的技术"。

因此,在应用工程经济学的理论评价工程项目或技术方案时,既要评价其技术能力、技术意义,又要评价其经济特性、经济价值,将二者结合起来,寻找符合国家政策、符合产业发展方向且又能给企业带来发展的项目或方案,使之最大限度地创造效益,促进技术进步及资源开发、环境保护等工作的共同发展。

## 三、可比性原则

工程经济学研究的核心内容就是寻求项目或技术方案的最佳经济效果。因此,在分析中,我们既要对某方案的各项指标进行研究,以确定其经济效益的大小,也要把该方案与其他方案进行比较评价,以便从所有的方案中找出具有最佳经济效果的方案,这便是方案比较。方案比较是工程经济学中十分重要的内容,可比性原则是进行工程经济分析时所应遵循的重要原则之一。方案比较可从以下几方面进行。

**1. 使用价值的可比(满足需要上的可比性)**

任何一个项目或方案实施的主要目的都是满足一定的社会需求,不同项目或方案在满足相同的社会需求的前提下也能进行比较。

(1) 产品品种可比。产品品种是指企业在计划期内应生产的产品品种的名称、规格和数目,反映企业在计划期内在品种方面满足社会需要的情况。

(2) 产量可比。这里的产量是指项目或技术方案满足社会需要的产品的数量。

(3) 质量可比。质量不同,满足程度也将不同,所以要求参加比较的方案必须在质量上可比。所谓质量可比是指不同项目或技术方案的产品质量相同时,直接比较各项相关指标;质量不同时,则需经过修正计算后才能比较。例如,日光灯和白炽灯两种灯具方案,不能用数量互相比较,而应在相同的照明度下进行比较。

## 2. 相关费用的可比（消耗费用的可比性）

相关费用的可比是指在计算和比较费用指标时，不仅要计算和比较方案本身的各种费用，还应考虑相关费用，并且应采用统一的计算原则和方法来计算各种费用。

（1）方案的消耗费用必须从社会全部消耗的角度，运用综合的系统的观点和方法来计算。

根据这一要求，技术方案的消耗费用计算范围不仅包括实现技术方案本身直接消耗的费用，而且应包括与实现方案密切相关的纵向和横向的相关费用。例如，修建一座混凝土搅拌站的目的是向用户提供混凝土，其消耗费用不仅要计算搅拌站本身的建设和生产费用，还要计算与之纵向相关的原材料的采购运输费用和成品送至用户的运输等项的费用。再例如，居住小区建设，除主要工程（住宅）的消耗外，还要计算配套工程等的耗费，故在进行小区建设方案比较时，应将各方案在主要工程的耗费和配套工程的耗费合并计算。

（2）方案的劳动费用，必须包括整个寿命周期内的全部费用。也就是说，既要计算实现方案的一次性投资费用，又要计算方案实现后的经营或使用费用。

（3）计算方案的消耗费用时，还应统一规定费用结构和计算范围，如规定估算基本建设投资时包括对固定资产和流动资金的估算；采用统一的计算方法，即指各项费用的计算方法、口径应一致，如对投资和生产成本的估算方法应采用相同数学公式；费用的计算基础数据要一致，就是指各项费用所采用的费率和价格应一致。因此，要求方案在价格上有可比性。

## 3. 时间的可比性

对于投资、成本、产品质量、产量相同条件下的两个项目或技术方案，其投入时间不同，经济效益明显也不同。

一是经济寿命不同的技术方案进行比较时，应采用相同的计算期作为基础；二是技术方案在不同时期内发生的效益与费用，不能直接相加，必须考虑时间因素。技术方案的经济效果除了数量概念外，还有时间概念。时间上的可比，就是要采用相同的计算期，考虑资金时间价值的影响等。

## 4. 价格的可比性

每一个项目或技术方案都有产出，同时消耗物化劳动，既有产出也有收入。要描述项目或方案产出和投入的大小，以便与其他的项目或技术方案进行比较，就要考虑价格因素。价格的可比性是分析比较项目或技术方案经济效益的一个重要原则。

要使价格可比，项目或技术方案所采用的价格指标体系应该相同，这是价格可比的基础。对于每一个项目或技术方案，无论是消耗品还是产品，均应按其相应的品目价格计算投入或产出。

# 四、定性分析与定量分析相结合的原则

定性分析与定量分析是对项目或方案进行经济效益分析评价的两种方法。所谓定性分析是指评价人员依据国家的法律法规、国家产业发展布局及发展方向，针对该项目对国家发展所起作用和该项目发展趋势等进行评价。

定性分析是一种在占有一定资料、掌握相应政策的基础上，根据决策人员的经验、直觉、学识、逻辑推理能力等以主观判断为基础进行评价的方法。评价尺度往往是给项目打分或确定指数。这是从总体上进行的一种笼统的评价方法，属于经验型决策。

定量分析则是以项目各方面的计算结果为依据进行评价的方法。它以对项目进行的客观、具体的分析而得出的各项经济效益指标为尺度，通过对"成果"与"消耗"、"产出"与"投入"等的分析，对项目进行评价。定量分析以科学为依据，不仅使各种评价更加精确，减少了分析中的直觉成分，使得分析评价更加科学化，还可以在定量分析中发现研究对象的实质和规律，尤其是对评价中不易掌握的一些不确定因素和风险因素，均用可以量化的指标对其作出判断，以利于决策。定量分析因其评价具体、客观、针对性强、可信程度高，在实际工作中被普遍应用，既可用于事前评价，也可用于事中评价和事后评价，是进行经济效益评价的重要方法。

因此，在实际分析评价中，应善于将定性分析与定量分析方法结合起来，发挥各自在分析上的优势，互相补充，使分析结果科学、准确，使决策人员对项目总体上有一个比较全面的了解。

## 五、财务评价与国民经济评价相结合的原则

工程项目财务评价是根据国家现行财税制度和价格体系，从工程项目的角度出发，根据已知及预测的财务数据，分析计算工程项目的财务效益和费用，编制有关报表，计算评价指标，考察工程项目的盈利能力和清偿能力等财务状况，据以判别工程项目的财务可行性。国民经济评价就是从整个国家或社会利益的角度出发，运用影子价格、影子汇率、影子工资和社会折现率等经济参数，对项目的社会经济效果所进行的评价，从社会经济的角度来考察项目的可行性。

一般情况下，项目对整个国民经济的影响不仅仅表现在项目自身的财务效果上，还可能会对国民经济其他部门和单位或是对国家资源、环境等造成很大影响，必须通过项目的国民经济评价来具体考核项目的整体经济效果，特别是对涉及资源、环境保护、进出口等因素的投资项目进行工程经济分析时，必须将项目的财务评价与国民经济评价结合起来考虑。既要符合国家发展的需要，使资源合理配置并充分发挥效能；又要尽量使项目能够有较好的经济效益，具有相应的财务生存能力，为今后的进一步发展打下良好的基础。

## 六、社会主义制度下经济效果的评价原则

所谓的经济效果就是技术方案实现后所取得的劳动成果（产出）与所消耗的劳动（投入）之间的比较。这里的劳动成果，是指满足社会需要的劳务和产品。消耗的劳动包括劳动和其他有用物品的消耗。这里强调经济效益的含义。经济效益，可以理解为有益的经济效果，也就是在实际上取得属于经济方面的效益。在项目的经济评价中，所有的经济指标应以经济效益为重点，但项目方案往往是在项目未实现之前进行评价，即事前评价，此时，项目的经济效果一般可以与经济效益通用。社会主义制度下经济效果的评价原则，主要体现在以下几个方面。

（1）坚持社会主义生产的目的，以最小的劳动消耗满足社会需求。

（2）局部经济效果服从整体经济效果。
（3）当前经济效果与长远经济效果相协调。
（4）经济效果与其他社会效果相一致。

# 任务 5　工程经济分析的基本要素

工程经济活动一般包括项目方案主体、项目方案目标、项目方案效果、项目方案环境等要素。

## 一、项目方案主体

项目方案主体是指提供项目方案资本、承担项目方案风险、享受项目方案收益的个人或组织。现代社会经济活动的主体可大致分为以下三大类：企业、政府及包括文、教、卫、体、科研和宗教等组织在内的事业单位或社会团体。

## 二、项目方案目标

人类一切工程经济活动都有明确的目标，都是为了直接或间接地满足人类自身的需要。不同项目方案主体目标的性质和数量等存在着明显的差异。例如，政府的目标一般是多目标系统，包括社会经济的可持续发展、就业水平的提高、法制的建立健全、社会安定、币值稳定、环境保护、经济结构的改善、收入分配公平等；企业的目标以利润为主，包括利润最大化、增加市场占有率、提高品牌效应等。

## 三、项目方案效果

工程经济项目方案的效果是指项目实施后对项目方案主体目标产生的影响。由于目标的多样性，通常一项工程经济活动会同时表现出多方面的效果，甚至各种效果之间还是冲突和对立的。例如，对一个经济欠发达地区进行开发和建设，如果只进行低水平的资源消耗类生产，就有可能在提高当地人民收入水平的同时，造成严重的环境污染和生态平衡的破坏。

## 四、项目方案环境

工程经济项目方案常常面临两个彼此相关又至关重要的环境，一个是自然环境，另一个是经济环境。自然环境提供工程经济活动的客观物质基础，经济环境显示工程经济活动成果的价值。工程经济活动要遵循自然环境中的各种规律，只有这样才能赋予物品或服务使用价值。但是,物品或服务的价值取决于它带给人们的效用,效用大小往往要用人们愿意为此付出的货币数量来衡量。技术系统的设计再精良,如果生产出的物品或提供的服务不能使消费者满意,或者成本太高,这样的工程经济活动的价值就会很低。

人类社会的一个基本任务,就是根据对客观世界运动变化规律的认识,对自身的活动进行有效的规划、组织、协调和控制,最大限度地提高工程经济活动的价值,降低或消除负面影响。而这也正是工程经济学的主要任务。

### ❖ 综合应用案例1

××××大学一位大学生即将参加三门功课的期末考试,他能够用来复习功课的时间只有6小时。设每门功课占用的复习时间和相应会获得的成绩如表1-1所示。为了使这三门功课的成绩总分数最高,他应该怎样安排复习时间?

表1-1 复习时间与成绩对照表

| 时间/小时 | 0 | 1 | 2 | 3 | 4 | 5 | 6 |
|---|---|---|---|---|---|---|---|
| 大学英语分数 | 30 | 44 | 65 | 75 | 83 | 88 | 90 |
| 工程经济学分数 | 40 | 52 | 62 | 70 | 77 | 83 | 88 |
| 计算机基础分数 | 70 | 80 | 88 | 90 | 91 | 92 | 93 |

#### 案例解析

把时间占用分为1,2,3,4,5,6小时,大学英语、工程经济学、计算机基础相应的每小时边际(增量)分数计算结果如表1-2所示。

表1-2 复习时间安排表

| 时间/小时 | 1 | 2 | 3 | 4 | 5 | 6 |
|---|---|---|---|---|---|---|
| 大学英语分数 | 14 | 21 | 10 | 8 | 5 | 2 |
| 工程经济学分数 | 12 | 10 | 8 | 7 | 6 | 5 |
| 计算机基础分数 | 10 | 8 | 2 | 1 | 1 | 1 |

由边际效用的原理可知,按照英语3小时,技术经济学2小时,大学计算机网络基础1小时分配的话,可获得的总分数最高。

### ❖ 综合应用案例2

#### 从109亿元到69亿元——镇海炼化的投资方案制定

浙江镇海炼油化工股份有限公司(简称镇海炼化)是一家年加工原油800万吨、年产化肥50万吨的国有石油化工联合企业,现在是中国第三大炼油企业。为了能真正与国际大公司论伯仲、比高低,他们决心在的短短七八年时间里,在国家不注入资金的情况下,依靠自身的努力,再上一个800万吨炼油工程,跻身世界炼油企业百强之列。

目标确定了,路该怎样走?最初方案是投资109亿元,在老厂边上再建一个具有12套装置的新厂。方案送到了国家相关部门。根据权威评估，新建一个800万吨炼油厂，一般需要投资近200亿元。有关人士认为镇海的方案已十分优化了，但紧接着，镇海炼化根据原油市场新的发展趋势，对原方案仔细推敲，结果将投资从109亿元压缩到98亿元。相关部门认为他们在节约投资方面已动足了脑筋，而且主要经济指标均优于原方案，因此决定批准立项。

在旁人看来，这么大的项目能被国家立项，真是天大喜事。然而出人意料的是，镇海人又把自己费了一年多心血编制的方案否定了。否定的直接原因是资金问题。这笔巨额贷款很难完全争取到，即使全部得到，这么沉重的还贷包袱背在企业身上，将使企业很难谈得上有什么利益，更不要说在国际市场上具有竞争力了。另一层考虑是，等新厂建成时，市场如果发生了变化，又怎么办？国有大中型企业这样铺新摊子，结果造成浪费的事例是不少见的。作为一个在国际市场上参与竞争的现代企业，他们不能不考虑投资效益，不能不三思而后行。

公司领导曾几度赴国外考察，从国际著名的埃克森美孚、阿莫科等大型石化企业的发展史看出，他们都是通过对旧装置的改造更新、消除"瓶颈"才逐步发展成大型跨国公司的。

新思路就这样产生于一系列的设问之中。镇海人请来全国石化系统的专家们，反复论证、反复测算，一个全新的科学的方案诞生了。新方案只需投资69亿元，而第一期工程只需向国内银行贷款十几亿元，2001年可基本还清；第二期工程则完全依靠自有资金滚动发展。

这是一次建立在严谨的科学态度之上的大胆探索。全国炼油行业的权威专家经过多方论证，都认为此方案"思路对头，技术可行。"

1996年8月，国务院总理办公会议通过了这一方案，同年9月，国家相关部门批准了这一项目。中国石化总公司高度评价了镇海炼化的这一新方案。中国石化总公司总经理认为，"照镇海炼化的经验，中国在20世纪内乃至下世纪初，不再新建炼油厂和原油一次加工装置，通过走内涵发展的路子，同样可以实现作为支柱产业的国家炼油工业的战略目标。"

**案例解析**

本案例运用了以下3种原理进行方案优化。

(1) 通过对原方案的不断修改，将资金由原来的109亿元优化到69亿元，正是运用了选择替代方案。

(2) 公司领导赴国外考察，对比国际著名的大型石化企业，从而体现了方案的可比性。

(3) 经济效果也即技术方案实现后所取得的投入与产出之间的比较。新方案第一期工程需向国内银行贷款十几亿元，而2001年可基本还清；第二期工程则完全依靠自有资金滚动发展就可实现，坚持了社会主义生产的目的，以最小的劳动消耗满足社会需求；并且国家相关部门也完全同意此方案，实现了局部经济效果服从整体经济效果，符合社会主义制度下经济效果的评价原则。

1. 如何理解工程经济学的研究内容和研究对象？
2. 工程经济分析的基本要素有哪些？
3. 工程经济学研究的特点是什么？

## 工作手册 2

# 资金的时间价值

学习目标

**1. 知识目标**

(1) 明确资金时间价值的含义。
(2) 理解资金的等值原理。
(3) 掌握资金时间价值的计算。
(4) 理解名义利率与实际利率的相互关系。

**2. 能力目标**

能够运用资金时间价值的计算公式对一些简单问题进行计算。

资金的时间价值

## ❖ 项目描述

1626年荷兰东印度公司花了24美元从印第安人手中买下了曼哈顿岛。而到了2000年1月1日,曼哈顿岛的价值已经达到了2.5万亿美元。这笔交易无疑很合算。但是,如果改变一下思路,东印度公司也许并没有占到便宜。如果当时的印第安人拿着这24美元去投资,分别按照8%的单利和复利利率去计算,结果如下。

单利:$F=24×(1+8\%×374)=742$ 美元

复利:$F=24×(1+8\%)^{374}=76$ 万亿美元

截至2000年,这24美元复利利息将变成约76万亿美元,几乎是其2.5万亿美元价值的30倍。而按照单利计算这24美元仅仅变成了742美元。

这种现象就是我们常说的利滚利,用经济学术语来说,这就是复利。

# 任务 1　资金时间价值的含义

## 一、现金流量的概念

任何一项投资活动都离不开资金活动,而在资金活动中必然要涉及现金流量(cash flow)的问题。明确现金流量的概念、弄清现金流量的内容、正确估算现金流量是进行投资方案效益分析的前提,也是进行科学的投资决策的基础。

现金流量是一个综合概念,从内容上看它包括现金流入、现金流出和净现金流量三个部分,从形式上看它包括各种形式的现金交易,如货币资金的交易和非货币资金(货物、有价证券等)的交易。

为了便于说明现金流量的概念,我们把投资项目看作是一个系统,这个系统有一个寿命周期,即从项目发生第一笔资金开始一直到项目终结报废为止的整个时间称为项目的寿命期。但在不同的项目之间进行比较时,不一定都用项目的寿命周期进行比较,而是选用一个计算期来比较,因此,考察投资项目系统的经济效益时,常常用到计算期。每个项目在其计算期内的各个时刻点都会有现金交易活动,或者是流进,或者是流出,这个现金流进、流出就称为现金流量。

具体地讲,现金流入(cash income)是指在项目的整个计算期内流入项目系统的资金,如销售收入、捐赠收入、补贴收入、期末固定资产回收收入和回收的流动资金等。现金流出(cash output)是指在项目的整个计算期内流出项目系统的资金,如企业投入的自有资金、上缴的销售税金及附加、借款本金和利息的偿还、上缴的罚款、购买原材料设备等的支出、支付工人的工资等都属于现金流出。净现金流量(net cash flow)是指在项目的整个计算期内每个时刻的现金流入与现金流出之差。当现金流入大于现金流出时,净现金流量为正,反之为负。综合起来,现金流量的构成如图2-1所示。

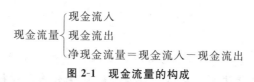

图 2-1　现金流量的构成

从以上关于现金流量概念的分析中,我们不难看出,现金流量的计算不仅有本身的计量单位,还有一个时间单位。一般情况下,现金流量本身的计量单位为"元"、"万元"、"美元"等。但时间单位是多少呢?这就需要根据利息的计算时间单位来确定了。如果利息的计算时间单位为一年,那么现金流量计算的时间单位也为一年;如果利息的计算时间单位为一个月,那么现金流量计算的时间单位也为一个月,即以现金流量计算的时间单位为计息期。什么是利息?什么是计息期?关于这些问题将在后面章节中陆续介绍。

## 二、现金流量图

一个工程项目的建设和实施都要经历很长一段时间,在这段时间内,现金流量的发生次数非常多,并且不同的时间点上发生的现金流量是不相同的。例如,在项目的建设期,有自有资金的投入、银行贷款的获得、贷款还本付息的支出等;在生产期,有销售收入的获得、利息补贴返还、经营成本的支出、利息的偿还、税金的缴纳、固定资产余值的回收及流动资金的回收等。这些现金流量种类繁多,发生的时间不同、大小各异、属性不同,有的属于现金流入,有的属于现金流出。因此,为了便于分析,通常用图的形式来表示各个时间点上发生的现金流量。

现金流量图(cash flow diagram)如图 2-2 所示,它是用坐标轴、箭头、时刻点及数字等来表示的图。其中,现金流量的单位为元。具体地讲,现金流量图是描述工程项目整个计算期内各时间点上的现金流入和现金流出的序列图。

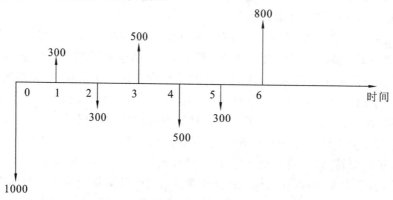

图 2-2　现金流量图

现金流量图中的横轴是时间轴,一般是向右的箭头轴。时间轴上刻有时刻点,并标注有时刻数字,每相邻两个时刻点间隔的长度相等。时间轴箭头末端还应标注时间单位。纵轴是现金流量轴,表示现金流入或流出。箭头的长短表示现金流量的大小,箭头越长,现金流入或流出量越大;反之,则越小。现金流量的方向与现金流量的性质有关,一般箭头向上表示现金流入,箭头向下表示现金流出。箭头末端应标注现金流量的金额数字。如图 2-2 中,第 1 期初(第 0 年)现金流出 1000 元,第 1 期末现金流入 300 元,第 2 期末现金流出 300 元,第 3 期末现金流入 500

元,第 4 期末现金流出 500 元,第 5 期末现金流出 300 元,第 6 期末现金流入 800 元。

从图 2-2 可知,现金流量图的构成要素有:现金流量的大小、现金流量的流向(纵轴)、时间轴(横轴)和时刻点。现金流量图是工程项目经济效益分析的工具。通过绘制工程项目或投资项目的整个计算期内的现金流量图,可以帮助分析人员理清思路,使项目的现金流入和流出一目了然,不仅便于计算,而且不容易出现遗漏。因此,学习工程经济学的首要任务就是要学会绘制项目的现金流量图。

**例 2-1** 某房地产公司有两个投资方案 A 和 B。A 方案的寿命周期为 4 年,B 方案的寿命周期为 5 年。A 方案的初期投资为 100 万元,每年的收益为 60 万元,每年的运营成本为 20 万元。B 方案的初期投资为 150 万元,每年的收益为 100 万元,每年的运营成本为 20 万元,最后回收资产残值为 50 万元。试绘制两方案的现金流量图。

经分析,两方案的现金流量图绘制如图 2-3 和图 2-4 所示(现金流量的单位为万元)。

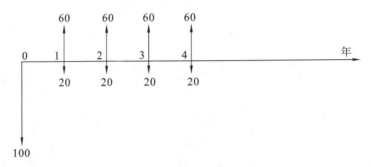

图 2-3　A 方案的现金流量图

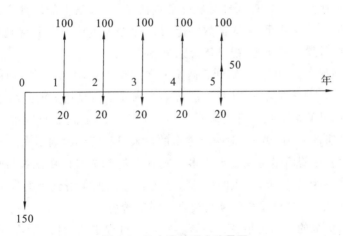

图 2-4　B 方案的现金流量图

绘制现金流量图时应注意以下几点。
(1) 现金流量图的时间轴上所标的时刻表示所标时间(本期)的期末或下一个时期的期初。
(2) 认真分析并确定项目的现金流入和流出,现金流入箭头向上,现金流出箭头向下。
(3) 投资一般画在期初。
(4) 从项目的整个计算期(或寿命周期)来考察。
(5) 反复检查,不要有遗漏。

## 三、资金时间价值的概念

在日常生活中,今年的 1 元钱是否等于明年的 1 元钱呢?答案是否定的。即使将 1 元钱放在家里不动,今年的 1 元钱也不等于明年的 1 元钱。原因就是资金存在时间价值。从形式上看,把 1 元钱放在家里,钱没有运动,但实际上资金在无形地运动。资金在运动过程中就产生了价值,因此,今年的 1 元钱不等于明年的 1 元钱。

前面讲过,进行投资方案分析时,主要是着眼于方案在整个寿命期内的现金流量。方案在整个寿命期内的现金流量是不尽相同的,那么这些不同的现金流量能否直接相加以判断方案的优劣呢?下面先看一个例子。

**例 2-2** 某公司有方案Ⅰ和方案Ⅱ两个投资方案。寿命期均为 5 年,初始投资均为 1 000 万元,但两个方案各年的收益不尽相同,见表 2-1。两个方案哪个方案更好?

表 2-1 方案Ⅰ和方案Ⅱ每年的收益 单位:万元

| 方案\年份 | 0 | 1 | 2 | 3 | 4 | 5 |
|---|---|---|---|---|---|---|
| Ⅰ | −1000 | 200 | 200 | 250 | 350 | 350 |
| Ⅱ | −1000 | 300 | 300 | 300 | 250 | 150 |

假如把两个方案在整个寿命期内的现金流量直接相加,方案Ⅰ的净现金流量为 350 万元,方案Ⅱ的净现金流量为 300 万元,从这个数字上看好像方案Ⅰ比方案Ⅱ优越些。但是,假如我们考虑银行的存款或贷款利率问题,结果就会完全不同!

现在假设银行年利率为 10%,分别计算两个方案的净收益,方案Ⅰ的净收益为 −8.6867 万元,方案Ⅱ的净收益为 9.9616 万元(计算方法待第 3 章介绍),显然上面的结论不正确。为什么会出现与上面结论相反的结论呢?我们来看看两个方案的现金流出的时间。投资(现金流出)都发生在期初,并且都是 1 000 万元,但两个方案的收入(现金流入)则不同。方案Ⅰ在前面年份现金流入少,而方案Ⅱ在前面年份现金流入多。先到手的资金可以用来投资以产生新的价值,即方案Ⅱ前面年份先到手的资金,产生的价值大于方案Ⅰ前面年份到手的资金产生的价值。所以说,方案Ⅱ优于方案Ⅰ。这就是投资项目资金的时间价值。

用一句话来说,资金的时间价值就是指资金在运动过程中的增值或不同时间点上发生的等额资金在价值上的差别。例如,如果银行的存款年利率为 2.2%,那么把今年的 100 元钱现在存入银行,到明年这时就可以从银行取出 102.2 元(不考虑利息税),这 2.2 元就是资金的时间价值。或者说今年的 100 元等于明年的 102.2 元,明年的 100 元等于今年的 100/1.022=97.84 元,其中 102.2 元与 100 元、100 元与 97.85 元之间的差别也是资金的时间价值。承认资金的时间价值,对于投资方案的比较非常重要。

但是,政治经济学中讲过,劳动创造价值。那么,资金的时间价值是否与劳动创造价值矛盾呢?其实二者是不矛盾的,因为劳动要创造价值必须与生产资料相结合,而资金可以用于购买生产资料,没有生产资料,劳动就不可能创造价值。因此,承认资金的时间价值并不否定劳动的创造价值。

## 四、资金时间价值的影响因素

例 2-2 中,两个方案按照相同的利率 10% 计算,净收益则不相同。如果方案 I 的寿命期改为 6 年,第 6 年收益为 100 万元,方案 II 的所有条件不变,那么方案 I 的净收益将变为 47.760 7 万元,方案 II 的净收益仍为 9.961 6 万元,这时方案 I 优于方案 II。为什么会出现这样的情况呢? 其原因是资金的时间价值受许多因素的影响。

那么资金的时间价值与哪些因素有关呢? 我们再看例 2-2。每年的收益不同、寿命期不同,得出的结论就不同。因此,从投资者的角度来看,资金的时间价值受以下因素的影响。

**1. 投资额**

投入的资金越大,资金的时间价值就越大。例如,如果银行的存款年利率为 2.2%,那么 200 元存入银行,一年后的收益为 204.4 元。显然 200 元的时间价值比 100 元的时间价值大。

**2. 利率**

一般来说,在其他条件不变的情况下,利率越大,资金的时间价值越大;利率越小,资金的时间价值越小。例如,银行存款年利率为 2.2% 时,100 元一年的时间价值是 2.2 元;银行存款年利率为 5% 时,100 元一年的时间价值是 5 元。

**3. 时间**

在其他条件不变的情况下,时间越长,资金的时间价值越大;反之,其价值越小。例如,银行存款年利率为 2.2% 时,100 元两年的时间价值是 4.4 元,比一年的时间价值大。

**4. 通货膨胀因素**

如果出现通货膨胀,会使资金贬值,贬值会减少资金的时间价值。

**5. 风险因素**

投资是一项充满风险的活动。项目投资以后,其寿命期、每年的收益、利率等都有可能发生变化,既可能使项目遭受损失,也可能使项目获得意外的收益。这就是风险的影响。不过,风险往往同收益成比例,风险越大的项目,一旦经营成功,其收益也大。这就需要对风险进行认真预测与把握。

由于资金的时间价值受到上述多种因素的影响,因此,在对项目进行投资分析时一定要从以上几个方面认真考虑,谨慎选择。

**■ 思政案例融入** 深刻理解资金时间价值对于不断满足人们日益增长的物质文化需要和推进人类自身再生产的重要意义。资金的时间价值的实质和本源是劳动创造的价值,这就是马克思主义劳动价值论的核心。"幸福是奋斗出来的""撸起袖子加油干",增强热爱劳动、投身劳动的主动性和能动性。

大党带领人民不断奋斗,引领中华民族伟大复兴

# 任务 2　资金的等值原理

## 一、资金等值

"等值"是指在时间因素的作用下,在不同的时间点绝对值不等的资金具有相同的价值。例如现在的 100 元,与一年后的 106 元,虽然绝对数量不等,但如果在年利率为 6% 的情况下,则这两个时间点上的绝对值不等的资金是"等值"的。

在工程经济分析中,为了正确地计算和评价投资项目的经济效益,必须计算项目的整个寿命期内各个时期发生的现金流量的真实价值。但由于资金存在时间价值,在项目的整个寿命期内,各个时期发生的现金流量是不能直接相加的。为了计算项目各个时期的真实价值,必须要将各个时间点上发生的不同的现金流量转换成某个时间点的等值资金(equivalence of money),然后再进行计算和分析,这样一个资金转换的过程就是资金的等值计算。

## 二、资金等值计算中的几个基本概念

### 1. 现值

现值(present value)用 $P$ 表示,它表示发生在(或折算为)某一现金流量序列起点的现金流量价值。在工程经济分析计算中,我们一般都约定 $P$ 发生在起始时刻点的初期,如投资发生在第 0 年(亦第 1 年年初)。在资金的等值计算中,求现值的情况是最常见的。将一个时点上的资金"从后往前"折算到某个时刻点上就是求现值。求现值的过程也称为折现(或贴现)。在工程经济的分析计算中,折现计算是基础,许多计算都是在折现计算的基础上衍生的。

### 2. 终值

终值(future value)用 $F$ 表示,它表示发生在(或折算为)某一现金流量序列终点的现金流量价值。在资金的等值计算中,将一个序列时间点上的资金"从前往后"折算到某个时刻点上的过程就叫求终值。求资金的终值也就是求资金的本利和。在工程经济分析计算中,一般约定 $F$ 发生在期末,如第 1 年年末、第 2 年年末等。

### 3. 年值

年值(annuity)用 $A$ 表示,它表示发生在每年的等额现金流量,即在某个特定时间序列内,每隔相同时间收入或支出的等额资金。在工程经济分析计算中,如无特别说明,一般约定 $A$ 发生在期末,如第 1 年年末、第 2 年年末等。

### 4. 等值

等值(equivalence)没有特定的符号表示,因为等值相对于现值、终值和年值来说是一个抽象的概念,它只是资金的一种转换计算过程。等值既可以是现值、终值,也可以是年值。因为实际上,现值和终值也是一个相对概念。如某项目第 5 年的值相对于前面 1～4 年的值来说,它是终值,而相对于 5 年以后的值来说,它又是现值。等值是指在考虑资金的时间价值的情况下,不同时刻点上发生的绝对值不等的资金具有相同的价值。资金的等值计算非常重要,资金的时间价值计算核心就是进行资金的等值计算。

# 任务 3 资金时间价值的计算

## 一、利息

前面讲过,资金存在时间价值。实际上,资金的时间价值在银行就体现为存款或贷款利息(interest)。比如,将 100 元存入银行,存一年,若存款年利率为 2.2%,那么一年后可以从银行取出 102.2 元,这 2.2 元的差额就是利息。

什么是利息呢?利息是指放弃资金的使用权应该得到的回报(如存款利息)或者指占有资金的使用权应该付出的代价(如贷款利息)。利息可以按年、季度、月、日等周期计算,这种计算利息的时间单位称为计息周期。为便于计算和学习,以下暂时假定利息的计息周期为年。

利息是根据利率来计算的。利率(interest rate)是一个计息周期内所得到的利息额与借贷资金额(即本金)之比,一般用百分比来表示。利率的表达式为

$$计息周期内的利率 = \frac{计息周期内的利息额}{本金} \times 100\%$$

利息分单利和复利两种。

## 二、单利

所谓单利(simple interest)就是指每期均按原始本金计算利息,利息不再计算利息。设 $P$

(present 的第一个字母)代表原始本金,$F$(future 的第一个字母)代表未来值,$n$ 代表计息期数(如年数、月数),$i$ 代表计息周期内的利率,$I$ 代表总的利息。则按照单利计算,$n$ 期内的总利息为

$$I = P \times n \times i$$

$n$ 期后的本利和应为

$$F = P + Pni = P(1 + n \times i) \quad (2\text{-}1)$$

单利复利计算

根据以上公式,可以绘制利息 $I$ 和计息周期 $n$ 的关系图,以及未来值 $F$ 和计息周期 $n$ 的关系图,分别如图 2-5 和图 2-6 所示。

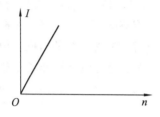

图 2-5 单利 $I$ 和 $n$ 的关系图

图 2-6 单利 $F$ 和 $n$ 的关系图

从图 2-5 和图 2-6 可见,利息与计算利息的时间呈线性关系,未来值也与计算利息的时间呈线性关系。即不论计息周期 $n$ 为多大,只有本金计算利息,而利息不再计算利息。

**例 2-3** 某人存入银行 2000 元,年存款利率为 2.8%,存 3 年,试按单利计算 3 年后此人能从银行取出多少钱(不考虑利息税)?

**解** 3 年后的本利和为

$$F = P(1 + n \times i) = 2\,000 \times (1 + 3 \times 2.8\%) \text{元} = 2\,168 \text{元}$$

即 3 年后此人能从银行取出 2 168 元钱。

复利计算基本公式

## 三、复利

所谓复利(compound interest)就是每期均按原始本金和上期的利息和来计算利息。也就是说,每期不仅要对本金计算利息,还要对利息计算利息,即所谓的"利滚利"。

仍采用单利的符号及含义,按照复利计算 $n$ 期内每期的利息及本利和,见表 2-2。

表 2-2 复利的本利和计算表

| 计息周期 | 期初本金 | 本期利息 | 期末本利和 |
| --- | --- | --- | --- |
| 1 | $P$ | $Pi$ | $F = P + Pi = P(1+i)$ |
| 2 | $P(1+i)$ | $P(1+i)i$ | $F = P(1+i) + P(1+i)i = P(1+i)^2$ |
| 3 | $P(1+i)^2$ | $P(1+i)^2 i$ | $F = P(1+i)^2 + P(1+i)^2 i = P(1+i)^3$ |
| ⋮ | ⋮ | ⋮ | ⋮ |
| $n$ | $P(1+i)^{n-1}$ | $P(1+i)^{n-1} i$ | $F = P(1+i)^n$ |

因此,复利的计算公式为
$$F = P(1+i)^n \tag{2-2}$$
按照复利计算,$n$ 期末的利息为
$$I = F - P = P(1+i)^n - P = P[(1+i)^n - 1]$$
根据以上两个公式,可以绘制利息 $I$ 和计息周期 $n$ 的关系图,以及未来值 $F$ 和计息周期 $n$ 的关系图,如图 2-7 和图 2-8 所示。

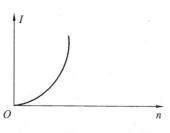

图 2-7 复利 $I$ 和 $n$ 的关系图

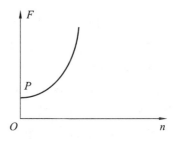

图 2-8 复利 $F$ 和 $n$ 的关系图

**例 2-4** 本金为 2 000 元,年存款利率为 2.8%,存 3 年,按复利计算 3 年后能从银行取出多少钱?

**解** 3 年后复利的本利和为
$$F = P(1+i)^n = 2\,000(1+2.8\%)^3 \text{元} = 2\,172.75 \text{元}$$

由以上的计算可知,在所有条件相同的情况下,一般按复利计算的利息大于按单利计算的利息。而且,时间越长,复利利息与单利利息的差别越大。这就是银行经营与生存的目的之一。个人在银行的存款利息是按单利计算,而银行借放贷的利息是按复利计算。

复利法能够较充分地反映资金的时间价值,也更符合客观实际。这是国内外普遍采用的计息方法,也是我国现行信贷制度正在推行的方法。工程经济分析中普遍采用复利计息。复利计息的计算按支付方式不同,归纳起来有如图 2-9 所示的几种类型的计算方式。

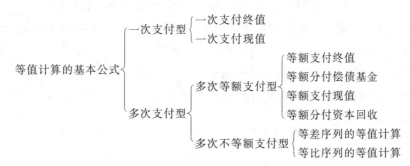

图 2-9 复利等值计算的基本类型

## 1. 一次支付型

一次支付型(single-payment type)又称整付,是指项目在整个寿命期内,其现金流量无论是流入还是流出都只发生一次的情况。一般有两种情况:一种是发生在期初,一种是发生在期末,如图 2-10 所示。

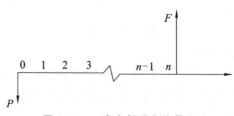

图 2-10 一次支付现金流量图

如果考虑资金的时间价值,若图 2-10 中的初始流出现金 $P$ 刚好能被最终的收入补偿,那么就说 $P$ 与 $F$ 等值。一次支付型的计算公式有以下两个。

1) 一次支付终值公式

一次支付终值公式(single-payment compound-amount formula)就是求终值。也就是说,在项目的初期投入资金 $P$,$n$ 个计息周期后,在计息周期利率为 $i$ 的情况下,需要多少资金来弥补初期投入的资金 $P$ 呢?这个问题与复利本利和计算相同。因此,一次支付终值公式为

$$F=P(1+i)^n \tag{2-3}$$

由于式(2-3)中有高次方,因此,为计算方便,工程经济中常用系数来表示,使用时直接查附录中的复利终值系数表即可。把系数 $(1+i)^n$ 称为一次支付终值系数,使用符号 $(F/P,i,n)$ 表示。即

$$F=P(1+i)^n=P(F/P,i,n)$$

查阅时,先找 $(F/P,i,n)$ 系数表,然后根据已知值 $P$、$i$、$n$ 查找 $(F/P,i,n)$ 的值。

**例 2-5** 某企业向银行借款 50 000 元,借款时间为 10 年,借款年利率为 10%,问 10 年后该企业应还银行多少钱?

**解** 此题属于一次支付型,求一次支付的终值。

$$F=P(1+i)^n=50\ 000(1+10\%)^{10} 元 = 129\ 687.12 元$$

也可以查 $(F/P,i,n)$ 系数表,得 $(F/P,i,n)=2.593\ 7$,则

$$F=P(F/P,i,n)=50\ 000 \times 2.593\ 7 元 = 129\ 685 元$$

两种计算方法所得结果的小差别是由于小数点的保留位数不同引起,不影响大局。

2) 一次支付现值公式

一次支付现值公式(single-payment present-value formula)就是求现值。也就是说,项目在计息周期内利率为 $i$ 的情况下,一次支付现值是一次支付 $n$ 期末终值公式的逆运算。由式(2-3)可以直接导出

$$P=\frac{F}{(1+i)^n} \tag{2-4}$$

其中,系数 $1/(1+i)^n$ 称为一次支付现值系数,用符号 $(P/F,i,n)$ 表示。为计算方便,可以查一次支付现值系数 $(P/F,i,n)$ 表。查阅时,先找 $(P/F,i,n)$ 系数表,然后根据已知值 $F$、$i$、$n$ 查 $(P/F,i,n)$ 的值。即

$$P=\frac{F}{(1+i)^n}=F(P/F,i,n)$$

**例 2-6** 小张希望 3 年后获得 20 000 元的资金,现在 3 年期年贷款利率为 5%,那么

小张现在贷款多少出去才能实现目标?

**解** 这是一次支付求现值型。

$$P = \frac{F}{(1+i)^n} = \frac{20\ 000}{(1+5\%)^3} 元 = 17\ 276.75\ 元$$

也可以查表$(P/F, i, n)$。

$$P = 20\ 000 \times 0.863\ 8\ 元 = 17\ 276\ 元$$

**2. 多次支付型**

多次支付的现金流量发生在多个时刻点上,而不是像前面两种支付那样只集中发生在期初或期末。多次支付型分多次等额支付型和多次不等额支付型两种。多次等额支付是指现金流量在各个时刻点等额、连续发生。多次等额支付型有以下4个计算公式。

1) 等额支付终值公式

等额支付终值公式(uniform-payments compound-amount formula)是计算现金流量等额、连续发生在各个时刻点上,在考虑资金的时间价值情况下,各个时刻点的等额资金全部折算到期末,需要多少资金来与之等值,也就是说求等额支付的终值。等额支付的现金流量图如图2-11所示。

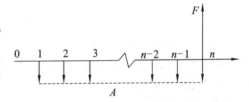

图2-11 等额支付的现金流量图

图2-11中,若已知等额支付值$A$,求终值$F$,可以利用一次支付终值的计算公式来求$F$值。图2-11中的每个$A$都相当于一次支付终值中的一个$P$,这样就把每个$A$折算成第$n$年年末的终值,然后再把所有的终值相加,即可得等额支付的终值。即有

$$F = A + A(1+i) + A(1+i)^2 + \cdots + A(1+i)^{n-2} + A(1+i)^{n-1}$$

可以利用等比数列求和的方法对上式求和,也可以利用代数方法求和。现在利用代数方法求和,用$(1+i)$去同时乘以上式的两端,上式变成如下形式。

$$F(1+i) = A(1+i) + A(1+i)^2 + A(1+i)^3 + \cdots + A(1+i)^{n-1} + A(1+i)^n$$

然后将两式相减,得

$$F(1+i) - F = A(1+i)^n - A$$

上式变形得

$$F = A\left[\frac{(1+i)^n - 1}{i}\right] \tag{2-5}$$

注意:该公式是对应$A$在第1个计息期末开始发生而推导出来的。

式(2-5)中的系数$[(1+i)^n-1]/i$称为等额支付终值系数,用符号$(F/A, i, n)$表示。可以通过查书后附录中给出的等额支付终值系数$(F/A, i, n)$表来计算,方法是根据已知值$A$、$i$、$n$,查系数$(F/A, i, n)$的值。

**例2-7** 某人每年存入银行30 000元,存5年准备买房用,存款年利率为3%。问:5

年后此人能从银行取出多少钱？

**解** 此题属于等额支付型，求终值。

$$F = A\left[\frac{(1+i)^n-1}{i}\right] = 30\,000\left[\frac{(1+3\%)^5-1}{3\%}\right]元 = 159\,274.07\,元$$

也可以查表$(F/A,i,n)$求解，则有

$$F = A(F/A,i,n) = 30\,000 \times 5.3091\,元 = 159\,273\,元$$

2）等额支付偿债基金公式

等额支付偿债基金公式（uniform-payments repayment-fund formula）是指期末一次性支付一笔终值，用每个时刻点上等额、连续发生的现金流量来偿还，计算需要多少资金才能偿还$F$。或者说已知终值$F$，求与之等值的年值$A$，这是等额支付终值公式的逆运算。由式(2-5)可以直接导出：

$$A = F\left[\frac{i}{(1+i)^n-1}\right] \tag{2-6}$$

式(2-6)中的系数$i/[(1+i)n-1]$称为等额支付偿债基金系数，可用符号$(A/F,i,n)$表示。可以通过查书后附录中给出的等额支付偿债基金系数$(A/F,i,n)$表来计算，方法是根据已知值$F$、$i$、$n$，查系数$(A/F,i,n)$的值。

**例 2-8** 某人想在 5 年后从银行提出 20 万元用于购买住房。若银行年存款利率为 5%，那么此人现在应每年存入银行多少钱？

**解** 此题属于求等额支付偿债基金的类型。

$$A = 200\,000\left[\frac{5\%}{(1+5\%)^5-1}\right]元 = 36\,194.96\,元$$

也可以查表计算：

$$A = F(A/F,i,n) = 200\,000 \times 0.1810\,元 = 36\,200\,元$$

3）等额支付现值公式

等额支付现值公式（uniform-payments present-value formula）是计算现金流量等额、连续发生在每个时刻点上，相当于期初一次性发生的多少现金流量。等额支付现值的现金流量图如图 2-12 所示。

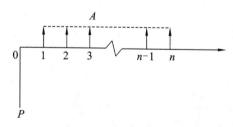

图 2-12 等额支付现值的现金流量图

图 2-12 中，若已知等额年值$A$，求现值$P$。图 2-12 中的每个$A$相对于$P$来说都是一个未来值。计算时可以每个$A$先折算到期初的现值，然后再求和。但这样算较麻烦，可以利用前面已经推导出的两个公式来直接计算。

前面已经推导出公式$F = P(1+i)^n$和$F = A\left[\frac{(1+i)^n-1}{i}\right]$，令两个公式相等，即可得出：

$$P = A\left[\frac{(1+i)^n-1}{i(1+i)^n}\right] \tag{2-7}$$

式(2-7)中的系数$\frac{(1+i)^n-1}{i(1+i)^n}$称为等额支付现值系数，可用符号$(P/A,i,n)$表示。计算时也

可以查书后给出的等额支付现值系数($P/A,i,n$)表计算,方法是根据已知条件 $A,i,n$ 查系数 ($P/A,i,n$)的值。

**例 2-9** 某人为其孩子上大学准备了一笔资金,打算让孩子在今后的 4 年中,每月从银行取出 500 元作为生活费。现在银行存款月利率为 0.3%,那么此人现在应存入银行多少钱?

**解** 此题属于等额支付求现值型。

计息期 $n=4\times 12$ 月 $=48$ 月

$$P=500\times\left[\frac{(1+0.3\%)^{48}-1}{0.3\%(1+0.3\%)^{48}}\right]\text{元}=22\ 320.93\ \text{元}$$

也可以查表计算,但因利率太小,没有编制小利率系数表,故无法查阅。

4) 等额支付资本回收公式

等额支付资本回收公式(uniform-payments capital recovery formula)是计算期初一次性发生一笔资金,用每个计息期等额、连续发生的年值来回收,所需要的等额年值是多少。这就相当于等额支付现值公式中,已知现值 $P$ 求等额年值 $A$。即

$$A=P\cdot\left[\frac{i(1+i)^n}{(1+i)^n-1}\right] \tag{2-8}$$

其中,式(2-8)中的系数 $\frac{i(1+i)^n}{(1+i)^n-1}$ 称为等额支付资本回收系数,用符号($A/P,i,n$)表示。计算时可以利用书后给出的系数表查表计算。

**例 2-10** 某施工企业现在购买 1 台推土机,价值 15 万元。希望在今后 8 年内等额回收全部投资。若资金的折现率为 3%,试求该企业每年回收的投资额。

**解** 这是一个用等额支付资本回收公式求每年的等额年值的问题。

$$A=150\ 000\ \frac{3\%(1+3\%)^8}{(1+3\%)^8-1}\text{元}=21\ 368.46\ \text{元}$$

也可以查系数表($A/P,i,n$)计算,可得

$$A=150\ 000\times 0.142\ 5\ \text{元}=21\ 375\ \text{元}$$

### 3. 多次不等额支付型

多次不等额支付型(many unequal payments type)是指现金流量连续发生在多个时刻点上,但各个时刻点发生的现金流量不完全相等,如图 2-13 所示。为了推导通用的公式,下面仅讨论每个计息期发生的现金流量成等差和等比序列的情况。

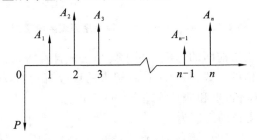

图 2-13 多次不等额支付型现金流量图

1) 等差序列的等值计算

等差序列是指各期发生的现金流量成等差序列。假定第 1 个计息期末的现金流量为 $A_1$，以后每期递增 $G$。即第 2 个计息期末的现金流量为 $A_1+G$，第 3 个计息期末的现金流量为 $A_1+2G$，依此类推，第 $n$ 个计息期末的现金流量为 $A_1+(n-1)G$。现金流量图如图 2-14 所示，图中的现金流量 $A_1$、$A_1+(n-1)G$、时间轴和连接各现金流量的箭头的虚线正好组成一个梯形。因此，等差序列的等值计算(calculation of equal difference-series equivalent)在一些书上称为均匀梯度系列公式。

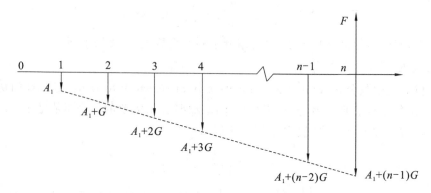

图 2-14　等差序列的现金流量图

如果能把图 2-14 中的现金流量转换成等额支付系列形式，那么根据等额支付终值公式和等额支付现值公式，很容易求得第 $n$ 年年末的将来值 $F$ 和第 0 年的现值 $P$。下面对图 2-14 进行分解，从现金流量 $A_1$ 箭头处画一条平行于时间轴的直线，这样图 2-14 就由两部分现金流序列组成：等额支付和等差支付。等差支付现金流量图变成图 2-15 的形式。计算时分别对等额支付和等差支付单独进行计算，然后求二者之和。

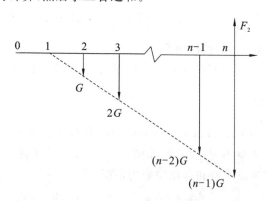

图 2-15　不含等额支付的等差序列现金流量图

对于等额支付部分直接用前面的等额分付的终值公式计算将来值即可，其中的等额支付是 $A_1$。下面推导等差支付终值的公式，将每个计息期末的现金流量 $G, 2G, \cdots, (n-2)G$、$(n-1)G$ 全部折算到第 $n$ 期末的将来值，求和即是等差支付的终值。

于是，图 2-15 中等差支付的终值为

$$F_2 = G(F/P,i,n-2) + 2G(F/P,i,n-3) + \cdots + (n-2)G(F/P,i,1) + (n-1)G$$
$$= G(1+i)^{n-2} + 2G(1+i)^{n-3} + \cdots + (n-2)G(1+i) + (n-1)G$$

为了求解,将上式两端同时乘以$(1+i)$得
$$F_2(1+i) = G(1+i)^{n-1} + 2G(1+i)^{n-2} + \cdots + (n-2)G(1+i)^2 + (n-1)G(1+i)$$
将两式相减,可得
$$F_2 i = G(1+i)^{n-1} + G(1+i)^{n-2} + \cdots + G(1+i)^2 + G(1+i) - (n-1)G$$
$$= G[(1+i)^{n-1} + (1+i)^{n-2} + \cdots + (1+i)^2 + (1+i) + 1] - nG$$
用数列求和的方法或用前面等额支付终值的公式,可以推导出上式的公式为
$$F_2 = \frac{G}{i}\left[\frac{(1+i)^n - 1}{i} - n\right] \tag{2-9}$$
式(2-9)即为等差序列或梯度支付的将来值公式。上式两端同乘以$(1+i)^{-n}$,则可得等差序列的现值公式为
$$\frac{F_2}{(1+i)^n} = \frac{G}{i}\left[\frac{(1+i)^n - 1}{i} - n\right]\frac{1}{(1+i)^n}$$
而由 $P = \frac{F_2}{(1+i)^n}$,可得
$$P = \frac{G}{i}\left[\frac{(1+i)^n - 1}{i} - n\right]\frac{1}{(1+i)^n} = G\left[\frac{(1+i)^n - ni - 1}{i^2(1+i)^n}\right]$$
式中,$\left[\frac{(1+i)^n - ni - 1}{i^2(1+i)^n}\right]$称为等差序列现值系数,可用$(P/G, i, n)$表示,则有$P = G(P/G, i, n)$。计算时可以查书后附录中的复利系数表。

再利用前面介绍过的等额支付终值的公式,将等差的梯度支付将来值转化为每年的等额年值。等差的梯度支付将来值$F_2$就相当于等额支付终值公式中的$F$,则有
$$A_2 = \frac{Fi}{(1+i)^n - 1} = \frac{G}{i}\left[\frac{(1+i)^n - 1}{i} - n\right]\frac{i}{(1+i)^n - 1} = G\left[\frac{1}{i} - \frac{n}{(1+i)^n - 1}\right] \tag{2-10}$$
式(2-10)中的$\left[\frac{1}{i} - \frac{n}{(1+i)^n - 1}\right]$称为梯度系数,通常用符号$(A/G, i, n)$表示。计算时既可以直接用式(2-10)计算,也可以查书后附录中的复利系数表计算。

再看图2-12,图中的将来值、等额年值和现值计算公式分别如下。
$$F = A_1(F/A, i, n) + F_2 = A_1\frac{(1+i)^n - 1}{i} + \frac{G}{i}\left[\frac{(1+i)^n - 1}{i} - n\right]$$
$$A = A_1 + A_2 = A_1 + G\left[\frac{1}{i} - \frac{n}{(1+i)^n - 1}\right]$$
$$P = A(P/A, i, n) = \left\{A_1 + G\left[\frac{1}{i} - \frac{n}{(1+i)^n - 1}\right]\right\}\frac{(1+i)^n - 1}{i(1+i)^n}$$

**例 2-11** 王明同学 2020 年 7 月参加工作,为了买房,从当年 8 月 1 日开始每月存入银行 500 元,以后每月递增存款 20 元,连续存 5 年。若存款年利率为 2%,问:

(1) 王明同学 2025 年 8 月 1 日可以从银行取出多少钱?
(2) 他每月平均存入银行多少钱?
(3) 所有这些存款相当于王明 2020 年 8 月 1 日一次性存入银行多少钱?

**解** 可以将 2020 年 8 月 1 日看成是第一个计息期末,那么 5 年内的计息期为 $n = 12 \times 5 = 60$,每月等差额 $G = 20$ 元,等差序列的固定基数 $A_1 = 500$ 元。

2020年7月1日就是第0月,即时间轴的0点。因此,现金流量图如图2-16所示。

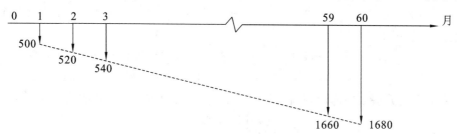

图 2-16 现金流量图

(1) 王明同学2025年8月1日从银行取出的钱就是所有存款的将来值,即

$$F = A_1 \frac{(1+i)^n - 1}{i} + \frac{G}{i}\left[\frac{(1+i)^n - 1}{i} - n\right]$$

$$= 500 \times \frac{(1+2\%)^{60} - 1}{2\%} 元 + \frac{20}{2\%} \times \left[\frac{(1+2\%)^{60} - 1}{2\%} - 60\right] 元$$

$$= 111\ 077.31\ 元$$

(2) 他每月平均存入银行的钱为

$$A = A_1 + G\left[\frac{1}{i} - \frac{n}{(1+i)^n - 1}\right] = 500\ 元 + 20 \times \left[\frac{1}{2\%} - \frac{60}{(1+2\%)^{60} - 1}\right] 元 = 973.92\ 元$$

(3) 所有这些存款相当于王明2020年8月1日一次性存入银行的金额为

$$P = A(P/A, i, n) = F(P/F, i, n) = \frac{111\ 077.31}{(1+2\%)^{60}}\ 元 = 33\ 854.39\ 元$$

上述等差序列公式也可以用于计算每期逐渐减少的均匀系列,只不过将公式中的 $G$ 换成 $-G$,其他项不变(推导公式略)。每期逐渐减少的均匀系列的将来值、等额年值和现值的计算式分别如下。

$$F = A_1(F/A, i, n) + F_2 = A_1 \frac{(1+i)^n - 1}{i} - \frac{G}{i}\left[\frac{(1+i)^n - 1}{i} - n\right]$$

$$A = A_1 + A_2 = A_1 - G\left[\frac{1}{i} - \frac{n}{(1+i)^n - 1}\right]$$

$$P = A(P/A, i, n) = \left\{A_1 - G\left[\frac{1}{i} - \frac{n}{(1+i)^n - 1}\right]\right\}\frac{(1+i)^n - 1}{i(1+i)^n}$$

2) 等比序列的等值计算

等比序列是指各期发生的现金流量成等比的序列。假定第1个计息期末的现金流量为 $A_1$,以后每期按百分比 $h$ 递增。等比序列的现金流量图如图2-17所示。

图2-17中 $A_1$ 为每期的定值,$h$ 为等比系数。将每期的现金流量折算成期初的现值,然后求和,即可得等比序列现金流量的现值。

因此,等比序列现金流量的现值为

$$P = A_1(1+i)^{-1} + A_1(1+h)(1+i)^{-2} + \cdots + A_1(1+h)^{n-2}(1+i)^{-(n-1)} + A_1(1+h)^{n-1}(1+i)^{-n}$$

$$= \frac{A_1}{(1+i)}\left[1 + \frac{1+h}{1+i} + \frac{(1+h)^2}{(1+i)^2} + \cdots + \frac{(1+h)^{n-2}}{(1+i)^{n-2}} + \frac{(1+h)^{n-1}}{(1+i)^{n-1}}\right]$$

设 $x = \frac{1+h}{1+i}$,则 $P = \frac{A_1}{(1+i)}[1 + x + x^2 + x^3 + \cdots + x^{n-2} + x^{n-1}]$,利用等比数列求和的公式可

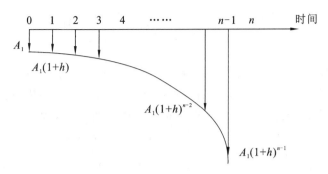

图 2-17  等比序列的现金流量图

得等比序列的等值计算(calculation of equal ratio-series equivalent)公式如下。

$$P=\begin{cases}A_1\left[\dfrac{1-(1+h)^n(1+i)^{-n}}{i-h}\right] & i\neq h \\ \dfrac{nA_1}{1+i} & i=h\end{cases}$$

从公式可以看出,必须令 $i>h$,否则公式无意义。

**例 2-12**  租用一套住房月租金为 800 元,预计今后 5 年内每月租金增长 0.5%。若将该住宅买下,需要一次性支付 10 万元,但 5 年后仍可以卖 10 万元。若月折现率为 1%,问:是租用合算还是购买合算?

**解**  分别计算两种情况的现值进行比较。计息期 $n=5\times12$ 月 $=60$ 月。

若租用,5 年内全部租金的现值为

$$P_租=800\times\left[\dfrac{1-(1+0.5\%)^{60}\times(1+1\%)^{-60}}{1\%-0.5\%}\right]元=41\,204.15\,元$$

若购买,则全部费用现值为

$$P_买=100\,000\,元-100\,000(1+1\%)^{-60}\,元=44\,955.04\,元$$

由于租金的现值小于购买的现值,因此,租用合算。

**4. 补充讨论**

(1) 在前面的等额年值计算中,若 $A$ 发生在年初,即从年初开始,情况又是如何呢?

$A$ 发生在年初的现金流量图如图 2-18 所示。图 2-17 与图 2-11 相比,相当于将图 2-11 中的 $A$ 整体向前移动了一期。将各期的 $A$ 逐个折算到期末,再求和,即得将来值 $F$ 为

$$F=A(1+i)+A(1+i)^2+A(1+i)^3+\cdots+A(1+i)^n$$

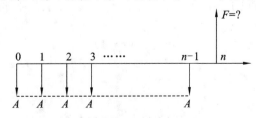

图 2-18  $A$ 发生在年初的等额支付图

利用等比数列求和方法可得

$$F = A\frac{(1+i)^n - 1}{i} \cdot (1+i)$$

也可以利用 $A$ 发生在期末的公式来推导。先暂时不看第 0 期的 $A$，将第 1 期末至第 $n-1$ 期末的所有 $A$ 折算成第 $n-1$ 期末的将来值，然后将第 $n-1$ 期末的将来值再折算成第 $n$ 期末的将来值，最后再用这个将来值加上第 0 期的 $A$ 折算到第 $n$ 期末的将来值。

$$F = A(F/A, i, n-1)(F/P, i, n) + A(F/P, i, n)$$
$$= A\frac{(1+i)^{n-1} - 1}{i} \cdot (1+i) + A(1+i)^n = A\frac{(1+i)^n - 1}{i} \cdot (1+i)$$

**例 2-13** 某人到银行办理了一个零存整取的业务，他每年年初存入银行 5000 元，若存款年利率为 5%，问：他 20 年后可以从银行取出多少钱？

**解** $A$ 发生在年初，则本利和为

$$F = 5000 \times \frac{(1+5\%)^{20} - 1}{5\%} \times (1+5\%) \text{元} = 173\ 596.26 \text{元}$$

（2）在前面的等额支付现值和等差序列现值的公式中，若 $n \to \infty$，那么情况又怎样？

在等额支付现值的公式中，当 $n \to \infty$ 时，有

$$P = \lim_{n \to \infty} A\frac{(1+i)^n - 1}{i(1+i)^n} = \lim_{n \to \infty} A\left[\frac{1}{i} - \frac{1}{i(1+i)^n}\right] = \frac{A}{i}$$

在等差序列现值的公式中，当 $n \to \infty$ 时，有

$$P = \lim_{n \to \infty} G\left[\frac{(1+i)^n - m - 1}{i^2(1+i)^n}\right] = \frac{G}{i^2}$$

（3）若前面的资金等值计算基本公式中，计息方式采用单利而不是复利，情况又怎样呢？

与复利公式推导方法相同，可以推导单利的资金等值计算公式。

在图 2-11 中，各等额支付的单利将来值的和为

$$F = A + A(1+i) + A(1+2i) + A(1+3i) + \cdots + A[1+(n-1)i]$$

经整理得

$$F = nA + \frac{1}{2}n(n-1)Ai$$

对应有

$$A = \frac{F}{n + \frac{1}{2}n(n-1)i}$$

而由 $F = P(1+ni)$，所以 $F = P(1+ni) = nA + \frac{1}{2}n(n-1)Ai$，整理可得

$$P = \frac{n + \frac{1}{2}n(n-1)i}{1 + ni} \cdot A$$

对应有

$$A = \frac{1 + ni}{n + \frac{1}{2}n(n-1)i} \cdot P$$

**例 2-14**  某公司发行的股票目前市场价为 200 元一股,每股年股息为 10 元,预计今后每股年收益每年增加 3 元。若希望达到 10% 的投资收益率,问:你认为目前是否可以购买该股票?

**解**  股票的寿命可以看成是 $n=\infty$,因此,该股票每股的现值为

$$P = 10(P/A, 10\%, \infty) + 3(P/G, 10\%, \infty)$$

$$= \frac{10}{10\%} 元 + \frac{3}{(10\%)^2} 元 = 400 元$$

该股票目前市场购买价为 200 元,低于收益,所以可以购买。

## 四、几种还款方式的等值比较计算

为了进一步掌握资金等值的计算和等值的概念,下面以贷款、还本利息的例子来进一步说明。

**例 2-15**  张光同学向银行贷款 10 000 元,在 5 年内以年利率 5% 还清全部本金和利息。有以下 4 种还款方式。

方式一,5 年后一次性还本付息,中途不做任何还款。

方式二,在 5 年中仅在每年年底归还利息 500 元,最后在第 5 年末将本金和利息一并归还。

方式三,将所借本金做分期均匀偿还,同时偿还到期利息,至第 5 年末全部还清。

方式四,将所欠本金和利息全部分摊到每年做等额偿还,即每年偿还的本金加利息相等。

每种还款方式计算见表 2-3。

表 2-3 四种典型的等值计算    单位:元

| 方式 | 年份(1) | 年初所欠金额(2) | 年初利息(3) | 年终所欠金额(4) | 偿还本金(5) | 年终付款总额(6) | 付款的现金流量图 |
|---|---|---|---|---|---|---|---|
| 方式一 | 1 | 10 000 | 500 | 10 500 | 0 | 0 | |
| | 2 | 10 500 | 525 | 11 025 | 0 | 0 | |
| | 3 | 11 025 | 551.25 | 11 576.25 | 0 | 0 | |
| | 4 | 11 576.25 | 578.81 | 12 155.06 | 0 | 0 | |
| | 5 | 12 155.06 | 607.75 | 12 762.82 | 10 000 | 12 762.82 | |
| | Σ | | 2 762.8 | | | 12 762.82 | |
| 方式二 | 1 | 10 000 | 500 | 10 500 | 0 | 500 | |
| | 2 | 10 000 | 500 | 10 500 | 0 | 500 | |
| | 3 | 10 000 | 500 | 10 500 | 0 | 500 | |
| | 4 | 10 000 | 500 | 10 500 | 0 | 500 | |
| | 5 | 10 000 | 500 | 10 500 | 10 000 | 10 500 | |
| | Σ | | 2 500 | | | 10 500 | |

续表

| 方式 | 年份(1) | 年初所欠金额(2) | 年初利息(3) | 年终所欠金额(4) | 偿还本金(5) | 年终付款总额(6) | 付款的现金流量图 |
|---|---|---|---|---|---|---|---|
| 方式三 | 1 | 10 000 | 500 | 10 500 | 2 000 | 2 500 | |
| | 2 | 8 000 | 400 | 8 400 | 2 000 | 2 400 | |
| | 3 | 6 000 | 300 | 6 300 | 2 000 | 2 300 | |
| | 4 | 4 000 | 200 | 4 200 | 2 000 | 2 200 | |
| | 5 | 2 000 | 100 | 2 100 | 10 000 | 2 100 | |
| | Σ | | 1 500 | | | 11 500 | |
| 方式四 | 1 | 10 000 | 500 | 8 190.26 | 180.974 | 2 309.74 | |
| | 2 | 8 190.26 | 409.51 | 8 599.77 | 1 900.23 | 2 309.74 | |
| | 3 | 6 290.03 | 314.50 | 6 604.53 | 1 995.24 | 2 309.74 | |
| | 4 | 4 294.79 | 214.74 | 4 509.53 | 2 095 | 2 309.74 | |
| | 5 | 2 199.79 | 109.99 | 2 309.78 | 2 199.75 | 2 309.74 | |
| | Σ | | 1 548.7 | | 10 000 | 11 548.7 | |

根据表 2-3 中的计算方式，可以计算任何一个时刻的等值资金，如计算 4 种还款方式第 3 年末的资金等值。

**方式一** 第 3 年末的资金等值为
$$F = \frac{12\,762.82}{(1+5\%)^2}\text{元} = 11\,576.25\text{ 元}$$

**方式二** 第 3 年末的资金等值为
$$F = 500(1+5\%)^2\text{元} + 500(1+5\%)\text{元} + 500\text{ 元} + \frac{500}{1+5\%}\text{元} + \frac{10\,500}{(1+5\%)^2}\text{元} = 11\,576.25\text{ 元}$$

**方式三** 第 3 年末的资金等值为
$$F = 2\,500(1+5\%)^2\text{元} + 2\,400(1+5\%)\text{元} + 2\,300\text{ 元} + \frac{2\,200}{1+5\%}\text{元} + \frac{2\,100}{(1+5\%)^2}\text{元} = 11\,576.25\text{ 元}$$

**方式四** 第 3 年末的资金等值为
$$F = 2\,309.74(1+5\%)^2\text{元} + 2\,309.74(1+5\%)\text{元} + 2\,309.74\text{ 元} + \frac{2\,309.74}{1+5\%}\text{元} + \frac{2\,309.74}{(1+5\%)^2}\text{元}$$
$$= 11\,576.25\text{ 元}$$

从以上计算可知：任何一种还款方式在同一时刻，其资金是等值的。为了加深理解，现在再举一个实际生活中的例子。

**例 2-16** 王某贷款 30 万元购买一套商品房，贷款 20 年，贷款年利率为 6.5%。王某与银行约定每月等额偿还。问：王某每月应偿还银行多少钱？如果还款到第 25 个月时，贷款年利率上调为 7%，那么从第 26 个月开始，王某每月又应偿还银行多少钱？

**解** 当贷款年利率为 6.5% 时,王某每年等额偿还银行的金额为
$$A_年 = 300\,000(A/P, 6.5\%, 20)元 = 27\,226.92 元$$

王某还款的月利率为
$$i_月 = \frac{6.5\%}{12} = 0.541\,7\%$$

王某每月等额偿还银行的金额为
$$A_月 = 27\,226.92(A/F, 0.541\,7\%, 12)元 = 2\,202.10 元$$

当还款到第 25 个月时,刚好还款两年零一个月。我们先计算已经偿还的本金,余下的本金按新调整的利率偿还。每年偿还情况见表 2-4。

表 2-4 每年偿还情况表 　　　　　　　　　　　　　　　　　　　　　　单位:元

| 年份(1) | 年初所欠金额(2) | 年初利息(3) | 年终所欠额(4) | 偿还本金(5) | 年终付款总额(6) |
|---|---|---|---|---|---|
| 1 | 30 0000 | 19 500 | 319 500 | 7 726.92 | 27 226.92 |
| 2 | 272 273.08 | 17 730.25 | 290 503.33 | 9 496.67 | 27 226.92 |
| 3 | 245 046.16 | 15 928.00 | 261 506.67 | 11 298.92 | 27 226.92 |
| ⋮ | ⋮ | ⋮ | ⋮ | ⋮ | ⋮ |

下面计算第 3 年第 1 月偿还的 2 202.10 元中有多少是本金。

第 3 年末的等额欠款 27 226.92 元相当于第 3 年初的现值是:
$$P = \frac{27\,226.92}{1 + 6.5\%} 元 = 25\,565.18 元$$

现在再用表 2-4 的形式计算每月本金和利息的偿还情况,计算结果见表 2-5。

表 2-5 第 3 年每月偿还情况表(前 3 月) 　　　　　　　　　　　　　　　单位:元

| 年份(1) | 年初所欠金额(2) | 年初利息(3) | 年终所欠额(4) | 偿还本金(5) | 年终付款总额(6) |
|---|---|---|---|---|---|
| 1 | 25 565.18 | 133.40 | 24 759.62 | 2 068.70 | 2 202.10 |
| 2 | 23 363.08 | 121.47 | 22 545.59 | 2 080.63 | 2 202.10 |
| 3 | 21 160.98 | 109.54 | 20 331.56 | 2 092.56 | 2 202.10 |

根据两个表的计算可知,到第 25 个月时已还本金和为
$$7\,726.92 元 + 9\,496.67 元 + 2\,068.70 元 = 19\,292.29 元$$

剩余本金为　　　$300\,000 元 - 19\,292.29 元 = 280\,707.71 元$

剩余还款时间 $n = (12 \times 20 - 25)月 = 215 月$,相当于 $\frac{215}{12}$ 年 $= 17.916\,667$ 年。

现在贷款年利率上调为 7%。王某每月还款的利率为 $i = \frac{7\%}{12} = 0.583\,3\%$。

每年等额还款额为
$$A_年 = 280\,707.71(A/P, 7\%, 17.916\,667)元 = 27\,972.34 元$$

则每月等额还款额为
$$A_月 = 27\,972.34(A/F, 0.583\,3\%, 12)元 = 2\,257.19 元$$

**思政案例融入** 充分理解资金的时间价值——所谓的"利滚利",引入校园网贷案例,直观体现复利的威力,使学生明白校园网贷的危害性,树立正确的价值观。

校园网贷案例1

校园网贷案例2

# 任务 4 名义利率与实际利率

在前面的分析计算中,都是假设计算利息的时间和利率的时间单位相同,即均为一年。但如果计算利息的时间与利率的时间单位不同时,情况会怎样呢?例如,利率的时间单位为一年,而每个月计算一次利息,其计算结果会怎样呢?这就涉及名义利率和实际利率的问题。

名义利率与有效利率

名义利率(nominal interest rate)是指利率的表现形式,而实际利率(real interest rate)是指实际计算利息的利率。例如,每半年计息一次,每半年的利率为5%,那么,这个5%就是实际计算利息的利率。又如每半年的利率为5%,而每季度计息一次,那么这个5%仅仅是计算利息时利率的表现形式,而非实际计算利息的利率,称其为名义利率。在工程经济分析计算中,如果不特别说明,通常说的年利率一般都是指名义利率,如果后面不对计息期加以说明,则表示一年计息一次,此时的年利率也就是年实际利率(有的书上也称为有效利率)。

之所以会出现名义利率和实际利率之分,主要原因就是因为各自的计息期不同。由于存在不同的计息期,而计息期可长可短,实际利率最长的计息期就等于名义利率的时间单位,最短的计息期可以为一小时、一分钟、一秒钟,甚至更小。计息期与计息次数成反比关系。在名义利率的时间单位里,计息期越长,计息次数就越少;计息期越短,计息次数就越多。当计息期非常短,难以用时间来计量时,计息次数就趋于无穷大。由此,就出现两种情况下的名义利率和实际利率的转换及利息的计算的问题,即离散式复利和连续式复利。

## 一、离散式复利

当按照一定的时间单位(如年、月、日等)来计算的利息称为离散式复利(long-lost multiple interest)。

设 $r$ 为名义利率,$i$ 为实际利率,$m$ 为名义利率时间单位内的计息次数,那么一个计息期的利率应为 $r/m$,则一个利率时间末的本利和为

$$F = P \cdot \left(1 + \frac{r}{m}\right)^m$$

利息为
$$I = F - P = P \cdot \left(1 + \frac{r}{m}\right)^m - P$$
因此,实际利率为
$$i = \frac{I}{P} = \frac{P\left(1 + \frac{r}{m}\right)^m - P}{P} = \left(1 + \frac{r}{m}\right)^m - 1$$
即
$$i = \left(1 + \frac{r}{m}\right)^m - 1 \tag{2-11}$$

式(2-11)是离散式复利的名义利率和实际利率的转换公式。

**例 2-17** 假定李某现在向银行借款 10 000 元,约定 10 年后归还。银行规定:年利率为 6%,但要求按月计算利息。试问:此人 10 年后应归还银行多少钱?

**解** 由题意可知,年名义利率 $r = 6\%$,每年计息次数 $m = 12$,则年实际利率为
$$i = \left(1 + \frac{r}{m}\right)^m - 1 = \left(1 + \frac{6\%}{12}\right)^{12} - 1 = 6.168\%$$

每年按实际利率计算利息,则 10 年后 10 000 元的将来值为
$$F = P(1+i)^n = 10\,000 \times (1 + 6.168\%)^{10} \text{元} = 18\,194.34 \text{元}$$

即此人 10 年后应归还银行 18 194.34 元钱。

## 二、连续式复利

按瞬时计息的方式称为连续式复利(continuous multiple interest)。这时在名义利率的时间单位内,计息次数有无限多次,即 $m \to \infty$。根据求极限的方法可求得年实际利率,实际利率的公式为
$$i = \lim_{m \to \infty}\left[\left(1 + \frac{r}{m}\right)^m - 1\right]$$
又由于
$$\left(1 + \frac{r}{m}\right)^m = \left[\left(1 + \frac{r}{m}\right)^{\frac{m}{r}}\right]^r$$
而
$$\lim_{m \to \infty}\left(1 + \frac{r}{m}\right)^{\frac{m}{r}} = e$$
所以
$$i = \lim_{m \to \infty}\left[\left(1 + \frac{r}{m}\right)^m - 1\right] = \lim_{m \to \infty}\left[\left(1 + \frac{r}{m}\right)^{\frac{m}{r}}\right]^r - 1 = e^r - 1$$
也就是说,连续复利的年实际利率是:
$$i = e^r - 1 \tag{2-12}$$

式(2-12)是连续式复利的名义利率和实际利率的转换式。其中,e 为自然对数的底,其数值为 2.718 281 828…。

**例 2-18** 仍用上面离散式复利的例子,若采用连续式复利,那么李某 10 年后应归还银行多少钱?

**解** 用连续复利的公式计算,银行计算李某还款时的利率为
$$i = e^r - 1 = e^{6\%} - 1 = 6.184\%$$

10 年后李某应还银行的钱为

$$F=P(1+i)^n=10\,000\times(1+6.184\%)^{10}\text{元}=18\,221.78\text{元}$$

从计算结果看,连续复利比离散复利的利息多。

虽然资金是连续运动的,但在实际的工程或项目评价中,大多数时候还是采用离散式复利计算。

为了进一步说明名义利率和实际利率之间的区别与联系,下面以名义利率为12%为例,分别计算按半年、季度、月、周、日等为单位连续计算复利,其相应的实际利率见表2-6。

表2-6 名义利率和实际利率计算比较

| 计息周期 | 一年内计息期数 $m$ | 各期的实际利率 $r/m$ | 年实际利率 $i$ |
|---|---|---|---|
| 按年 | 1 | 12% | 12% |
| 按半年 | 2 | 6% | 12.36% |
| 按季度 | 4 | 3% | 12.551% |
| 按月 | 12 | 1% | 12.683% |
| 按周 | 52 | 0.23077% | 12.734% |
| 按日 | 365 | 0.03288% | 12.749% |
| 连续 | ∞ | — | 12.75% |

从表2-6计算可知,名义利率的时间单位内,计息周期越长,计息的次数越少,则名义利率和实际利率的差别就越小;反之,计息周期越短,计息的次数越多,则名义利率和实际利率的差别就越大。

上面讨论的是现金流量的发生与名义利率的时间一致的情况。如果在每个名义利率的时间单位内,还发生多次现金流量,情况又是怎样的呢?下面讨论名义利率和实际利率转换的几种典型情况。

## 三、名义利率和实际利率的应用

如果实际计算利息的时间短于名义利率的时间单位,并且在每个名义利率的时间单位内,发生多次现金流入或流出,这种计算又分为以下3种情况。

**1. 计息期和支付期相同**

如计息期为半年,而半年里每月支付一次。下面通过两个例子来说明。

**例 2-19** 老李向老张借款,从现在起3年内每半年从老张手上借款5000元,双方约定年利率为8%,但每半年计算一次利息。问:老李3年后应归还老张多少钱?

**解** 根据已知条件得,每半年(计息期)的利率为 $i=(8\%)/2=4\%$。

3年内总的计息期数为 $n=3\times2=6$。

假设借款均在每半年末期发生,则现金流量图如图2-19所示(现金流量单位为元)。

$$F=A(F/A,i,n)=5\,000(F/A,4\%,6)\text{元}=33\,164.88\text{元}$$

即老李3年后应归还老张33 164.88元钱。

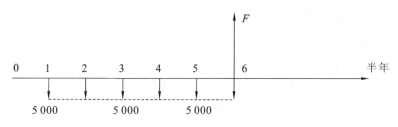

图 2-19 按半年计息的现金流量图

**例 2-20** 假如老李现在一次性向老张借款 30 000 元,双方约定在今后的 3 年内每月等额偿还 1 000,按月计算利息。问:老李还款的月实际利率、年实际利率和年名义利率各是多少?

**解** 本例的现金流量图如图 2-20 所示(现金流量单位为元)。

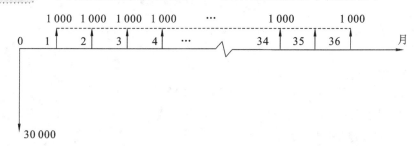

图 2-20 按月计息的现金流量图

可以利用等额支付现值公式计算利率:

$$30\ 000 = 1\ 000\ \frac{(1+i)^{36}-1}{i(1+i)^{36}}$$

但这是一个高次方程,很难求出 $i$。可以利用内插的方法求 $i$。

将上式变形得,$\frac{(1+i)^{36}-1}{i(1+i)^{36}} = 30$,令 $R = \frac{(1+i)^{36}-1}{i(1+i)^{36}}$

当 $i_1 = 2\%$,$R_1 = 25.488\ 8$;当 $i_2 = 1\%$ 时,$R_2 = 30.107\ 5$。

那么,$R = 30$ 时对应的利率为

$$i = 2\% - (2\% - 1\%) \times \frac{30 - 25.488\ 8}{30.107\ 5 - 25.488\ 8} = 1.023\ 3\%$$

即为月实际利率。

年名义利率为　　　　　$r = 1.023\ 3\% \times 12 = 12.279\ 6\%$

年实际利率为　　　　　$I = \left(1 + \frac{12.279\ 6\%}{12}\right)^{12} - 1 = 12.994\ 8\%$

### 2. 计息期短于支付期

如果每月计息,但一年或一季度才发生现金流量,这就是计息期短于支付期的情况。

**例 2-21** 从现在起,老李向老张每年借款 5 000 元,双方约定年利率为 6%,但每月计算一次利息。问:3 年后老李应归还老张多少钱?

**解** 本例有 3 种计算方法。

(1) 方法一:直接计算。

根据已知条件可知,每月的利率 $i=6\%/12=0.5\%$。

按月绘制的现金流量图如图 2-21 所示(现金流量单位为元)。计算将来值为

$F=5\,000(F/P,0.5\%,24)$元$+5\,000(F/P,0.5\%,12)$元$+5000$元$=15\,944.19$元

即 3 年后老李应归还老张 15 944.19 元。

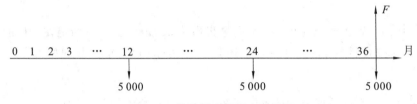

图 2-21 按月计息的现金流量图

(2) 方法二:先计算实际利率,再计算将来值。

年实际利率 $\qquad i=(1+6\%/12)^{12}-1=6.167\,8\%$

3 年后的将来值为

$$F=5\,000(F/A,6.167\,8\%,3)\text{元}=15\,943.67\text{元}$$

即 3 年后老李应归还老张 15 943.67 元。

(3) 方法三:先分摊,再计算。

由于支付期长于计息期,则可以把每期的支付先分摊到每个计息期,这样支付期就与计息期相同了。本例中每年的支付为 5 000 元,计息期为月,因此,可以先把 5 000 元等额分配到每月,则每月的等额值为

$$A=F(A/F,i,n)=5\,000\left(A/F,\frac{6\%}{12},12\right)\text{元}=405.332\,1\text{元}$$

再绘制按月的现金流量图如图 2-22 所示(现金流量单位为元)。

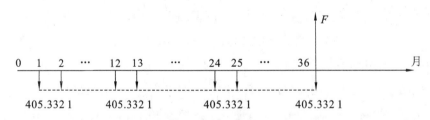

图 2-22 等额偿还现金流量图

月利率 $i=0.5\%$

将来值 $F=405.332\,1\,(F/A,0.5\%,36)$元$=15\,944.19$元

由以上分析可知,3 种计算方法结果相同。

**例 2-22** 如果在例 2-21 中,老李向老张每半年借款 5 000 元,年利率仍为 6%,每月计算一次利息。问:3 年后老李应归还老张多少钱?

**解** 此例中,不仅计息期短于支付期,而且名义利率的时间单位与支付期也

不同。

可先计算出半年的名义利率,再计算半年的实际利率,最后用半年的实际利率计算将来值。

半年的名义利率 $r=6\%/2=3\%$

半年的实际利率 $i=(1+3\%/6)6-1=3.037\ 8\%$

3年内有 $3\times2=6$ 个半年,则3年末的将来值为

$$F=5\ 000(F/A,3.037\ 8\%,6)\text{元}=32\ 372.76\text{元}$$

### 3. 计息期长于支付期

当计息期长于支付期时,一般情况是将计息期内发生的现金流量进行合并,使其与计息期的时间长度相等。按照惯例,存款必须存满整个计息期时才计算利息,而借款或贷款没有满一个计息期也计算利息。这就是说,在计息期间存入的款项在该计息期不计算利息,要到下一个计息期才计算利息;在计息期间的借款或贷款,则在该计息期计算利息。因此,在对现金流量进行合并时,计息期间的存款应放在期末,而在计息期间的取款、借款或贷款应放在期初。

**例 2-23** 某公司去年在银行的存款、取款现金流量如图 2-23 所示(箭头向上表示取款,箭头向下表示存款)。银行年存款利率为 2%,但每季度计息一次。试问:去年年底该企业能从银行取出多少钱?

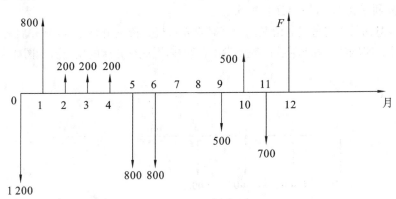

图 2-23 实际的现金流量图

**解** 由于计息期是以季度为单位,因此,将图 2-23 中的现金流量进行合并,合并到每个季度的期末。合并整理后的现金流量图如图 2-24 所示。

每季度的利率 $i=2\%/4=0.5\%$

那么,将来值为

$F=(1\ 200-1\ 000)\times(1+0.5\%)^4\text{元}-400\times(1+0.5\%)^3\text{元}+1\ 600\times(1+0.5\%)^2\text{元}$
$\quad+(500-500)\times(1+0.5\%)\text{元}+700\text{元}=2\ 114.04\text{元}$

即去年年底该企业能从银行取出 2 114.04 元。

上面是分别讨论了计息期与支付期相同、计息期短于支付期和计息期长于支付期的情况,如果同一个问题 3 种情况都有,又应怎样处理呢?

**例 2-24** 张明同学贷款读书,每半年向银行贷款 2 000 元,连续贷款 4 年。银行约定

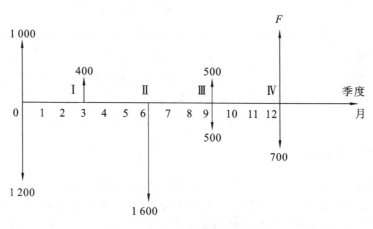

图 2-24 合并后的现金流量图

计算利息的方式有以下 3 种:(1)年贷款利率为 6%,每年计息一次;(2)年贷款利率为 5.5%,每半年计息一次;(3)年贷款利率为 5%,每季度计息一次。那么张明同学应选择哪种贷款方式?

**解** 可以通过计算 3 种还款方式的将来值进行比较,应选择将来值小的还款方式。

(1)年贷款利率为 6%,每年计息一次。

这是属于计息期长于支付期的情况。计算时要先对现金流量进行合并,合并后的现金流量的发生周期要等于计息期(年)。由于借款一般都发生在期初,因此合并后的现金流量图如图 2-25 所示。

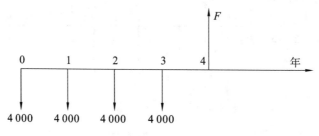

图 2-25 合并后的现金流量图

所有贷款的将来值为
$$F=4\ 000(F/A,6\%,4)\times(1+6\%)元=18\ 548.37\ 元$$

(2)年贷款利率为 5.5%,每半年计息一次。

这是属于计息期等于支付期的情况。

半年的利率 $i=5.5\%/2=2.75\%$

4 年内的计息期数 $n=4\times 2=8$

所有贷款(贷款一般发生在期初)的将来值为
$$F=2\ 000(F/A,2.75\%,8)\times(1+2.75\%)元=18\ 112.44\ 元$$

(3)年贷款利率为 5%,每季度计息一次。

这是属于计息期短于支付期的情况。可以用两种方法计算。

方法一:先分摊,再计算。

每季度的利率 $i=5\%/4=1.25\%$

先将每半年的贷款分摊成每季度的等值 $A=2\,000(A/P,1.25\%,2)$元$=1\,018.79$元
分摊后的现金流量图如图 2-26 所示。

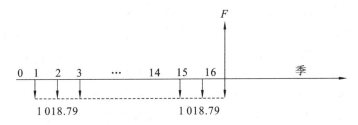

图 2-26 分摊后的现金流量图

所有贷款(贷款发生在期初)的将来值为
$$F=1\,018.79\,(F/A,1.25\%,16)元=17\,921.70\,元$$
方法二：先计算半年的实际利率，再计算还款的将来值。
半年的名义利率　　　　　$r=5\%/2=2.5\%$
半年的实际利率　　　　　$i=(1+2.5\%/2)^2-1=2.515\,6\%$
4 年里的计息期数　　　　　$n=4\times2=8$
所有贷款(贷款发生在期初)的将来值为
$$F=2\,000(F/A,2.515\,6\%,8)\times(1+2.515\,6\%)元=17\,921.66\,元$$
从以上的计算可见，第 3 种计息方式最后还款的值最小。因此，应选择第 3 种计息方式来还款，即采用年贷款利率为 5%，每季度计息一次的还款方式。

1. 什么是现金流量？它包括哪些内容？试举例说明。
2. 什么现金流量图？它的构成要素有哪些？绘制现金流量图时应注意哪些问题？
3. 什么是资金的时间价值？影响资金的时间价值因素有哪些？
4. 什么是单利？什么是复利？各自的计算有何不同？它们有何关系？
5. 试分析银行生存的原因与经营的目的。
6. 我国银行的活期存款是单利还是复利？
7. 什么是资金等值？资金等值有何作用？
8. 什么是名义利率和实际利率？它们有什么关系？

1. 某城市投资兴建一座桥梁，建设期为 3 年，预计总投资 15 000 万元，所有投资从银行贷款，分 3 年等额投入建设(投资均在每年年初投入)。桥梁建好后即可投入使用。预计每天过往车辆 2 000 辆，每辆车收取过桥费 10 元，一年按 360 天计算。设该桥的寿命期为 50 年，桥梁每

年的维修保养费为 10 万元。试绘制其现金流量图。

2. 某工程项目 5 年前投资 100 万元,第一年年末就投入生产并获利。截至目前每年年收入 20 万元,每年的维修保养费 1 万元。预计该工程还能继续使用 5 年,今后 5 年内每年收益为 15 万元,维修费仍为每年 1 万元。5 年后资产全部回收完并报废。试画出该项目的现金流量图。

3. 某人现在向银行借款 5 000 元,约定 3 年后归还。若银行借款利率为 5.5%,试分别按单利和复利计算 3 年后此人应归还银行多少钱?对还款人来说,哪种计算利息的方式合算?

4. 蔡某按单利年利率 6% 借款 20 000 元给胡某,3 年后蔡某收回了借款,又将全部本利和贷款给李某,约定贷款年利率为 5%,期限为 2 年,但按复利计算。问:蔡某最后收回贷款时能收回多少钱?

5. 某公司投资建设一栋楼房,在银行贷款 300 万元。约定一年后归还,贷款月利率为 0.5%。问:该公司一年后应归还银行多少钱?

6. 某电力公司拟在 5 年后建设一个发电厂,估计投资 1 000 万元。该公司打算现在存入一笔资金留给发电厂建设用。若银行现在的存款年利率为 2%,问该公司现在应存入银行多少钱?如果该公司打算从现在开始每年年末存入银行一笔钱,年存款利率仍为 2%,那么该公司现在应存入银行多少钱?若该公司从现在开始每年年初存入银行一笔钱,年存款利率仍为 2%,那么该公司现在又应存入银行多少钱?

*7. 王同学打算十年后买一套商品房,从现在开始就在每年年末存入银行 20 000 元,银行目前存款年利率为 5%,但按单利计算利息。问:①王同学十年后能从银行取出多少钱用于购房?②如果王同学是每年年初存入银行 20 000 元,那结果又会是怎样的呢?③如果王同学是现在一次性存入银行 180 000 元,那结果又会是怎样的呢?

*8. 老张现在向朋友借款 30 万元用于购买商品房,借款期限为 20 年。由于是朋友关系,因此利息按单利计算。双方约定年借款利率为 7%,还款方式为每月等额偿还。问:老张每月应还款多少?

9. 老张现在向银行借款 30 万元购买商品房,借款期限为 20 年。银行规定的借款年利率为 7%,还款方式为每月等额偿还。问:老张每月的还款是多少?

10. 某公司现在存款 P 万元,若存款年利率为 5%,问:多少年后本利和是现在存款的 2 倍?

11. 某公司现在存款 P 万元,存款期限为十年,现在有多种利率投资方式可供选择,问:该公司希望 10 年后本利和是现在存款的 2 倍,应选择年利率为多少的投资方式?

*12. 某企业贷款 200 万元投资建设一个项目,3 年建成并投产,同时开始用每年的收益来等额偿还贷款,分十年还完,贷款年利率为 7%。问:该企业每年要偿还银行多少贷款?

13. 某项目现金流量图如图 2-27(单位为元)所示。若年利率为 5%,求图中的现值、终值和第 5 年末的等值,以及平均每年的年值。

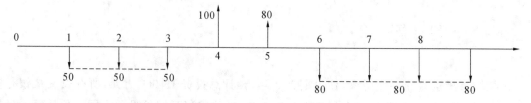

图 2-27 习题 13 的现金流量图

14. 证明等值计算中各种系数的关系：
① $(P/F,i,n)=(P/A,i,n)(A/F,i,n)$ ② $(A/P,i,n)-i=(A/F,i,n)$
③ $(F/P,i,n) \cdot (A/F,i,n)=(A/P,i,n)$

15. 某人第一个月存入银行 1000 元,从第二个月开始每月递增 100 元,连续存 5 年。存款年利率为 3％,问:此人全部存款的现值、终值及平均每年的存款额是多少?

16. 某人在银行贷了一笔款项,从现在开始偿还。第一个月偿还 10000 元,从第二个月开始每月递减 1000 元,连续还 10 个月。贷款月利率为 1％,问:此人全部贷款的现值、终值及平均每月的还款额是多少?

17. 某人购买了一种股票,原始值为 150 元一股,股利为 10 元。购买以后股利以每年 2％的比例逐年上涨。若股票寿命期为 20 年,银行利率为 5％,那么,求此人 20 年后每股盈利是多少?

18. 若年利率为 5％,试求图 2-28 中的现值、终值和等额年值。

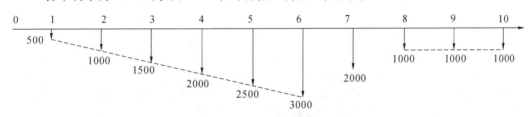

图 2-28　习题 18 的现金流量图

19. 某企业向银行贷款 20000 元,在 5 年内以年利率 5％还清全部本金和利息,现有以下四种不同的还款方式。
① 5 年后一次性还本付息,中途不做任何还款。
② 在 5 年中仅在每年年底归还利息 1000 元,最后在第五年年末将本金和利息一并归还。
③ 将所借本金做分期均匀偿还,同时偿还到期利息,至第五年年末全部还清。
④ 每年年末等额偿还本息。
试分析各种还款方式每年的债务情况,并说明哪种方式最优。

# 工作手册 3

# 工程经济效果评价的方法

## 学习目标

**1. 知识目标**

(1) 掌握工程经济效果评价的各项指标意义及其计算方式。
(2) 熟悉工程投资方案经济效果评价方法的分类及其相互关系。
(3) 掌握互斥方案的意义及其评价方法。
(4) 掌握独立方案和混合方案的意义及其评价方法。

**2. 能力目标**

能够运用工程经济效果评价的各项指标进行项目的评价与方案的选择。

## ❖ 项目描述

表 3-1 为某项目技术方案的有关数据,基准折现率为 10%,标准动态回收期为 8 年,如果需要对这个方案进行技术经济评价,以确定项目的盈利能力或者项目方案是否可行,那么就必须要对这些数据进行处理,计算出相应的各项指标,如静态投资回收期、动态投资回收期、财务净现值、内部收益率等,通过这些指标的计算、分析,得到这个方案的优劣及其盈利能力,从而为业主或建设方提供参考依据。本章主要介绍项目方案评价各项指标的计算及如何运用这些指标来评价项目方案的优劣。

表 3-1　某项目技术方案动态投资回收期计算表　　　　　　　　　单位:万元

| 序号 | 项目/年 | 0 | 1 | 2 | 3 | 4 | 5 | 6 |
|---|---|---|---|---|---|---|---|---|
| 1 | 投资支出 | 20 | 500 | 100 | | | | |
| 2 | 其他支出 | | | | 300 | 450 | 450 | 450 |
| 3 | 收入 | | | | 450 | 700 | 700 | 700 |
| 4 | 净现值流量 | −20 | −500 | −100 | 150 | 250 | 250 | 250 |
| 5 | 折现值 | −20 | −454.6 | −82.6 | 112.7 | 170.8 | 155.2 | 141.1 |
| 6 | 累计折现值 | −20 | −474.6 | −557.2 | −444.5 | −273.7 | −118.5 | 22.6 |

# 任务 1　经济评价指标体系

## 一、经济效果评价的内容、方法和程序

工程经济分析的任务就是要根据所考察工程的预期目标和所拥有的资源条件,分析该工程的现金流量情况,选择合适的技术方案,以获得最佳的经济效果。这里所说的技术方案是广义的,既可以是工程建设中各种技术措施和方案(如工程设计、施工工艺、生产方案、设备更新、技术改造、新技术开发、工程材料利用、节能降耗、环境技术、工程安全和防护技术等措施和方案),也可以是建设相关企业的发展战略方案(如企业发展规划、生产经营、投资、技术发展等关乎企业生存发展的战略方案)。可以说技术方案是工程经济最直接的研究对象,而获得最佳的技术方案经济效果则是工程经济研究的目的。

### 1. 经济效果评价的内容

经济效果评价就是根据国民经济与社会发展以及行业、地区发展规划的要求,在拟定的技术方案、财务效益与费用估算的基础上,采用科学的分析方法,对技术方案的财务可行性和经济

合理性进行分析论证,为选择技术方案提供科学的决策依据。

经济效果评价的内容应根据技术方案的性质、目标、投资者、财务主体以及方案对经济与社会的影响程度等具体情况确定,一般包括技术方案的盈利能力、偿债能力、财务生存能力等评价内容。

1) 技术方案的盈利能力

技术方案的盈利能力是指分析和测算拟定技术方案计算期的盈利能力和盈利水平。其主要分析指标包括方案财务内部收益率和财务净现值、资本金财务内部收益率、静态投资回收期、总投资收益率和资本金净利润率等,可根据拟定技术方案的特点及经济效果分析的目的和要求等选用。

2) 技术方案的偿债能力

技术方案的偿债能力是指财务主体的偿债能力,其主要指标包括利息备付率、偿债备付率和资产负债率等。

3) 技术方案的财务生存能力

财务生存能力分析也称资金平衡分析,是根据拟定技术方案的财务计划现金流量表,通过考察拟定技术方案计算期内各年的投资、融资和经营活动所产生的各项现金流入和流出,计算净现金流量和累计盈余资金,分析技术方案是否有足够的净现金流量维持正常运营,以实现财务的可持续性。而财务的可持续性应首先体现为有足够的经营净现金流量,这是财务可持续的基本条件;其次在整个运营期间,允许个别年份的净现金流量出现负值,但各年累计盈余资金不应出现负值,这是财务生存的必要条件。若出现负值,应进行短期借款,同时分析该短期借款的时间长短和数额大小,进一步判断拟定技术方案的财务生存能力。短期借款应体现在财务计划现金流量表中,其利息应计入财务费用。为维持技术方案正常运营,还应分析短期借款的可靠性。

**2. 经济效果评价的方法**

由于经济效果评价的目的在于确保决策的正确性和科学性,避免或最大限度地减小技术方案的投资风险,明确技术方案投资的经济效果水平,最大限度地提高技术方案投资的综合经济效果,因此,正确选择经济效果评价的方法是十分重要的。

1) 经济效果评价的基本方法

经济效果评价的基本方法包括确定性评价方法与不确定性评价方法两类。对同一个技术方案必须同时进行确定性评价和不确定性评价。

2) 按评价方法的性质分类

按评价方法的性质不同,经济效果评价可分为定量分析和定性分析。

(1) 定量分析　定量分析是指对可度量因素实行的分析方法。在技术方案经济效果评价中考虑的定量分析因素包括资产价值、资本成本、有关销售额、成本等一系列可以以货币表示的一切费用和收益。

(2) 定性分析　定性分析是指对无法精确度量的重要因素实行的估量分析方法。

在技术方案经济效果评价中,应坚持定量分析和定性分析相结合,以定量分析为主的原则。

3) 按评价方法是否考虑时间因素分类

对定量分析,按其是否考虑时间因素又可分为静态分析和动态分析。

(1) 静态分析  静态分析是不考虑资金的时间因素,即不考虑时间因素对资金价值的影响,而对现金流量分别进行直接汇总来计算分析指标的方法。

(2) 动态分析  动态分析是在分析方案的经济效果时,对发生在不同时间的现金流量折现后来计算分析指标。在工程经济分析中,由于时间和利率的影响,对技术方案的每一笔现金流量都应该考虑它所发生的时间,以及时间因素对其价值的影响。动态分析能较全面地反映技术方案整个计算期的经济效果。

在技术方案经济效果评价中,应坚持动态分析与静态分析相结合,以动态分析为主的原则。

4) 按评价是否考虑融资分析

经济效果分析可分为融资前分析和融资后分析。一般宜先进行融资前分析,在融资前分析结论满足要求的情况下,初步设定融资方案,再进行融资后分析。

(1) 融资前分析  融资前分析应考察技术方案整个计算期内的现金流入和现金流出,编制技术方案投资现金流量表,计算技术方案投资内部收益率、净现值和静态投资回收期等指标。融资前分析排除了融资方案变化的影响,从技术方案投资总获利能力的角度,考察方案设计的合理性,应作为技术方案初步投资决策与融资方案研究的依据和基础。融资前分析应以动态分析为主,静态分析为辅。

(2) 融资后分析  融资后分析应以融资前分析和初步的融资方案为基础,考察技术方案在拟定融资条件下的盈利能力、偿债能力和财务生存能力,判断技术方案在融资条件下的可行性。融资后分析用于比选融资方案,帮助投资者做出融资决策。

5) 按技术方案评价的时间分类

按技术方案评价的时间可分为事前评价、事中评价和事后评价。

(1) 事前评价  事前评价是指在技术方案实施前为决策所进行的评价。显然事前评价都有一定的预测性,因而也就有一定的不确定性和风险性。

(2) 事中评价  事中评价,也称为跟踪评价,是指在技术方案实施过程中所进行的评价。这是由于在技术方案实施前所做的评价结论及评价所依据的外部条件(市场条件、投资环境等)发生变化而需要进行修改,或者因事前评价时考虑问题不周、失误,甚至根本未做事前评价,在建设中遇到困难,而不得不反过来重新进行评价,以决定原决策有无全部或局部修改的必要性时所进行的评价。

(3) 事后评价  事后评价,也称为后评价,是在技术方案实施完成后,总结评价技术方案决策的正确性,以及技术方案实施过程中项目管理的有效性等时所进行的评价。

## 3. 经济效果评价的程序

经济效果评价的程序主要包含以下步骤。

(1) 熟悉技术方案的基本情况。熟悉技术方案的基本情况,包括投资目的、意义、要求、建设条件和投资环境,做好市场调查研究和预测、技术水平研究和设计方案。

(2) 收集、整理和计算有关技术经济基础数据资料与参数。技术经济基础数据资料与参数是进行技术方案经济效果评价的基本依据,所以在进行经济效果评价之前,必须先收集、估计、测算和选定一系列有关的技术经济数据与参数。主要包括以下几点。

① 技术方案投入物和产出物的价格、费率、税率、汇率、计算期、生产负荷及基准收益率等。它们是重要的技术经济数据与参数,在对技术方案进行经济效果评价时,必须科学合理地选用。

② 技术方案建设期间分年度投资支出额和技术方案投资总额。技术方案投资包括建设投资和流动资金需要量。

③ 技术方案来源方式、数额、利率、偿还时间,以及分年还本付息数额。

④ 技术方案生产期间的分年产品成本。分别计算出总成本、经营成本、单位产品成本、固定成本和变动成本。

⑤ 技术方案生产期间的分年产品销售数量、营业收入、营业税金及附加、营业利润及其分配数额。

根据以上技术经济数据与参数分别估测出技术方案整个计算期(包括建设期和生产期)的财务数据。

(3) 根据基础财务数据资料编制各基本财务报表。

(4) 经济效果评价。运用财务报表的数据与相关参数,计算技术方案的各经济效果分析指标值,并进行经济可行性分析,得出结论。具体步骤如下。

① 首先进行融资前的盈利能力分析,其结果体现技术方案本身设计的合理性。也就是说用于考察技术方案是否可行,是否值得去融资。这对技术方案投资者、债权人和政府管理部门都是有用的。

② 如果第一步分析的结论是"可行"的,那么进一步去寻求适宜的资金来源和融资方案,就需要借助于对技术方案的融资后分析,即资本金盈利能力分析和偿债能力分析,投资者和债权人可据此做出最终的投融资决策。

## 二、工程经济评价指标体系

技术方案的经济效果评价,一方面取决于基础数据的完整性和可靠性,另一方面取决于选取的评价指标体系的合理性,只有选取正确的评价指标体系,经济效果评价的结果才能与客观实际情况相吻合,才具有实际意义。一般情况下,技术方案的经济效果评价指标不是唯一的,在工程经济分析中,常用的经济效果评价指标体系如图3-1所示。

静态分析指标的最大特点是不考虑时间因素,计算简便。所以在对技术方案进行粗略评价,或对短期投资方案进行评价,或对逐年收益大致相等的技术方案进行评价时,静态分析指标还是可采用的。

动态分析指标强调利用复利方法计算资金时间价值,它将不同时间内资金的流入和流出换算成同一时点的价值,从而为不同技术方案的经济比较提供了可比基础,并能反映技术方案在未来时期的发展变化情况。

总之,在进行技术方案经济效果评价时,应根据评价深度要求、可获得资料的多少以及评价方案本身所处的条件,选用多个不同的评价指标,这些指标有主有次,从不同侧面反映出评价方案的经济效果。

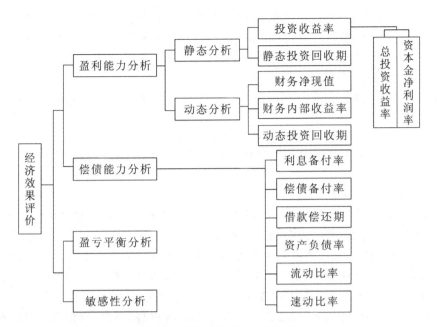

图 3-1 经济效果评价指标体系

**1. 投资收益率分析**

1) 投资收益率的定义

投资收益率(R)是衡量技术方案获利水平的评价指标,它是技术方案建成投产达到设计生产能力后的一个正常生产年份的年净收益额与技术方案投资的比率。它表明技术方案在正常生产年份中,单位投资每年所创造的年净收益额。对生产期内各年的净收益额变化幅度较大的技术方案,可计算生产期年平均净收益额与技术方案投资的比率,其计算公式为

$$R = \frac{A}{I} \times 100\% \tag{3-1}$$

式中　$R$——投资收益率;

　　　$A$——技术方案年净收益额或年平均净收益额;

　　　$I$——技术方案投资。

2) 判别原则

将计算出的投资收益率($R$)与所确定的基准投资收益率($R_c$)进行比较。若 $R \geqslant R_c$,则技术方案可以考虑接受;若 $R < R_c$,则技术方案是不可行的。

3) 应用形式

根据分析目的的不同,投资收益率又具体分为:总投资收益率(ROI)、资本金净利润率(ROE)。

(1) 总投资收益率(ROI)。

总投资收益率(ROI)表示总投资的盈利水平,按式(3-2)计算:

$$\text{ROI} = \frac{\text{EBIT}}{\text{TI}} \times 100\% \tag{3-2}$$

式中　EBIT——技术方案正常年份的年息税前利润或运营期内年平均息税前利润;

TI——技术方案总投资(包括建设投资、建设期贷款利息和全部流动资金)。

式(3-2)中所需的财务数据,均可从相关的财务报表中获得。总投资收益率高于同行业的收益率参考值,表明用总投资收益率表示的技术方案盈利能力满足要求。

(2) 资本金净利润率(ROE)。

技术方案资本金净利润率(ROE)表示技术方案资本金的盈利水平,按式(3-3)计算:

$$ROE = \frac{NP}{EC} \times 100\% \tag{3-3}$$

式中 NP——技术方案正常年份的年净利润或运营期内年平均净利润,净利润=利润总额-所得税;

EC——技术方案资本金。

式(3-3)中所需的财务数据,均可从相关的财务报表中获得。技术方案资本金净利润率高于同行业的净利润率参考值,表明用资本金净利润率表示的技术方案盈利能力满足要求。

总投资收益率(ROI)用来衡量整个技术方案的获利能力,要求技术方案的总投资收益率(ROI)应大于行业的平均投资收益率。总投资收益率越高,从技术方案所获得的收益就越多。而资本金净利润率(ROE)则用来衡量技术方案资本金的获利能力,资本金净利润率(ROE)越高,资本金所取得的利润就越多,权益投资盈利水平也就越高;反之,则情况相反。对于技术方案而言,若总投资收益率或资本金净利润率高于同期银行利率,适度举债是有利的;反之,过高的负债比例将损害企业和投资者的利益。由此可以看出,总投资收益率或资本金净利润率指标不仅可以用来衡量技术方案的获利能力,还可以作为技术方案筹资决策参考的依据。

4) 指标优缺点及适用条件

投资收益率(R)指标优点:经济意义明确、直观,计算简便,在一定程度上反映了投资效果的优劣,适用于各种投资规模。

投资收益率(R)指标缺点:没有考虑投资收益的时间因素,忽视了资金具有时间价值的重要性,指标的计算主观随意性太强,正常生产年份的选择比较困难,其确定带有一定的不确定性和人为因素。

投资收益率(R)指标的适用条件:投资收益率指标作为主要的决策依据不太可靠,主要用在技术方案制定的早期阶段或研究过程,以及计算期较短、不具备综合分析所需详细资料的技术方案,尤其适用于工艺简单而生产情况变化不大的技术方案的选择和投资经济效果的评价。

**例 3-1** 已知某技术方案拟投入资金和利润如表 3-2 所示。计算该技术方案的总投资利润率和资本金净利润率。

表3-2 某技术方案拟投入资金和利润表　　　　单位:万元

| 序号 | 项目/年份 | 1 | 2 | 3 | 4 | 5 | 6 | 7—10 |
|---|---|---|---|---|---|---|---|---|
| 1 | 建设投资 | | | | | | | |
| 1.1 | 自有资金部分 | 2 000 | 500 | | | | | |
| 1.2 | 贷款本金 | | 3 000 | | | | | |
| 1.3 | 贷款利息(年利率8%,投产后前4年等本偿还,利息照付) | | 120 | 249.6 | 190 | 127.6 | 65.1 | |
| 2 | 流动资金 | | | | | | | |
| 2.1 | 自有资金部分 | | | 400 | | | | |

续表

| 序号 | 项目/年份 | 1 | 2 | 3 | 4 | 5 | 6 | 7—10 |
|---|---|---|---|---|---|---|---|---|
| 2.2 | 贷款 | | | 100 | 500 | | | |
| 2.3 | 贷款利息(年利率为4%) | | | 4 | 24 | 24 | 24 | 24 |
| 3 | 所得税前利润 | | | −80 | 600 | 700 | 780 | 800 |
| 4 | 所得税后利润(所得税率为30%) | | | −80 | 420 | 490 | 546 | 560 |

**解** （1）计算总投资收益率（ROI）。

① 技术方案总投资 TI ＝建设投资＋建设期贷款利息＋全部流动资金
$$= (2\,000+500+3\,000+120+400+100+500)\text{万元}$$
$$= 6\,620\text{ 万元}$$

② 年平均息税前利润 EBIT ＝[(249.6＋190＋127.6＋65.1＋4＋24×7)
$$+(-80+600+700+780+800\times4)]/8\text{ 万元}$$
$$= 750.5\text{ 万元}$$

③ 根据式(3-2)计算总投资收益率（ROI）。

$$\text{ROI} = \frac{\text{EBIT}}{\text{TI}} \times 100\% = \frac{750.5}{6\,620} \times 100\% = 11.34\%$$

（2）计算资本金净利润率（ROE）。

① 技术方案资本金 EC＝(2 000＋500＋400)万元＝2 900 万元

② 年平均净利润 NP＝(−80＋420＋490＋546＋560×4)/8 万元＝452 万元

③ 根据式(3-3)可计算资本金净利润率（ROE）。

$$\text{ROE} = \frac{\text{NP}}{\text{EC}} \times 100\% = \frac{452}{2\,900} \times 100\% = 15.59\%$$

**2. 静态投资回收期分析**

1) 静态投资回收期的定义

投资回收期也称返本期，是反映技术方案投资回收能力的重要指标。技术方案静态投资回收期是在不考虑资金时间价值的条件下，以技术方案的净收益回收其总投资（包括建设投资和流动资金）所需要的时间，一般以年为单位。静态投资回收期（$P_t$）宜从技术方案建设开始年算起，若从技术方案投产开始年算起，应予特别注明。从建设开始年算起，静态投资回收期（$P_t$）的计算公式如下。

$$\sum_{t=0}^{P_t}(\text{CI}-\text{CO})_t = 0 \qquad (3\text{-}4)$$

式中 $P_t$——技术方案静态投资回收期；

CI——技术方案现金流入量；

CO——技术方案现金流出量；

$(\text{CI}-\text{CO})_t$——技术方案第 $t$ 年净现金流量。

2) 判别原则

将计算出的静态投资回收期 $P_t$ 与所确定的基准投资回收期 $P_c$ 进行比较。若 $P_t \leqslant P_c$,表明技术方案投资能在规定的时间内收回,则技术方案可以考虑接受;若 $P_t > P_c$,则技术方案是不可行的。

3) 应用形式

静态投资回收期可借助技术方案投资现金流量表,根据净现金流量计算,其具体计算又分为以下两种情况。

(1) 当技术方案实施后各年的净收益(即净现金流量)均相同时,静态投资回收期的计算公式如下。

$$P_t = \frac{I}{A} \tag{3-5}$$

式中 $I$——技术方案总投资;

$A$——技术方案每年的净收益,即 $A = (CI-CO)_t$。

(2) 当技术方案实施后各年的净收益不相同时,静态投资回收期可根据累计净现金流量求得,也就是在技术方案投资现金流量表中累计净现金流量由负值变为零的时点。计算公式为

$$P_t = T - 1 + \frac{\left| \sum_{t=0}^{T-1}(CI-CO)_t \right|}{(CI-CO)_T} \tag{3-6}$$

式中 $T$——技术方案各年累计净现金流量首次为正或零的年数;

$\left| \sum_{t=0}^{T-1}(CI-CO)_t \right|$——技术方案第 $T-1$ 年累计净现金流量的绝对值;

$(CI-CO)_T$——技术方案第 $T$ 年的净现金流量。

4) 指标优缺点及适用条件

静态投资回收期($P_t$)指标优点:指标容易理解,计算也比较简便,在一定程度上显示了资本的周转速度。显然,资本周转速度愈快,静态投资回收期越短,风险越小,技术方案抗风险能力强。因此在技术方案经济效果评价中一般都要求计算静态投资回收期,以反映技术方案原始投资的补偿速度和技术方案投资风险性。对于那些技术上更新迅速的技术方案,或者资金相当短缺的技术方案,或者未来的情况很难预测而投资者又特别关心资金补偿的技术方案,采用静态投资回收期评价特别有实用意义。

静态投资回收期($P_t$)指标缺点如下。

(1) 只考虑投资回收之前的效果,不能反映回收投资之后的效益大小。

例如,有三个工程项目可供选择,总投资均为 2 000 万元,投产后每年净收益如表 3-3 所示。

表 3-3 某项目年净收益表  单位:万元

| 年份 | 项目 A | 项目 B | 项目 C |
|---|---|---|---|
| 1 | 1 000 | 1 000 | 1 000 |
| 2 | 1 000 | 1 000 | 1 000 |
| 3 | — | 1 000 | 1 000 |
| 4 | — | — | 1 000 |

从投资回收期指标看,项目 A、项目 B、项目 C 的投资回收期均为 2 年。但是项目 B、项目 C 在回收投资以后还有收益,其经济效益明显比项目 A 好,可是 $P_t$ 指标反映不出来它们之间的差别。

(2) 静态投资回收期由于没有考虑资金的时间价值,无法正确地判别项目的优劣,可能导致错误的选择。

例如,某项目需要 5 年建成,每年需投资 10 亿元,投资全部为贷款,年利率为 10%。项目投产后每年回收净现金 5 亿元,项目生产期为 20 年。若不考虑资金时间价值,投资回收期为 10 年(10×5/5)。即只用 10 年就可回收全部投资,以后的 10 年回收的现金都是净赚的钱,共计 50 亿元,不能不说是一个相当不错的投资项目,但是如果考虑贷款利息因素,情况将大为不同。

$$投产时欠款 = 10 \times [(1+10\%)^5 - 1] / 10\% 亿元 = 61.051 亿元$$
$$投产后每年利息支出 = 61.051 \times 10\% 亿元 = 6.1051 亿元$$

可见每年回收的现金还不够偿还利息,因此,这是一个极不可取的项目。

(3) 静态投资回收期指标没有考虑项目的寿命期及寿命期末残值的回收。

静态投资回收期指标适用条件:静态投资回收期作为技术方案选择的评价准则是不可靠的,它只能作为辅助评价指标,或者与其他评价指标相结合应用。

**例 3-2** 某技术方案投资现金流量表的数据如表 3-4 所示,计算该技术方案的静态投资回收期。

表 3-4 某技术方案投资现金流量表  单位:万元

| 计算期 | 0 | 1 | 2 | 3 | 4 | 5 | 6 | 7 | 8 |
|---|---|---|---|---|---|---|---|---|---|
| 现金流入 | — | — | — | 900 | 1 100 | 1 100 | 1 100 | 1 100 | 1 100 |
| 现金流出 | — | 500 | 600 | 600 | 600 | 600 | 600 | 600 | 600 |
| 净现金流量 | — | −500 | −600 | 300 | 500 | 500 | 500 | 500 | 500 |
| 累计净现金流量 | — | −500 | −1 100 | −800 | −300 | 200 | 700 | 1 200 | 1 700 |

**解** 根据式(3-6),可得:

$$P_t = \left(5 - 1 + \frac{|-300|}{500}\right) 年 = 4.6 年$$

### 3. 财务净现值分析

1) 财务净现值的定义

财务净现值(FNPV)是反映技术方案在计算期内盈利能力的动态评价指标。技术方案的财务净现值是指用一个预定的基准收益率(或设定的折现率)$i_c$,分别把整个计算期间内各年所发生的净现金流量都折现为技术方案开始实施时的现值之和。财务净现值的计算公式为

$$FNPV = \sum_{t=0}^{n} (CI - CO)_t (1 + i_c)^{-t} \tag{3-7}$$

式中 FNPV——财务净现值;
(CI−CO)$_t$——技术方案在第 $t$ 年的净现金流量(有正负之分);
$i_c$——基准收益率;

$n$——技术方案计算期。

可根据需要选择计算所得税前财务净现值或所得税后财务净现值。

2）判别原则

财务净现值是评价技术方案盈利能力的绝对指标。当 FNPV>0 时，说明该技术方案除了满足基准收益率要求的盈利之外，还能得到超额收益，也就是说，技术方案现金流入的现值和大于现金流出的现值和，该技术方案有收益，故该技术方案财务上可行；当 FNPV=0 时，则技术方案基本能满足基准收益率要求的盈利水平，即技术方案现金流入的现值正好抵偿技术方案现金流出的现值，该技术方案财务上还是可行的；当 FNPV<0 时，该技术方案不能满足基准收益率要求的盈利水平，即技术方案收益的现值不能抵偿支出的现值，该技术方案财务上不可行。

3）指标优缺点及适用条件

财务净现值（FNPV）指标优点：考虑了资金的时间价值，并全面考虑了技术方案在整个计算期内现金流量的时间分布状况；经济意义明确直观，能够直接以货币额表示技术方案的盈利水平；判断直观。

财务净现值（FNPV）指标缺点：必须首先确定一个符合经济现实的基准收益率，而基准收益率的确定往往是比较困难的；在互斥方案评价时，财务净现值必须慎重考虑互斥方案的寿命，如果互斥方案寿命不等，必须构造一个相同的分析期限，才能进行各个方案之间的比选；财务净现值也不能真正反映技术方案投资中单位投资的使用效率；不能直接说明在技术方案运营期间各年的经营成果；没有给出该投资过程确切的收益大小，不能反映投资的回收速度。

**例 3-3** 已知某技术方案有如下现金流量（表 3-5），假定 $i_c=10\%$，试计算财务净现值（FNPV）。

表 3-5 某技术方案净现金流量　　　　　　　　　　　　　单位：万元

| 年份 | 1 | 2 | 3 | 4 | 5 | 6 | 7 |
| --- | --- | --- | --- | --- | --- | --- | --- |
| 净现金流量/万元 | -4 000 | -5 000 | 1 000 | 3 000 | 3 000 | 3 000 | 3 000 |

**解** 根据式（3-7）可以得到：

$$FNPV = -4\,000(P/F,8\%,1) - 5\,000(P/F,8\%,2) + 1\,000(P/F,8\%,3)$$
$$+ 3\,000(P/F,8\%,4) + 3\,000(P/F,8\%,5)$$
$$+ 3\,000(P/F,8\%,6) + 3\,000(P/F,8\%,7)$$
$$= 691.25 \text{ 万元}$$

由于 FNPV=691.25 万元>0，因此该技术方案在财务上可行。

**4. 财务内部收益率分析**

1）财务内部收益率的定义

能够使得投资项目的净现值等于零的折现率就是该项目的内部收益率（internal rate of return，记为 IRR 或 FIRR）。内部收益率法和净现值法一样，也是动态评价的一种重要的方法。

对具有常规现金流量（即在计算期内，开始时有支出而后才有收益，并且方案的净现金流量序号的符号只改变一次的现金流量)的技术方案,其财务净现值的大小与折现率的高低有直接的关系。若已知某技术方案各年的净现金流量,则该技术方案的财务净现值就完全取决于所选用的折现率,即财务净现值是折现率的函数。其表达式如下

$$\mathrm{FNPV}(i) = \sum_{t=0}^{n} (\mathrm{CI} - \mathrm{CO})_t (1+i)^{-t} \tag{3-8}$$

工程经济中常规技术方案的财务净现值函数曲线在其定义域($-1<i<+\infty$)内(对大多数工程经济实际问题来说是 $0 \leqslant i < \infty$),随着折现率的逐渐增大,财务净现值由大变小,由正变负,FNPV 与 $i$ 之间的关系如图 3-2 所示。

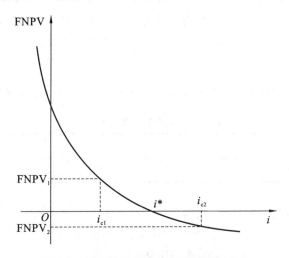

**图 3-2 常规技术方案的净现值函数曲线**

从图 3-2 可以看出,按照财务净现值的评价准则,只要 $\mathrm{FNPV}(i) \geqslant 0$,技术方案就可以接受。但由于 $\mathrm{FNPV}(i)$ 是 $i$ 的递减函数,故折现率 $i$ 定得越高,技术方案被接受的可能性越小。那么,若 $\mathrm{FNPV}(0) > 0$,则 $i$ 最大可以大到多少,仍使技术方案可以接受呢?很明显,$i$ 可以大到使 $\mathrm{FNPV}(i) = 0$,这时 $\mathrm{FNPV}(i)$ 曲线与横轴相交,$i$ 达到了其临界值 $i^*$,可以说 $i^*$ 是财务净现值评价准则的一个分水岭。即 $i^*$ 就是财务内部收益率(FIRR)。

对常规技术方案,财务内部收益率其实质就是使技术方案在计算期内各年净现金流量的现值累计等于零时的折现率。其数学表达式为

$$\mathrm{FNPV}(\mathrm{FIRR}) = \sum_{t=0}^{n} (\mathrm{CI} - \mathrm{CO})_t (1+\mathrm{FIRR})^{-t} = 0 \tag{3-9}$$

式中 FIRR——财务内部收益率。

若方案只有一次初始投资 $I$,以后各年有相同的净收益 $A$,残值为 $L$,则内部收益率的计算公式为

$$-I + A(P/A, \mathrm{FIRR}, n) + L(P/F, \mathrm{FIRR}, n) = 0 \tag{3-10}$$

财务内部收益率的经济含义是,它反映的是项目全部投资所能获得的实际最大收益率,是项目借入资金利率的临界值。假如一个项目的全部投资均来自借入资金,从理论上讲,若借入资金的利率 $i < \mathrm{FIRR}$,则该项目会有盈利;若 $i = \mathrm{FIRR}$,则该项目全部投资所得的净收益刚好用于偿还借入资金的本金和利息;若 $i > \mathrm{FIRR}$,则项目就无利可图,就是亏损。这样一个偿还的过程只与项目的某些内部因素(如借入资金额、各年的净收益以及由于存在资金的时间价值而产

生的资金的增值率)有关,反映的是发生在项目内部的资金的盈利情况,而与项目之外的外界因素无关。

2) 判别原则

财务内部收益率计算出来后,与基准收益率 $i_c$ 进行比较。对单方案来说,内部收益率越高,经济效益越好,则有:

(1) 若 $FIRR \geq i_c$,则技术方案在经济上可以接受;

(2) 若 $FIRR < i_c$,则技术方案在经济上应予拒绝。

在多方案的比选中,若各方案的内部收益率 $FIRR_1, FIRR_2, \cdots, FIRR_n$ 均大于基准收益率 $i_c$,均可取,则此时应该与净现值指标结合起来考虑。一般是选择 FIRR 较大且 FNPV 最大的技术方案,而非 FIRR 越大的方案越好(此时也可采用差额内部收益率法,计算差额部分的内部收益率来进行判断)。

**例 3-4** 某工程项目现金流量如表 3-6 所示,试计算其内部收益率。

表 3-6 某技术方案现金流量表　　　　　　　　　　单位:万元

| 年份 | 0 | 1 | 2 | 3 | 4 | 5 | 6 |
|---|---|---|---|---|---|---|---|
| 净现金流量 | −130 | 35 | 35 | 35 | 35 | 35 | 35 |

**解** 根据式(3-10)可以得到

$$-130 + 35(P/A, FIRR, 6) = 0$$

则

$$(P/A, FIRR, 6) = 3.7143$$

查附录可知,FIRR 介于 15% 与 20% 之间。

令 $i_1 = 15\%$,则

$$FNPV_1 = -130 + 35(P/A, 15\%, 6)$$
$$= (-130 + 35 \times 3.784) 万元$$
$$= 2.44 \text{ 万元} > 0$$

$i_2 = 15\%$,

$$FNPV_2 = -130 + 35(P/A, 20\%, 6)$$
$$= (-130 + 35 \times 3.326) 万元$$
$$= -13.59 \text{ 万元} < 0$$

可得:

$$FIRR = 15\% + \frac{2.44}{2.44 + |-13.59|}(20\% - 15\%) = 15.76\%$$

$i_1$ 与 $i_2$ 相差越小,计算所得的内部收益率越精确。

**例 3-5** 某新建化工厂工程项目,建设期为 3 年,第一年投资 8000 万元,第二年投资 4000 万元,生产期 10 年,若 $i_0 = 18\%$,项目投产后预计年均收益 3800 万元,试确定:(1)项目是否可行;(2)FIRR 是多少?

**解** (1) $FNPV = -8000 - 4000(P/F, 18\%, 1) + 3800(P/A, 18\%, 10)(P/F, 18\%, 3)$

$$= (-8000 - 4000 \times 0.8484 + 3800 \times 4.494 \times 0.609) 万元$$

$$= -991.99 \text{ 万元} < 0$$

可知该项目不可行。

(2) $i_2 = 18\%$ 时,有 $\quad$ FNPV$_2 = -991.99 < 0$

$i_1 = 15\%$ 时,有

$$\begin{aligned} \text{FNPV}_1 &= -8\,000 - 4\,000(P/F, 15\%, 1) + 3\,800(P/A, 15\%, 10)(P/F, 15\%, 3) \\ &= (-8\,000 - 4\,000 \times 0.87 + 3\,800 \times 5.019 \times 0.658) \text{ 万元} \\ &= 1\,069.51 \text{ 万元} > 0 \end{aligned}$$

$$\begin{aligned} \text{FIRR} &= i_1 + \frac{\text{FNPV}_1}{\text{FNPV}_1 + |\text{FNPV}_2|}(i_2 - i_1) \\ &= 15\% + \frac{1\,069.51}{1\,069.51 + |-991.99|}(18\% - 15\%) = 16.56\% \end{aligned}$$

可知内部收益率是 16.56%。

3) 应用形式

财务内部收益率是一个未知的折现率,由式(3-9)可知,求方程式中的折现率需解高次方程,不易求解。在实际工作中,一般通过计算机直接计算,手算时可采用试算法确定财务内部收益率 FIRR。财务内部收益率的手算法大致程序如下。

由式(3-9)可知,当 $t=0,1,2,3,\cdots,n$ 时,式(3-9)是一个高次方程,不能采用一般的代数方法求解。目前计算 FIRR 的方法是采用试算法,即先任取一个折现率 $i$ 计算净现值,如果净现值为正,则增加折现率 $i$;若果净现值为负,则减小 $i$ 的值,直到净现值等于 0 或接近于 0 为止。此时的折现率 $i$ 即为所求的内部收益率 FIRR。财务内部收益率的手算法主要有以下两种。

(1) 公式试算法。

通常当试算的 $i$ 使得净现值在零值左右摆动(前后两个净现值反号),并且前后两次计算的 $i$ 值之差足够小(一般不超过 1%~2%,最大不得超过 5%)时,可用内插法近似求出内部收益率 FIRR。内插法公式为

$$\text{FIRR} = i_1 + \frac{\text{FNPV}_1}{\text{FNPV}_1 + |\text{FNPV}_2|}(i_2 - i_1) \quad (3\text{-}11)$$

式中 $i_1$、$i_2$——分别是使净现值由正值转为负值的两个相近的折现率,并且 $i_2 > i_1$;

$\text{FNPV}_1$、$\text{FNPV}_2$——分别为 $i_1$、$i_2$ 时的净现值,并且 $\text{FNPV}_1 > 0$,$\text{FNPV}_2 < 0$。

(2) 图解法。

先分别计算出几个有代表性的折现率 $i$ 所对应的净现值,然后画出净现值函数曲线,该曲线与折现率坐标的交点即为所求的内部收益率 FIRR。

4) 指标优缺点

财务内部收益率(FIRR)指标优点:该指标考虑了资金的时间价值及方案在整个寿命期内的经营情况;不需要事先设定折现率而可以直接求出;该指标以百分数表示,与传统的利率形式一致,比净现值更能反映方案的相对经济效益,能够直接衡量项目的真正的投资收益率。

财务内部收益率(FIRR)指标缺点:对于非常规投资项目内部收益率可能多解或无解,在这种情况下内部收益率难以确定;需要大量的与投资项目有关的数据,计算比较麻烦。

5) 财务内部收益率指标与财务净现值指标的区别

财务净现值与财务内部收益率这两个评价指标都考虑了资金的时间价值,克服了静态评价

方案的缺点,二者的主要区别如下:

(1) 财务净现值指标以绝对值表示,即直接以现金来表示工程项目在经济上的盈利能力;而内部收益率不直接用现金表示,而是以相对值来表示项目的盈利情况,更易被理解。

(2) 各个工程项目在同一基准收益率下计算的净现值具有可加性,而各个工程项目的内部收益率不能相加。

(3) 计算净现值必须已知基准收益率,而计算内部收益率不需要已知基准收益率,只要在求得内部收益率后与基准收益率进行比较。

(4) 净现值指标可用于互斥方案进行比较选择最优方案,而内部收益率对互斥方案进行比较有时会与净现值指标发生矛盾,此时应以净现值指标为准。

6) FIRR、ΔFIRR(差额内部收益率)、FNPV、ΔFNPV(差额净现值)之间的关系

如图3-3所示,方案A(图3-3(a))、方案B(图3-3(b))的现金流量图计算期相同,用方案B减去方案A的现金流量图,形成一个新的现金流量图(图3-3(c)),利用这个新形成的现金流量图就可以计算出ΔFIRR(差额内部收益率)和ΔFNPV(差额净现值)这两个指标。

通过FNPV函数图来说明FIRR、ΔFIRR(差额内部收益率)、FNPV、ΔFNPV(差额净现值)之间的关系。例如:有A、B两个互斥方案,现金流量图如图3-3(a)、图3-3(b)所示,两者形成的差额现金流量图如图3-3(c)所示。

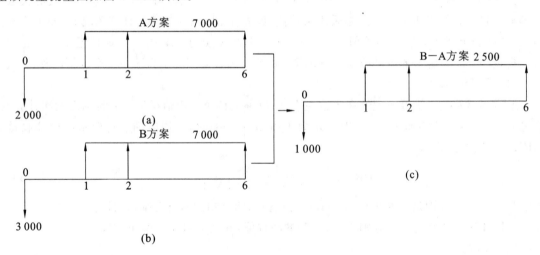

图3-3 A、B方案现金流量图(单位:万元)

根据现金流量,分别计算A、B两个方案的内部收益率,得$FIRR_A = 26.4\%$,$FIRR_B = 22.1\%$,两个方案的FNPV函数曲线如图3-4所示,两曲线的交点位于$i^*$,则

$$FNPV_A(i^*) = FNPV_B(i^*)$$

即
$$-2\,000 + 7\,000(P/A, i^*, 6) = -3\,000 + 9\,500(P/A, i^*, 6)$$

求得
$$i^* = 13\%$$

若以各方案的内部收益率来看,则$FIRR_A > FIRR_B$,然而,从图3-4可以得出以下结论。

(1) 当$i_c < i^*$时,$FNPV_A(i_c) < FNPV_B(i_c)$,则方案B优于方案A。

(2) 当$i_c > i^*$时,$FNPV_A(i_c) > FNPV_B(i_c)$,则方案A优于方案B。

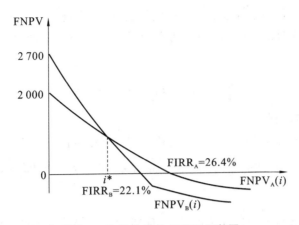

图 3-4　A、B方案的 FNPV 函数图

所以,不能简单地直接以 FIRR 的大小来对互斥方案进行经济上的比较。

根据图 3-3(c)所示的 A 与 B 方案所形成的差额方案的现金流量图,差额净现值函数为

$$\Delta FNPV_{B-A}(i) = -1\,000 + 2\,500 \times (P/A, i, 6)$$

令上式等于 0,则求得差额内部收益率 $\Delta FIRR_{B-A} = 13\%$(如图 3-5 所示)。

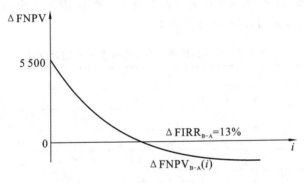

图 3-5　A、B方案的 ΔFNPV 的函数图

比较图 3-4 和图 3-5 可以发现 ΔFIRR 就是使得两个方案净现值相等的折现率,或者说是使两个方案优劣相等的折现率。显然有以下结论。

(1) 当 $i_c = \Delta FIRR_{B-A} = 13\%$ 时,必有 $\Delta FNPV_{B-A} = 0$,则方案 A 和方案 B 在经济上等值。

(2) 当 $i_c < \Delta FIRR_{B-A} = 13\%$ 时,必有 $\Delta FNPV_{B-A} > 0$,则方案 B 在经济上优于方案 A。

(3) 当 $i_c > \Delta FIRR_{B-A} = 13\%$ 时,必有 $\Delta FNPV_{B-A} < 0$,则方案 A 在经济上优于方案 B。

因此,用 ΔFNPV 法和 ΔFIRR 法判断方案优劣的结论是一致的。ΔFNPV 法是常用的方法,ΔFIRR 法适用于无法确定基准收益率的情况。

## 5. 动态投资回收期($P_t'$)分析

### 1) 动态投资回收期的定义

投资回收期是分析工程项目投资回收快慢的一种重要方法。作为投资者,非常关心投资回收期,通常,投资回收期越短则投资风险就越小。投资回收快,收回投资后还可以进行新的投资,因此,投资回收期是投资决策的重要依据之一。

动态投资回收期就是在基准收益率或一定折现率下,投资项目用其投产后的净收益现值回收全部投资现值所需的时间,一般以"年"为单位计算。动态投资回收期一般从投资开始年算起,其计算公式为

$$\sum_{t=0}^{P'_t}(CI-CO)_t(1+i)^{-t}=0 \tag{3-12}$$

式中 $P'_t$——动态投资回收期。

实际计算时一般采用逐年净现金流量现值的累计并结合以下插值公式求解 $P'_t$。

$$P'_t=累计折现值开始出现正值的年数-1+\frac{上年累计折现值的绝对值}{当年净现金流量的折现值} \tag{3-13}$$

2) 判别原则

采用动态投资回收期法进行方案评价时,应将计算所得的动态投资回收期 $P'_t$ 与国家有关部门规定的基准投资回收期 $P_c$ 相比较,以确定方案的取舍。故其判别标准如下。

(1) 若 $P'_t \leq P_c$,则项目可行。

(2) 若 $P'_t > P_c$,则项目不可行。

3) 应用形式

**例 3-6** 某项目技术方案有关数据如表 3-7 所示,基准折现率为 10%,基准动态回收期为 8 年,试计算动态投资回收期,并评价方案。

表 3-7 某项目技术方案动态投资回收期计算表  单位:万元

| 序号 | 目录/年 | 0 | 1 | 2 | 3 | 4 | 5 | 6 |
|---|---|---|---|---|---|---|---|---|
| 1 | 投资支出 | 20 | 500 | 100 | | | | |
| 2 | 其他支出 | | | | 300 | 450 | 450 | 450 |
| 3 | 收入 | | | | 450 | 700 | 700 | 700 |
| 4 | 净现值流量 | −20 | −500 | −100 | 150 | 250 | 250 | 250 |
| 5 | 折现值 | −20 | −454.6 | −82.6 | 112.7 | 170.8 | 155.2 | 141.1 |
| 6 | 累计折现值 | −20 | −474.6 | −557.2 | −444.5 | −273.7 | −118.5 | 22.6 |

**解** 由于动态投资回收期就是累计折现值为 0 的年限,则动态投资回收期应按下式计算:

$$P'_t=(6-1+118.5/141.1)\text{年}=5.84\text{年}$$

由于项目方案的投资回收期小于基准的动态投资回收期,则该项目可行。

4) 指标优缺点及适用条件

动态投资回收期($P'_t$)指标优点:动态投资回收期指标的概念明确,计算简单,突出了资金回收速度。

动态投资回收期($P'_t$)指标缺点:虽然与静态投资回收期相比,动态投资回收期指标考虑了资金的时间价值,但仍未考虑投资回收以后的现金流量,没有考虑投资项目的使用年限及项目的期末残值。而且,人们对投资与净收益的理解不同往往会影响该指标的可比性。

动态投资回收期($P'_t$)指标适用性:该指标常用作辅助指标,只有在资金特别紧张,投资风险很大的情况下,才把动态投资回收期作为评价技术方案最主要的依据之一。

## 6. 基准收益率的确定

1) 基准收益率的定义

基准收益率也称基准折现率,是企业或行业投资者以动态的观点所确定的、可接受的技术方案最低标准的收益水平。其在本质上体现了投资决策者对技术方案资金时间价值的判断和对技术方案风险程度的估计,是投资资金应当获得的最低盈利水平,它是评价和判断技术方案在财务上是否可行和技术方案比选的主要依据。因此基准收益率确定得合理与否,对技术方案经济效果的评价结论有直接的影响,定得过高或过低都会导致投资决策的失误。所以基准收益率是一个重要的经济参数,而且根据不同角度编制的现金流量表,计算所需的基准收益率应有所不同。

2) 基准收益率的测定

(1) 在政府投资项目以及按政府要求进行财务评价的建设项目中采用的行业财务基准收益率,应根据政府的政策导向进行确定。

(2) 在企业各类技术方案的经济效果评价中参考选用的行业财务基准收益率,应在分析一定时期内国家和行业发展战略、发展规划、产业政策、资源供给、市场需求、资金时间价值、技术方案目标等情况的基础上,结合行业特点、行业资本构成情况等因素综合测定。

(3) 在中国境外投资的技术方案财务基准收益率的测定,应首先考虑国家风险因素。

(4) 投资者自行测定技术方案的最低可接受财务收益率,除了应考虑上述第(2)条中所涉及的因素外,还应根据自身的发展战略和经营策略、技术方案的特点与风险、资金成本、机会成本等因素综合测定。

① 资金成本是为取得资金使用权所支付的费用,主要包括筹资费和资金的使用费。筹资费是指在筹集资金过程中发生的各种费用,如委托金融机构代理发行股票、债券而支付的注册费和代理费,向银行贷款而支付的手续费等。资金的使用费是指因使用资金而向资金提供者支付的报酬。技术方案实施后所获利润额必须能够补偿资金成本,然后才能有利可图,因此基准收益率最低限度不应小于资金成本。

② 投资的机会成本是指投资者将有限的资金用于拟实施技术方案而放弃的其他投资机会所能获得的最大收益。换言之,由于资金有限,当把资金投入拟实施技术方案时,将失去从其他最大的投资机会中获得收益的机会。机会成本的表现形式也是多种多样的,货币形式表现的机会成本,如销售收入、利润等;由于利率大小决定货币的价格,采用不同的利率(贴现率)也表示货币的机会成本。应当注意机会成本是在技术方案外部形成的,它不可能反映在该技术方案的财务上,必须通过工程经济分析人员的分析比较,才能确定技术方案的机会成本。机会成本虽不是实际支出,但在工程经济分析时,应作为一个因素加以认真考虑,从而有助于选择最优方案。

显然,基准收益率应不低于单位资金成本和单位投资的机会成本,这样才能使资金得到最有效的利用。这一要求可用式(3-14)表达。

$$i_c \geq i_1 = \max\{\text{单位资金成本},\text{单位投资机会成本}\} \tag{3-14}$$

如果技术方案完全由企业自有资金投资,可参考的行业平均收益水平,可以理解为一种资金的机会成本。假如技术方案投资资金来源于自有资金和贷款时,最低收益率不应低于行业平均收益水平(或新筹集权益投资的资金成本)与贷款利率的加权平均值。如果有好几种贷款时,贷款利率应为加权平均贷款利率。

③ 投资风险。在整个技术方案计算期内,存在着发生不利于技术方案的环境变化的可能

性,这种变化难以预料,即投资者要冒着一定的风险作决策。为此,投资者自然就要求获得较高的利润,否则他是不愿去冒风险的。所以在确定基准收益率时,仅考虑资金成本、机会成本因素是不够的,还应考虑风险因素,通常以一个适当的风险贴补率 $i_2$ 来提高 $i_c$ 值。就是说,以一个较高的收益水平补偿投资者所承担的风险,风险越大,贴补率越高。为了限制对风险大、盈利低的技术方案进行投资,可以采取提高基准收益率的办法来进行技术方案经济效果评价。

一般说来,从客观上看,资金密集型的技术方案,其风险高于劳动密集型的;资产专用性强的风险高于资产通用性强的;以降低生产成本为目的的风险低于以扩大产量、扩大市场份额为目的的。从主观上看,资金雄厚的投资主体的风险低于资金拮据者的风险。

④ 通货膨胀。所谓通货膨胀是指由于货币(这里指纸币)的发行量超过商品流通所需要的货币量而引起的货币贬值和物价上涨的现象。在通货膨胀影响下,各种材料、设备、房屋、土地的价格以及人工费都会上升。为反映和评价出拟实施技术方案在未来的真实经济效果,在确定基准收益率时,应考虑这种影响,结合投入产出价格的选用决定对通货膨胀因素的处理。

通货膨胀以通货膨胀率来表示,通货膨胀率主要表现为物价指数的变化,即通货膨胀率约等于物价指数变化率。由于通货膨胀年年存在,因此,通货膨胀的影响具有复利性质。一般每年的通货膨胀率是不同的,但为了便于研究,常取一段时间的平均通货膨胀率,即在所研究的时期内,通货膨胀率可以视为固定的。

综合以上分析,投资者自行测定的基准收益率可确定如下。
- 若技术方案现金流量是按当年价格预测估算的,则应以年通货膨胀率 $i_3$ 修正 $i_c$ 值。即
$$i_c = (1+i_1)(1+i_2)(1+i_3) - 1 \approx i_1 + i_2 + i_3$$
- 若技术方案的现金流量是按基年不变价格预测估算的,预测结果已排除通货膨胀因素的影响,就不再重复考虑通货膨胀的影响去修正 $i_c$ 值。即
$$i_c = (1+i_1)(1+i_2) - 1 \approx i_1 + i_2$$

上述近似处理的条件是 $i_1$、$i_2$、$i_3$ 都为小数。

总之,合理确定基准收益率,对于投资决策极为重要。确定基准收益率的基础是资金成本和机会成本,而投资风险和通货膨胀则是必须考虑的影响因素。

### 7. 偿债能力分析

举债经营已经成为现代企业经营的一个显著特点。企业偿债能力如何,已成为判断和评价企业经营活动能力的一个标准。举债是筹措资金的重要途径,不仅企业自身关心偿债能力的大小,债权人更为关心。

偿债能力分析,重点是分析判断财务主体——企业的偿债能力。由于金融机构贷款是贷给企业法人而不是贷给技术方案的,金融机构进行信贷决策时,一般应根据企业的整体资产负债结构和偿债能力决定信贷取舍。有时虽然技术方案自身无偿债能力,但是整个企业的偿债能力强,金融机构也可能给予贷款;有时虽然技术方案有偿债能力,但企业整体信誉差、负债高、偿债能力弱,金融机构也可能不予贷款。因此,偿债能力的评价,一定要分析债务资金的融资主体的清偿能力,而不是"技术方案"的清偿能力。对于企业融资方案,应以技术方案所依托的整个企业作为债务清偿能力的分析主体。为了考察企业的整体经济实力,分析融资主体的清偿能力,需要评价整个企业的财务状况和各种借款的综合偿债能力。为了满足债权人的要求,需要编制企业在拟实施技术方案建设期和投产后若干年的财务计划现金流量表、资产负债表、企业借款

偿还计划表等报表,分析企业偿债能力。

1) 偿债资金来源

根据国家现行财税制度的规定,偿还贷款的资金来源主要包括可用于归还借款的利润、固定资产折旧、资产摊销费和其他还款资金来源。

(1) 利润。

用于归还贷款的利润,一般应是提取了盈余公积金、公益金后的未分配利润。如果是需要向股东支付股利的股份制企业,那么应从未分配利润中扣除分配给投资者的利润,然后用来归还贷款。技术方案投产初期,如果用规定的资金来源归还贷款的缺口较大,也可暂不提取盈余公积金、公益金,但这段时间不宜过长,否则将影响到企业的扩展能力。

(2) 固定资产折旧。

鉴于技术方案投产初期尚未面临固定资产更新的问题,作为固定资产重置准备金性质的折旧基金,在被提取以后暂时处于闲置状态。因此,为了有效地利用一切可能的资金来源以缩短还贷期限,加强企业的偿债能力,可以使用部分新增折旧基金作为偿还贷款的来源之一。一般地,投产初期可以利用的折旧基金占全部折旧基金的比例较大,随着生产时期的延伸,可利用的折旧基金比例逐步减小。最终,所有被用于归还贷款的折旧基金,应由未分配利润归还贷款后的余额垫回,以保证折旧基金从总体上不被挪作他用,在还清贷款后恢复其原有的经济属性。

(3) 资产摊销费。

资产摊销费是按现行的财务制度计入企业的总成本费用,但是企业在提取摊销费后,这笔资金没有具体的用途规定,具有"沉淀"性质,因此可以用来归还贷款。

(4) 其他还款资金。

这里是指按有关规定可以用减免的营业税金来作为偿还贷款的资金来源。进行预测时,如果没有明确的依据,可以暂不考虑。

技术方案在建设期借入的全部建设投资贷款本金及其在建设期的借款利息(即资本化利息)构成建设投资贷款总额,在技术方案投产后可由上述资金来源偿还。

在生产期内,建设投资和流动资金的贷款利息,按现行的财务制度,均应计入技术方案总成本费用中的财务费用。

2) 还款方式及还款顺序

技术方案贷款的还款方式应根据贷款资金的不同来源所要求的还款条件来确定。

(1) 国外(含境外)借款的还款方式。

按照国际惯例,债权人一般对贷款本息的偿还期限均有明确的规定,要求借款方在规定的期限内按规定的数量还清全部贷款的本金和利息。因此,需要按协议的要求计算出在规定的期限内每年需归还的本息总额。

(2) 国内借款的还款方式。

目前虽然借贷双方在有关的借贷合同中规定了还款期限,但在实际操作过程中,主要还是根据技术方案的还款资金来源情况进行测算。一般情况下,按照先贷先还、后贷后还,利息高的先还、利息低的后还的顺序归还国内借款。

3) 偿债能力分析

偿债能力指标包含:借款偿还期($P_d$)、利息备付率(ICR)、偿债备付率(DSCR)、资产负债率、流动比率和速动比率等。

(1) 借款偿还期($P_d$)。

① 借款偿还期的定义。

借款偿还期,是指根据国家财税规定及技术方案的具体财务条件,以可作为偿还贷款的收益(利润、折旧、摊销费及其他收益)来偿还技术方案投资借款本金和利息所需要的时间。它是反映技术方案借款偿债能力的重要指标。借款偿还期的计算公式如下。

$$I_d = \sum_{t=0}^{P_d} (B + D + R_o - B_r)_t \tag{3-15}$$

式中　$P_d$——借款偿还期(从借款开始年计算,当从投产年算起时,应予注明);

$I_d$——投资借款本金和利息(不包括已用自有资金支付的部分)之和;

$B$——第 $t$ 年可用于还款的利润;

$D$——第 $t$ 年可用于还款的折旧和摊销费;

$R_o$——第 $t$ 年可用于还款的其他收益;

$B_r$——第 $t$ 年企业留利。

② 判别原则。

借款偿还期满足贷款机构的要求期限时,即认为技术方案是有借款偿债能力的。

借款偿还期指标适用于那些不预先给定借款偿还期限,并且按最大偿还能力计算还本付息的技术方案;它不适用于那些预先给定借款偿还期的技术方案。对于预先给定借款偿还期的技术方案,应采用利息备付率和偿债备付率指标分析企业的偿债能力。

在实际工作中,由于技术方案经济效果评价中的偿债能力分析注重的是法人的而不是技术方案的偿债能力,因此在《建设项目经济评价方法与参数(第三版)》中将借款偿还期指标取消,只计算利息备付率和偿债备付率。

③ 应用形式。

在实际工作中,借款偿还期可通过借款还本付息计算表推算,以"年"为单位计算。其具体推算公式如下。

$$P_d = (A - 1) + \frac{B}{C} \tag{3-16}$$

式中　$A$——借款偿还开始出现盈余年份;

$B$——盈余当年应偿还借款额;

$C$——盈余当年可用于还款的余额。

(2) 利息备付率。

① 利息备付率的定义。

利息备付率(ICR)也称已获利息倍数,指在技术方案借款偿还期内各年企业可用于支付利息的息税前利润(EBIT)与当期应付利息(PI)的比值。其表达式为

$$\text{ICR} = \frac{\text{EBIT}}{\text{PI}} \tag{3-17}$$

式中　EBIT——息税前利润,即利润总额与计入总成本费用的利息费用之和;

PI——当期应付利息。

② 判别原则。

利息备付率应分年计算,它从付息资金来源的充裕性角度反映企业偿付债务利息的能力,

表示企业使用息税前利润偿付利息的保证倍率。正常情况下利息备付率应当大于1,并结合债权人的要求确定。否则,表示企业的付息能力保障程度不足。尤其是当利息备付率低于1时,表示企业没有足够资金支付利息,偿债风险很大。参考国际经验和国内行业的具体情况,根据我国企业历史数据统计分析,一般情况下,利息备付率不宜低于2,而且需要将该利息备付率指标与其他同类企业进行比较,来分析决定本企业的指标水平。

（3）偿债备付率。

① 偿债备付率的定义。

偿债备付率（DSCR）是指在技术方案借款偿还期内,各年可用于还本付息的资金（EBITDA $-T_{AX}$）与当期应还本付息金额（PD）的比值。其表达式为

$$\mathrm{DSCR} = \frac{\mathrm{EBITDA} - T_{\mathrm{AX}}}{\mathrm{PD}} \tag{3-18}$$

式中　EBITDA——企业息税加折旧和摊销前利润,即未计利息、税项、折旧及摊销前的利润;

$T_{AX}$——企业所得税;

PD——当期应还本付息的金额,包括当期应还贷款本金额及计入总成本费用的全部利息。融资租赁费用可视同借款偿还;运营期内的短期借款本息也应纳入计算。

如果企业在运行期内有维持运营的投资,可用于还本付息的资金应扣除维持运营的投资。

② 判别原则。

偿债备付率应分年计算,它表示企业可用于还本付息的资金偿还借款本息的保证倍率。正常情况下,偿债备付率应当大于1,并结合债权人的要求确定。当指标小于1时,表示企业当年资金来源不足以偿付当期债务,需要通过短期借款偿付已到期债务。参考国际经验和国内行业的具体情况,根据我国企业历史数据统计分析,一般情况下,偿债备付率不宜低于1.3。

（4）资产负债率。

① 资产负债率的定义。

资产负债率是企业总负债与总资产之比,它既能反映企业利用债权人提供资金进行经营活动的能力,也能反映企业经营风险的程度,是综合反映企业偿债能力的重要指标。其计算公式为

$$资产负债率 = \frac{总负债}{总资产} \times 100\% \tag{3-19}$$

② 判别原则。

从企业债权人角度看,资产负债率越低,说明企业偿债能力越强,债权人的权益就越有保障。从企业所有者和经营者角度看,通常希望该指标高些,有利于利用财务杠杆增加所有者获利能力。但资产负债率过高,企业财务风险也增大。因此,一般地说,该指标为50%比较合适,有利于风险与收益的平衡。

（5）流动比率。

① 流动比率的定义。

流动比率是企业流动资产与流动负债的比率,主要反映企业的偿债能力。其计算公式为

$$流动比率 = \frac{流动资产}{流动负债} \tag{3-20}$$

② 判别原则。

生产性行业流动比率的平均值为2。行业平均值是一个参考值,并不是要求企业的财务指标必须维持在这个水平,但若数值偏离过大,则应注意分析企业的具体情况。如果流动比率过

高,则要分析其原因,是否是因为资产结构不合理造成的,或者是募集的长期资金没有尽快投入使用,或者是其他原因。如果流动比率过低,企业近期可能会有财务方面的困难。偿债困难会使企业的风险加大,投资者和财务分析人员需引起注意。

(6) 速动比率。

① 速动比率的定义。

速动比率是指企业的速动资产与流动负债之间的比率关系,是反映企业短期债务偿付能力的指标。

其中,速动资产是指能够迅速变现为货币资金的各类流动资产,通常有两种计算方法。一种方法是将流动资产中扣除存货后的资产统称为速动资产,即速动资产=流动资产-存货;另一种方法是将变现能力较强的货币资金、交易性金融资产、应收票据、应收账款和其他应收款等加总作为速动资产,即速动资产=货币资金+交易性金融资产+应收票据+应收账款+其他应收款。在企业不存在其他流动资产项目时,这两种方法的计算结果应一致。否则,用第二种方法要比第一种方法准确,但也比第一种方法复杂。其计算公式为

$$速动比率=\frac{速动资产}{流动负债} \quad (3-21)$$

② 判别原则。

由于速动资产的变现能力较强,因此,经验认为,速动比率为1就说明企业有偿债能力,低于1则说明企业偿债能力不强,该指标越低,企业的偿债能力越差。在企业的流动资产中,存货的流动性最小。在发生清偿事件时,存货蒙受的损失将大于其他流动资产。因此一个企业不依靠出售库存资产来清偿债务的能力是非常重要的。

**思政案例融入** 开展工程经济评价优秀案例教育,通过了解南水北调工程等国家重大工程项目的可行性研究历时几十年的漫长过程,感受咨询工程师的严谨、审慎、负责态度和客观、公正、科学的求实精神。

南水北调工程 1

南水北调工程 2

南水北调工程 3

# 任务 2　投资方案的分类及方案比选的意义

## 一、投资方案的分类

一般情况下,业主在确定项目的意向之后,在进行项目,特别是较大或重大项目的建设方案设计时,一般都需要先确定多个建设方案,然后再对这些方案进行比选,从中选择最经济、最合

理的方案进行建设。因此,工程项目投资方案的比选在工程建设的初期就占有较重的地位,对整个项目的顺利进行以及工程项目后期的运营及盈利具有重大影响。

投资方案的分类及方案比选的意义

通常,投资方案有三种不同的类型。一是独立型投资方案,即在一组投资方案中采用其中某一方案,对于其他方案没有影响,只要条件允许,可以同时采用这组方案中的其他方案,可以同时兴建几个项目,它们之间互不排斥。二是互斥型投资方案,即在一组投资方案中采用了某一方案之后,就不能再使用这组方案中的其他任何一个方案,如建设一条高速公路可能有多条线形可以选择,但是在建设过程中只能采用其中的一条线形,而不能同时选择几种方案。三是混合型投资方案,即在多个方案之间,如果接受或者拒绝某一方案,会比较明显的改变或者影响其他方案的现金流量。

### 1. 独立(互不影响)型投资方案

独立型投资方案是指方案之间互不干扰、在经济上互不相关的方案,即这些方案是彼此独立无关的。选择或放弃其中一个方案,并不影响其他方案的选择。

例如,某一国外房地产公司想与我国万达公司和万顺两家公司合作,其中方案 A 为与万达公司合作开发房地产项目,买地需要投资 10 亿元,预计收益 3 亿元;方案 B 为与万顺公司合作开发房地产项目,买地需要投资 20 亿元,预计收益 5 亿元;假设同时投资方案 A 与方案 B,投资 30 亿元:

若收益为 3+5=8 亿元,则加法法则成立,即方案 A 和方案 B 为独立型方案(A 与 B 可能不在同一城市,对于房子价格没有相互竞争的影响)。

若收益不为 8 亿元,则方案 A 和方案 B 不是独立型方案(A 与 B 可能位于同一城市,甚至可能在同一片区,导致房子价格相互影响,从而影响收益)。

### 2. 互斥(互不相容)型投资方案

互斥型投资方案是指互相关联、互相排斥的方案,即一组方案中的各个方案彼此可以相互代替,采纳方案组中的某一方案,就会自动排斥这组方案中的其他方案。

例如,某人参加了全日制研究生考试,被学校录取之后是选择继续工作,还是脱产进修学习;某人有 10 万元的存款,是放在银行赚取利息还是投资股票;某学生高考分数不太理想,填报志愿时是选择一个三流的本科学校还是选择一个较好的专科类学校等,都属于互斥型的方案,选择其中一个方案,另外的方案就要自动放弃。

### 3. 混合型投资方案

混合型投资方案是指兼有互斥型方案和独立型方案两种关系的混合情况,即互相之间既有互相独立关系又有互相排斥关系的一组方案,也称为层混方案,即方案之间的关系分为两个层次,高层是一组互相独立的项目,而低层则由构成每个独立项目的互斥方案组成。

例如,某集团公司有对下属的分公司所生产的互不影响(相互独立)产品的工厂分别进行新建、扩建和更新改造的 A、B、C 三个独立方案,而每个独立方案——新建、扩建、更新改造方案中又存在着若干个互斥方案,如新建方案有 $A_1$、$A_2$,扩建方案有 $B_1$、$B_2$,更新改造方案有 $C_1$、$C_2$、$C_3$,则该集团所面临的就是层混方案的问题。

混合型投资方案根据其中方案类型的不同,又可细分为以下几种。

1）先决方案

先决方案是指在一组方案中,接受某一方案的同时,就要接受另一方案。设有 A、B 两个方案,要接受方案 B 则首先要接受方案 A,而接受方案 A 则与方案 B 是否被接受无关,此时,方案 A 为方案 B 的先决方案。

例如,兴建一座水库(方案 B)的同时,必须修一条公路(方案 A),但修一条公路(方案 A)不一定完全是为了兴建水库(方案 B),此时,修这条公路的投资方案就是兴建这座水库投资方案的先决方案。

2）不完全互斥方案

不完全互斥方案是指在一组投资方案中,若接受了某一方案之后,其他方案就可以成为无足轻重、可有可无的方案。

例如,一条河中建立了一座公路桥之后,原有的简易人行桥就变得可有可无。

3）互补方案

互补方案是指在一组方案中,某一方案的接受有助于其他方案的接受,方案之间存在着相互依存的关系。

例如,建造一座建筑物(方案 A)和增加一座空调系统(方案 B),增加空调系统后,建筑物的功能更完善了,故方案 B 的接受,有助于方案 A 的接受。

在实际应用时,明确所面临的方案是互斥型方案、独立型方案还是混合型方案,是十分重要的。由于方案间的关系不同,方案选择的指标就不同,选择的结果也不同。因而,在进行投资方案选择前,首先必须弄清楚方案的类型。

## 二、投资方案比选的内容

投资方案比选可分为两个基本内容:单方案检验和多方案比选。

**1. 单方案检验**

单方案检验是指对某个初步选定的投资方案,根据项目收益与费用的情况,通过计算其经济评价指标,确定项目的可行性。单方案检验的方法比较简单,其主要步骤如下。

(1) 确定项目的现金流量情况,编制项目现金流量表或绘制现金流量图。

(2) 根据公式计算项目的经济评价指标,如 $FNPV$、$FIRR$、$P_t'$ 等。

(3) 根据计算出的指标值及相对应的判别准则,如 $FNPV \geq 0$,$FIRR \geq i_c$,$P_t' \leq P_c$ 等来确定项目的可行性。

**2. 多方案比选**

多方案比选是指对根据实际情况所提出的多个备选方案,通过选择适当的经济评价方法与指标,对各个方案的经济效益进行比较,最终选择出具有最佳投资效果的方案。与单方案检验相比,多方案的比选要复杂得多,所涉及的影响因素、评价方法以及要考虑的问题都要多得多。可以说多方案比选是一个复杂的系统工程,涉及因素不仅包括经济因素,而且还包括诸如项目本身以及项目内外部的其他相关因素。归纳起来主要有以下四个方面。

(1) 备选方案的筛选。通过单方案检验剔除不可行的方案,因为不可行的方案是不能参加多方案比选的。

(2) 进行方案比选时所考虑的因素。多方案比选可按方案的全部因素计算多个方案的全部经济效益与费用,进行全面的分析对比,也可仅就各个方案的不同因素计算其相对经济效益和费用,进行局部的分析对比。另外还要注意各个方案间的可比性,要遵循效益与费用计算口径相一致的原则。

(3) 各个方案的结构类型。对于不同结构类型的方案比较方法和评价指标,考察结构类型所涉及的因素有:方案的计算期是否相同,方案所需的资金来源是否有限制,方案的投资额是否相差过大等。

(4) 备选方案之间的关系。备选方案之间的关系不同,决定了所采用的评价方法也会有所不同。

## 三、投资项目方案比选的意义

项目方案比选,即项目方案比较与选择,是寻求合理的经济和技术决策的必要手段,也是投资项目评估工作的重要组成部分。一项投资决策大体要经历以下程序:确定拟建项目要达到的目标;根据确定的目标,提出若干个有价值的投资方案;通过方案比选,选出最佳投资方案;最后对最佳方案进行评价,以判断其可行程度。投资决策的实质,就在于选择最佳方案,使得投资资源得到最优配置,实现投资决策的科学化和民主化,从而取得更好的投资经济效益。

项目方案比选所包含的内容十分广泛,既包括技术水平、建设条件和生产规模等的比选,同时也包括经济效益和社会效益的比选,同时还包括环境效益的比选。因此,进行投资项目方案比选时,可以按各个投资项目方案的全部因素,进行全面的技术经济对比,也可仅就不同因素,计算比较经济效益,进行局部的对比。

投资项目方案的比选是寻求合理的经济和技术决策的必要手段,也是投资项目评估工作的重要组成部分,因此具有十分重要的意义。

### 1. 投资项目方案比选是实现资源合理配置的有效途径

资源短缺是人们在实现经济生活中面临的基本问题,也是经济学的永恒话题。世界各国的资源都是有限的。我国素有"地大物博、资源丰富"之美称。事实上,就人均占有量和品位而言,我国资源远未达到丰富的程度。我国主要自然资源的人均占有量大大低于世界平均水平。资源短缺是制约我国经济发展的重要因素,科学技术的进步和人工合成材料的出现可以改变这种制约的程度、范围和形式,但并不能从根本上消除这种制约。运用定量方法对拟建项目的各个方案进行筛选,就可以实现资源的最优配置,以最少的资源投入,获得最大的经济效益。

### 2. 投资项目方案比选是实现投资决策科学化和民主化的重要手段

发挥人的主观能动性,以主观意愿代替客观规律,将造成社会财富的巨大浪费。这一点在固定资产投资领域表现得尤为突出。投资决策缺乏科学方法和民主程序,仅凭借某些人的主观意志,随意拍板定案,会给国民经济带来极大的损失。投资项目方案比选是一种科学的定量分析方法,通过对拟建项目各个方案的分析、比较和排队,选出最优方案,就可以为投资决策提供可靠的依据,实现投资决策科学化和民主化。

**3. 投资项目方案比选是寻求合理的经济和技术决策的必然选择**

在固定资产投资过程中,影响投资决策的因素是多方面的,经过多方案的比选,才能得出正确的结论。就某一拟建项目而言,不同的投资方案采用的技术经济措施不同,其成本和效益会有较大差异,因此拟建项目的生产规模、产品方案、工艺流程、主要设备选型等,均应根据实际情况提出各种可能的方案进行筛选,对筛选出的方案进行比选,得出最佳方案。

投资项目方案比选,应遵循一定的原则进行。方案比选原则上应通过国民经济评价来进行,亦即以国民经济评价资料和社会折现率为基础进行比选。对产出物相同或基本相同、投入物构成基本一致的方案进行比选时,为了简化计算,在不与国民经济评价结论发生矛盾的前提下,也可通过财务评价加以确定,亦即以财务评价资料和基准折现率为基础进行方案的比选。这是方案比选应遵循的一条基本原则。投资项目方案比选还应遵循效益与费用计算口径对应一致的原则,同时应注意项目方案间的可比性,以及在某些情况下,使用不同评价指标导致相反结论的可能性。

# 任务 3 互斥型投资方案的比较选择

互斥型投资方案的比选是通过计算项目相关的一些经济效果评价指标来进行的。在方案互斥的条件下,经济效果评价包含两部分内容:一是考察各个方案自身的经济效果,即进行绝对效果检验;二是考察哪个方案较优,即相对效果检验。两种检验缺一不可。互斥型投资方案的经济效果评价使用的评价指标可以是价值性指标(如净现值、净年值、费用现值、费用年值),也可以是比率性指标(如内部收益率)。但应注意,采用比率性指标时必须分析不同方案之间的差额(追加)现金流量,否则会导致错误判断。

互斥投资方案的选择

互斥型投资方案经济效果评价的特点是要进行方案比较。不论计算期相等与否,不论使用何种评价指标,都必须满足方案间具有可比性的要求。一般情况下,互斥型投资方案的比选主要有以下三种情况。

## 一、项目寿命期相同的互斥型投资方案的比选

对于寿命期相同的互斥型投资方案,计算期通常设定为其寿命周期,这样能满足在时间上可比的要求。寿命期相同的互斥型投资方案的比选方案一般有净现值法、净现值率法、差额内部收益率法、最小费用法等。

## 1. 净现值法

净现值法就是通过计算各个备选方案的净现值并比较其大小而判断方案的优劣,是多方案比选中最常用的一种方法。其基本步骤如下。

(1) 分别计算各个方案的净现值,并用判别准则加以检验,剔除 FNPV<0 的方案。
(2) 对所有 FNPV≥0 的方案比较其净现值。
(3) 根据净现值最大准则,选择净现值最大的方案为最佳方案。

## 2. 差额分析法

1) 差额净现值(ΔFNPV)法

差额净现值法是将一个投资规模大的方案 A 分解成两个投资规模较小的方案 B 和方案 C,或者可以看成方案 A 是由方案 B 追加投资方案 C 形成的。若方案 B 可行,只要追加投资方案 C 可行,则方案 A 一定可行,并且优于方案 B。因此,差额净现值法就是分析追加投资方案 C 是否可行的方法。

**例 3-7** 某公司研究出了一批(A、B、C、D、E、F,共六个)具有潜力的,互斥的新投资方案,所有方案均有 10 年寿命,并且残值为零。项目的有关数据如表 3-8 所示,基准收益率为 10%。试确定其中哪个方案是最优方案。

表 3-8　A、B、C、D、E、F 方案费用表　　　　　　单位:万元

| 方案 | 初始费用 | 年净现金流量 |
|---|---|---|
| A | 100 000 | 16 980 |
| B | 65 000 | 13 000 |
| C | 20 000 | 2 710 |
| D | 40 000 | 6 232 |
| E | 85 000 | 16 320 |
| F | 10 000 | 1 770 |

**解**　用差额净现值(ΔFNPV)分析法进行方案比较。

(1) 方案按投资规模由小到大排序为:F<C<D<B<E<A。
(2) 计算方案净现值。

$$FNPV_F = -10\,000 + 1\,770 \times (P/A, 10\%, 10) = 876.5 > 0$$

(3) 方案 C 与 F 比较。

$$\Delta FNPV_{C-F} = -(20\,000 - 10\,000) + (2\,710 - 1\,770)(P/A, 10\%, 10) = -4\,223.7 < 0$$

故方案 C 不能接受,仍然选择方案 F。

(4) 方案 D 与 F 比较。

$$\Delta FNPV_{D-F} = -(40\,000 - 10\,000) + (6\,232 - 1\,770)(P/A, 10\%, 10) = -2\,581 < 0$$

故方案 D 不能接受,仍然选择方案 F。

(5) 方案 B 与方案 F 比较。

$$\Delta FNPV_{B-F} = -(65\,000 - 10\,000) + (13\,000 - 1\,770)(P/A, 10\%, 10) = 14\,008.35 \text{万元} > 0$$

故方案 B 可以接受,选择方案 B。

(6) 方案 E 与 B 比较。

$\Delta FNPV_{E-B} = -(85\,000 - 65\,000) + (16\,320 - 13\,000)(P/A, 10\%, 10) = 401.4$ 万元 $> 0$

故方案 E 可以接受,选择方案 E。

(7) 方案 A 与 E 比较。

$\Delta FNPV_{A-E} = -(100\,000 - 85\,000) + (16\,980 - 16\,320)(P/A, 10\%, 10) = -10\,944.3$ 万元 $> 0$

故方案 A 不能接受,仍然选择方案 E。

综上所述,方案 E 为六个方案中的最优方案。

2) 差额内部收益率($\Delta FIRR$)法

内部收益率是衡量项目综合能力的重要指标,也是在项目经济评价中经常用到的指标之一,但是在进行互斥型投资方案的比选时,如果直接用各个方案内部收益率的高低来衡量方案的优劣,往往会导致错误的结论。互斥型投资方案的比选,实质上是分析投资大的方案所增加的投资能否用其增量收益来补偿,即对增量的现金流量的经济合理性作出判断,因此可以通过计算增量净现金流量的内部收益率来比选方案,这样就能够保证方案比选结论的正确性。

差额内部收益率的表达式为

$$\sum_{t=0}^{n} [(CI-CO)_2 - (CI-CO)_1]_t (1+\Delta FIRR)^{-t} = 0 \tag{3-22}$$

或

$$\sum_{t=0}^{n} (CI-CO)_{2t} (1+\Delta FIRR)^{-t} = \sum_{t=0}^{n} (CI-CO)_{1t} (1+\Delta FIRR)^{-t} \tag{3-23}$$

式中 $(CI-CO)_2$——投资大的方案年净现金流量;

$(CI-CO)_1$——投资小的方案年净现金流量。

进行方案比较时,当 $\Delta FIRR \geq i_c$(基准收益率或要求达到的收益率)或 $\Delta FIRR \geq i_s$(社会折现率)时,投资大的方案所耗费的增量投资的内部收益要大于要求的基准值,以投资大的方案为优;当 $\Delta FIRR = i_c$ 时,两方案在经济上等值,一般考虑选择投资大的方案。

对于三个(含三个)以上的方案进行比较时,通常采用前述的"环比法"进行比较。即首先将各方案按投资额现值的大小由低到高进行排列,然后按差额投资内部收益率法比较投资额最低和次低的方案。当 $\Delta FIRR_{大-小} \geq i_c$ 时,以投资大的方案为优;反之,则以投资小的方案为优。选出的方案再与下一个(投资额第三低的)方案进行比选,依此类推,直到最后一个保留的方案即为最优方案。

采用差额内部收益率指标对互斥方案进行比选的基本步骤如下。

(1) 计算各备选方案的 FIRR。

(2) 将 $FIRR \geq i_c$ 的方案按投资额由小到大依次排列。

(3) 计算排在最前面的两个方案的差额内部收益率 $\Delta FIRR$,若 $\Delta FIRR \geq i_c$,则说明投资大的方案优于投资小的方案,保留投资大的方案;反之,若 $\Delta FIRR < i_c$,则保留投资小的方案。

(4) 将保留的较优方案依次与相邻方案两两逐对比较,直至全部方案比较完毕,则最后保留的方案就是最优方案。

采用差额内部收益率法进行方案比选时一定要注意,差额内部收益率只能说明增加投资部分的经济合理性,亦即 $\Delta \text{FIRR} \geqslant i_c$,只能说明增量投资部分是有效的,并不能说明全部投资的效果,因此采用此方法前,应该先对备选方案进行单方案检验,只有可行的方案才能作为比较的对象。

**3. 最小费用法**

在工程经济中经常遇到这样一类问题,两个或多个方案的产出的效果相同或基本相同,但却难以进行具体估算,比如一些环保、国防、教育等项目,其所产生的效益无法或者说很难用货币计量。这样由于得不到其现金流量的情况,也就无法采用诸如净现值法、差额内部收益率法等方法来对此类项目进行经济评价。在这种情况下,我们只能通过假定各方案的收益是相等的,对各方案的费用进行比较,根据效益极大化目标的要求及费用较小的项目比之费用较大的项目更为可取的原则来选择最佳方案,这种方法称为最小费用法。最小费用法包括费用现值比较法和年费用比较法。

1) 费用现值(PC)比较法

费用现值比较法实际上是净现值法的一个特例,费用现值的含义是指利用此方法所计算出的净现值只包括费用部分。由于无法估算各个方案的收益情况,只计算备选方案的费用现值(PC)并进行对比,以费用现值较低的方案为最佳。其表达式为

$$\text{PC} = \sum_{t=0}^{n} \text{CO}_t (1+i_c)^{-t} = \sum_{t=0}^{n} \text{CO}_t (P/F, i_c, t)^{-t} \tag{3-24}$$

2) 年费用(AC)比较法

年费用比较法是通过计算各备选方案的等额年费用(AC)并进行比较,以年费用较低的方案为最佳方案的一种方法,其表达式为

$$\text{AC} = \sum_{t=0}^{n} \text{CO}_t (P/F, i_c, t)(A/P, i_c, n) \tag{3-25}$$

采用年费用比较法与费用现值比较法对方案进行比较的结论是完全一致的。因为实际上费用现值(PC)和等额年费用(AC)之间可以很容易进行转换。即

$$\text{PC} = \text{AC}(P/A, i, n)$$

或

$$\text{AC} = \text{PC}(A/P, i, n)$$

所以根据费用最小的选择原则,两种方法的计算结果是一致的。因此在实际应用中对于效益相同或基本相同但又难以具体估算的互斥型投资方案进行比选时,若方案的寿命期相同,则任意选择其中的一种方法即可;若方案的寿命期不同,则一般适用年费用比较法。

**例 3-8** 某项目有 A、B 两种不同的工艺设计方案,均能满足同样的生产技术要求,其有关费用支出如表 3-9 所示,试用费用现值法和年费用比较法选择最佳方案,已知 $i_c = 10\%$。

表 3-9 方案 A、B 费用支出表  单位:万元

| 项目/费用 | 投资(第一年末) | 年经营成本(2~10 年末) | 寿命期/年 |
|---|---|---|---|
| A | 600 | 280 | 10 |
| B | 785 | 245 | 10 |

**解** (1) 费用现值比较法。

根据费用现值的计算公式可分别计算出 A、B 两方案的费用现值为

$PC_A = 600(P/F,10\%,1) + 280(P/A,10\%,9)(P/F,10\%,1) = 2\ 011.40$ 万元

$PC_B = 785(P/F,10\%,1) + 245(P/A,10\%,9)(P/F,10\%,1) = 1\ 996.34$ 万元

由于 $PC_A > PC_B$,故方案 B 为最佳方案。

(2) 年费用比较法。

根据公式计算出 A、B 两方案的等额年费用如下

$AC_A = 2\ 011.40(A/P,10\%,10) = 327.36$ 万元

$AC_B = 1\ 996.34(A/P,10\%,10) = 325.00$ 万元

由于 $AC_A > AC_B$,故方案 B 为最佳方案。

项目寿命期不同的
互斥型投资方案的比选

## 二、项目寿命期不同的互斥型投资方案的比选

寿命期不同的互斥型投资方案,为了满足时间可比的要求,就需要对各备选方案的计算期和计算公式进行适当的处理,使各个方案在相同的条件下进行比较,才能得出合理的结论。为满足时间可比条件而进行处理的方法很多,常用的方法有计算期统一法和净年值法。

**1. 计算期统一法(净现值法)**

计算期统一法就是对计算期不等的比选方案选定一个共同的计算分析期,在此基础上,再用前述指标对方案进行比选,计算期统一法具体的评价指标也是净现值(FNPV),其常用的处理方法有以下两种。

1) 最小公倍数法

最小公倍数法又称方案重复法,以各备选方案寿命期的最小公倍数作为进行方案比选的共同的计算期,并假设各个方案均在这样一个共同的计算期相等。

例如,有 A、B 两个互斥型投资方案,方案 A 的计算期为 5 年,方案 B 的计算期为 6 年,则其共同的计算期即为 30 年(5 和 6 的最小公倍数),然后假设方案 A 将重复实施 6 次,方案 B 将重复实施 5 次,分别对其净现金流量进行重复计算,计算出在共同的计算期内各个方案的净现值,以净现值较大的方案为最佳方案。

**例 3-9** 有 A、B、C 三个项目,各方案的现金流量表如表 3-10 所示,各方案的现金流量图如图 3-6 所示,假定基准收益率 $i_c = 15\%$,试用最小公倍数法对三个互斥型投资方案进行评价。

表 3-10 A、B、C 方案的现金流量表          单位:万元

| 方案 | 初始投资 | 残值 | 年度支出 | 年度收入 | 寿命/年 |
|---|---|---|---|---|---|
| A | 6 000 | 0 | 1 000 | 3 000 | 3 |
| B | 7 000 | 200 | 1 000 | 4 000 | 4 |
| C | 9 000 | 300 | 1 500 | 4 500 | 6 |

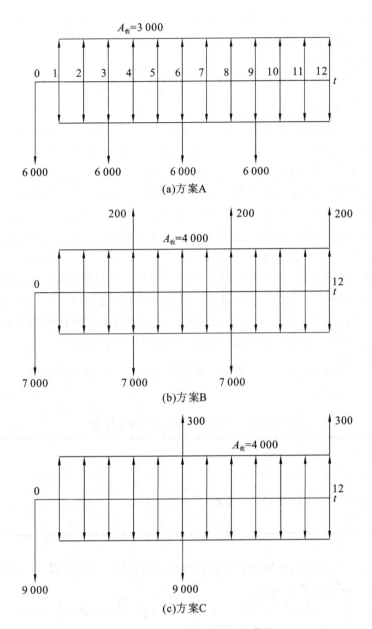

图 3-6  A、B、C 方案的现金流量图

**解**  三个项目寿命期的最小公倍数为 12，则计算期为 12 年。

$FNPV_A = -6\,000 - 6\,000(P/F,15\%,3) - 6\,000(P/F,15\%,6)$
$\quad\quad\quad -6\,000(P/F,15\%,9) + (3\,000 - 1\,000)(P/A,15\%,12)$
$\quad\quad = -3\,402.6\ 万元$

$FNPV_B = -7\,000 - 7\,000(P/F,15\%,4) - 7\,000(P/F,15\%,8)$
$\quad\quad\quad + (4\,000 - 1\,000)(P/F,15\%,12) + 200(P/F,15\%,4)$
$\quad\quad\quad + 200(P/F,15\%,8) + 200(P/F,15\%,12)$
$\quad\quad = 3\,189.22\ 万元$

$$FNPV_C = -9\,000 - 9\,000(P/F,15\%,6) + (4\,500 - 1\,500) \times (P/A,15\%,12)$$
$$\qquad + 300(P/F,15\%,6) + 300(P/F,15\%,12)$$
$$\qquad = 3\,558.06 \text{ 万元}$$

由于 $FNPV_C > FNPV_B > FNPV_A$，所以方案 C 为最优方案。

2）最短计算期法（研究期法）

在用最小公倍数法对互斥型投资方案进行比选时，如果诸方案的最小公倍数比较大，则就需要对计算期较短的方案进行多次的重复计算，而这与实际情况显然不相符合，因为技术是在不断地进步的，一个完全相同的方案在一个较长的时期内反复实施的可能性不大，因此用最小公倍数法得出的方案评价结论就不太令人信服。这时可以采用一种被称为研究期的评价方法。

最短计算期法（研究期法）就是针对寿命期不相等的互斥型投资方案，直接选取一个适当的分析期作为各个方案共同的计算期，通过比较各个方案在该计算期内的净现值来对方案进行比选。以净现值最大的方案为最佳方案。其中，计算期的确定要综合考虑各种因素，在实际应用中，为简便起见，往往直接选取诸方案中最短的计算期为各个方案的共同的计算期，所以最短计算期法和研究期法是同一个意思。采用最短计算期法进行方案进行比选时，其计算步骤、判别准则均与净现值法完全一致，唯一需要注意的是对于寿命期比共同计算期长的方案，要对其在计算期以后的现金流量情况进行合理的估算，以免影响结论的合理性。

**例 3-10** 有 A、B 两个项目的净现金流量如表 3-11 所示，若已知 $i_c = 10\%$，试用最短计算期法对方案进行比较。

表 3-11　A、B 两个项目的净现金流量　　　　　　　　　　单位：万元

| 年 项目 | 1 | 2 | 3~7 | 8 | 9 | 10 |
|---|---|---|---|---|---|---|
| A | -550 | -350 | 380 | 430 | | |
| B | -1 200 | -850 | 750 | 750 | 750 | 900 |

**解**　取 A、B 两方案中较短的计算期为共同的计算期，即 $n = 8$ 年，分别计算当计算期为 8 年时 A、B 两方案的净现值。

$$FNPV_A = -550(P/F,10\%,1) - 350(P/F,10\%,2) + 380(P/A,10\%,5)$$
$$\qquad \times (P/F,10\%,2) + 430(P/F,10\%,8)$$
$$\qquad = 601.89 \text{ 万元}$$
$$FNPV_B = [-1200(P/F,10\%,1) - 850(P/F,10\%,2) + 750(P/A,10\%,7)$$
$$\qquad \times (P/F,10\%,2) + 900(P/F,10\%,10)](A/P,10\%,10)(P/A,10\%,8)$$
$$\qquad = 1\,364.79 \text{ 万元}$$

**注意**：计算 $FNPV_B$ 时，是先计算方案 B 在其寿命期内的净现值，然后再计算方案 B 在共同的计算期内的净现值。

由于 FNPV$_B$＞FNPV$_A$＞0，所以方案 B 为最佳方案。

注意：分析期的设定应根据决策的需要和方案的技术经济特征来决定，用最小公倍数法和最短计算期法（研究期法）分别计算所得到的结论是一致的。

**2．净年值法**

对寿命期不等的互斥型投资方案进行比选时，净年值法是最为简便的方法。净年值法以"年"为时间单位比较各方案的经济效果，从而使寿命不等的互斥型投资方案具有可比性。

净年值法的判别准则为：净年值（FNAV）≥0，并且该值最大的方案是最优可行方案。

**例 3-11**　参照例 3-8，试用净年值法对三个互斥投资方案进行评价。

**解**　如图 3-7 所示。

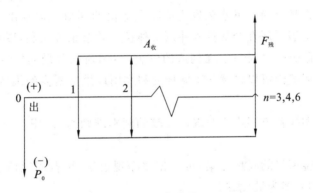

图 3-7　现金流量图

项目无限寿命的
互斥型投资方案
的比选

方案 A：FNAV$_A$ = $-6\,000(A/P,15\%,3)+3\,000-1\,000$
　　　　　　　= $-627.34$ 万元

方案 B：FNAV$_B$ = $-7\,000(A/P,15\%,4)+4\,000-1\,000+200(A/F,15\%,4)$
　　　　　　　= $588.164$ 万元

方案 C：FNAV$_C$ = $-9\,000\times(A/P,15\%,6)+4\,500-1\,500+300(A/F,15\%,6)$
　　　　　　　= $656.11$ 万元

由于 FNAV$_C$＞FNAV$_B$＞FNAV$_A$，所以方案 C 为最优方案，与最小公倍数法所得到的结果一致。

## 三、项目无限寿命的互斥型投资方案的比选

有些项目（如铁路、公路、桥梁、涵洞、水库、机场等）的服务年限可视为无限大。即使项目的服务年限不是非常长（例如 80 年以上），但服务年限比较长（例如超过 40 年），动态分析对遥远

的未来已经不敏感。例如,当 $i=4\%$,45 年后的 1 元的现值约为 0.171 元,50 年后的 1 元现值约为 0.141 元;当 $i=6\%$ 时,30 年后的 1 元的现值仅为 0.174 元,50 年后的 1 元的现值约为 0.0543元。在这种情况下,项目寿命可视为无限长。

项目无限寿命的互斥方案的比选方法主要有:现值法、净年值法。

**1. 现值法**

按无限寿命计算出的现值 $P$,一般称为"资金成本或资本化成本"。资本化成本 $P$ 的计算公式为

$$P=A/i \tag{3-26}$$

证明如下。

由于

$$P=A\left[\frac{(1+i)^n-1}{i(1+i)^n}\right]=A\left[\frac{1}{i}-\frac{1}{i(1+i)^n}\right]$$

当 $n$ 趋向于无穷大时,则有

$$P=A\lim_{n\to\infty}\left[\frac{1}{i}-\frac{1}{i(1+i)^n}\right]=\frac{A}{i}$$

资本化成本的含义是指与一笔永久发生的年金等值的现值。资本化成本从经济意义上可以解释为一项生产资金需要现在全部投入并以某种投资效果系数获利,以便取得一笔费用来维持投资项目的持久性服务。这时只消耗创造的资金,而无须耗费最初投放的生产资金。因此,该项生产资金在下一周期内可以继续获得同样的利润用以维持所需的维持费用,如此不断循环下去。

对无限寿命互斥型投资方案进行净现值比较的判别准则为:$FNPV\geqslant 0$,并且该净现值最大的方案是最优方案。

对于仅有费用现金流量的互斥方案,可以比照净现值法,用费用现值法进行比选。判别准则为:费用现值最小的方案为最优方案。

**例 3-12** 某河流上打算建设一座桥梁,有 A、B 两处选点方案,如表 3-12 所示,若基准折现率 $i_c=10\%$,试比较方案的优劣。

表3-12 A、B方案的现金流量图　　　　　　　　　　　　　　单位:万元

| 方案 | 一次投资 | 年维护费 | 再投资 |
|---|---|---|---|
| A | 3 080 | 1.5 | 5(每10年一次) |
| B | 2 230 | 0.8 | 4.5(每5年一次) |

**解** A、B 两方案的现金流量图如图 3-8 所示。

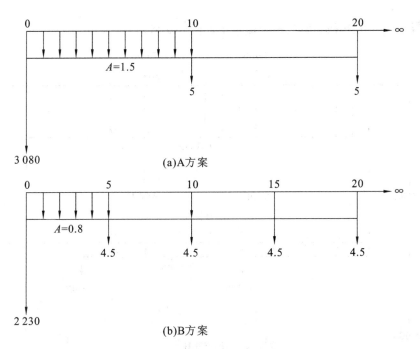

**图 3-8　A、B 方案的费用现金流量图（单位：万元）**

$PC_A = 3\,080 + A/i = 3\,080 + [1.5 + 5(A/F, 10\%, 10)]/10\% = 3\,098.13$ 万元

$PC_B = 2\,230 + A/i = 2\,230 + [0.8 + 4.5(A/F, 10\%, 5)]/10\% = 2\,245.37$ 万元

由于 $PC_A > PC_B$，故方案 B 为最优方案。

### 2. 净年值法

无限寿命的年制可以用下面的公式为依据进行计算。

$$A = P \times i \qquad (3-27)$$

对无限寿命互斥方案进行净年值比较的判别准则为：FNAV≥0，并且该值最大的方案是最优方案。对于仅有或仅需计算费用现金流量的互斥方案，可以比照净年值法，用费用年值法进行比选。其判别准则是：费用年值最小的方案为最优方案。

**例 3-13**　现在需要对某渠道进行修复，有 A、B 两种施工方案，A 方案是用挖泥机清除渠道底部淤泥，B 方案是在渠道底部设永久性混凝土板，各项数据如表 3-13 所示，假定利率为 5%，试比较两种方案的优劣。

**表 3-13　A、B 方案的现金流量表**　　　　　　　　　　　　　　　单位：元

| 方案 A | 费用 | 方案 B | 费用 |
|---|---|---|---|
| 购买挖泥设备（寿命 10 年） | 65 000 | 河底混凝土板（无限寿命） | 65 000 |
| 年经营费 | 34 000 | 年维护费 | 1 000 |
| 挖泥设备残值 | 7 000 | 混凝土板大修（5 年一次） | 10 000 |

**解** A、B 两方案的现金流量图如图 3-9 所示。

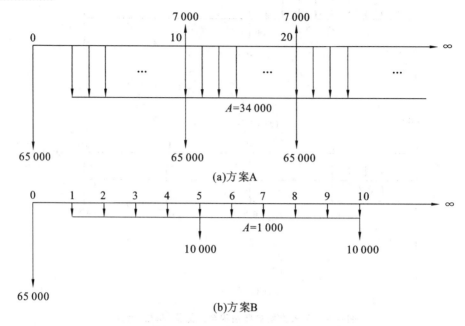

图 3-9　A、B 方案的现金流量图

采用费用年值法进行比较。

$AC_A = 65\,000(A/P, 5\%, 10) - 7\,000(A/F, 5\%, 10) + 34\,000 = 41\,861$ 元

$AC_B = 65\,000 \times 5\% + 10\,000(A/F, 5\%, 5) + 1\,000 = 35\,346$ 元

由于 $AC_A > AC_B$，故方案 B 为最优方案。

# 任务 4　独立方案和混合方案的比较选择

独立方案比选即单方案比选，指的是在资金约束条件下，如何选择一组项目组合，以便获得最大的总体效益，即使 $\sum FNPV(i_c)$ 最大。常用的评价指标主要有：财务净现值、内部收益率等。

当各投资项目相互独立时，若资金对所有项目不构成约束，则只要分别计算各项目的 FNPV 或 FIRR，选择所有 $FNPV(i_c) \geqslant 0$ 或 $FIRR \geqslant i_c$ 的项目即可；若资金不足以分配到全部 $FNPV(i_c) \geqslant 0$ 的项目时，即形成所谓的资金约束条件下的优化组合问题。约束条件下的优化组合问题常见的基本解法是互斥组合法。

混合型投资方案是指兼有互斥方案和独立方案两种关系的混合情况，即相互之间既有互相独立关系又有互相排斥关系的一组方案，也称为层混方案，即方案之间的关系分为两个层次，高层是一组互相独立的项目组成，而低层则由构成每个独立项目的互斥方案组成。因此混合型投资方案的比选就是兼用独立型方案和混合型方案的评价方法。

**例 3-14** 有三个相互独立的方案 A、B、C,其寿命期均为 10 年,现金流量如表 3-14 所示。设 $i_c=15\%$,求:

(1) 当资金无限额时,试判断各方案的经济可行性。

(2) 当资金限额为 18 000 万元时,应如何选择方案?

表 3-14　A、B、C 方案的现金流量统计及计算结果　　　　　　　　单位:万元

| 方案 | 初始投资 | 年收入 | 年支出 | 年净收益 | FNPV | FNAV | FIRR |
|---|---|---|---|---|---|---|---|
| A | 5 000 | 2 400 | 1 000 | 1 400 | 2 027>0 | 404>0 | 25%>$i_c$ |
| B | 8 000 | 3 100 | 1 200 | 1 900 | 1 536>0 | 306>0 | 20%>$i_c$ |
| C | 10 000 | 4 000 | 1 500 | 2 500 | 2 547>0 | 507>0 | 22%>$i_c$ |

**解** (1) 以 A 方案为例,$FNPV_A$、$FNAV_A$ 和 $FIRR_A$ 的计算过程和结果如下。

$$FNPV_A = -5\,000+(2\,400-1\,000)(P/A,15\%,10)=2\,027$$
$$FNAV_A = -5\,000(A/P,15\%,10)-1\,000+2\,400=404$$

由
$$-5\,000+1\,400(P/A,FIRR_A,10)=0$$

解得　　　　　　　　　　$FIRR_A=25\%$

同理,可求得 B、C 方案的 $FNPV_B$、$FNAV_B$、$FIRR_B$ 和 $FNPV_C$、$FNAV_C$、$FIRR_C$ 值,如表 3-14 中所示。由表 3-14 可知 A、B、C 三个方案均分别满足净现值、净年值和内部收益率指标的评价准则,故 A、B、C 三个方案均是可以接受方案。

**注意**:由例 3-13 可见,对于独立方案,不论采用净现值、净年值或内部收益率评价指标,评价结论都是相同的;同时也可以看出内部收益率评价指标不能用于对方案比选,对方案比选应采用差额内部收益率法或差额净现值法。

(2) 列出所有的互斥方案组合,共 $2^3=8$ 个(包括全部投资方案)。如果本题采用净现值法,在资金限额不超过 18 000 万元的方案组合中,以净现值最大选取最佳方案组合,如表 3-15 所示。

表 3-15　方案组合计算表　　　　　　　　单位:万元

| 序号 | 1 | 2 | 3 | 4 | 5 | 6 | 7 | 8 |
|---|---|---|---|---|---|---|---|---|
| 方案组合 | 0 | A | B | C | A+B | A+C | B+C | A+B+C |
| 初始投资 | 0 | 5 000 | 8 000 | 10 000 | 13 000 | 15 000 | 18 000 | 23 000 |
| 年净收益 | 0 | 1 400 | 1 900 | 2 500 | 3 300 | 3 900 | 4 400 | 5 800 |
| 净现值 | 0 | 2 027 | 1 536 | 2 547 | 3 563 | [4 574] | 4 083 | 6 110 |

从表中可以看出,资金不超过 18 000 万元限额的方案组合有 7 个,即 0、A、B、C、A+C、A+B 和 B+C。其中 A+C 组合方案的净现值最大,故选择 A、C 两方案。

**思政案例融入** 进行方案的比选和优化是职业人员的基本工作要求,是提高工程咨询质量、增强决策科学性的关键工作。做好这项工作既是专业的要求,更是职业的使命,有益于建设资源节约型、环境友好型社会。

建设资源节约型、环境友好型社会

1. 建设项目方案有哪些类型?
2. 进行互斥方案比选的基本方案有哪些?
3. 对于寿命不等的互斥型方案,如何比较?
4. 如果 $IRR_A > IRR_B$,能否说 A 方案优于 B 方案?为什么?
5. 净现值法的比选原则是什么?

1. 在对多个寿命期不等的互斥方案进行比选时,(　　)是最为简便的方法。
   A. 净现值法　　　　B. 最小公倍数法　　C. 研究期法　　　　D. 净年值法
2. (　　)是指各方案间具有排他性,(　　)是指各方案间不具有排他性。
   A. 相关关系,独立关系　　　　　　　　B. 互斥关系,相关关系
   C. 互斥关系,独立关系　　　　　　　　D. 独立关系,相关关系
3. 某建设项目估计总投资 50 万元,项目建成后各年收益为 8 万元,各年支出为 2 万元,则该项目的静态投资回收期为(　　)。
   A. 6.3 年　　　　　B. 25 年　　　　　C. 8.3 年　　　　　D. 5 年
4. 在进行投资方案比选时,首先应明确(　　)。
   A. 适宜的评价指标　　　　　　　　　B. 投资方案间的关系
   C. 适宜的评价方法　　　　　　　　　D. 其他
5. (　　)是指采纳一组方案中的某一方案,必须放弃其他方案,即方案之间相互具有排他性。
   A. 互斥方案　　　　B. 独立方案　　　　C. 混合方案　　　　D. 相关方案
6. 某方案的净现金流量如表 3-16 所示,如基准投资回收期为 5 年,试分别计算该方案的静态投资回收期和动态投资回收期(基准收益率为 8%),并判断该方案的经济可行性。

表3-16  某方案的净现金流量表　　　　　　　　　　　　　　　　　　　　单位：万元

| 年份序号 | 0 | 1 | 2 | 3 | 4 | 5 |
|---|---|---|---|---|---|---|
| 净现金流量 | −100 | 20 | 30 | 60 | 60 | 60 |

7．某方案的现金流量如表3-17所示，基准收益率为15％，试计算：①动态投资回收期；②净现值NPV；③内部收益率。

表3-17  某方案的净现金流量表　　　　　　　　　　　　　　　　　　　　单位：万元

| 年份序号 | 0 | 1 | 2 | 3 | 4 | 5 |
|---|---|---|---|---|---|---|
| 净现金流量 | −2000 | 450 | 550 | 650 | 700 | 800 |

8．某项目初始投资为8000万元，第1年年末现金流入为2000万元，第2年年末现金流入为3000万元，第3、4年年末现金流入均为4000万元，若基准收益率为12％，计算该项目的净现值、净年值、净现值率。

9．已知方案A、B、C的有关资料如表3-18所示，在基准折现率为10％时，试分别用净现值法与内部收益率法对这三个方案进行比选。

表3-18  某方案的净现金流量表　　　　　　　　　　　　　　　　　　　　单位：万元

| 方案 | 初始投资 | 年收入 | 年支出 | 经济寿命 |
|---|---|---|---|---|
| A | 3000 | 1800 | 800 | 5 |
| B | 3650 | 2200 | 1000 | 5 |
| C | 4500 | 2600 | 1200 | 5 |

10．有A、B两个寿命期不同的互斥方案，基准收益率为10％，两方案净现金流量如表3-19所示。试比较以下两个方案的优劣：①分析期法；②净年值法。

表3-19  某方案的净现金流量表　　　　　　　　　　　　　　　　　　　　单位：万元

| 方案 | 年份序号 | | | | | |
|---|---|---|---|---|---|---|
| | 0 | 1 | 2 | 3 | 4 | 5 |
| A | −1 000 | −500 | 550 | 650 | 700 | 800 |
| B | −1 500 | −1 500 | 550 | 650 | 700 | 800 |

11．某施工机械有两种不同型号，其有关数据如表3-20所示，年利率为10％，试问购买哪种型号的机械比较经济？

表3-20  某施工机械的现金流量表

| 方案 | 初始投资/万元 | 年经营收入/万元 | 年经营费/万元 | 残值/万元 | 寿命/年 |
|---|---|---|---|---|---|
| A | 120000 | 70000 | 6000 | 20000 | 10 |
| B | 90000 | 70000 | 8500 | 10000 | 8 |

12．在两个城市之间，解决其交通问题的方案有两个：一是修一条铁路投资2000万元，然后

每 20 年再增加投资 1000 万元，这条铁路就可以永久使用；另一个方案是投资 3 000 万元，修一条运河，永久使用。这两个方案均能满足运输要求，假定年利率为 8%，试选择最优的方案。

13. 为了满足两地交通运输增长的需求，拟在两地之间修建一条铁路或高速公路，也可以考虑两个项目同时上。如果两个项目同时上，由于分流的影响，两个项目现金流量将会受到影响。基准收益率为 10%，根据表 3-21 提供的数据，对方案进行选择（注：表中括号内的数据为两个项目同时上时的现金流量）。

表 3-21　A、B 两方案的现金流量表　　　　　　　　　　单位：万元

| 方案 | 年末 | | | |
|---|---|---|---|---|
|  | 0 | 1 | 2 | 3～32 |
| 铁路 | −30 000 | −30 000 | −30 000 | 15 000(12 000) |
| 公路 | −15 000 | −15 000 | −15 000 | 9 000(5 250) |

# 工作手册 4
# 工程项目经济分析与评价

学习目标

**1. 知识目标**

（1）了解建设项目可行性研究的阶段划分、工作程序及研究内容，了解市场调查和预测的方法。

（2）了解财务评价的目的、内容和评价步骤，掌握财务评价指标的计算。

（3）了解国民经济评价与财务评价的区别。

（4）掌握国民经济效益和费用的识别，熟练掌握运用国民经济评价指标进行评价的方法。

**2. 能力目标**

能够运用工程经济效果评价的各项指标进行项目的评价与方案的选择。

◈ **项目描述**

工程项目的经济评价最早可以追溯到资本主义初期,其生产的主要动力来自对最大利润的追求。但在20世纪30年代经济大萧条之前,资本主义国家普遍奉行自由放任主义经济政策,对工程项目的经济评价主要是财务评价。经济大萧条发生后,为了摆脱经济危机,美国政府实行了"罗斯福新政",开始干预国家经济事务,比如大量增加公共开支,上马众多的公共工程项目等。由于这些项目是以宏观经济效益和社会效益为主,单纯采用财务评价无法反映项目的实际效益,因此国民经济评价开始得以运用,并取得了较好的效果。随着二战后各国政府管理公共事务经验的积累,国民经济评价得到了进一步的推广和应用。当前我国所采用的国民经济评价方法,是在参考联合国工业发展组织(UNIDO)所提出《工业项目评价手册》的基础上,结合我国的实际情况,综合考虑了必要性和可行性,在具体手段上进行了简化处理的评价方法。

建设项目的财务评价是根据国家现行的财税制度和价格体系,从建设项目自身的角度出发,分析、计算项目直接发生的财务效益和费用,编制有关报表,计算有关指标,评价项目的盈利和偿债能力、财务生存能力等财务状况,据此判断项目的财务可接受性,明确项目财务主体及投资者的价值贡献,为项目决策提供依据。

建设项目的国民经济评价,是从国民经济整体利益出发,遵循费用与效益统一划分的原则,用影子价格、影子工资、影子汇率和社会折现率,计算分析项目给国民经济带来的净增量效益,以此来评价项目的经济合理性和宏观可行性,实现资源的最优利用和合理配置。例如,某拟建项目的主要原料之一是氯碱厂提供的氯气。假定根据市场价格,财务评价的结论表明项目是不可行的。但是从宏观上考虑,由于国内氯气不仅供大于求,而且已成为增加烧碱产量的一个主要制约因素(氯气不能随便排放入空气以防对空气造成污染),因而国家只好每年花大量外汇进口烧碱,以满足国内需要。实际上,如果该项目上马,使用了氯气,则客观上提高了烧碱产量,节省了外汇,并且使我国资源的整体利用更加合理。因而该项目应该是可行的,决策的依据应该是后者,这一准则就是国民经济评价。

# 任务 1　工程项目可行性研究

## 一、可行性研究概述

**1. 工程项目可行性研究的概念与作用**

项目可行性研究(feasibility study)是指对工程项目建设投资决策前进行技术经济分析、论证的科学方法和合理的手段。它保证项目建设以最小的投资耗费取得最佳的经济效果,是实现项目技术在技术上先进、经济上合理和建设上可行的科学方法。

工程项目可行性研究

可行性研究的主要作用有以下几点。

(1) 可行性研究是建设项目投资决策和编制设计任务书的依据,决定一个项目是否应该投资,主要依据项目可行性研究所用的定性和定量的技术经济分析。因此,可行性研究是投资决策的主要依据,只有在决策后,才能编制设计任务书,才能产生项目决策性的法人文件。

(2) 可行性研究是筹集资金的依据。特别是须要申请银行贷款的项目,可行性研究报告是银行在接受贷款项目前进行全面分析、评估、确认能否贷款的依据。

(3) 可行性研究报告是工程项目建设前期准备的依据。包括进行设计,设备订货及合同的洽谈,环保及规划部门的确认等,都依据可行性研究的结果。

**2. 可行性研究阶段的划分**

国际上通常将可行性研究分为机会研究、初步可行性研究和最终可行性研究 3 个阶段。其中,最终可行性研究通常也简称为可行性研究,其工作深度已大体做到了相当于我国的设计任务书及项目初步设计的程度。可行性研究阶段的划分见表 4-1。

表 4-1 可行性研究阶段的划分

| | 阶段名称 | 投资误差范围 | 研究所需时间 | 研究费用占总投资额的比重 |
|---|---|---|---|---|
| 1 | 机会研究 | ±30% | 1~2 个月 | 0.2%~1% |
| 2 | 初步可行性研究 | ±20% | 4 个月左右 | 0.25%~1.25% |
| 3 | 可行性研究 | ±10% | 6 个月以上 | 1%~3% |

国外的初步可行性研究是在机会研究的基础上,对拟建项目的进一步论证分析。其任务是确定项目是否真的有投资价值,是否应对该项目展开全面的、详尽的(最终)可行性研究。对于大型复杂项目,以及需要进行辅助性专题研究的课题,应提前进行论证分析并得出明确的结论,其初步可行性研究的工作精度一般介于机会研究与(最终)可行性研究之间。

我国的基本建设程序中,将机会研究的全部工作内容及部分初步可行性研究的工作内容纳入项目建议书阶段。在调研基础上初步确定应上什么项目,宏观上阐明项目建设的必要性、可行性,然后向决策部门提供建议,推荐项目。

## 二、可行性研究的方法

在项目建议书被有关部门批准以后,建设单位即可着手组织对建设项目进行可行性研究,主要环节如下。

**1. 选定项目研究委托单位**

1) 委托专业设计单位承担

专业技术性较强的建设项目,一般可委托国家批准的具有相应研究资格的大、中型设计单位来承担。

2) 委托工程咨询公司承担

工程咨询公司是近年来随着我国经济技术改革的不断深化,为适应基本建设形势和投资环境要求而建立起来的专门从事工程项目建设过程中专业技术咨询、管理和服务的机构。以承担民用建筑和一般性工业建设项目的技术咨询为主。在委托工程咨询公司承担可行性研究时,建设单位必须对其能力、包括专业技术人员的构成、承担研究项目的能力、主要承担完成的研究项目及准确性等进行充分的调查。

3)委托专业银行承担

各种专业银行在基本建设和技术改造贷款项目的管理中,积累了一定的项目可行性研究经验,也是承担项目可行性研究可供选择的单位。

**2. 确定研究内容**

在选定了承担项目研究单位之后,要将项目可行性研究的内容按有关要求确定下来,作为项目研究委托协议的主要内容。可行性研究的基本内容一般包括如下方面。

(1)根据经济预测,以及市场预测确定的建设规模和生产方案。
(2)资源、原材料、燃料、动力、供水、运输条件。
(3)建厂条件和厂址方案。
(4)技术工艺主要设备选型和相应的技术经济指标。
(5)主要单项工程、公用辅助设施、配套工程。
(6)环境保护、城市规划、防震、防洪等要求和相应的措施方案。
(7)企业组织、劳动定员和管理制度。
(8)建设进度和工期。
(9)投资估算和资金筹措。
(10)经济效益和社会效益。

**3. 签订委托可行性研究协议**

建设单位在选择委托研究单位并确定委托研究的内容以后,应当与承担可行性研究的单位签订委托协议。

## 三、市场分析与市场调查

**1. 市场分析的概念与作用**

市场分析是指通过必要的市场调查和市场预测,对项目产品(或服务)的市场环境、竞争能力和对手进行分析和判断,进而分析和判断项目(或服务)在可预见时间内是否有市场,以及采取怎样的策略实现项目目标。

由于在不同的可行性研究阶段的研究深度不同,同时不同性质的项目有不同的市场,所以不同条件下的市场分析的程度或深度也是不一样的。

市场调查之所以重要,是因为它具有以下几个方面的作用(或功能)。

(1)有助于寻求和发现市场需要的新产品。
(2)可以发掘新产品和现有产品的新用途。

(3) 可以发现新的需求市场和需求量。
(4) 可以发现用户和竞争者的新动向。
(5) 可以预测市场的增减量。
(6) 是确定销售策略的依据。

**2. 市场调查的基本内容**

由于出发点和目的不同,市场调查的内容、范围也有所差别。从市场需求预测的要求来看,主要有产品需求调查、销售调查和竞争调查3大方面。

产品需求调查,主要是了解市场上需要什么产品,需求量有多大,对产品有什么新的要求或需求。销售调查就是通过对销路、购买行为和购买力的了解,达到了解谁需要,以及为什么需要的目的。销售调查主要包括产品销路调查、购买行为调查和购买力调查等。竞争调查是指对企业产品综合竞争能力的调查,其内容涉及生产、质量、价格、功能、经营、销售、服务等多方面。

以上所给出的三大方面的调查,其内容是相互联系和相互交叉的。事实上,生产资料市场和消费资料市场是很难完全分开的,因此,往往需要同时进行,并加以对比分析和研究。

**3. 市场调查的程序**

1) 制订调查计划

市场调查是一项费时费力的工作。因此,必须有针对性地进行特定问题的调查,并根据所要调查的问题,明确调查目的、对象、范围、方法、进度和分工等,这是市场调查的第一步。其基本要点包括以下几点。

(1) 明确调查目的和目标。

一般来讲,市场调查的起因都源于一些不明确或把握不准的问题。当已经掌握了一些基本情况,但这些情况只能提供方向性的启示,还不足以说明问题时,就须进行市场调查。例如,某产品的销售额或销售量下降,但尚难明确是产品质量的原因,还是产品价格的原因,或者是出了新的替代品等原因造成的。这时,就应该通过初步的调查分析,明确产品销售量下降的具体原因。然后据以制订调查的详细计划,明确调查的目的、主题和目标。一般情况下,调查的问题不能过多,最好确定一两个主要问题进行重点调查,否则,调查的效果就会受到影响。

(2) 确定调查的对象和范围。

在明确了调查的方向、目的和目标后,就要根据所需调查的主要问题,确定和选择具体的范围和对象。所谓明确调查范围,就是根据调查对象的分布特点,确定是全面调查还是抽样调查,如果采用抽样调查,应如何抽样等。

(3) 选择调查方法。

市场调查的方法很多,每种方法都有其各自的优缺点。因此,必须根据调查的内容和要求来选择合适的调查方法。

(4) 设计调查数据表。

市场调查的内容和要求决定了市场调查的各类问题。对各类问题的调查结果,都要设计出数据表格,需要进行汇总的,还要设计出汇总表格。对于一些原始答案或数据,不应在加以分类和统计后就弃之不用。这些第一手资料数据往往是十分重要的,从不同的角度去观察它,可能会得出不同的结论。因此,这些资料数据应出现在分类统计表中。同样,分类统计表中的资料数据也应出现在汇总表中。

(5) 明确调查进度和分工。

一般的市场调查,都应在允许的时间范围内完成。因此,根据调查目的、对象、范围和要求,确定调查的时间安排和人员分工,是一项十分重要的工作。市场调查不可能由一个人全部承担,一般是由多人分工协作进行。这样有利于节约时间,或者说,有利于缩短市场调查的总体时间。

2) 收集情报资料

一般而言,情报的来源有两种,一种是已有的各种统计资料出版物,另一种是现时发生的情况。

(1) 已有情报资料的收集。

利用已有的各种情报资料,是市场调查工作中节约时间和费用的一步,也是极为重要的一步。一般有以下几种可以利用的情报源:一是政府统计部门公布的各种统计资料,包括宏观的、中观的和微观的 3 种;二是行业和行业学会出版的资料汇编和调研报告等;三是一些大型的工具类图书,如年鉴、手册、百科全书等;四是杂志、报纸、广告和产品目录等出版物。

(2) 实际情况的收集。

对于一些市场变化迅速的行业和企业,将历史统计资料作为市场调查的依据往往是不准确的。有些历史资料是不充分的,有的甚至是残缺不全的,而实际发生的情况通常正是我们需要的更现实、更可取和更有说服力的依据。此外,一些保密性极强的资料和数据是不可能在出版物中找到的,所以对实际情况的搜集必不可少,具体方法可参考本章市场调查方法的部分内容。

(3) 分析处理情报资料。

由于统计口径、目的和方法的不同,收集到的情报资料有时可能出现较大误差,甚至互相矛盾的现象。造成这一现象的原因是多方面的,一种情况是调查问题含糊不清造成回答者的理解错误,从而出现答案的错误;另一种情况是问题比较清楚而回答者理解有误,从而出现错误的答案。还有可能是回答者有意做出的歪曲回答,或是不正确和不确切的解释和联想,造成了答案的偏差。因此,市场调查所得的资料数据必须经过分析和处理,并正确地做出解释。其主要过程如下。

① 比较、鉴别资料数据。比较和鉴别资料数据的可靠性和真实性,无论对历史统计资料,还是对实际调查资料,都是必须进行的工作。这是因为调查资料的真实性和可靠性,将直接导致市场调查结论的准确性和可取性,进而影响到决策的成败。

② 归纳处理资料数据。在进行了资料数据可取性和准确性的鉴别,并剔除了不真实和矛盾的资料数据之后,就要利用适宜的方法进行数据分类处理,制作统计分析图表。需要由计算机进行处理的还应进行分类编号,以便于计算和处理。

③ 分析、解释调查结论。在资料数据整理成表后,还要进行分析和研究,写出有依据、有分析、有结论的调查报告。

④ 编写调查报告。这是市场调查的最后一步,编写调查报告应简明扼要、重点突出、内容充实、分析客观、结论明确,其内容包括下述三个方面。

● 总论。总论中应详细而准确地说明市场调查的目的、对象、范围和方法。

● 结论。结论部分是调查报告的重点内容,应描述市场调查的结论,并对其进行论据充足、观点明确而客观的说明和解释,以及建议。

● 附件。附件部分包括市场调查所得到的图、表及参考文献。至此,一个完整的市场调查便宣告结束。

### 4. 市场调查的方法

市场调查的方法较多,从可行性研究的需求预测的角度来看有资料分析法、直接调查法和抽样分析法三大类。

1) 资料分析法

资料分析法是对已有的情报资料和数据进行归纳、整理和分析,来确定市场动态和发展趋向的方法。市场调查人员平时应注意对与自己工作关系密切的各种情报资料进行日积月累的收集。在市场调查的目的和主题确定后,就可以对现有资料进行分类、归类和挑选,针对市场调查的目标和要求,给出分析和研究的结论。

如果平时没有积累有关资料,在明确市场调查主题后,可以通过情报资料的检索来查找所需的各种情报资料,包括政府部门的统计资料、年鉴、数据手册、期刊、产品资料、报纸、广告和新闻稿等。

资料分析法的优点是省时、省力。缺点是多数资料都是第二手或第三手的,其准确性也不好判断。如果可供分析用的资料数据缺乏完整性和齐全性,则分标结论的准确性和可靠性将会降低。

2) 直接调查法

直接调查法是调查者通过一定的形式向被调查者提问,来获取第一手资料的方法。常用的方法有电话查询、实地访谈和邮件调查三种方法。

(1) 电话查询。

电话查询是指借助电话直接向使用者或有关单位和个人进行调查的方法。这种方法的优点首先是迅速,节省时间,对于急需得到的资料或信息来讲,这种方法最简单易行;其次,这种方法在经济上较划算,电话费较之其他调查所需费用是便宜的。此外,这种方法易于为被调查者接受,避免调查者与被调查者直面相对。但是,这种方法的缺点也是比较明显的,主要有以下几点。

① 被调查者必须是有电话的人。

② 跨越省区较多时,长途传呼容易出现找人不在或交谈困难(如电话杂音过大)的现象。

③ 直接提问直接回答,容易使被调查者在考虑时间有限的情况下,对问题做出不太确切或模棱两可的回答。

所以,使用这种方法应注意以下几个原则。

① 所提的问题应明确清楚。

② 对于较为复杂的问题,应预先告之谈话内容,约好谈话时间。

③ 要对被调查者有深入的了解,根据其个性等特征确定适宜的谈话技巧。

(2) 实地访谈。

实地访谈就是通过采访、讨论、咨询和参加专题会议等形式进行调查的方法。

这种方法的最大优点是灵活性和适应性较强。由于调查者和被调查者直接见面,在谈话时可以观察和了解被调查者的心理活动和状态,确定适宜的谈话角度和提问方式。同时,还可以对被调查者的回答进行归纳整理,明确其答案的要点,或者从中获取到其他信息。这种方法的另一个优点是可以一次或多次反复地进行探讨,直至问题清晰明了为止。这就为调查者把握调查的方向和主题创造了良好条件。一般来讲,这种方法适用于市场调查的所有内容,但是,如果调查对象较多、范围较大,其费用和时间支出也较大,而且这种调查的效果直接取决于市场调查人员的能力、经验和素质。

在使用这种方法进行市场调查时,应注意以下几点:
① 明确市场调查的时间要求。
② 根据市场调查费用选定调查对象和范围。
③ 选择好能够胜任该项工作的市场调查人员。

(3) 邮件调查。

邮件调查包括邮寄信函或以电子邮件的方式发出调查表进行调查的方法。调查表的设计和提问可根据调查目的和主题确定。调查所提问题的内容应明确具体,并力求简短。提问的次序应遵循先易后难、先浅后深和先宽后窄的原则。

邮件调查的最大缺点是回收率低,而且调查项问题回答可能不全。此外,对于一些较复杂的问题,无法断定回答者是否真正理解,以及回答这一问题时的动机和态度。但是,由于邮件调查费用较低、调查范围广且调查范围可大可小,尤其是能给被调查者充分的思考时间,所以,这种方法也是市场调查中常用的方法之一。

3) 抽样分析法

抽样分析法是根据数理统计原理和概率分析进行抽样分析的方法,包括随机抽样分析法、标准抽样分析法和分项抽样分析法三种。

(1) 随机抽样分析法。

这种方法就是对全部调查对象的任意部分进行抽取,然后根据抽取部分的结果去推断整体比例。

(2) 标准抽样分析法。

随机抽样分析法的缺点在于没有考虑到所抽样本的代表性。对于样本个体差别较大的调查来讲,其结果可能出现较大的偏差,为弥补随机抽样分析法的这一缺点,可以采用标准抽样分析法,即在全体调查对象中,选取若干个具有代表性的个体进行调查分析。其分析计算过程和方法与随机抽样分析法相同,不同之处是这种方法首先设立了样本标准,不像随机抽样那样任意选取样本,其结果较随机抽样更具代表性和普遍性。其难点在于选取标准样本。

(3) 分项抽样分析法。

分项抽样分析法是把全体调查对象按划定的项目分成若干组,通过对各组进行抽样分析后,再综合起来反映整体情况。分组时可按地区、职业、收入水平等各种标准进行,具体的划分标准应根据实际调查的要求和需要来确定。这种抽样分析方法同时具有随机抽样和标准抽样分析法的优点,是一种比较普通和常用的分析方法。

资料分析法、直接调查法和抽样分析法各有其优缺点,一般来讲,如果有条件的话,这些方法应结合使用,这样才有利于达到市场调查的准确性和实用性。

## 四、市场预测方法

### 1. 市场预测的程序与分类

市场预测的方法种类很多,各有其优缺点。从总体上说,有定性预测和定量预测两大类。可行性研究中主要是预测需求,说明拟建项目的必要性,并为确定拟建规模和服务周期等提供依据。

按照预测的长短,可以将其分为短期预测(一年内)、中期预测(2~5年)和长期预测(5年以上)三类。

无论是定性预测还是定量预测,都可能存在难以预计因素影响预测工作的准确性。所以预测工作应当遵守一定的科学预测程序,具体如下。

(1) 确定预测目标,如市场需求量等。
(2) 调查研究,收集资料与数据。
(3) 选择预测方法。
(4) 计算预测结果。
(5) 分析预测误差,改进预测模型。

### 2. 市场预测的常用方法

现将几种市场预测的常用方法介绍如下。

1) 德尔菲法(Delphi)

(1) 德尔菲法的由来与发展。

德尔菲是 Delphi 的译称。德尔菲是古希腊的都城,即阿波罗神庙的所在地。美国兰德公司在 20 世纪 50 年代初研究如何使专家预测更为准确和可靠时,是以德尔菲为代号的,德尔菲法由此得名。

一般来讲,预测是以客观历史和现实数据为依据的,但是,在缺少历史数据的情况下,唯一可供选择的预测方法就是征询专家的意见,尤其是预测一些崭新的科学技术,是很难根据资料数据来进行的。征询专家意见,客观上存在一个如何征询的问题。首先是专家的数量问题。是征询几个专家的意见还是征询几十个专家的意见,是征询近百个专家的意见还是征询几百个专家的意见。从德尔菲法预测的实际经验看,一般是数十人至 100 人左右较佳,有时可达到 200 人左右。实际数量的选择,应根据具体预测的问题,选定对此问题具有专长的专家。其次,是对专家进行征询的方式的问题。最初的专家征询通常采用召开专家会议的方式来进行。这种方法存在明显的缺点,主要表现在以下4个方面。

① 能够及时参加专家会议的人数毕竟是有限的,因此,专家意见的代表性不充分。

② 集体意见往往会对个人观点形成压力,其结果是,一方面,即使多数意见是错误的,也迫使少数人屈从于压力而放弃自己的观点;另一方面,常常使持少数意见的专家因各种因素自动放弃陈述其意见的权利。

③ 权威性人物的影响过大。权威性人物一发表意见和看法,容易使其他人随波逐流,或者

使其他人因其他因素放弃发表不同看法和意见。

④ 由于自尊心等因素的作用，容易促使一些专家在公开发表意见后，明知自己的观点有误而不愿公开承认和做出修改。

德尔菲方法就是针对专家会议这些主要缺点而采用的一种专家预测方法，其特点如下。

① 以不具名的调查表形式向专家征询意见，避免了专家与专家之间的面对面接触和观点的撞击，消除了专家之间的各种不良影响。

② 不断进行有控制的反馈。预测组织者通过对专家答复的统计，使集体意见的赞成观点相反的意见变成对预测问题进行说明的信息，并将其返回到每个专家的手中，然后对群体意见进行评述，这就使专家意见征询工作始终按照组织者的预定目标进行。

③ 进行统计处理。德尔菲法对专家意见进行统计回归处理，并用大多数专家的意见反映预测的结果。

(2) 德尔菲法的预测程序和步骤。

德尔菲法的预测程序一般包括确定征询课题、选定专家、实际征询和征询结果的处理。

① 确定征询课题。征询课题调查表的提问要准确明晰，所问问题的解答只能有一种含义，否则，会造成专家的理解不一而形成答非所问的现象。当然这种要求并不排除让专家自由发表意见和提出建议的提问方式。

② 选定专家。一般来讲，德尔菲法的征询对象的选择，应以对征询课题熟悉程度为原则。所征询专家应对该征询课题最了解，知道得最多。

③ 实际征询。德尔菲法的征询一般分为四轮。第一轮的征询表问题设计可以适当放宽，给专家们留出一定的自由度，以便让他们尽其所能地发表对征询课题的意见和建议，从而使征询组织者从中得到意外的收获。第二轮，将第一轮的结果进行归纳分类，删去次要问题，明确主要问题，并判定相应的问题征询表，要求专家围绕既定的主题发表意见和看法。第三轮，进行回答结果的统计，给出大多数专家的意见统计值，并连同相应的资料和说明材料一起返回给各个专家，允许其提出对多数意见的反对理由，或者进行新的预测。第四轮，根据专家预测结果的实际情况，或者要求专家回答修正原预测的理由，或者要求专家回答其少数者意见的依据，或者要求专家对第三轮的论点加以评价。

当然，以上轮次是就一般情况而言，如果在任何一个轮次中得到了相当一致的征询结论，那么，就可以停止下一轮次的征询。

④ 对征询结果进行统计处理。专家征询的结果，一般采用上下四分位数的统计评估，以中位数为预测结论。如对其产品增长量预测，有25%的专家认为只能增长10%以下，有25%的专家认为可能增长60%以上，而50%的专家认为将增至30%～40%。这样，增长30%～40%就是中位数，而10%以下和60%以上则为上、下四分位数。预测结果即为中位数的预测增长量。

2) 年平均增长率法

年平均增长率法是一种极为简单而常用的需求预测方法，适用于历史资料数据较全，并且变化比较稳定的需求量预测。其优点是方便且迅速，缺点是比较笼统和粗略。

其主要的相关概念如下。

(1) 年增长率 $R_0$。

所谓年增长率是指计算年的增长量与基准量的比值，用公式表示如下。

$$R_0 = (Y - Y_0)/Y_0$$

整理得
$$R_0 = Y/Y_0 - 1 \tag{4-1}$$

式中  $R_0$——年增长率；

$Y$——计算年的实际发生量；

$Y_0$——计算年的前一年（即基准年）的实际发生量。

(2) 年平均增长率 $R$。

若假设 $n$ 年间的逐年平均增长率为 $R$，则有
$$Y = Y_0(1+R) \tag{4-2}$$

第 $n$ 年的发生量则为
$$Y_n = Y_0(1+R)^{n-1} \tag{4-3}$$

$$R = \left(\frac{Y_n}{Y_0}\right)^{\frac{1}{n-1}} - 1 \tag{4-4}$$

式中  $Y_i$、$Y_0$——统计数据中的终年和首年（基准年）的实际发生量；

$n$——统计终止年份。

下面通过一个实例，介绍该方法的计算和注意事项。

**例 4-1**  某产品历年需求量的发生值见表 4-2，试求 2016 年的需求量。

表 4-2  某产品历年的需求量                                        单位：吨

| 年份 | 1998 | 1999 | 2000 | 2001 | 2002 | 2003 | 2004 | 2005 | 2006 | 2007 | 2008 | 2009 |
|---|---|---|---|---|---|---|---|---|---|---|---|---|
| 需求量 | 380 | 425 | 470 | 510 | 600 | 540 | 590 | 625 | 670 | 715 | 740 | 785 |

**解**  设 12 年间的逐年平均增长率为 $R$，$n=12$，$Y_n=785$，$Y_0=380$。

$$R = \left(\frac{Y_n}{Y_0}\right)^{\frac{1}{n-1}} - 1 = \left(\frac{785}{380}\right)^{\frac{1}{12-1}} - 1 = 6.8\%$$

据此，可计算 2016 年的需求量。此时，式中的基准年发生量 $Y_0=785$，即 2009 年的发生量，$n$ 从 2009 年起至 2016 年止为 8 年，$Y_t$ 即为所求的 2016 年 $n$ 待求量，即

$$Y_{2016} = Y_{2009}(1+0.068)^{8-1} = 1\ 244.1 \text{ 吨}$$

式中的 $n-1$ 也可直接转换为预测年与基准年的年份之差，即 $n-1=2016-2009=7$。

在本例中，可以看出，在 2002 年和 2003 年之间，实际需求量产生了数值上的波动，也就是说，12 年间的前 5 年，其平均增长率为 9.6%，12 年间的后 7 年，其平均增长率为 6.4%，两个区段内的平均增长率是不同的。所以，为使预测结果更符合实际情况，应加重近期 7 年的权数，即将 6.4% 与 6.8% 再取平均值，得 $R=6.6\%$，再次带入公式中，可得

$$Y_{2016} = Y_{2009}(1+0.066)^{8-1} = 1\ 232.0 \text{ 吨}$$

3) 回归预测法

回归预测法是根据历史资料和调查数据，通过确定自变量与因变量之间的函数关系，以历史和现状去推测未来变化趋势的数学方法。

(1) 一元线性回归。

一元线性回归方法适用于资料数据比较系统完整的线性关系问题的分析，所谓"一元"是指因变量 $y$ 只与一个自变量 $x$ 具有函数关系，即

$$y = a + bx \tag{4-5}$$

式中　$y$——因变量(随 $x$ 的变化而变化的量);

　　　$x$——自变量;

　　　$a$、$b$——回归系数。

通常情况下,需求预测资料都是按时间顺序排列的统计数据,这些数据是散布在平面直角坐标系上的数据点$(x_i, y_i)$。所有这些数据点大致分布在一条直线的两侧,显然,这样的直线具有数学意义上的"无数条",其中肯定有一条对所有数据点来说都最为合适的直线。根据高等数学原理可知,这条直线就是"离差平方和最小"的直线。其计算公式的推导过程如下。

假设该直线的方程式为

$$y = a + bx$$

式中　$y$——预测值因变量;

　　　$x$——自变量;

　　　$a$——直线在纵轴上的截距;

　　　$b$——直线的斜率。

其中,$a$ 与 $b$ 称为回归系数。

实际值 $y_i$ 与利用直线方程求出的因变量 $y_i = a + bx_i$ 有一偏差如下。

$$\delta_i = y_i - \hat{y}_i = y_i - (a + bx_i)$$

根据最小二乘法原理,当所有数据点偏差的平方和为最小时,该直线是数据点的最优数学模型,根据这个条件可以求出回归系数 $a$ 与 $b$。

$$Q = \sum_{i=1}^{n} \delta_i^2 = \sum (y_i - \hat{y}_i)^2 = \sum [y_i - (a + bx_i)]^2$$

分别求出 $Q$ 对 $a$ 与 $b$ 的偏导数,并令其等于零,得

$$\begin{cases} \dfrac{\partial Q}{\partial a} = -2\sum (y_i - a - bx_i) = 0 \\ \dfrac{\partial Q}{\partial b} = -2\sum x_i(y_i - a - bx_i) = 0 \end{cases}$$

整理为

$$\begin{cases} \sum y_i - na - b\sum x_i = 0 \\ \sum x_i y_i - a\sum x_i - b\sum x_i^2 = 0 \end{cases}$$

设

$$\bar{x} = \frac{1}{n}\sum x_i, \quad \bar{y} = \frac{1}{n}\sum y_i$$

求得

$$b = \frac{\sum x_i y_i - \bar{x}\sum y_i}{\sum x_i^2 - \bar{x}\sum x_i} \tag{4-6}$$

$$a = \bar{y} - b\bar{x} \tag{4-7}$$

下面通过一个实例介绍该方法的运用。

**例 4-2**　已知某产品历年消费统计资料见表 4-3,试预测 2020 年的需求量。

表 4-3　某产品历年的消费统计

| 年份 | 2006 | 2007 | 2008 | 2009 | 2010 | 2011 | 2012 |
|---|---|---|---|---|---|---|---|
| 需求量 | 4.0 | 5.1 | 5.9 | 7.0 | 7.8 | 9.0 | 9.9 |

**解**　本题解题的思路是根据式(4-5)预测2020年的需求量 $y$，但需要确定 $a$ 和 $b$ 的数值。根据式(4-6)和式(4-7)可计算出 $a$ 和 $b$ 值，式中 $\bar{x}$、$\bar{y}$ 和 $n$ 均为已知数，所以，可由此出发进行计算。

在进行时间序列类的计算时，可适当设定 $x$ 的值，使 $\sum x_i = 0$。本例中，设2009年的时间为0，则2008年、2007年和2006年的 $x_i$ 值分别为 $-1$、$-2$ 和 $-3$，则2010年、2011年和2012年的 $x_i$ 值分别为1,2和3。所以有

$$\sum x_i = (-3)+(-2)+(-1)+0+1+2+3=0$$
$$\sum y_i = 4.0+5.1+5.9+7.0+7.8+9.0+9.9=48.7$$
$$\sum x_i^2 = (-3)^2+(-2)^2+(-1)^2+0^2+1^2+2^2+3^2=28$$
$$\sum x_i y_i = (-3)\times 4.0-2\times 5.1-3\times 5.9+0\times 7.0+1\times 7.8+2\times 9.0+3\times 9.9=27.4$$

由于 $n=7$，则有

$$\bar{x} = \frac{\sum x_i}{n} = 0/7 = 0$$

$$\bar{y} = \frac{\sum y_i}{n} = 48.7/7 = 6.96$$

可得

$$\begin{cases} b = \dfrac{\sum x_i \cdot y_i - \bar{x}\sum y_i}{\sum x_i^2 - \bar{x}\sum x_i} = (27.4-0\times 48.7)/(28-0\times 0) = 0.98 \\ a = y - b\bar{x} = 6.96 - 0.98\times 0 = 6.96 \end{cases}$$

将 $a=6.96$，$b=0.98$，$x_i=11$ 代入式中，可得

$$y_{2004} = (6.96+0.98\times 11)\text{吨} = 17.7\text{ 吨}$$

(2) 多元线性回归。

在实际的经济生活中，某一产品的需求量往往是在多种因素的作用下发生变化的，用数学语言来说，因变量(产品需求量)是在多个自变量 $x_1, x_2, \cdots, x_n$ 的共同作用下变化的，即因变量与自变量之间并不是简单的一元线性关系，而是多元曲线性关系，其数学表达式如下：

$$y = a + b_1 x_1 + b_2 x_2 + b_3 x_3 + \cdots + b_n x_n \tag{4-8}$$

式中　$y$——因变量；

$x_1, x_2, \cdots, x_n$——自变量；

$b_1, b_2, \cdots, b_n$——回归系数。

多元回归的关键仍然在于确定回归系数 $a$ 和 $b_1, b_2, \cdots, b_n$ 的值。其计算工作量较大，一般须编制好程序，然后用计算机进行计算。

(3) 非线性回归。

在实际计算过程中,往往许多变量之间的关系并不是简单的线性关系,而是复杂的曲线关系。因此,在遇到此类问题时,应首先判别曲线的类型,然后将其转化为直线形式,建立线性回归模型。下面介绍几种规范型曲线函数转化为直线函数的方法。

① 指数函数。

设指数函数的原函数关系式为

$$Y_0 = ae^{bx}$$

两边取对数得

$$\log Y_0 = \log a + (b\log e)x$$

设 $Y=\log Y_0, A=\log a, B=b\log e$,则有

$$Y = A + Bx$$

此式即为一元线性函数关系式。

② 对数函数。

设对数函数的原函数关系式为

$$Y = a + b\log x_0$$

设 $X=\log x_0$,则有

$$Y = A + BX$$

此式即为一元线性函数关系式。

③ 双曲线函数。

设双曲线函数的原函数关系式为

$$\frac{1}{Y_0} = a + \frac{b}{X_0}$$

设 $Y=1/Y_0, X=1/X_0$,则有

$$Y = a + bX$$

④ S 曲线模型。

这种曲线模型的原函数关系式为

$$Y_m = \frac{A}{1 + ae^{bE_m}}$$

这种 S 曲线又称罗杰斯蒂曲线。其特点是在某一经济指标变化系列中,按例数等比例递减,在算术坐标图上是一条先上凹上升,后又下凹上升,呈非对称的 S 曲线,两端无限延伸时,则有 $Y=A$ 和 $Y=0$ 两条渐近线。

分别对式中的参数做如下定义:$Y_m$ 为 $m$ 年的交通量;$E_m$ 为 $m$ 年某一经济指标,远景年份的指标须作预测;$A$ 为曲线上限,可采用饱和交通量;$a$、$b$ 为待定回归参数。则上式可以用于年交通量的预测。

为求解 $a$、$b$ 参数,需要将上式做如下变换。

$$\frac{A}{Y_m} = 1 + ae^{bE_m}$$

$$\frac{A}{Y_m} - 1 = ae^{bE_m}$$

两边取对数:

$$\ln\left(\frac{A}{Y_m}-1\right)=\ln a+bE_m$$

令 $\ln a = A, b = B, E_m = X$,则有

$$Y = A + BX$$

此式即为一元线性函数关系式。

还有许多可化为直线方程求解的曲线方程,读者可按此思路进行曲线方程的化解。

**例 4-3** 已知工厂的某产品的 2014—2020 年的销售额见表 4-4,单位为万元,试预测 2021 年的销售额。分别令自变量 $x_i$ 代表年,因变量 $y_i$ 代表销售额(万元)。求回归系数 $a$ 与 $b$,此处 $n=7$。

**解**

$$\bar{x} = \frac{\sum x_i}{n} = \frac{28}{7} = 4$$

$$\bar{y} = \frac{\sum y_i}{n} = \frac{36}{7} = 5.14$$

$$b = \frac{\sum x_i \cdot y_i - \bar{x} \cdot \sum y_i}{\sum x_i^2 - \bar{x}\sum \cdot x_i} = \frac{149.3 - 4 \times 36}{140 - 4 \times 28} = 0.189$$

$$a = \bar{y} - b\bar{x} = 5.14 - 0.189 \times 4 = 4.384$$

表 4-4 某产品在 2014—2020 年的销售额    单位:万元

| 年份 | $x_i$ | $y_i$ | $x_i^2$ | $x_i \cdot y_i$ |
| --- | --- | --- | --- | --- |
| (1) | (2) | (3) | (4) | (5) |
| 2014 | 1 | 4.80 | 1 | 4.80 |
| 2015 | 2 | 4.50 | 4 | 9.00 |
| 2016 | 3 | 5.10 | 9 | 15.30 |
| 2017 | 4 | 5.00 | 16 | 20.00 |
| 2018 | 5 | 5.20 | 25 | 26.00 |
| 2019 | 6 | 5.60 | 36 | 33.60 |
| 2020 | 7 | 5.80 | 49 | 40.60 |
| 合计 | $\sum x_i = 28$ | $\sum y_i = 36$ | $\sum x_i^2 = 140$ | $\sum x_i \cdot y_i = 149.30$ |

2021 年的 $x=8$,代入回归方程,得

$$\hat{y} = a + bx = 4.384 + 0.189 \times 8 = 5.896$$

**4)平滑预测法**

平滑预测法是适用于短期和中期预测的一种时间序列分析方法。平滑预测方法并不像回归预测方法那样,采用简单的平均数进行数据处理。它是在假定过去和现在的变化特征可以代表未来,并在排除外界随机因素干扰的前提下,通过移动平均的方法来推断未来的发展趋势。对于增长率变化趋势很大的产品,不能用这种方法进行需求预测。

平滑预测法分为移动平均法和指数平滑法两种,分别介绍如下。

(1)移动平均法(滑行平均预测法)。

假定以几个时间单位为计算周期,则可由近及远取 $n$ 个时间序列的数据计算,设 $X_i$ 为最近的

时间序列数据,依次向前取值,则有 $X_{i-1}, X_{i-2}, \cdots, X_{i-n+2}, X_{i-n+1}$,下一时间单位的预测值公式为

$$M_{i+1} = (X_{i-1} + X_{i-2} + \cdots + X_{i-n+2} + X_{i-n+1})/N \tag{4-9}$$

式中　$M_{i+1}$——下一时间单位的预测值;

　　　$N$——一个时间周期的时间单位数。

**例 4-4**　某企业产品的各年销售数据见表 4-5,当 $N=3$ 及 $N=4$ 时,各年预测值见表 4-5(4)、(5)栏。

表 4-5　某企业产品的各年销售数据

| 年份 | 时间序列/年 | 实际销售量 $X_i$/万元 | $M_{i+1}, N=3$ | $M_{i+1}, N=4$ |
|---|---|---|---|---|
| (1) | (2) | (3) | (4) | (5) |
| 2010 | 1 | 4.70 | | |
| 2011 | 2 | 4.50 | | |
| 2012 | 3 | 4.90 | | |
| 2013 | 4 | 5.10 | 4.70 | |
| 2014 | 5 | 5.00 | 4.83 | 4.80 |
| 2015 | 6 | 5.30 | 5.00 | 4.88 |
| 2016 | 7 | 5.70 | 5.13 | 5.08 |
| 2017 | 8 | | 5.30 | 5.28 |

例如,当 $N=4$ 时,预测 2017 年的销售额。

此时 $M_8 = M_{i+1}, i=7$。

$$M_8 = M_{i+1} = (X_7 + X_6 + X_5 + X_4)/4 = (5.70 + 5.30 + 5.00 + 5.10)/4 = 5.28$$

如已知上一时间的预测值 $M_i$,也可用下列公式计算 $M_{i+1}$。

$$M_{i+1} = M_i + (X_i - X_{i-n})/N$$

则　　　　$M_8 = M_7 + (X_7 - X_3)/4 = 5.08 + (5.70 - 4.90)/4 = 5.28$

对于时间单位数 $N$ 的取值应视问题的实际情况进行选取。如果预测值只与近期数据关系较大时,$N$ 宜取小值,否则可取大些。

(2) 指数滑动法。

上述移动平均法使用算术平均值预测,认为过去不同时间序列的数据对预测值具有相同影响,这种假设是不尽合理的,指数滑动法将时间序列的数据各乘一个不同值的影响系数,相当于不同权重,则有

$$M_{i+1} = a_0 x_i + a_1 x_{i-1} + a_2 x_{i-2} + \cdots + a_j x_{i-j} + \cdots$$

其中,$a_j \geqslant 0$ 且 $\sum_{j=0}^{\infty} a_j = 1$。

如令　　　　$a_0 = a \cdot a_j = a + a(1-a) + a(1-a)^2 + \cdots = a \dfrac{1}{a} = 1$

则预测值　　$M_{i+1} = a x_i + a(1-a) x_{i-1} + a(1-a) x_{i-2} + \cdots = a x_i + (1-a) M_i \tag{4-10}$

式中,$a$ 为平滑指数,$0 \leqslant a \leqslant 1$。

可见平滑指数 $a$ 是上一时间单位的实际值与预测值的分配比值。当 $a$ 增大时,下一时间单位的预测值接近上一时间单位的实际值;当 $a$ 减小时,下一时间单位的预测值接近上一时间单

位的预测值。所以,当近期数据影响较大时,$a$ 值应相对取大一些,否则可相对取小一些。

所以,指数滑动法既考虑到了近期数据的作用,又兼顾了远期数据的影响。

**例 4-5** 用指数滑动法计算上例各时间序列的预测值。

**解** 设 $a=0.8$,因为第 1 年无预测值,为计算方便可取其实际值。则第 2 年预测值为

$$M_2 = ax_1 + (1-a)M_1 = 4.70$$

第 3 年预测值 $M_3 = ax_2 + (1-a)M_2 = 0.8 \times 4.50 + 0.2 \times 4.70 = 4.54$

同理可计算各年预测值,计算结果见表 4-6。

表 4-6 各年的预测值计算结果

| 年份 | 时间序列/年 | 实际销售量 $X_i$/万元 | $M_{i+1}$, $a=0.8$ |
|---|---|---|---|
| (1) | (2) | (3) | (4) |
| 2010 | 1 | 4.70 | 4.70* |
| 2011 | 2 | 4.50 | 4.70 |
| 2012 | 3 | 4.90 | 4.54 |
| 2013 | 4 | 5.10 | 4.83 |
| 2014 | 5 | 5.00 | 5.05 |
| 2015 | 6 | 5.30 | 5.01 |
| 2016 | 7 | 5.70 | 5.24 |
| 2017 | 8 |  | 5.61 |

## 五、一般工业项目可行性研究报告编制大纲

**1. 总论**

1) 项目背景

(1) 项目名称。

(2) 承办单位概括(新建项目指筹建单位情况,技术改造项目指原企业情况,合资项目指合资各方情况)。

(3) 可行性研究报告编制依据。

(4) 项目提出的理由与过程。

2) 项目概况

(1) 拟建地点。

(2) 建设规模与目标。

(3) 主要建设条件。

(4) 项目投入总资金及效益情况。

(5) 主要技术经济指标。

3）问题与建议

发现项目的问题并提出修改建议。

## 2. 市场预测

1）产品市场供应预测

（1）国内外市场供应现状。

（2）国内外市场供应预测。

2）产品市场需求预测

（1）国内外市场需求现状。

（2）国内外市场需求预测。

3）产品目标市场分析

（1）产品国内市场销售价格。

（2）产品国际市场销售价格。

4）市场竞争力分析

（1）主要竞争对手情况。

（2）产品市场竞争力优势、劣势。

（3）营销策略。

5）市场风险

分析产品的市场风险。

## 3. 资源条件评价（指资源开发项目）

（1）资源可利用量：包括矿产地质储量、可采储量、水利水能资源蕴藏量、森林蓄积量等。

（2）资源品质情况：包括矿产品味、物理性能、化学组分、煤炭热值、灰分、硫分等。

（3）资源赋存条件：包括矿体结构、埋藏深度、岩体性质、含油气地质构造等。

（4）资源开发价值。

## 4. 资源开发利用的技术经济指标

1）建设规模

（1）建设规模方案比较。

（2）推荐方案及其理由。

2）产品方案

（1）产品方案构成。

（2）产品方案比较。

3）推荐方案及其理由

列出推荐方案及其理由。

## 5. 场址选择

1) 场址所在位置现状

(1) 地点与地理位置。

(2) 场址土地权属类别及土地面积。

(3) 土地利用现状。

(4) 技术改造项目现有场地利用情况。

2) 场址建设条件

(1) 地形、地貌、地震情况。

(2) 工程地质与水文地质。

(3) 气象条件。

(4) 城镇规划及社会环境条件。

(5) 交通运输条件。

(6) 公用实施社会依托条件(水、电、汽、生活福利)。

(7) 防洪、防潮、排涝实施条件。

(8) 环境保护条件。

(9) 法律支持条件。

(10) 征地、拆迁、移民安置条件。

(11) 施工条件。

3) 场址条件比较

(1) 建设条件比较。

(2) 建设投资比较。

(3) 运营费用比较。

(4) 推荐场址方案。

(5) 场址地理位置图。

## 6. 技术方案、设备方案比较

1) 技术方案

(1) 生产方法(包括原料路线)。

(2) 工艺流程。

(3) 工艺技术来源(须引进国外技术的,应说明理由)。

(4) 推荐方案的主要工艺(生产装置)流程图、物料平衡图、物料消耗定额表。

2) 主要设备方案

(1) 主要设备选型。

(2) 主要设备来源(进口设备应提出供应方式)。

(3) 推荐方案的主要设备清单。

3) 工程方案

(1) 主要建、构筑物的建筑特征、结构及面积方案。

(2) 矿建工程方案。

(3) 特殊基础工程方案。

(4) 建筑安装工程量及"三材"用量估算。

(5) 技术改造项目原有建、构筑物利用情况。

(6) 主要建、构筑物工程一览表。

### 7. 主要原材料、燃料供应

1) 主要原材料供应

(1) 主要原材料品种、质量与年需要量。

(2) 主要辅助材料品种、质量与年需要量。

(3) 原材料、辅助材料的来源与运输方式。

2) 燃料供应

(1) 燃料品种、质量与年需要量。

(2) 燃料供应的来源与运输方式。

3) 主要原材料、燃料价格

(1) 价格现状。

(2) 主要原材料、燃料价格预测。

4) 编制年需要量表

编制主要原材料、燃料年需要量表。

### 8. 总图运输与公用辅助工程

1) 总图布置

(1) 平面布置。列出项目主要单项工程名称、生产能力、占地面积、外形尺寸、流程顺序和布置方案。

(2) 竖向布置。

① 场区地形条件。

② 竖向布置方案。

③ 场地标高及土石方工程量。

(3) 技术改造项目原有建、构筑物利用情况。

(4) 总平面布置图(技术改造项目应标明新建和原有以及拆除的建、构筑物的位置)。

(5) 总平面布置主要指标表。

2) 公用辅助工程

(1) 给排水工程。

① 给水工程。用水负荷、水质要求、给水方案。

② 排水工程。排水总量、排水水质、排放方式和泵站管网实施。

(2) 供电工程。

① 供电负荷(年用电量、最大用电负荷)。

② 供电回路及电压等级的确定。

③ 电源选择。

④ 场内供电输变电方式及设备设施。

(3) 通信设施。

① 通信方式。

② 通信线路及设施。

(4) 供热设施。

(5) 空分、空压及制冷设施。

(6) 维修设施。

(7) 仓储设施。

### 9. 环境影响评价

(1) 场址环境条件。

(2) 项目建设和生产对环境的影响。

① 项目建设对环境的影响。

② 项目生产过程产生的污染物对环境的影响。

(3) 环境保护措施方案。

(4) 环境保护投资。

(5) 环境影响评价。

### 10. 项目实施进度

(1) 建设工期。

(2) 项目实施进度安排。

(3) 项目实施进度表(横线图)。

### 11. 投资估算

1) 投资估算依据

列出投资估算依据。

2) 建设投资估算

(1) 建筑工程费。

(2) 设备及工器具购置费。

(3) 安装工程费。

(4) 工程建设其他费用。

(5) 基本预备费。

(6) 涨价预备费。

(7) 建设期利息。

3) 流动资金估算

对流动资金进行估算。

4) 投资估算表

(1) 项目投入总资金估算汇总表。

(2) 单项工程投资估算表。

(3) 分年投资计划表。

(4) 流动资金估算表。

## 12. 融资方案

(1) 资本金筹措。

① 新设项目法人项目资本金筹措。

② 既有项目法人项目资本金筹措。

(2) 债务资金筹措。

(3) 融资方案分析。

## 13. 财务评价

1) 新设项目法人项目财务评价

(1) 财务评价基础数据与参数选取。

① 财务价格。

② 计算期与生产负荷。

③ 财务基准收益率设定。

④ 其他计算参数。

(2) 销售收入估算(编制销售收入估算表)。

(3) 成本费用估算(编制总成本费用估算表和分项成本估算表)。

(4) 财务评价报表。

① 财务现金流量表。

② 损益和利润分配表。

③ 资金来源与运用表。

④ 借款偿还计划表。

(5) 财务评价指标。

① 盈利能力分析。

● 项目财务内部收益率。

● 资本金收益率。

● 投资各方收益率。

● 财务净现值。

● 投资回收期。

● 投资利润率。

② 偿还能力分析(借款偿还期或利息备付率和偿还备付率)。

2) 既有项目法人项目财务条件

(1) 财务评价范围确定。

(2) 财务评价基础数据与参数选取。

① "有项目"数据。

② "无项目"数据。
③ 增量数据。
④ 其他计算参数。
(3) 销售收入估算（编制销售收入估算表）。
(4) 成本费用估算（编制总成本费用估算表）。
(5) 财务评价报表。
① 增量财务现金流量表。
② "有项目"损益和利润分配表。
③ "有项目"资金来源与运用表。
④ 借款偿还计划表。
(6) 财务评价指标。
① 项目财务内部收益率。
② 资本金收益率。
③ 投资各方收益率。
④ 财务净现值。
⑤ 投资回收期。
⑥ 投资利润率。
3）偿还能力分析
对偿还能力进行分析，包括借款偿还期或利息备付率和偿还备付率。
4）不确定分析
(1) 敏感性分析（编制敏感性分析表，绘制敏感性分析图）。
(2) 盈亏平衡分析（绘制盈亏平衡分析图）。
5）财务评价结论
列出财务评价结论。

## 14. 国民经济评价

1）影子价格及通用参数选取
列出影子价格及选取的通过参数。
2）效益费用范围调整
(1) 转移支付处理。
(2) 间接效益和间接费用计算。
3）效益费用数值调整
(1) 投资调整。
(2) 流动资金调整。
(3) 销售收入调整。
(4) 经营费用调整。
4）国民经济效益费用流量表
(1) 项目国民经济效益费用流量表。

(2) 国内投资国民经济效益费用流量表。

5) 国民经济评价指标

(1) 经济内部收益率。

(2) 经济净现值。

6) 国民经济评价结论

列出国民经济评价结论。

### 15. 社会评价

(1) 项目对社会的影响分析。

(2) 项目与所在地互适性分析。

① 利益群体对项目的态度及参与程度。

② 各级组织对项目的态度及支持程度。

③ 地区文化状况对项目的适应程度。

(3) 社会风险分析。

(4) 社会评价结论。

### 16. 研究结论与建议

1) 推荐方案的总体描述

对推荐方案进行总体描述。

2) 推荐方案的优缺点描述

(1) 优点。

(2) 存在问题。

(3) 主要争论与分歧意见。

3) 主要对比方案

(1) 方案描述。

(2) 未被采纳的理由。

4) 结论与建议

列出结论及建议。

### 17. 附图、附表及附件

1) 附图

(1) 场地位置图。

(2) 工艺流程图。

(3) 总平面布置图。

2) 附表

(1) 投资估算表。

① 项目投资总资金估算汇总表。

② 主要单项工程投资估算表。

③ 流动资金估算表。
(2) 财务评价报表。
① 销售收入、销售税金及附加估算表。
② 总成本费用估算表。
③ 财务现金流量表。
④ 损益和利润分配表。
⑤ 资金来源与运用表。
⑥ 借款偿还计划表。
(3) 国民经济评价报表。
① 国民经济效益费用流量表。
② 国内投资国民经济效益费用流量表。
3) 附件
(1) 建议书(初步可行性研究报告)的批复文件。
(2) 环保部门对项目环境影响的批复文件。
(3) 资源开发项目有关资源及开发的审批文件。
(4) 主要原材料、燃料及水、电、气供应的意向性协议。
(5) 项目资本金的承诺证明及银行等金融机构对项目贷款的承诺函。
(6) 中外合资、合作项目各方草签的协议。
(7) 引进技术考察报告。
(8) 土地管理部门对场址批复文件。
(9) 新技术开发的技术鉴定报告。
(10) 组织股份公司草签的协议。

工程项目的财务评价

# 任务 2　工程项目财务评价

## 一、工程项目的投资估算

按照我国现行的项目投资管理规定,工程建设项目投资的估算包括固定资产投资估算和流动资金的估算。

**1. 固定资产投资的构成及估算方法**

固定资产投资估算包括固定资产投资、固定资产投资方向调节税和建设期利息 3 项内容,分别对上述 3 项内容估算或计算后即可以编制固定资产投资估算表。而工程项目固定资产投资按照占用性质划分,可分为建筑安装工程费、设备及工器具购置费、工程建设其他费用、基本预备费、涨价预备费、固定资产投资方向调节税和建设期利息等内容。根据国家发改委对固定资产投资实行静态控制、动态管理的要求，又将固定资产投资分为静态投资和动态投资两部分。其中固定资产投资静态部分包括建筑安装工程费、设备及工器具购置费、工程建设其他费用及基本预备费等内容；固定资产投资动态部分包括涨价预备费、固定资产投资方向调节税、建设期借款利息，在概算审查和工程竣工决算中还应考虑国家批准新开征的税费和建设期汇率变动等内容。

1) 固定资产投资估算的构成

（1）固定资产投资。

固定资产投资是指为建设或购置固定资产所支付的资金。一般建设项目固定资产投资包括三个部分，即工程费用、工程建设其他费用和预备费用。

① 工程费用。

工程费用是指直接构成固定资产的费用，包括主要生产工程项目、辅助生产工程项目、公共工程项目、服务性工程项目、生活福利设施及厂外工程等项目的费用。工程费用又可分为建筑安装工程费用（详细内容参考《投资项目经济咨询评估指南》附录一中所示内容）、设备购置费用（由设备购置费和工器具、生产家具购置费组成）、安装工程费用等。

② 工程建设其他费用。

工程建设其他费用是指根据有关规定应列入固定资产投资的除建筑工程费用和设备、工器具购置费以外的一些费用，并列入工程项目总造价或单项工程造价的费用。

工程建设其他费用包括土地征用费、居民迁移费、旧有工程拆除和补偿费、生产职工培训费、办公和生活家具购置费、生产工器具及生产家具购置费、建设单位临时设施费、工程监理费、工程保险费、工程承包费、引进技术和进口设备其他费用、联合试运转费、研究试验费、勘察设计费、施工安全技术措施费等。

③ 预备费用。

预备费用是指在项目可行性研究中难以预料的工程费用，包括基本预备费和涨价预备费。基本预备费是指在初步设计和概算中难以预料的费用，涨价预备费是指从估算年到项目建成期间内预留的因物价上涨而引起的投资费增加数额。

（2）固定资产投资方向调节税。

建设项目固定资产投资方向调节税，是根据《中华人民共和国固定资产投资方向调节税暂行条例》和《中华人民共和国固定资产投资方向调节税暂行条例实施细则》的规定计算的固定资产投资方向调节税。固定资产投资方向调节税的重点是计税基数和税率的取值是否正确。

投资方向调节税依据下面的公式计算：

$$投资方向调节税税额 = 计税依据 \times 税率 \qquad (4-11)$$

式中的计税依据以固定资产投资项目实际完成投资额为计税基数。

投资项目实际完成投资额包括建筑工程费、设备及工器具购置费、安装工程费、其他费用及预备费等，但更新改造项目是以建筑工程实际完成的投资额为计税依据的。固定资产投资方向调节税根据国家产业政策确定的产业发展序列和经济规模的要求，实行差别税率，对基本建设项目投资适应税率的具体规定如下：

① 国家急需发展的项目投资，如农业、林业、水利、能源、交通、通信、原材料、科教、地质、勘探、矿山开采等基础产业和薄弱环节的部门项目投资，适用零税率。

② 对国家鼓励发展但受能源、交通等制约的项目投资,如钢铁、化工、石油、水泥等部分重要原材料项目,以及一些重要机械、电子、轻工工业和新型建材的项目,实行5%的税率。

③ 为配合住房制度改革,对城乡个人修建、购买住宅的投资实行零税率;单位修建、购买一般性住宅投资,实行5%的低税率;对单位用公款修建、购买高标准独门独院、别墅式住宅投资,实行30%的高税率。

④ 对楼堂管所以及国家严格限制发展的项目投资,课以重税,税率为30%。

⑤ 对不属于上述四类的其他项目投资,实行中等税负政策,税率15%。

根据工程投资分年用款计划,分年计算投资方向调节税,列入固定资产投资总额,建设项目竣工后,应计入固定资产原值,但不作为设计、施工和其他取费的基数。目前固定资产投资方向调节税暂不征收。

固定资产投资估算的主要依据有:项目建议书,项目建设规模、产品方案;设计方案、图样及设备明细表;设备价格、运杂费用率及当地材料预算价格;同类型建设项目的投资资料及有关标准、定额等。

(3) 建设期利息。

建设期利息是指建设项目建设中有偿使用的投资部分,在建设期内应偿还的借款利息及承诺费。除自有资金、国家财政拨款和发行股票外,凡属有偿使用性质的资金,包括国内银行和其他非银行金融机构贷款、出口信贷、外国政府贷款、国际商业贷款、在境内外发行的债券等,均应计算建设期利息。

建设期利息应考虑的重点是借款分年用款额是否符合项目建设的实际情况,利率的计算是否符合贷款条件,利息额的计算是否有低估的现象等。

项目建设期利息,按照项目可行性研究报告中的项目建设资金筹措方案确定的初步贷款意向规定的利率、偿还方式和偿还期限计算。对于没有明确意向的贷款,按项目适用的现行一般(非优惠)贷款利率、期限、偿还方式计算。

借款利息计算中采用的利率,应为有效利率。有效利率与名义利率的换算公式如下。

$$有效年利率=(1+r/m)^m-1 \tag{4-12}$$

式中 $r$——名义年利率;

$m$——每年计息次数。

建设期利息按复利计息,当年借款按半年计息,上年借款按全年计息,其计算公式如下。

$$本年应计利息=(年初借款累计金额+当年借款额/2)×年利率 \tag{4-13}$$

国外借款利息的计算中,还应包括国外贷款银行根据贷款协议向借款方以年利率的方式收取的手续费、管理费、承诺费,以及国内代理机构经国家主管部门批准的以年利率的方式向贷款单位收取的转贷费、担保费、管理费等资金成本费用。

2) 固定资产投资估算的方法

对于项目建议书阶段固定资产投资,可采用一些简便方法估算,主要有如下几种方法。

(1) 百分比估算法。百分比估算法又分为设备系数法和主体专业系数法两种。

① 设备系数法。设备系数法以拟建项目的设备费为基数,根据已建成的同类项目或装置的建筑安装费和其他工程费用等占设备价值的百分比,求出相应的建筑安装及其他有关费用,其总和即为项目或装置的投资。其计算公式如下。

$$C=E(1+f_1P_1+f_2P_2+f_3P_3+\cdots)+I \tag{4-14}$$

式中 $C$——拟建项目或装置的投资额；

$E$——根据拟建项目或装置的设备清单按当时当地价格计算的设备费(包括运杂费)的总和；

$P_1$、$P_2$、$P_3$——已建项目中建筑安装及其他工程费用占设备费百分比；

$f_1$、$f_2$、$f_3$——由于时间因素引起的定额、价格、费用标准等变化的综合调整系数；

$I$——拟建项目的其他费用。

② 主体专业系数法。主体专业系数法以拟建项目中的最主要、投资比重较大并与生产能力直接相关的工艺设备的投资(包括运杂费及安装费)为基数，根据同类型的已建项目的有关统计资料，计算出拟建项目的各专业工程(总图、土建、暖通、给排水、管道、电气及电信、自控及其他工程费用等)占工艺设备投资的百分比，求出各专业的投资，然后把各部分投资费用(包括工艺设备费)相加求和，即为项目的总费用。其计算公式如下。

$$C = E(1 + f_1 P'_1 + f_2 P'_2 + f_3 P'_3 + \cdots) + I \tag{4-15}$$

式中，$P'_1$、$P'_2$、$P'_3$ 为已建项目中各专业工程费用占工艺设备费用的百分比，其余符号含义同上式。

(2) 朗格系数法。

朗格系数法以设备费为基础，乘以适当系数来推算项目的建设费用。其计算公式如下。

$$D = CK_L \tag{4-16}$$

式中 $D$——总建设费用；

$C$——主要设备费用；

$K_L$——朗格系数，$K_L = (1 + \sum K_i)K_c$；

$K_i$——管线、仪表、建筑物等项费用的估算系数；

$K_c$——管理费、合同费、应急费等项费用的总估算系数。

朗格系数法比较简单，但没有考虑设备规格、材质的差异，所以精确度不高。

(3) 生产能力指数法。

生产能力指数法根据已建成的、性质类似的建设项目或生产装置的投资额和生产能力及拟建项目或生产装置的生产能力估算项目的投资额。其计算公式如下。

$$C_2 = C_1 \left(\frac{A_2}{A_1}\right)^n f \tag{4-17}$$

式中 $C_2$、$C_1$——拟建项目或装置和已建项目的投资额；

$A_1$、$A_2$——已建类似项目或装置和拟建项目的生产能力；

$f$——不同时期、不同地点的定额、单价、费用变更等的综合调整系数；

$n$——生产能力指数，$0 \leqslant n \leqslant 1$。

若已建类似项目或装置的规模和拟建项目或装置的规模相差不大，生产规模比值在 0.5~2 之间，则指数 $n$ 的取值近似为 1。

若已建类似项目或装置与拟建项目或装置的规模相差不大于 50 倍，并且拟建项目的扩大仅靠增大设备规模来达到时，则 $n$ 取值在 0.6~0.7 之间；若是靠增加相同规格设备的数量达到时，$n$ 的取值在 0.8~0.9 之间。

采用这种方法，计算简单、速度快；但要求类似工程的资料完整可靠，条件基本相同，否则误差就会增大。

(4) 指标估算法。

对于房屋、建筑物等投资的估算,经常采用指标估算法。指标估算法是根据各种具体的投资估算指标,进行单位工程投资的估算。投资估算指标的形式较多,用这些投资估算指标乘以所需的面积、体积、容量等,就可以求出相应的土建工程、给排水工程、照明工程、采暖工程、变配电工程等各单位工程的投资。在此基础上,可汇总成每一单项工程的投资。另外再估算出工程建设其他费用及预备费,即可求得建设项目总投资。

采用这种方法时要注意两点:①若套用的指标与具体工程之间的标准或条件有差异时,应加以必要的局部换算或调整;②使用的指标单位应紧密结合每个单位工程的特点,能正确反映其设计参数,切勿盲目地单纯套用一种单位指标。

3) 固定资产投资额的归集

根据资本保全的原则和企业资产划分的有关规定,投资项目在建成交付使用时,项目投入的全部资金分别形成固定资产、无形资产、递延资产和流动资产,为了保证项目财务评价中的折旧、摊销、税金等项目计算的准确性,必须对固定资产投资形成的三类资产进行合理的归集和分类。根据国家的有关规定,各类资产的划分标准及其价值构成如下。

(1) 固定资产。固定资产指使用期限超过一年,单位价值在规定标准以上(或单位价值虽然低于规定标准,但属于企业的主要设备等),在使用过程中保持原有实物形态的资产,包括房屋及建筑物、机器设备、运输设备、工器具等。经济评估中可将建筑工程费、设备及工器具购置费、安装工程费及应分摊的待摊投资计入固定资产原值,并将建设期借款利息和固定资产投资方向调节税全部计入固定资产原值。待摊投资是指工程建设其他费用中除应计入无形资产和递延资产以外的全部费用,包括土地征用及迁移补偿费、建设单位管理费、勘察设计费、研究试验费、建设单位临时设施费、工程监理费、工程保险费、工程承包费、供电贴费、施工迁移费、引进技术和进口设备其他费用、联合试运转费、办公及生活家具购置费、预备费、建设期利息、投资方向调节税等。

(2) 无形资产。无形资产指企业长期使用但没有实物形态的资产,包括专利权、商标权、土地使用权、非专利技术、商誉等。项目经济评估中可将工程建设其他费用中的土地使用权技术转让费等计入无形资产。

(3) 递延资产。递延资产指不能计入工程成本,应当在生产经营期内分期摊销的各项递延费用。项目经济评估中可将工程建设其他费用中的生产职工培训费、样品样机购置费及农业项目中的农业开荒费等计入递延资产价值。

4) 固定资产投资估算表及其他相关财务报表的编制

(1) 固定资产投资估算表的编制。该表包括固定资产投资、固定资产投资方向调节税和建设期利息三项内容,分别对上述三项内容估算或计算后即可编制此表。

(2) 固定资产折旧费估算表的编制。该表包括各项固定资产的原值、分年度折旧额与净值以及期末余值等内容。编制该表首先要依据固定资产投资估算表确定各项固定资产原值,再依据项目的生产期和有关规定确定折旧方法、折旧年限与折旧率,进而计算各年的折旧费和净值,最后汇总得到项目总固定资产的年折旧费和净值。

(3) 无形资产及递延资产摊销费估算表的编制。该表的内容和编制与固定资产折旧费估算表类似。编制时,首先确定无形资产及递延资产的原值,再按摊销年限等额摊销。无形资产的摊销年限不少于 10 年,递延资产的摊销年限不少于 5 年。

**2. 建设项目流动资金的构成及估算方法**

1) 流动资金的估算方法

流动资金的估算方法包括扩大指标估算法和分项详细估算法。

(1) 扩大指标估算法。

扩大指标估算法是按照流动资金占某种费用基数的比率来估算流动资金。一般常用的费用基数有销售收入、经营成本、总成本费用和固定资产投资等,究竟采用何种基数依行业习惯而定。所采用的比率根据经验确定,可按照行业或部门给定的参考值确定。也有的行业习惯按单位产量占用流动资金额估算流动资金。扩大指标估算法简便易行,适用于项目的初选阶段。

(2) 分项详细估算法。

分项详细估算法是通常采用的流动资金估算方法。采用分项详细估算法时,流动资金的估算可以使用下列公式。

$$流动资金 = 流动资产 - 流动负债 \tag{4-18}$$

$$流动资产 = 现金 + 应收和预付账款 + 存货 \tag{4-19}$$

$$流动负债 = 应付账款 + 预付账款 \tag{4-20}$$

$$流动资金本年增加额 = 本年流动资金 - 上年流动资金 \tag{4-21}$$

流动资产和流动负债各项构成估算公式如下。

① 现金的估算。

$$现金 = (年工资及福利费 + 年其他费用)/现金周转次数 \tag{4-22}$$

$$年其他费用 = 制造费用 + 管理费用 + 销售费用 \tag{4-23}$$

式(4-23)中的三项费用中包含工资及福利费、折旧费、维简费、摊销费、修理费等。

$$周转次数 = 360 天/最低需要周转天数 \tag{4-24}$$

② 应收(预付)账款的估算。

$$应收账款 = 年经营成本/应收账款周转次数 \tag{4-25}$$

③ 存货的估算。

存货包括各种外购原材料、燃料、包装物、低值易耗品、在产品、外购商品、协作件、自制半成品和产成品等。项目中的存货一般仅考虑外购原材料、燃料,在产品、产成品,也可考虑备品备件。

$$存货 = 外购原材料 + 外购燃料 + 在产品 + 产成品 \tag{4-26}$$

外购原材料、燃料是指为保证正常生产需要的原材料、燃料、包装物、备品备件等占用资金较多的投入物,需按品种类别逐项分别估算。其计算公式如下。

$$外购原材料、燃料 = 全年外购原材料、燃料/原材料、燃料周转次数 \tag{4-27}$$

$$在产品 = (年外购原材料、燃料和动力费用 + 年工资及福利费 + 年修理费$$
$$+ 年其他制造费用)/在产品周转次数 \tag{4-28}$$

$$产成品 = 年经营成本/周转次数 \tag{4-29}$$

④ 流动负债应付(预收)账款的估算。

$$应付账款 = (年外购原材料、燃料动力和商品备件费用)/应付账款周转次数 \tag{4-30}$$

⑤ 铺底流动资金的估算。

流动资金一般应在项目投产前开始筹措。根据国家现行规定的要求,新建、扩建和技术改造项目,必须将项目建成投产后所需的 30% 铺底流动资金列入投资计划,铺底流动资金不落实

的,国家不予批准立项,银行不予贷款。铺底流动资金的计算公式为

$$铺底流动资金 = 流动资金 \times 30\% \tag{4-31}$$

铺底流动资金是计算项目资本金的重要依据,也是国家控制项目投资规模的重要指标。根据国家现行规定,国家控制投资规模的项目总投资包括固定资产投资和铺底流动资金,并以此为基数计算项目资本金比例。其计算公式如下。

$$项目总投资 = 固定资产投资 + 铺底流动资金 \tag{4-32}$$

$$固定资产投资 = 固定资产投资静态部分 + 固定资产投资动态部分 \tag{4-33}$$

对于概算调整和后评价项目,固定资产投资动态部分还应包括建设期因汇率变动而产生的汇兑损益以及国家批准新开征的其他税费。

$$项目资本金最低需要量 = 项目总投资 \times 国家规定的最低资本金比例 \tag{4-34}$$

2) 流动资金估算表及其他相关财务报表的编制

(1) 流动资金估算表的编制。流动资金估算表包括流动资产、流动负债、流动资金及流动资金本年增加额等四项内容。该表是在对生产期内各年流动资金估算的基础上编制的。

(2) 投资计划与资金筹措表的编制。投资计划与资金筹措表包括总投资的构成、资金筹措及各年度的资金使用安排,该表可依据固定资产投资估算表和流动资金估算表编制。

## 二、工程项目的收益估算

### 1. 工程项目成本费用的构成

成本费用是反映产品生产中资源消耗的一个主要基础数据,是形成产品价格的重要组成部分,是影响项目经济效益的重要因素。建设项目产出品成本费用的构成与计算,既要符合现行财务制度的有关规定又要满足经济评价的要求。

按照财政部新颁布的财务制度,参照国际惯例,将成本核算办法由原来的完全成本法改为制造成本法。所谓制造成本法是在核算产品成本时,只分配与生产经营最直接和关系密切的费用,而将与生产经营没有直接关系和关系不密切的费用计入当期损益。即直接材料、直接工资、其他直接支出和制造费用计入产品制造成本,管理费用、财务费用和销售费用直接计入当期损益,不要求计算产品的总成本费用。

$$制造成本 = 直接材料 + 直接燃料和动力 + 直接工资 + 其他直接支出 + 制造费用 \tag{4-35}$$

$$期间费用 = 管理费用 + 财务费用 + 销售费用 \tag{4-36}$$

1) 制造成本

制造成本是指为生产商品和提供劳务等发生的各项费用,包括直接材料、直接耗费的燃料、动力和直接人工等其他直接费用(支出)。

(1) 直接材料费包括企业生产经营过程中实际消耗的原材料、辅助材料、备品配件、外购半成品、包装物以及其他直接材料费等。

(2) 直接燃料、动力费包括企业生产经营过程中实际消耗的燃料、动力费。

(3) 直接工资包括企业直接从事产品生产人员的工资、奖金、津贴和补贴。

(4) 直接支出包括企业直接从事产品生产人员的职工福利费等。

(5) 制造费用是指企业各生产单位为组织和管理生产活动而发生的生产单位管理人员工资、职工福利费、生产单位房屋建筑物、机械设备等的折旧费、矿山维简费、租赁费、修理费、机物料消耗、低值易耗品、水电费、办公费、差旅费、运输费、保险费、劳动保护费等。

2) 期间费用

期间费用包括管理费用、财务费用和销售费用等。

(1) 管理费用。

管理费用是指企业行政管理部门为管理和组织生产经营活动而发生的各项费用,包括公司经费、工会经费、职工教育经费、劳动保险费、待业保险费、董事会费、咨询费、审计费、评估费、诉讼费、排污费、绿化费、税金、土地使用费、土地损失补偿费、技术转让费、技术开发费、无形资产摊销、递延资产摊销、业务招待费、坏账损失、存货盘亏、毁损和报废(减盘盈)以及其他管理费用。

公司经费包括总部管理人员工资、职工福利费、差旅费、办公费、折旧费、修理费、物料消耗、低值易耗品摊销以及其他公司费用。

工会经费是指按照职工工资总额 2% 计提交给工会的经费。

职工教育经费是指企业为职工学习先进技术和提高文化水平支付的费用,按照职工工资总额的 1.5% 计提。

劳动保险费是指企业支付离退休职工的退休金(包括按照规定交纳的离退休统筹金)、价格补贴、医药费(包括企业支付离退休人员参加医疗保险的费用)、职工退职金、6 个月以上病假人员工资、职工死亡丧葬补助费、抚恤费,按照规定支付给离退休人员的各项经费。

待业保险费是指企业按照国家规定交纳的待业保险基金。

董事会费是指企业最高权力机构(如董事会)及其成员为执行职能而发生的各项费用,包括差旅费、会议费等。

咨询费是指企业向有关咨询机构进行科学技术、经营管理咨询所支付的费用,包括聘请经济技术顾问、法律顾问等支付的费用。

审计费是指企业聘请中国注册会计师进行查账验资等发生的各项费用。

评估费是指企业聘请资产评估机构进行资产评估等发生的各项费用。

诉讼费是指企业起诉或者应诉而发生的各项费用。

排污费是指企业按照规定交纳的排污费用。

绿化费是指企业对厂区、矿区进行绿化而发生的零星绿化费用。

税金是指企业按照规定支付的房产税、车船使用税、土地使用税、印花税等。

土地使用费(海域使用费)是指企业因使用土地(海域)而支付的费用。

技术转让费是指企业使用非专利技术而支付的费用。

技术开发费是指企业研究开发新产品、新技术、新工艺所发生的新产品设计费、工艺规程制定费、设备调试费、原材料和半成品的试验费、未纳入国家计划的中间试验费、研究人员的工资、研究设备的折旧、与新产品试制技术研究有关的其他经费、委托其他单位进行的科研试制的费用以及试制失败损失等。

无形资产摊销是指专利权、商标权、著作权、土地使用权、非专利技术等无形资产的摊销。

递延资产摊销是指开办费和以经营租赁方式租入的固定资产改良支出等。以经营租赁方式租入的固定资产改良支出,是指能增加以经营租赁方式租入固定资产的效能或延长使用寿命的改装、翻修、改建等支出。

开办费是指项目在筹建期间发生的费用,包括筹建期间的人员工资、办公费、培训费、差旅费、印刷费、注册登记费以及不计入固定资产和无形资产购置成本的汇兑损益、利息等支出。

业务招待费是指企业为业务经营的合理需要而支付的费用,按有关规定列入管理费用。

(2) 财务费用。

财务费用是指企业为筹集和使用资金而发生的各项费用,包括企业生产经营期间发生的利息支出(减利息收入)、汇兑净损失、调剂外汇手续费、金融机构手续费以及筹资发生的其他财务费用等。

(3) 销售费用。

销售费用是指企业在销售产品、自制半成品和提供劳务等过程中发生的各项费用以及专设销售机构的各项经费,包括应由企业负担的运输费、装卸费、包装费、保险费、委托代销手续费、广告费、展览费、租赁费(不含融资租赁费)、销售服务费用和销售部门人员工资、职工福利费、差旅费、办公费、折旧费、修理费、物料消耗、低值易耗品摊销等。

### 2. 项目评价中的产出品成本费用的构成与计算

项目评价中的产出品成本费用在构成原则上应符合现行财务制度的有关规定,但其具体预测方法和一些费用的处理与企业会计实际成本核算是不同的。根据项目经济评价的特点,《建设项目经济评价方法与参数》要求计算项目的总成本费用,为了满足现金流量分析的要求,还应计算经营成本费用。

1) 总成本费用的构成与计算

总成本费用可按以下两种方法计算其构成。

$$\text{总成本费用} = \text{直接材料} + \text{直接燃料和动力} + \text{直接工资} + \text{其他直接支出} \\ + \text{制造费用} + \text{管理费用} + \text{财务费用} + \text{销售费用} \tag{4-37}$$

$$\text{总成本费用} = \text{外购材料费} + \text{外购燃料及动力费} + \text{工资及福利费} + \text{折旧费} \\ + \text{摊销费} + \text{修理费} + \text{矿山维简费} + \text{其他费用} + \text{利息支出} \tag{4-38}$$

式(4-38)中,折旧费包括制造费用、管理费用和销售费用的折旧费;摊销费包括制造费用、管理费用和销售费用的摊销费。

式(4-37)是在制造成本的基础上计算总成本费用,式(4-38)是按生产费用的各要素计算总成本费用。使用时可根据行业、项目产品生产的特点选择其中一种进行计算。第二种方法对于多产品项目的成本估算可以起到明显简化作用,其不足之处是不能直接核算每种产品的制造成本。对于一般项目财务效益的评估,如果不要求分别计算每种产品的盈利能力,可采用第二种方法。

(1) 以制造成本为基础计算总成本费用。

以产品制造(生产)成本为基础进行估算,首先要计算各产品的直接成本,包括直接材料费、直接燃料和动力费、直接工资和其他直接支出;然后计算间接成本,主要指制造费用;再计算管理费用、销售费用和财务费用,其中折旧费和摊销费可以单独列项。具体公式如下:

$$\text{直接材料费} = \text{直接材料消耗量} \times \text{单价} \tag{4-39}$$

$$\text{直接燃料和动力费} = \text{直接燃料和动力消耗量} \times \text{单价} \tag{4-40}$$

$$\text{直接工资及其他直接支出} = \text{直接从事产品生产人员数量} \times \text{人均年工资及福利费} \tag{4-41}$$

制造费用除折旧费外可按照一定的标准估算,也可按制造费用中各项费用内容详细计算。

管理费用除折旧费、摊销费外可按照一定的标准估算,也可按照管理费用中各项费用的内容详细计算。

销售费用除折旧费外可按照一定的标准估算,也可按销售费用中各项费用内容详细计算。

财务费用应分别计算长期借款和短期借款利息。

(2) 以生产费用为基础计算总成本费用。

这种方法是按成本费用中各项费用性质进行归类后,再计算总成本费用。

① 外购材料费。外购材料费包括直接材料费中预计消耗的原材料、辅助材料、备品配件、外购半成品、包装物以及其他直接材料费;制造费用、管理费用以及销售费用中机物料消耗、低值易耗品费用及其运输费用等归并在本科目内,可统称为其他材料费。其计算公式如下:

$$外购材料费 = 主要外购材料消耗定额 \times 单价 + 辅料及其他材料费 \tag{4-42}$$

② 外购燃料及动力费。外购燃料及动力费包括直接材料费中预计消耗的外购燃料及动力,销售费用中的外购水电费等。

$$外购燃料及动力费 = 主要外购燃料及动力消耗量 \times 单价 + 其他外购燃料及动力费 \tag{4-43}$$

式中,主要外购燃料及动力消耗量,是指按拟订方案提出的消耗量占总消耗量比例较大的外购燃料及动力;其他外购燃料及动力费是指消耗量占总消耗量比例较小的外购燃料及动力,其计算方法可根据项目的实际情况,采用占主要外购燃料及动力费的百分比进行估算;单价中包括外购燃料动力的售价、运费及其他费用,还应注明是否含增值税的进项税。

③ 工资及福利费。工资及福利费包括直接工资及其他直接支出(指福利费),制造费用、管理费用以及销售费用中管理人员和销售人员的工资及福利费。

直接工资包括企业以各种形式支付给职工的基本工资、浮动工资、各类补贴、津贴、奖金等。

$$工资及福利费 = 职工总人数 \times 人均年工资指标(含福利费) \tag{4-44}$$

式中,职工总人数是指按拟订方案提出的生产人员、生产管理人员、工厂总部管理人员及销售人员总人数;人均年工资指标(含福利费)有时也可考虑一定比例的年增长率。

职工福利费主要用于职工的医药费(包括企业参加职工医疗保险交纳的医疗保险费)、医护人员的工资、医务经费、职工因公伤赴外地就医路费、职工生活困难补助、职工浴室、理发室、幼儿园、托儿所人员的工资,以及按照国家规定开支的其他职工福利支出。现行规定一般为工资总额的 14%。

④ 折旧费指全部固定资产的折旧费。

⑤ 摊销费指无形资产和递延资产摊销。

⑥ 修理费。修理费是为恢复固定资产原有生产能力、保持原有使用效能,对固定资产进行修理或更换零部件而发生的费用,它包括制造费用、管理费用和销售费用中的修理费。固定资产修理费一般按固定资产原值的一定百分比计提,计提比例可根据经验数据、行业规定或参考各类企业的实际数据加以确定。其具体计算公式如下:

$$修理费 = 固定资产原值 \times 计提比例 \tag{4-45}$$

⑦ 其他费用。其他费用是制造费用、管理费用和销售费用之和,扣除上述计入各科目的机物料消耗、低值易耗品费用及其运输费用、水电费、工资及福利费、折旧费、摊销费及修理费等费用后其他所有费用的统称。其计算方法一般采用工时费用指标、工资费用指标或以上述成本费用①至⑦之和为基数按照一定的比例计算。其计算公式分别如下:

$$其他费用 = 总工时(或设计总工时) \times 工时费用指标(元/工时) \tag{4-46}$$

式中,工时费用指标(元/工时)根据行业特点或规定计算。

$$其他费用＝生产单位职工总数×生产单位一线基本职工比重系数×工资费用指标(元/人) \tag{4-47}$$

式中,工资费用指标(元/人)根据行业特点或规定来计算。

$$其他费用＝总成本费用(①至⑦之和)×百分比率 \tag{4-48}$$

式中,百分比率根据行业特点或规定来确定。

⑧ 财务费用指生产经营期间发生的利息支出、汇兑损失以及相关的金融机构手续费,包括长期借款和短期借款利息。

2) 进口材料或进口零部件费用计算

当项目采用进口材料或进口零部件时,用外币支付的费用有进口材料或进口零部件货价、国外运输费、国外运输保险费,用人民币支付的费用有进口关税、消费税、增值税、银行财务费、外贸公司手续费、海关监管手续费及国内运杂费等。计算过程如下。

(1) 进口材料或进口零部件货价。
- 原币货价:一般按离岸价(即 FOB 价)计算,各币种一律折算为美元表示。
- 人民币货价:按原币货价乘以外汇市场美元兑换人民币中间价(或卖出价)计算。

进口材料、零部件货价按有关生产厂商询价、报价或订货合同价计算。

(2) 国外运输费。

$$国外运输费(海、陆、空)＝原币货价×运费率(或重量×单位重量运价)$$

国外运费率参照中国技术进出口总公司、中国机械进出口公司的规定执行。

(3) 国外运输保险费。

$$国外运输保险费＝\frac{原币货价＋国外运输费}{1-保险费率}×保险费率 \tag{4-49}$$

保险费率可按保险公司规定的进口货物保险费率计算。

(4) 进口关税。

$$进口关税＝关税完税价格×进口关税税率 \tag{4-50}$$

关税完税价格等于到岸价格(CIF 价),它包括货价加上货物运抵中华人民共和国关境内运入地点起卸前的包装费、运费、保险费和其他劳务费等费用。进口货物以海关审定的成交价格为基础的到岸价格作为完税价格。

进口关税税率按中华人民共和国海关总署发布的进门关税税率计算。进口关税税率分为优惠和普通两种,当进口货物来自于与我国签订关税互惠条款贸易条约或协定的国家时,按优惠税率征税。

(5) 消费税。仅在进口应缴纳消费税货物时计算本项费用。

$$从价消费税税额＝\frac{关税完税价格＋关税}{1-消费税税率}×消费税税率 \tag{4-51}$$

$$从量消费税税额＝应税消费品的数量×消费税单位税额 \tag{4-52}$$

消费税税率依据《中华人民共和国消费税暂行条例》规定的税率执行。

(6) 增值税。

$$增值税＝(关税完税价格＋关税＋消费税)×增值税税率 \tag{4-53}$$

增值税税率按照《中华人民共和国增值税暂行条例》规定的税率执行。减、免进口关税的货物,一般同时减、免进口环节增值税。

(7) 银行财务费。

$$银行财务费＝人民币货价(FOB价)\times 银行财务费率 \quad (4-54)$$

(8) 外贸公司手续费。

$$外贸公司手续费＝到岸价人民币数\times 外贸手续费率 \quad (4-55)$$

(9) 海关监管手续费。

海关监管手续费是指海关对进口减税、免税、保税货物实施监督、管理提供服务的手续费,对于全额征收进口关税的货物不计算本项费用。

$$海关监管手续费＝到岸价人民币数\times 海关监管手续费率 \quad (4-56)$$

(10) 国内运杂费。

$$国内运杂费＝到岸价人民币数\times 国内运杂费率 \quad (4-57)$$

3) 折旧费的计算

固定资产在使用过程中要经受两种磨损,即有形磨损和无形磨损。有形磨损是由于生产因素或自然因素(外界因素和意外灾害等)引起的。无形磨损亦称经济磨损,是非使用和非自然因素引起的固定资产价值的损失,比如技术进步会使生产同种设备的成本降低从而使原设备价值降低,或者由于科学技术进步出现新技术、新设备从而引起原来低效率的、技术落后的旧设备贬值或报废等。

固定资产的价值损失,通常是通过提取折旧的方法来补偿的,即在项目使用寿命期内,将固定资产价值以折旧的形式列入产品成本中,逐年摊还。

固定资产的经济寿命与折旧寿命,都要考虑上述两种磨损,但其含义并不完全相同。

经济寿命是指资产(或设备)在经济上最合理的使用年限,也就是资产的总年成本最小或总年净收益最大时的使用年限。一般设备使用达到经济寿命或虽未用到经济寿命,但已出现新型设备,使得继续使用该设备已不经济时,即应更新。

折旧寿命亦称"会计寿命",是指按照国家财政部门规定的资产使用年限逐年进行折旧,一直到账面价值(固定资产净值)减至固定资产残值时所经历的全部时间。从理论上讲,折旧寿命应以等于或接近经济寿命为宜。

下列固定资产应当提取折旧。

(1) 房屋、建筑物。

(2) 在用的机器设备、运输车辆、器具、工具。

(3) 季节性停用和大修理停用的机器设备。

(4) 以经营租赁方式租出的固定资产。

(5) 以融资租赁方式租入的固定资产。

(6) 财政部规定的其他应计提折旧的固定资产。

下列固定资产,不得提取折旧。

(1) 土地。

(2) 房屋、建筑物以外的未使用、不需用以及封存的固定资产。

(3) 以经营租赁方式租入的固定资产。

(4) 已提足折旧还继续使用的固定资产。

(5) 按照规定提取维简费的固定资产。

(6) 已在成本中一次性列支而形成的固定资产。

(7) 破产、关停企业的固定资产。

(8) 财政部规定的其他不得提取折旧的固定资产。

计算折旧的要素是固定资产原值、使用期限(或预计产量)和固定资产净残值。

按折旧对象的不同来划分,折旧方法可分为个别折旧法、分类折旧法和综合折旧法。个别折旧法是以每一项固定资产为对象来计算折旧;分类折旧法以每一类固定资产为对象来计算折旧;综合折旧法则以全部固定资产为对象计算折旧。

在项目评价中,固定资产折旧可用分类折旧法计算,也可用综合折旧法计算,关于固定资产分类,新工业企业财务制度将原来的29类433项简化为三大部分(通用设备部分、专用设备部分、建筑物部分)22类。

另外,按固定资产在项目生产经营期内前后期折旧费用的变化性质来划分,折旧方法又可划分为年限平均法、工作量法和加速折旧法。

折旧费包括制造费中生产单位房屋建筑物、机械设备等折旧费,管理费用和销售费用中房屋建筑物、设备等折旧费。固定资产折旧原则上采用分类法计算折旧,固定资产分类及折旧年限参照财政部颁发的有关财务制度确定。项目投资额较小或设备种类较多,并且设备投资占固定资产投资比重不大的项目也可采用综合折旧法,折旧费计算方法与年限平均法相同,折旧年限可与项目经营期一致。

固定资产的净残值等于残值减去清理费用后的余额,净残值按照固定资产原值的3%~5%确定。中外合资项目规定净残值率为10%。

融资性租赁的固定资产也应按以上的方法计提折旧额。

固定资产折旧应当根据固定资产原值、预计净残值、预计使用年限或预计工作量,采用年限平均法或者工作量(或产量)法计算,也可采用加速折旧法。

(1) 年限平均法。

固定资产折旧方法一般采用年限平均法(也称直线折旧法)。年限平均法的固定资产折旧率和年折旧额计算公式如下:

$$年折旧率 = [(1-预计净残值率)/折旧年限] \times 100\% \qquad (4-58)$$

$$年折旧额 = 固定资产原值 \times 年折旧率 \qquad (4-59)$$

**例 4-6** 某通用机械设备的资产原价为2 800万元,折旧年限为10年,预计净残值率为5%,按年限平均法计算折旧额。

$$年折旧率 = (1-5\%) / 10 \times 100\% = 9.5\%$$

$$年折旧额 = 2\ 800 \times 9.5\%万元 = 266万元$$

其折旧额10年内均相同。

(2) 工作量法。

工作量法又称作业量法,是以固定资产的使用状况为依据计算折旧的方法。企业专业车队的客货运汽车,某些大型设备可采用工作量法。工作量法的固定资产折旧额的基本计算公式如下:

$$工作量折旧额 = [固定资产-原值 \times (1-预计净残值率)]/规定的总工作量 \qquad (4-60)$$

① 按照行驶里程计算折旧的公式。

$$单位里程折旧额 = 原值 \times (1 - 预计净残值率) \tag{4-61}$$

$$年折旧额 = 单位里程折旧额 \times 年行驶里程 \tag{4-62}$$

② 按照工作小时计算折旧的公式。

$$每工作小时折旧额 = 原值 \times (1 - 预计净残值率) \tag{4-63}$$

$$年折旧额 = 每工作小时折旧额 \times 年工作小时 \tag{4-64}$$

以上各式中的净残值均按照固定资产原值的 3%～5% 确定的,由企业自主确定,并报主管财政部门备案。

(3) 加速折旧法。

加速折旧法又称递减费用法,即固定资产每期计提的折旧数额不同,在使用初期计提得多,而在后期计提得少,是一种相对加快折旧速度的方法。加速折旧方法很多,新财务制度规定,在国民经济中具有重要地位、技术进步快的电子生产企业、船舶工业企业、生产"母机"的机械企业、飞机制造企业、汽车制造企业、化工生产企业和医药生产企业以及财政部批准的特殊行业的企业,其机器设备可以采用双倍余额递减法或者年数总和法计算折旧额。

① 双倍余额递减法。

该方法是以年限平均法折旧率两倍的折旧率计算每年折旧额的方法,其计算公式如下。

$$年折旧率 = (2/折旧年限) \times 100\% \tag{4-65}$$

$$年折旧额 = 固定资产净值 \times 年折旧率 \tag{4-66}$$

在采用该方法时,应注意以下两点:①计提折旧固定资产价值包含残值,亦即每年计提的折旧额是用年限平均法两倍的折旧率去乘该资产的年初账面净值;②采用该法时,只要仍使用该资产,则其账面净值就不可能完全冲销。因此,在资产使用的后期,如果发现某一年用该法计算的折旧额少于年限平均法计算的折旧额时,就可以改用平均年限法计提折旧。为了操作简便起见,新财务制度规定实行双倍余额递减法的固定资产,应在固定资产折旧到期前两年内,将固定资产账面净值扣除预计净残值后的净额平均摊销。

**例 4-7** 对例 4-6 按双倍余额递减法计算折旧。

**解** 年折旧率 = $(2/10) \times 100\% = 20\%$

因为每年折旧额不同,计算结果见表 4-7。

表 4-7 某通用机械设备每年折旧额      单位:万元

| 年限<br>项目 | 1 | 2 | 3 | 4 | 5 | 6 | 7 | 8 | 9 | 10 | 合计 |
|---|---|---|---|---|---|---|---|---|---|---|---|
| 资产净值 | 2 800 | 2 240 | 1 792 | 1 434 | 1 147 | 918 | 734 | 587 | 470 | 305 | 140 |
| 年折旧额 | 560 | 448 | 358 | 287 | 229 | 184 | 147 | 117 | 165 | 165 | 2 660 |

最后两年,每年折旧额 = $(470 - 2800 \times 5\%)/2$ 万元 = 165 万元

② 年数总和法。

年数总和法是根据固定资产原值减去净残值后的余额,按照逐年递减的分数(即年折旧率,亦称折旧递减系数)计算折旧的方法。每年的折旧率为一变化的分数,分子为每年尚可使用的

年限,分母为固定资产折旧年限逐年相加的总和,其计算公式如下：

$$年折旧额＝(固定资产原值－预计净残值)\times 年折旧率 \qquad (4-67)$$

**例 4-8** 对例 4-2 按年数总和法计算折旧。

**解** 第一年,年折旧率＝$\dfrac{尚可使用折旧年限}{折旧年限\times(1+折旧年限)/2}\times 100\%＝18.2\%$

年折旧额＝$2\ 800\times(1-5\%)\times 18.2\%$万元＝484 万元

同样的方法可以计算出以后各年的折旧额,具体见表 4-8。

表 4-8 某通用机械设备年折旧额　　　　　　　单位：万元

| 年限<br>项目 | 1 | 2 | 3 | 4 | 5 | 6 | 7 | 8 | 9 | 10 | 合计 |
|---|---|---|---|---|---|---|---|---|---|---|---|
| 年折旧率/(%) | 18.2 | 16.4 | 14.5 | 12.7 | 10.9 | 9.1 | 7.3 | 5.5 | 3.6 | 1.8 | |
| 年折旧额/万元 | 484 | 436 | 388 | 338 | 290 | 242 | 194 | 146 | 96 | 48 | 2 662 |

通过例 4-6、例 4-7 及例 4-8 的计算,可以看出使用加速折旧法使得固定资产的投资能够尽早收回,所以企业应当在政策许可范围内选择适宜的方法。

4）摊销费的计算

无形资产与递延资产的摊销是将这些资产在使用中损耗的价值转入至成本费用中去。一般不计残值,从受益之日起,在一定期间内分期平均摊销。

无形资产的摊销期限,凡法律和合同或企业申请书分别规定有效期限和受益年限的,按照法定有效期限与合同或企业申请书规定的受益年限孰短的原则确定。无法确定有效期限,但企业合同或申请书中规定有受益年限的,按企业合同或申请书中规定的受益年限确定。无法确定有效期限和受益年限的,按照不少于 10 年的期限确定。

递延资产,一般按照不少于 5 年的期限平均摊销。其中,以经营租赁方式租入的固定资产改良工程支出,在租赁有效期限内分期摊销。

无形资产、递延资产的摊销价值通过销售收入得到补偿,将增加企业盈余资金,可用作周转资金或其他用途。

5）维简费的计算

与一般固定资产(如设备、厂房等)不同,矿山、油井、天然气井和森林等自然资源是一种特殊资产,其价值将随着已完成的采掘与采伐量而减少。我国自 20 世纪 60 年代以来,对于这类资产不提折旧,而是按照生产产品数量(采矿按每吨原矿产量,林区按每立方米原木产量)计提维持简单再生产费,简称"维简费"。实际上这也是一种产量法,即按每年预计完成总产量的比例分配到产品成本费用中去。

上述特殊资产在西方国家称为递耗资产。它将随着资源的采掘与采伐,转为可供销售的存货成本,这种成本的转移称为"折耗"。折耗与折旧的区别主要如下：

(1) 折旧是指固定资产价值的减少,其实物数量不变；而折耗是指递耗资产实体的减少,而且是数量和价值同时减少。

(2) 递耗资产的折耗发生于采掘、采伐过程之中,而固定资产折旧则不限于使用过程。

矿山维简费(或油田维护费)一般按出矿量和国家或行业规定的标准提取,但选矿厂、尾矿以及独立的机、汽修和大型供水、供汽、运输车间除外。其计算公式如下。

$$矿山维简费(或油田维护费) = 出矿量 \times 计提指标(元/吨) \tag{4-68}$$

6) 财务费用的计算

财务费用是指在生产经营期间发生的利息支出、汇兑损失以及相关的金融机构手续费。

在项目评估时,生产经营期的财务费用需计算长期负债利息净支出和短期负债利息。在未取得可靠计算依据的情况下,可不考虑汇兑损失及相关的金融机构手续费。

财务评价中,对国内外借款,无论实际按年、季、月计息,均可简化为按年计息,即将名义年利率按计息时间折算成有效年利率。其计算公式如下。

$$有效年利率 = (1 + r/m)^m - 1 \tag{4-69}$$

式中　$r$——名义年利率;

　　　$m$——每年计息次数。

(1) 长期负债利息的计算。由于借款方式不同,其利息计算方法也不同,有几种计息方式,在此不一一介绍。

(2) 短期贷款是指贷款期限在一年以内的借款。在项目评价中如果发生短期贷款时,可假设当年年末借款,第二年年末偿还,按全年计算利息,并计入第二年财务费用中。其计算公式如下。

$$短期贷款利息 = 短期贷款额 \times 年利率 \tag{4-70}$$

**3. 经营成本费用**

经营成本费用是项目经济评价中的一个专门术语,是为项目评价的实际需要专门设置的。经营成本的计算公式如下。

$$经营成本费用 = 总成本费用 - 折旧费 - 维简费 - 摊销费 - 利息支出 \tag{4-71}$$

项目评价采用"经营成本费用"概念的原因如下。

(1) 项目评价动态分析的基本报表是现金流量表,它根据项目在计算期内各年发生的现金流入和流出,进行现金流量分析。各项现金收支在何时发生,就在何时计入。由于投资已在其发生的时间作为一次性支出被计为现金流出,所以不能将折旧费和摊销费在生产经营期再作为现金流出,否则会发生重复计算。因此,在现金流量表中不能将含有折旧费和摊销费的总成本费用作为生产经营期经常性支出,而规定以不包括折旧费和摊销费的经营成本作为生产经营期的经常性支出。对于矿山项目,将维简费视同折旧费处理,因此,经营成本中不包括维简费。

(2)《建设项目经济评价方法与参数》规定,财务评价要编制的现金流量表有全部投资现金流量表和自有资金现金流量表。全部投资现金流量表是在不考虑资金来源的前提下,以全部投资(固定资产投资和流动资金,不含建设期利息)作为计算基础,因此生产经营期的利息支出不应包括在现金流出中。

**4. 可变成本与固定成本**

为了进行项目的成本结构分析和不确定性分析,在项目经济评估中应将总成本费用按照费用的性质划分为可变成本和固定成本。

产品成本费用按其与产量变化的关系分为可变成本、固定成本和半可变(或半固定)成本。

在产品总成本费用中,有一部分费用随产量的增减而成比例地增减,称为可变成本,如原材料费用一般属于可变成本;另一部分费用与产量的多少无关,称为固定成本,如固定资产折旧费、管理费用;还有一些费用,虽然也随着产量增减而变化,但非成比例地变化,称为半可变(半固定)成本,如修理费用。通常将半可变成本进一步分解为可变成本与固定成本。因此,产品总成本费用最终可划分为可变成本和固定成本。

在项目财务分析中,可变成本和固定成本通常是参照类似生产企业两种成本占总成本费用的比例来确定。

### 5. 销售收入估算

销售(营业)收入是指项目投产后在一定时期内销售产品(营业或提供劳务)而取得的收入。销售(营业)收入估算的主要内容包括如下几项。

1) 生产经营期各年生产负荷的估算

项目生产经营期各年生产负荷是计算销售收入的基础。经济评估人员应配合技术评估人员鉴定各年生产负荷的确定是否有充分依据,是否与产品市场需求量预测相符合,是否考虑了项目的建设进度,以及原材料、燃料、动力供应和工艺技术等因素对生产负荷的制约和影响作用。

2) 产品销售价格的估算

销售(营业)收入的重点是对产品价格进行估算。要鉴定选用的产品销售(服务)价格是否合理,价格水平是否反映市场供求状况,判别项目是否高估或低估了产出物价格。

为防止人为夸大或缩小项目的效益,属于国家控制价格的物资,要按国家规定的价格政策执行;价格已经放开的产品,应根据市场情况合理选用价格,一般不宜超过同类产品的进口价格(含各种税费)。产品销售价格一般采用出厂价格,参考当前国内市场价格和国际市场价格,通过预测分析而合理选定。出口产品应根据离岸价格扣除国内各种税费计算出厂价格,同时还应考虑与投入物价格选用的同期性,并注意价格中不应含有增值税。

3) 销售(营业)收入的计算

在项目评估中,产品销售(营业)收入的计算,一般假设当年生产产品当年全部销售。其计算公式如下。

$$销售(营业)收入 = \sum_{i=1}^{n} Q_i \times P_i \qquad (4-72)$$

式中 $Q_i$——第 $i$ 种产品年产量;
$P_i$——第 $i$ 种产品销售单价。

当项目产品外销时,还应计算外汇销售收入,并按评估时现行汇率折算成人民币,再计入销售收入总额。

### 6. 销售税金及附加的估算

销售税金及附加是指新建项目生产经营期(包括建设与生产同步进行情况下的生产经营期)内因销售产品(营业或提供劳务)而发生的消费税、营业税、资源税、城市维护建设税及教育费附加,是损益表和财务现金流量表中的一个独立项目。销售税金及附加的计征依据是项目的销售(营业)收入,不包括营业外收入和对外投资收益。

销售税金及附加,应随项目具体情况而定,分别按生产经营期各年不同生产负荷进行计算。各种税金及附加的计算应符合国家规定。应按项目适用的税种、税目、规定的税率和计征办法计算有关税费。

在计算过程中,如果发现所适用的税种、税目和税率不易确定,可征询税务主管部门的意见确定,或者按照就高不就低的原则计算。除销售出口产品的项目外,项目的销售税金及附加一般不得减免,如国家有特殊规定的,按国家主管部门的有关规定执行。

### 7. 增值税的估算

按照现行税法规定,增值税作为价外税不包括在销售税金及附加中。在经济项目评价中应遵循价外税的计税原则,在项目损益分析及财务现金流量分析的计算中均不应包含增值税的内容。因此,在评价中应注意如下问题。

(1) 在项目财务效益分析中,产品销售税金及附加不包括增值税,产出物的价格不含有增值税中的销项税,投入物的价格中也不含有增值税中的进项税。

(2) 城市维护建设税和教育费附加都是以增值税为计算基数的。因此,在财务效益分析中,还应单独计算项目的增值税额(销项税额减进项税额),以便计算销售税金及附加。

(3) 增值税的税率、计征依据、计算方法和减免办法,均应按国家有关规定执行。产品出口退税比例,按照现行有关规定计算。

### 8. 财务报表的编制

1) 主要产出物和投入物价格依据表的编制

财务评价用的价格是以现行价格体系为基础,根据有关规定、物价变化趋势及项目实际情况而确定的预测价格。

2) 单位产品生产成本估算表的编制

估算单位产品生产成本,首先要列出单位产品生产的构成项目(如原材料、燃料和动力、工资与福利费、制造费用及副产品回收等),根据单位产品的消耗定额和单价估算单位产品生产成本。

3) 总成本费用估算表的编制

编制该表,按总成本费用的构成项目的各年预测值和各年的生产负荷,计算年总成本费用和经营成本。为了便于计算,在该表中将工资及福利费、修理费、折旧费、维简费、摊销费、利息支出进行归并后填列。表中"其他费用"是指在制造费用、管理费用、财务费用和销售费用中扣除了工资及福利费、修理费、折旧费、维简费、摊销费和利息支出后的费用。

4) 借款还本付息计算表的编制

编制该表,首先要依据投资计划与资金筹措表填列固定资产投资借款(包括外汇借款)的各具体项目,然后根据固定资产折旧费估算表、无形及递延资产摊销费估算表和损益表填列偿还借款本金的资金来源项目。

5) 产品销售收入和销售税金及附加估算表的编制

表中产品销售收入以估计产销量与预测销售单价的乘积填列;年销售税金及附加按国家规定的税种和税率计取。

# 任务 3　工程项目国民经济评价

## 一、国民经济评价的范围和内容

**1. 国民经济评价的概念与作用**

国民经济评价

所谓国民经济评价,是从国民经济的整体利益出发,遵循费用与效益统一划分的原则,用影子价格、影子工资、影子汇率和社会折现率,计算分析项目给国民经济带来的净增量效益,以此来评价项目的经济合理性和宏观可行性,实现资源的最优利用和合理配置。国民经济评价和财务评价共同构成了完整的工程项目的经济评价体系。

工程项目的经济评价最早可以追溯到资本主义社会初期,其产生的主要动力来自对最大利润的追求。但在20世纪30年代经济大萧条之前,资本主义国家奉行自由放任的经济学说,对工程项目的经济评价主要是财务评价。为了摆脱经济危机,美国政府采取了"罗斯福新政",开始干预调控国家经济事务,比如大量增加公共开支,上马众多的公共工程项目等。由于这些项目是以宏观经济效益和社会效益为主,单纯采用财务评价无法反映项目的实际效益,故此国民经济评价开始得以运用,并取得了较好的效果。随着二战后各国政府管理公共事务经验的积累,国民经济评价得到了进一步的推广和应用。当前我国所采用的国民经济评价方法,是在参考联合国工业发展组织(UNIDO)所提出《工业项目评价手册》的基础上,结合我国的实际情况,综合考虑了必要性和可行性,在具体手段上进行了简化处理的评价方法。

工程项目的国民经济评价,是把工程项目放到整个国民经济体系中来研究考察,从国民经济的角度来分析、计算和比较国民经济为项目所要付出的全部成本和国民经济从项目中可能获得的全部效益,并据此评价项目的经济合理性,从而选择对国民经济最有利的方案。国民经济评价是针对工程项目所进行的宏观效益分析,其主要目的是实现国家资源的优化配置和有效利用,以保证国民经济能够可持续地稳定发展。

工程项目的经济评价由传统的财务评价发展到国民经济评价,是一大飞跃,其重要作用主要体现在以下三个方面。

(1) 可以从宏观上优化配置国家的有限资源。对于一个国家来说,其用于发展的资源(如人力、资金、土地、自然资源等)总是有限的,资源的稀缺与社会需求的增长之间存在着较大的矛盾,只有通过优化资源配置,使资源得到最佳利用,才能有效地促进国民经济的发展。而仅仅通过财务评价,是无法正确反映资源是否得到了有效利用的,只有通过国民经济评价,才能从宏观上引导国家有限的资源进行合理配置,鼓励和促进那些对国民经济有正面影响的项目的发展,而相应抑制和淘汰那些对国民经济有负面影响的项目。

(2) 可以真实反映工程项目对国民经济的净贡献。在很多国家,主要是发展中国家,由于产业结构不合理、市场体系不健全以及过度保护民族工业等原因,导致国内的价格体系产生较严重的扭曲和失真,不少商品的价格既不能反映价值,也不能反映供求关系。在此情形下,按现行价格计算工程项目的投入与产出,是无法正确反映出项目对国民经济的影响的。只有通过国民经济评价,运用能反映商品真实价值的影子价格来计算项目的费用与效益,才能真实反映工程项目对国民经济的净贡献,从而判断项目的建设对国民经济总目标的实现是否有利。

(3) 可以使投资决策科学化。通过国民经济评价,合理运用经济净现值、经济内部收益率等指标以及影子汇率、影子价格、社会折现率等参数,可以有效地引导投资方向,控制投资规模,提高计划质量。对于国家决策部门和经济计划部门来说,必须高度重视国民经济评价的结论,把工程项目的国民经济评价作为主要的决策手段,使投资决策科学化。

**2. 国民经济评价与财务评价的关系**

对工程项目进行财务评价和国民经济评价所得到的结论,是项目决策的主要依据。企业的财务评价注重的是项目的盈利能力和财务生存能力,而国民经济评价注重的则是国家经济资源的合理配置以及项目对整个国民经济的影响。财务评价是国民经济评价的基础,国民经济评价则是财务评价的深化。二者相辅相成,互为参考和补充,既有联系,又有区别。

1) 财务评价和国民经济评价的共同点

(1) 评价目的相同。二者都以寻求经济效益最好的项目为目的,都追求以最小的投入获得最大的产出。

(2) 评价基础相同。二者都是项目可行性研究的组成部分,都要在完成项目的市场预测、方案构思、投资金额估算和资金筹措的基础上进行,评价的结论也都取决于项目本身的客观条件。

(3) 基本分析方法以及评价指标相类似。二者都采用现金流量法通过基本报表来计算净现值、内部收益率等经济指标,经济指标的含义也基本相同。二者也都是从项目的成本与收益着手来评价项目的经济合理性以及项目建设的可行性。

2) 财务评价与国民经济评价的区别

(1) 评价的角度和立场不同。财务评价是站在企业的立场,从项目的微观角度按照现行的财税制度去分析项目的盈利能力和贷款偿还能力,以判断项目是否具有财务上的生存能力;而国民经济评价则是站在国家整体的立场上,从国民经济综合平衡的宏观角度去分析项目对国民经济发展、国家资源配置等方面的影响,以考察投资行为的经济合理性。

(2) 跟踪的对象不同。财务评价跟踪的是与项目直接相关的货币流动,由项目之外流入项目之内的货币为财务收益,而由项目之内流出项目之外的则为财务费用;国民经济评价跟踪的则是围绕项目发生的资源流动,减少社会资源的项目投入为国民经济费用,而增加社会资源的项目产出则为国民经济收益。

(3) 费用和效益的划分范围不同。财务评价根据项目的实际收支来计算项目的效益与费用,凡是项目的收入均计为效益,凡是项目的支出均计为费用,如工资、税金、利息都作为项目的费用,财政补贴则作为项目的效益;而国民经济评价则根据项目实际耗费的有用资源以及项目向社会贡献的有用产品或服务来计算项目的效益与费用。在财务评价中作为费用或效益的税金、国内借款利息、财政补贴等,在国民经济评价中被视为国民经济内部转移支付,不作为项目的费用或效益。而在财务评价中不计为费用或效益的环境污染、降低劳动强度等,在国民经济评价中则需计为费用或效益。

（4）使用的价格体系不同。在分析项目的费用与效益时，财务评价使用的是以现行市场价格体系为基础的预测价格；而考虑到国内市场价格体系的失真，国民经济评价使用的是对现行市场价格进行调整所得到的影子价格体系，影子价格能够更确切地反映资源的真实经济价值。

（5）采用的主要参数不同。财务评价采用的汇率是官方汇率，折现率是因行业而各异的行业基准收益率；而国民经济评价采用的汇率是影子汇率，折现率是国家统一测定的社会折现率。

（6）评价的组成内容不同。财务评价包括盈利能力分析、清偿能力分析和外汇平衡分析三个方面的内容，而国民经济评价只包括盈利能力分析和外汇效果分析两方面的内容。任何一项重大工程项目的建设，都要进行财务评价和国民经济评价。由于投资主体的立场和利益不完全一致，故决策必须同时考虑项目财务上的盈利能力以及项目对国民经济的影响。当财务评价与国民经济评价的结论不一致时，我国一般以国民经济评价的结论为主来进行投资决策，国民经济评价起着主导和决定性的作用。具体而言，对一个工程项目，其取舍标准如下。

① 财务评价和国民经济评价的结论均认为可行，应予通过。
② 财务评价和国民经济评价的结论均认为不可行，应予否定。
③ 财务评价的结论认为可行，而国民经济评价的结论认为不可行，一般应予否定。
④ 对某些国计民生急需的项目，若财务评价的结论认为不可行，而国民经济评价的结论认为可行，应重新考虑方案，必要时可向国家提出采取经济优惠措施（如财政补贴、减免税等）的建议，使项目具有财务上的生存能力。

### 3. 国民经济评价的内容与步骤

国民经济评价包括国民经济盈利能力分析以及对难以量化的外部效果和无形效果的定性分析，对于外资项目还要求进行外汇效果分析。国民经济评价既可以在财务评价的基础上进行，也可以直接进行。

1) 国民经济评价的内容

具体而言，国民经济评价的内容主要包括以下三个方面。

（1）国民经济费用与效益的识别与处理。如前所述，国民经济评价中的费用与效益和财务评价中的相比，其划分范围是不同的。国民经济评价以工程项目耗费国家资源的多少和项目给国民经济带来的收益来界定项目的费用与效益，只要是项目在客观上引起的费用与效益，包括间接产生的费用与效益，无论最终是由谁来支付和获取的，都要视为该项目的费用与效益，而不仅仅是考察项目账面上直接显现的收支。因此，在国民经济评价中，需要对这些直接或间接的费用与效益一一加以识别、归类和定量处理（或定性处理）。

（2）影子价格的确定和基础数据的调整。在绝大多数发展中国家，现行价格体系一般都存在着较严重的扭曲和失真现象，使用现行市场价格是无法进行国民经济评价的。只有采用通过对现行市场价格进行调整计算而获得的，能够反映资源真实经济价值和市场供求关系的影子价格，才能保证国民经济评价的科学性，这是因为与项目有关的各项基础数据都必须以影子价格为基础进行调整，才能正确地计算出项目的各项国民经济费用与效益。

（3）国民经济效果分析。根据所确定的各项国民经济费用与效益，结合社会折现率等相关经济参数，计算工程项目的国民经济评价指标，编制国民经济评价报表，最终对工程项目是否具有经济合理性得出结论。

2）国民经济评价的步骤

对于一般工程项目，国民经济评价是在财务评价的基础上进行的，其主要步骤如下。

（1）效益和费用范围的调整。该步骤主要是剔除已计入财务效益和财务费用中的国民经济内部转移支付，并识别项目的间接效益和间接费用，尽量对其进行定量计算，不能定量计算的，则应作定性说明。

（2）效益和费用数值的调整。该步骤主要是对固定资产投资、流动资金、经营费用、销售收入和外汇借款等各项数据进行调整。

（3）分析项目的国民经济盈利能力。该步骤主要是编制国民经济效益和费用流量表（全部投资），并据此计算全部投资的经济内部收益率和经济净现值等指标；对于使用国外贷款的项目，还应编制国民经济收益费用表（国内投资），并据此计算国内投资的经济内部收益率和经济净现值等指标。

（4）分析项目的外汇效果。对于产出物出口或替代进口的工程项目，应编制经济外汇流量表和国内资源流量表，并据此计算经济外汇净现值、经济换汇成本或经济节汇成本等指标。

某些工程项目，例如社会公益项目，也可以直接进行国民经济评价。其主要步骤如下。

（1）识别和估算项目的直接效益。对于为国民经济提供产出物的项目，应先根据产出物的性质确定是否为外贸货物，再确定产出物的影子价格，最后按产出物的种类、数量及其逐年增减情况和产出物的影子价格估算项目的直接效益。对于为国民经济提供服务的项目，则应按提供服务的数量和用户的受益程度来估算项目的直接效益。

（2）用货物的影子价格、土地的影子费用、影子工资、影子汇率和社会折现率等参数直接估算项目的投资。

（3）估算流动资金。

（4）依据生产经营的实际耗费，采用货物的影子价格以及影子工资、影子汇率等参数来估算经营费用。

（5）识别项目的间接效益和间接费用，尽量对其进行定量计算，不能定量计算的，则应作定性说明。

（6）编制有关报表，计算相应的评价指标。

## 二、国民经济评价中费用与效益的分析

**1. 费用和效益的概念和识别原则**

费用效益法是发达国家广泛采用的用于对工程项目进行国民经济评价的方法，也是联合国向发展中国家推荐的评价方法。所谓费用效益分析是指从国家和社会的宏观利益出发，通过对工程项目的经济费用和经济效益进行系统、全面地识别和分析，求得项目的经济净收益，并以此来评价工程项目可行性的一种方法。

费用效益分析最初是作为评价公共事业部门投资的一种方法而发展起来的，其起源于法国人杜波伊特（Jules Dupuit）1844 年撰写的一篇论文《论公共工程效益的衡量》。后来这种方法被广泛应用于评价各种工程项目方案，并扩展到对发展计划和重大政策的评价。

费用效益分析的核心是通过比较各种备选方案的全部预期效益和全部预计费用的现值来评价这些备选方案,并以此作为决策的参考依据。项目的效益是对项目的正贡献,而费用则是对项目的反贡献,或者说是对项目的损失。但必须指出的是,工程项目的效益和费用是两个相对的概念,都是针对特定的目标而言的。例如,由于某生产化纤原料的大型工程项目投产,使得该化纤原料的价格下降,从而导致同行业利润的下降,对于该行业来说,这是费用;但这也会使得服装生产商的成本下降,对于服装生产行业来说,则是效益。因此,无论是什么样的项目,在分析、评价的过程中,都有一个费用效益识别的问题。

在项目的财务评价中,由于项目可视为一个相对独立的封闭系统,货币在这一系统的流入和流出容易识别,并且大都可以从相应的会计核算科目中找到答案。因此在财务评价中,费用和效益识别的重要性未能充分表现出来。在项目的国民经济评价中,费用和效益的划分与财务评价相比已有了质的变化,通常识别起来是比较困难的。比如烟草工业,一方面给政府提供了巨额税收,增加了大量的就业岗位,有时甚至成为一个地区的支柱产业;另一方面,烟草对消费者的健康构成了很大的损害,极大地增加了国家和消费者个人的医疗负担。显然对国民经济整体而言,烟草工业究竟是费用还是效益仅仅从项目的财务收支上进行判别是无法找到答案的。

正确地识别费用与效益,是保证国民经济评价正确的前提。费用与效益的识别原则为:凡是工程项目使国民经济发生的实际资源消耗,或者国民经济为工程项目付出的代价,即为费用;凡是工程项目对国民经济发生的实际资源产出与节约,或者对国民经济作出的贡献,即为效益。举例来说,某大型水利工程项目导致的航运减少、航运、航道工人失业,直接的基建开支、移民开支、电费降价引起的国家收入减少等,这些都是费用;而由该工程所导致的水力发电净收益增加,洪水灾害的减轻,农业增产,国家灌溉费的增加,电力用户支出的减少,国家救济费的节省等,则都是效益。在考察工程项目的费用与效益时,必须遵循费用与效益的识别原则。

效益与费用是指工程项目对国民经济所做的贡献与反贡献。我们往往将项目对国民经济产生的影响称为效果。这种效果又可以分为直接效果和外部效果。

## 2. 直接效果

直接效果是工程项目直接效益和直接费用的统称。

1) 直接效益

工程项目的直接效益是由项目自身产出,由其产出物提供,并应用影子价格计算出来的产出物的经济价值,是项目自身直接增加销售量和劳动量所获得的效益。

工程项目直接效益的确定可分为以下两种情况。

(1) 在项目的产出物用于增加国内市场供应量的情况下,项目的效益即为其所满足的国内需求,可由消费者的支付意愿来确定。

(2) 在国内市场总供应量不变的情况下,当项目产出物增加了出口量时,项目的效益即为其出口所获得的外汇;当项目产出物可替代进口时,为国家减少了总进口量,项目的效益即为其替代进口所节约的外汇;当项目产出物顶替了原有项目的生产,致使原有项目减停产时,项目的效益即为由原有项目减停产而向社会释放出来的资源,其价值也就等于这些资源的支付意愿。

2) 直接费用

工程项目的直接费用是国家为项目的建设和生产经营而投入的各种资源(固定资产投资、

流动资金以及经常性投入等)用影子价格计算出来的经济价值。

工程项目直接费用的确定也可分为两种情况。

(1) 在项目所需投入物来自国内供应总量增加(即依靠增加国内生产来满足该项目的需求)的情况下,项目的费用即为增加国内生产所耗用的资源价值。

(2) 在国内市场总供应量不变的情况下,当项目的投入物依靠从国际市场进口来满足需求时,项目的费用即为进口投入物所花费的外汇;当项目的投入物为本可出口的资源(即依靠减少出口来满足该项目的需求)时,项目的费用即为因减少出口量而减少的外汇收入;当项目的投入物为本应用于其他项目的资源(即依靠减少对其他项目的投入来满足该项目的需求)时,项目的费用即为其他项目因减少投入量而减少的效益,也就是其他项目对该投入物的支付意愿。

**3. 外部效果**

外部效果是工程项目间接效益和间接费用的统称,是由于项目实施所导致的在项目之外未计入项目效益与费用的效果。

(1) 间接效益,又称外部效益,是指项目对国民经济做出了贡献,而项目自身并未得益的那部分效益。比如果农栽种果树,客观上使养蜂者得益,这部分效益即为果农生产的间接效益。

(2) 间接费用,又称外部费用,是指国民经济为项目付出了代价,而项目自身却不必实际支付的那部分费用。比如一个耗能巨大的工业项目投产,有可能导致当地其他项目的用电紧张,其他项目因此而减少的效益即为该项目的间接费用。

显然,在对工程项目进行国民经济评价时,必须计算外部效果。计算外部效果时,必须同时满足两个条件:相关性条件和不计价条件。所谓相关性条件,是指工程项目的经济活动会影响到与本项目没有直接关系的其他生产者和消费者的生产水平或消费质量。所谓不计价条件,是指这种效果不计价或无须补偿。比如烟草公司生产的香烟,使得烟民的健康受到损害,这是一种间接费用;如果烟草公司给烟民以相应的赔偿,那就不再是间接费用了。

外部效果的计算,通常是比较困难的。为了减少计算上的困难,可以适当地扩大计算范围和调整价格,使许多外部效果内部化,扩大项目的范围,将一些相互关联的项目合并在一起作为一个联合体进行评价,从而使一些间接费用和间接效益转化为直接费用和直接效益。在用影子价格计算项目的效益和费用时,已在一定程度上使项目的外部效果在项目内部得到了体现。必须注意的是,在国民经济评价中,既要充分考虑项目的外部效果,也要防止外部效果扩大化。

经过上述处理后,可能还有一些外部效果须要单独考虑和计算。这些外部效果主要包括以下几个方面。

1) 环境影响

工程项目对自然环境和生态环境造成的污染和破坏,比如工业企业排放的"三废"对环境产生的污染,是项目的间接费用。这种间接费用要定量计算比较困难,一般可按同类企业所造成的损失或者按恢复环境质量所需的费用来近似估算,若难以定量计算则应作定性说明。此外,某些工程项目,比如环境治理项目,对环境产生的影响是正面的,在国民经济评价中也应估算其相应的间接效益。

2) 价格影响

若项目的产出物大量出口,导致国内同类产品的出口价格下跌,则由此造成的外汇收益的减少,应计为该项目的间接费用。若项目的产出物只是增加了国内市场的供应量,导致产品的市场价格下跌,可使产品的消费者获得降价的好处,但这种好处只是将原生产商减少的收益转移给了产品的消费者而已,对于整个国民经济而言,效益并未改变,因此消费者得到的收益并不能计为该项目的间接收益。

3) 相邻效果

相邻效果是指由于项目的实施而给上游企业(为该项目提供原材料和半成品的企业)和下游企业(使用该项目的产出物作为原材料和半成品的企业)带来的辐射效果。项目的实施会使上游企业得到发展,增加新的生产能力或使其原有生产能力得到更充分的利用,也会使下游企业的生产成本下降或使其闲置的生产能力得到充分的利用。实践经验证明,对相邻效果不应估计过大,因为大多数情况下,项目对上、下游企业的相邻效果可以在项目投入物和产出物的影子价格中得到体现。只有在某些特殊情况下,间接影响难于在影子价格中反映时,才需要作为项目的外部效果计算。

4) 技术扩散效果

建设一个具有先进技术的项目,由于人才流动、技术推广和扩散等原因,使得整个社会都将受益。但这类间接效益通常难以识别和定量计算,因此在国民经济评价中一般只作定性说明。

5) 乘数效果

乘数效果是指由于项目的实施而使与该项目相关的产业部门的闲置资源得到有效利用,进而产生一系列的连锁反应,带动某一行业、地区或全国的经济发展所带来的外部净效益。例如,当国内钢材生产能力过剩时,国家投资修建铁路干线,需要大量钢材,就会使原来闲置的生产能力得到启用,使钢铁厂的成本下降,效益提高。同时由于钢铁厂的生产扩大,连带使得炼铁、炼焦以及采矿等部门原来剩余的生产能力得以利用,效益增加,由此产生一系列的连锁反应。在进行扶贫工作时,就可以优先选择乘数效果大的项目。一般情况下,乘数效果不能连续扩展计算,只需计算一次相关效果即可。

## 4. 转移支付

在工程项目费用与效益的识别过程中,经常会遇到国内借款利息、税金、折旧以及财政补贴等问题的处理。这些都是财务评价中的实际收支,但从国民经济整体的角度来看,这些收支并不影响社会最终产品的增减,都未造成资源的实际耗用和增加,而仅仅是资源的使用权在不同的社会实体之间的一种转移。这种并不伴随着资源增减的纯粹货币性质的转移,即为转移支付。因此,在国民经济评价中,转移支付不能计为项目的费用或效益。

在工程项目的国民经济评价中,对转移支付的识别和处理是关键内容之一。常见的转移支付有税金、利息、补贴和折旧等。

1) 税金

在财务评价中,税金显然是工程项目的一种费用。但从国民经济整体来看,税金作为国家财政收入的主要来源,是国家进行国民收入二次分配的重要手段,交税只不过表明税金代表的那部分资源的使用权从纳税人那里转移到了国家手里。也就是说,税金只是一种转移支付,不能计为国民经济评价中的费用或效益。

2) 利息

利息是利润的一种转化形式,是客户与银行之间的一种资金转移,从国民经济的整体来看,并不会导致资源的增减,因此也不能计为国民经济评价中的费用或效益。

3) 补贴

补贴是一种货币流动方向与税收相反的转移支付,包括价格补贴、出口补贴等。补贴虽然使工程项目的财务收益增加,但同时也使国家财政收入减少,实质上仍然是国民经济中不同实体之间的货币转移,整个国民经济并没有因此发生变化。因此,国家给予的各种形式的补贴,都不能计为国民经济评价中的费用或效益。

4) 折旧

折旧是会计意义上的生产费用要素,是从收益中提取的部分资金,与实际资源的耗用无关。因为在经济分析时已将固定资产投资所耗用的资源视为项目的投资费用,而折旧无非是投资形成的固定资产在再生产过程中价值转移的一种方式而已。故此不能将折旧计为国民经济评价中的费用或效益,否则就是重复计算。

## 三、国民经济评价参数

国民经济评价参数是指在工程项目经济评价中为计算费用和效益,衡量技术经济指标而使用的一些参数,主要包括影子价格、影子汇率、影子工资和社会折现率等。

国民经济评价参数是由国家有关部门统一组织测算的,并实行阶段性的调整。1987年,国家计委发布了《建设项目经济评价方法与参数》(第一版),对我国建设项目的科学决策起了巨大推动作用,举世瞩目的长江三峡工程就是按照《建设项目经济评价方法与参数》(第一版)进行了详细的财务评价与国民经济评价。1993年,由建设部和国家计委联合批准发布了《建设项目经济评价方法与参数》(第二版),推动了我国投资决策科学化进程。2005年5月,《建设项目经济评价方法与参数》(第三版)通过了由建设部和国家发改委联合组织的审查,于2006年正式发布。

**1. 影子价格**

如前所述,在大多数发展中国家,包括我国在内,都或多或少地存在着产品市场价格的扭曲或失真现象。而在计算工程项目的费用和效益时,都需要使用各类产品的价格,若价格失真,则必将影响到项目经济评价的可靠性和科学性,导致决策失误。因此,为了真实反映项目的费用和效益,有必要在项目经济评价中对某些投入物和产出物的市场价格进行调整,采用一种更为合理的计算价格,即影子价格。

影子价格这个术语是20世纪30年代末40年代初由荷兰数理经济学家、计量经济学创始人之一詹恩·丁伯根和苏联数学家、经济学家、诺贝尔经济学奖获得者列·维·康托罗维奇分别提出来的,在西方最初称为预测价格或计算价格,在苏联则称为最优计划价格。后来,美籍荷兰经济学家库普曼主张将二者统一称为影子价格,这一提法为理论界所普遍接受。

所谓影子价格,是指当社会经济处于某种最优状态时,能够反映社会劳动的消耗、资源稀缺程度和最终产品需求状况的价格。可见,影子价格是一种理论上的虚拟价格,是为了实现一定的社会经济发展目标而人为确定的、更为合理(相对于实际交换价格)的价格。此处所说的"合理",从定价原则来看,应该能更好地反映产品的价值,反映市场供求状况,反映资源的稀缺程度;从价格产出的效果来看,应该能够使资源配置向优化的方向发展。

一般而言,项目投入物的影子价格即为其机会成本,所谓机会成本,是指当一种资源用在某个特定领域,从而失去的在其他领域可以获得的最大收益。而项目产出物的影子价格则为其支付意愿,所谓支付意愿,是指消费者对购买某一产品所愿意支付的最高价格。影子价格不是产品的实际交换价格,而是作为优化配置社会资源,衡量产品社会价值的价格尺度,它在工程项目的国民经济评价中用来代替市场价格进行费用与效益的计算,从而消除在市场不完善的条件下由于市场价格失真可能导致的评价结论失实。

**2. 影子汇率**

一般发展中国家都存在着外汇短缺的问题,政府在不同程度上实行外汇管制和外贸管制,外汇不允许自由兑换,在此情形下,官方汇率往往不能真实地反映外汇的价值。因此,在工程项目的国民经济评价中,为了消除用官方汇率度量外汇价值所导致的误差,有必要采用一种更合理的汇率,也就是影子汇率,来使外贸品和非外贸品之间建立一种合理的价格转换关系,使二者具有统一的度量标准。

影子汇率,即外汇的影子价格,是指项目在国民经济评价中,将外汇换算为本国货币的系数。它不同于官方汇率或国家外汇牌价,能够正确反映外汇对于国家的真实价值。影子汇率实际上也就是外汇的机会成本,即项目投入或产出所导致的外汇减少或增加给国民经济带来的损失或收益。

影子汇率是一个重要的国家经济参数,它体现了从国民经济角度对外汇价值的估量,在工程项目的国民经济评价中除了用于外汇与本国货币之间的换算外,还是经济换汇和经济节汇成本的判据。国家可以利用影子汇率作为经济杠杆来影响项目方案的选择和项目的取舍。比如某项目的投入物可以使用进口设备,也可以使用国产设备,当影子汇率较高时,就有利于后一种方案;再比如对于主要产出物为外贸货物的工程项目,当影子汇率较高时,将有利于项目获得批准实施。

影子汇率的发布形式有两种,一种是直接发布,比如我国在 1987 年、1990 年两次发布参数时都采取了直接发布影子汇率的做法,分别为 1 美元等于 4.70 元人民币和 5.80 元人民币;另一种是间接给出,如我国在 1993 年发布《建设项目经济评价方法与参数》(第二版)时开始采用转换系数法计算影子汇率,其计算公式为

$$\text{影子汇率} = \text{外汇牌价（官方汇率）} \times \text{影子汇率换算系数} \tag{4-73}$$

影子汇率换算系数是国家相关部门根据国家现阶段的外汇供求情况、进出口结构、换汇成本等综合因素统一测算和发布的,目前影子汇率换算系数取值为 1.08。

例如,中国银行外汇牌价为 1 美元兑换 8.11 元人民币,则此时的影子汇率为 1 美元等于 8.76 元人民币(即 8.11×1.08 元=8.76 元)。

**3. 影子工资**

在大多数国家中,由于社会的、经济的或传统的原因,劳动者的货币工资常常偏离竞争性劳动市场所决定的工资水平,因此不能真实地反映单位劳动的边际产品价值,因而产生了劳动市场供求失衡问题。在此情形下,对工程项目进行国民经济评价,就不能简单地把项目中的货币工资支付直接视为该项目的劳动成本,而要通过"影子工资"对此劳动成本进行必要的调整。

影子工资,即劳动力的影子价格,是指由于工程项目使用劳动力而使国民经济所付出的真实代价,由劳动力的机会成本和劳动力转移而引起的新增资源耗费两部分组成。劳动力机会成本是指劳动力如果不就业于该项目而从事于其他生产经营活动所创造的最大效益,也就是因劳动力为该项目工作而使别处被迫放弃的原有净收益。它与劳动力的技术熟练程度和供求状况有关,技术越熟练,社会需求程度越高,其机会成本越高,反之越低。劳动力的机会成本是影子工资的主要组成部分。新增资源耗费是指项目使用劳动力后,由于劳动者就业或迁移而增加的交通运输费用、城市管理费用、培训费用等,这些资源的耗用并未提高劳动者的收入水平。

在国民经济评价中,影子工资作为费用计入经营成本。影子工资的计算可采用转换系数法,即将财务评价时所用的工资与福利费之和(合称名义工资)乘以影子工资换算系数求得,其计算公式为

$$影子工资 = (财务工资 + 福利费) \times 影子工资转换系数 \tag{4-74}$$

影子工资转换系数作为国民经济评价参数,是由国家相关部门根据国家劳动力的状况、结构以及就业水平等综合因素统一测定和发布的。在《建设项目经济评价方法与参数》(第二版)中规定,一般工程项目的影子工资换算系数为1,即影子工资的数值等于财务评价中的名义工资,在建设期内使用大量民工的项目,如水利、公路项目,其民工的影子工资换算系数为0.5。在项目评价中,评价人员可根据项目所在地区劳动力的充裕程度以及所用劳动力的技术熟练程度,适当提高或降低影子工资转换系数。比如,对于在就业压力很大的地区、占用大量非熟练劳动力的工程项目,影子工资转换系数可小于1;对于占用大量短缺的专业技术人员的工程项目,影子工资转换系数可大于1;对于中外合资合营的工程项目,由于其中方工作人员的技术熟练程度一般较高,国家和社会为此付出的代价较大,因此中方工作人员的影子工资转换系数通常都大于1。

例如,一中外合资企业的某中方部门经理,其财务工资为5 000元,福利费为2 000元,在国民经济评价中,评价人员根据各方面情况综合分析,确定其影子工资转换系数为1.5,则其影子工资计算如下:

$$(5\ 000 + 2\ 000) \times 1.5\ 元 = 10\ 500\ 元$$

即该经理的影子工资为10 500元。

**4. 社会折现率**

在国民经济评价中所追求的目标是国民经济收益的最大化,而所有的工程项目都将是这一目标的承担者。在采用了影子价格、影子汇率、影子工资等合理参数后,国民经济中所有的工程项目均将在同等的经济条件下使用各种社会资源为社会创造效益,这就需要规定适用于各行业所有工程项目都应达到的最低收益水平,也就是社会折现率。

社会折现率,也称影子利率,是从国民经济角度考察工程项目投资所应达到的最低收益水平,实际上也是资金的机会成本和影子价格。社会折现率是项目经济可行性研究和方案比较的主要判据,在项目经济评价中,主要作为计算经济净现值的折现率,同时也是用来衡量经济内部收益率的基准值。社会折现率作为资金的影子价格,代表着资金占用在一定时间内应达到的最低增值率,体现了社会对资金时间价值的期望和对资金盈利能力的估算。

社会折现率作为国民经济评价中的一项重要参数,是国家评价和调控投资活动的重要经济

杠杆之一。国家可以选用适当的社会折现率来进行项目的国民经济评价,从而促进资源的优化配置,引导投资方向,调控投资规模。比如,国家在需要经济软着陆时,可以适当调高社会折现率,使得本来可获得通过的某些投资项目难以达到这一折现率标准,从而达到间接调控投资规模的目的。

社会折现率需要根据国家社会经济发展目标、发展战略、发展优先顺序、发展水平、宏观调控意图、社会成员的费用效益时间偏好、社会投资收益水平、资金供应状况、资金机会成本等因素进行综合分析,由国家相关部门统一测定和发布。1987年国家计委发布的《建设项目经济评价方法与参数》(第一版)中规定,社会折现率为10%。1993年,由建设部和国家计委联合批准发布的《建设项目经济评价方法与参数》(第二版)中规定,社会折现率为12%。经过专题研究和测算,在2006年发布的《建设项目经济评价方法与参数》(第三版)中规定社会折现率为8%,但对远期收益率较大的项目,允许采用较低的折现率,但不应低于6%。

### 5. 贸易费用率

在工程项目的国民经济评价中,贸易费用是指花费在货物流通过程各环节中以影子价格计算的综合费用(长途运输费用除外),也就是项目投入物或产出物在流通过程中所支付的除长途运输费用以外的短途运输费、装卸费、检验费、保险费等费用。贸易费用率则是反映这部分费用相对于货物影子价格的一个综合比率,是国民经济评价中的一个经济参数,是由国家相关部门根据物资流通效率、生产资料价格总水平以及汇率等综合因素统一测定和发布的。

目前,贸易费用率取值一般为6%,对于少数价格高、体积与重量较小的货物,可适当降低贸易费用率。

在工程项目的国民经济评价中,可使用下列公式来计算货物的贸易费用。

$$进口货物的贸易费用 = 到岸价 \times 影子汇率 \times 贸易费用率 \tag{4-75}$$

$$出口货物的贸易费用 = (离岸价 \times 影子汇率 - 国内长途运费) \\ \times 贸易费用率/(1+贸易费用率) \tag{4-76}$$

$$非外贸货物的贸易费用 = 出厂影子价格 \times 贸易费用率 \tag{4-77}$$

对于不经过流通部门而由生产厂家直供的货物,则不计算贸易费用。

## 四、影子价格的确定

如前所述,在工程项目的国民经济评价中,必须确定出项目投入物和产出物的影子价格,并以之代替市场价格来计算项目的真实费用与效益。

影子价格的计算在理论上是以线性规划法为基础的,或者说影子价格是一种用数学方法计算出来的最优价格。但在实际工作中,由于各种条件的限制,一般不可能及时准确地获得建立数学模型所需的各类数据,因此需要采取某些实用方法来确定。当前国际上通常采用的方法主要有联合国工业发展组织推荐的UNIDO法以及经济合作与发展组织和世界银行采用的利特尔-米尔里斯法(L-M法)。

在确定影子价格时,以上两种方法首先都要把货物区分为贸易货物和非贸易货物两大类,然后根据项目的各种投入物和产出物对国民经济的影响分别进行处理。而在我国,根据《建设项目经济评价方法与参数》(第三版)的规定,通常将项目的投入物和产出物划分为外贸货物、非外贸货物和特殊投入物等三种类型分别进行处理。

外贸货物和非外贸货物的划分原则是看工程项目的投入或产出主要是影响对外贸易还是影响国内消费。只有在明确了货物的类型之后,才能有针对性地采取不同方法确定货物的影子价格。

**1. 外贸货物的影子价格**

所谓外贸货物,是指其生产和使用将对国家进出口产生直接或间接影响的货物。项目产出物外贸货物,包括直接出口(增加出口)、间接出口(替代其他企业产品使其增加出口)和替代进口(以产顶进减少进口)的货物;项目投入物中的外贸货物,包括直接进口(增加进口)、间接进口(占用其他企业的投入物使其增加进口)和减少进口(占用原本可以出口的国内产品)的货物。

外贸货物的影子价格的确定,是以实际将要发生的口岸价格为基础,按照项目各项产出和投入对国民经济的影响,根据口岸、项目所在地、投入物的国内产地、项目产出物的主要市场所在地以及交通运输条件的差异,对流通领域的费用支出进行调整而分别制定的。其具体的定价方法可分为以下几种情况(对于项目产出物,确定的是出厂影子价格;而对于项目投入物,确定的是到厂影子价格)。

1) 产出物

(1) 直接出口的产出物。如图 4-1 所示,其影子价格等于离岸价格减去国内运输费用和贸易费用,用计算公式表示为:

$$SP = FOB \times SER - (T_1 + T_{R1})$$

式中,SP 为影子价格;FOB 为以外汇计价的离岸价格(离岸价格是指出口货物的离境交货价格);$T_1$、$T_{R1}$ 分别为拟建项目所在地到口岸的运输费用和贸易费用。

图 4-1 直接出口产品的影子价格

(2) 间接出口的产出物。如图 4-2 所示,其影子价格等于离岸价格减去原供应厂到口岸的运输费用和贸易费用,加上原供应厂到用户的运输费用和贸易费用,再减去拟建项目到用户的运输费用和贸易费用,用计算公式表示为:

$$SP = FOB \times SER - (T_2 + T_{R2}) + (T_3 + T_{R3}) - (T_4 + T_{R4}) \tag{4-78}$$

式中,$T_2$、$T_{R2}$ 分别为原供应厂到口岸的运输费用和贸易费用;$T_3$、$T_{R3}$ 分别为原供应厂到用户的运输费用和贸易费用;$T_4$、$T_{R4}$ 分别为拟建项目到用户的运输费用和贸易费用,其他符号的意义同前式。

图 4-2 间接出口产品的影子价格

当原供应厂和用户难以确定时,可按直接出口计算。

(3) 替代进口的产出物。如图 4-3 所示,其影子价格等于到岸价格减去拟建项目到用户的运输费用及贸易费用,再加上口岸到原用户的运输费用和贸易费用,用计算公式表示为:

$$SP = CIF \times SER - (T_4 + T_{R4}) + (T_5 + T_{R5}) \tag{4-79}$$

式中,CIF 为以外汇计价的原进口货物的到岸价格(到岸价格是指进口货物到达本国口岸的价格,包括货物的国外购买费用、运输到本国口岸的费用和保险费用);$T_5$、$T_{R5}$ 分别为口岸到原用户的运输费用和贸易费用,其他符号的意义同前式。

当具体用户难以确定时,可只按到岸价格计算。

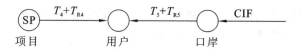

图 4-3 替代进口产品的影子价格

2) 投入物

(1) 直接进口的投入物。如图 4-4 所示,其影子价格等于到岸价格加国内运输费用和贸易费用,用计算公式表示为:

$$SP = CIF \times SER + (T_1 + T_{R1}) \tag{4-80}$$

式中符号的意义同前面公式。

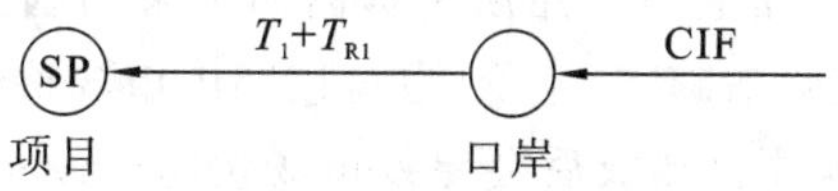

图 4-4 直接进口产品的影子价格

(2) 间接进口的投入物。如图 4-5 所示,其影子价格等于到岸价格加上口岸到原用户的运输费用和贸易费用,减去供应厂到原用户的运输费用和贸易费用,加上供应厂到拟建项目的运输费用和贸易费用,用计算公式表示为:

$$SP = CIF \times SER + (T_5 + T_{R5}) - (T_3 + T_{R3}) + (T_6 + T_{R6}) \tag{4-81}$$

式中,$T_6$、$T_{R6}$ 分别为供应厂到拟建项目的运输费用和贸易费用,其他符号的意义同前式。

当原供应厂和用户难以确定时,可按直接进口计算。

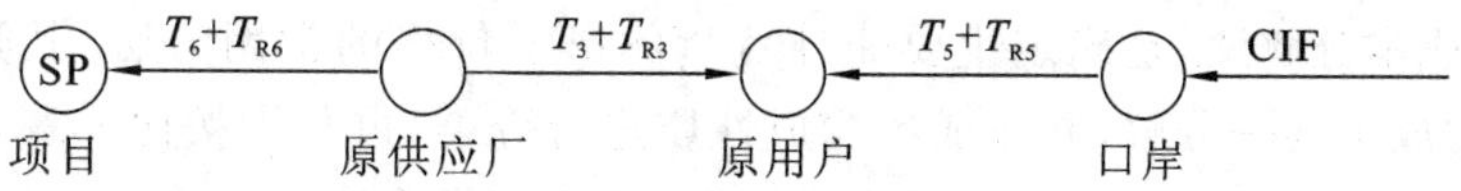

图 4-5 间接进口产品的影子价格

(3) 减少出口的投入物。如图 4-6 所示,其影子价格等于离岸价格减去原供应厂到口岸的运输费用和贸易费用,再加上供应厂到拟建项目的运输费用和贸易费用,用计算公式表示为:

$$SP = FOB \times SER - (T_2 + T_{R2}) + (T_6 + T_{R6}) \tag{4-82}$$

式中符号的意义同前式。

当原供应厂难以确定时,可只按离岸价格计算。

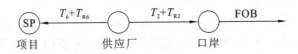

图 4-6 减少出口产品的影子价格

**2. 非外贸货物的影子价格**

所谓非外贸货物,是指生产和使用对国家进出口不产生影响的货物,除了包括所谓的天然非外贸货物,如国内建筑、国内运输、商业及其他基础设施的产品和服务以外,还包括由于地理位置所限而使国内运费过高不能进行外贸的货物以及受国内外贸易政策和其他条件限制而不能进行外贸的货物等所谓的非天然非外贸货物。

非外贸货物影子价格的确定原则和方法如下。

1) 产出物

(1) 增加供应数量,满足国内消费的项目产出物。若国内市场供求均衡,应采用市场价格定价;若国内市场供不应求,应参照国内市场价格并考虑价格变化的趋势定价,但不应高于质量相同的同类产品的进口价格;对于无法判断供求情况的,则取以上价格中较低者。

(2) 不增加国内市场供应数量,只是替代其他生产企业的产出物,使其减产或停产的项目产出物。若质量与被替代产品相同,应按被替代产品的可变成本分解定价;若产品质量有所提高的,应按被替代产品的可变成本加上因产品质量提高而带来的国民经济效益(可近似地按国际市场价格与被替代产品价格之差来确定)定价,也可按国内市场价格定价。

(3) 占国内市场份额较大,项目建成后会导致市场价格下跌的项目产出物。可按照项目建成前的市场价格和建成后的市场价格的平均值对其定价。

2) 投入物

(1) 能通过原有企业挖潜(无须增加投资)而增加供应的,按分解成本(通常仅分解可变成本)定价。

(2) 需要通过增加投资扩大生产规模以满足拟建项目需求的,按分解成本(包括固定成本分解和可变成本分解)定价。当难以获得分解成本所需资料时,可参照国内市场价格定价。

(3) 项目计算期内无法通过扩大生产规模来增加供应量的(减少原用户供应量),取国内市场价格、国家统一价格加补贴、协议价格中较高者定价。

前面所说的成本分解法,是确定主要非外贸货物影子价格的常用方法,其具体步骤简述如下:首先将货物的成本逐一分解,并按成本构成性质进行分类;再分别按照其影子价格的确定方法定价;最后将分解后经重新调整所得的成本汇总,即得该货物的影子价格。

**3. 特殊投入物的影子价格**

所谓特殊投入物,一般是指项目在建设和生产经营中使用的土地和劳动力。劳动力的影子价格,也就是影子工资,其确定方法在前面已经论述过,主要采用转换系数法。下面主要介绍土地影子价格的确定方法。

土地作为可提供多种可能用途的稀缺资源,一旦被某个工程项目占用,就意味着其对国民经济的其他潜在贡献不能实现。因此,在项目的国民经济评价中必须给土地一个合适的影子价格。目前在我国取得土地使用权的方式主要有行政划拨、招投标和拍卖,工程项目获得土地的财务费用因土地获得方式的不同而不同,但对于同一块土地,其在国民经济评价中的影子价格却是唯一的。

土地的影子价格,是指因工程项目占用土地而使国民经济付出的代价。一般而言,土地的影子价格包括两个部分,即因土地用于拟建项目而使其不能用于其他目的所放弃的国民经济效益(即土地的机会成本),以及因土地占用而新增的社会资源消耗(如拆迁费、劳动力安置、养老保险费等)。

根据效益和费用划分的原则,工程项目实际征地费用可分为以下三个部分:①属于机会成本性质的费用,如土地补偿费、青苗补偿费等,应按机会成本计算方法调整后计入土地的影子价格;②属于新增资源消耗性质的费用,如拆迁安置补偿费、养老保险费等,应按其相应的影子价格计算方法调整后计入土地的影子价格;③属于转移支付性质的费用,如粮食开发基金、耕地占用税等,不计入土地的影子价格。

在土地市场机制比较健全的国家或地区,土地使用权可以自由地在土地批租市场流动,那么土地的影子价格可以近似地根据市场价格来定价,只是在确定土地影子价格时,需要从土地市场价格中剔除政府对土地使用权买卖征收的税款部分,因为这部分费用属于转移支付性质。

在土地市场机制不健全的国家或地区,土地的使用价格因政府的干预存在扭曲,则需要按土地影子价格的两个组成部分分别进行计算后汇总,最终得到土地的影子价格。

1) 对土地机会成本的计算

由于可利用的土地越来越少,其稀缺性日趋严重,土地的机会成本会越来越高。计算土地机会成本时,应根据拟建项目占用土地的种类,分析项目计算期内技术、环境、政策、适宜性等多方面的约束条件,选择该土地最可行的 2~3 种替代用途(包括现行用途)进行比较,以其中净效益最大者为计算基础。

若项目占用的土地为未开发利用的荒山野岭,其机会成本可视为零;若项目占用的土地为农业用地,其机会成本为原来的农业净收益,并应适当考虑农产品年平均净效益的增长率;若项目占用的土地为城市建设用地,其机会成本为项目外其他单位愿意为获得该土地而支付的最高财务价格。

在机会成本难以计算的情况下,可以参考《建设项目经济评价方法与参数》中给出的各种不同类型土地的机会成本数据。在选用时,应注意项目所在经济区域、占用的土地类型及最可能的用途等情况。

2) 对新增社会资源消耗的计算

在这部分内容的计算中,主要是对其中的拆迁费进行调整。而拆迁工作主要是建筑施工性质,其影子价格可利用建筑工程的影子价格换算系数换算拆迁费而得到;至于其他费用,一般不作调整。

### 4. 影子价格换算系数

由于影子价格的确定比较复杂,测算工作量很大,在工程项目的可行性研究阶段要逐一完成如此庞大复杂的工作是很困难的,也是不必要的。

对于一些常见的重要货物（服务）的影子价格，国家相关部门通过分析研究，会发布和定期修正相应的影子价格换算系数，作为国民经济评价的经济参数，供投资决策者和可行性研究人员结合工程项目的实际情况选用。换算系数是经过调整后所得到的经济价格与国内市场价格的比值。当前现行的影子价格换算系数主要有：建筑工程的换算系数取值为1.1，铁路货运的换算系数取值为1.84，公路货运的换算系数取值为1.26，沿海货运的换算系数取值为1.73，内河货运的换算系数取值为2.0。

已知货物的影子价格换算系数，再将其乘以货物的财务价格，就可以得到货物的影子价格，即

$$影子价格＝财务价格×换算系数 \tag{4-83}$$

影子价格换算系数使用时的范围为：项目建议书阶段项目的投入物和主要产出物，项目可行性研究及评估阶段项目的非主要投入物和非主要产出物。至于项目的主要投入物和产出物影子价格的具体确定，应由项目评价人员按照前述方法提出的基本原则，参照国家颁布的参数，结合项目的实际情况来完成。

## 五、国民经济评价指标

国民经济评价和财务评价相似，也是通过评价指标的计算，编制相关报表来反映项目的国民经济效果。国民经济指标包括两方面的内容，即国民经济盈利能力分析和外汇效果分析。

**1. 国民经济盈利能力分析指标**

工程项目在国民经济评价中的经济效果，主要反映在国民经济盈利能力上，其基本评价指标为经济内部收益率和经济净现值。

1）经济内部收益率

经济内部收益率（EIRR）是反映工程项目对国民经济净贡献的相对指标，是项目在计算期内各年经济效益流量的现值累计等于零时的折现率。其表达式如下。

$$\sum_{t=1}^{n}(B-C)_t(1+\text{EIRR})^{-t}=0 \tag{4-84}$$

式中　$B$——项目的效益流入量；
　　　$C$——项目的费用流出量；
　　　$(B-C)_t$——第 $t$ 年的净现金流量；
　　　$n$——项目的计算期（年）；
　　　EIRR——经济内部收益率。

在评价工程项目的国民经济贡献能力时，若经济内部收益率等于或大于社会折现率，表明项目对国民经济的净贡献达到或超过了要求的水平，此时项目是可以接受的；反之，则应拒绝。

2）经济净现值

经济净现值（ENPV）是反映工程项目对国民经济净贡献的绝对指标，是用社会折现率将项

目计算期内各年的净效益流量折算到建设期初的现值之和。其表达式如下。

$$\text{ENPV} = \sum_{t=1}^{n}(B-C)_t(1+i_s)^{-t} \quad (4-85)$$

式中 ENPV——经济净现值；

$i_s$——社会折现率；

其他符号的意义同前式。

在评价工程项目的国民经济贡献能力时，若经济净现值等于零，表示国家为拟建项目付出代价后，可以得到符合社会折现率的社会盈余；若经济净现值大于零，表示国家除得到符合社会折现率的社会盈余外，还可以得到以现值计算的超额社会盈余。在以上两种情况下，项目是可以接受的；反之，则应拒绝。

3) 经济净现值率

经济净现值率（ENPVR）是经济净现值的一个辅助指标，是反映工程项目占用的单位投资对国民经济净贡献的相对指标。其表达式如下。

$$\text{ENPVR} = \frac{\text{ENPV}}{I_P} \quad (4-86)$$

式中 ENPVR——经济净现值率；

$I_P$——项目总投资的现值；

其他符号的意义同前式。

经济净现值率的最大化有利于资金的最优利用。在评价工程项目的国民经济贡献能力时，若经济净现值率等于或大于零，项目是可以接受的；反之，则应拒绝。

## 2. 工程项目外汇效果分析指标

外汇作为一种重要的经济资源，对国民经济的发展具有特殊的价值，外汇平衡对一个国家的经济形势有着特殊的影响。因此，对产品出口创汇及替代进口节汇的项目，应进行外汇效果分析。工程项目的外汇效果指标主要有经济外汇净现值、经济换汇成本和经济节约成本。

1) 经济外汇净现值

经济外汇净现值（$\text{ENPV}_F$）是指将工程项目计算期内各年的净外汇流量按照社会折现率折算到建设期初的现值之和，是反映项目实施后对国家外汇收支直接或间接影响的重要指标，用于衡量项目对国家外汇真正的净贡献（创汇）或净消耗（用汇）。经济外汇净现值可通过经济外汇流量表计算求得。其表达式如下。

$$\text{ENPV}_F = \sum_{t=1}^{n}(\text{FI}-\text{FO})_t(1+i_s)^{-t} \quad (4-87)$$

式中 $\text{ENPV}_F$——经济外汇净现值；

FI——外汇流入量；

FO——外汇流出量；

$(\text{FI}-\text{FO})_t$ 为第 $t$ 年的净外汇流量；

$n$——项目的计算期（年）；

$i_s$——社会折现率。

经济外汇净现值一般可按照工程项目的实际外汇净收支来计算。当项目有较大的产品替代进口时,也可按净外汇效果计算经济外汇净现值。所谓外汇净效果,是指净外汇流量再加上产品替代进口所得到的节汇额。

若工程项目的经济外汇净现值等于零,表明项目对国家的外汇收支没有损耗;若工程项目的经济外汇净现值大于零,则表明项目对国家的外汇收支有净贡献。在以上两种情况下,项目是可以接受的;反之,则应拒绝。

2) 经济换汇成本和经济节汇成本

当工程项目有产品直接出口时,无论是全部还是部分,都应计算经济换汇成本。它是用货物影子价格、影子工资和社会折现率计算的为生产出口产品投入的国内资源现值(以人民币表示)与生产出口产品的经济外汇净现值(通常以美元表示)之比,亦即换取 1 美元外汇所需要的人民币金额,是分析评价项目实施后在国际上的竞争力,进而判断其产品出口对于国民经济是否真正有利可图、是否应该出口的指标。其表达式如下。

$$成本 = \frac{\sum_{t=1}^{n} DR_t (1+i_s)^{-t}}{\sum_{t=1}^{n} (FI' - FO')_t (1+i_s)^{-t}} \tag{4-88}$$

式中 $DR_t$——项目在第 $t$ 年为出口产品投入的国内资源(包括投资、原材料、工资、其他投入和贸易费用)(以人民币计);

$FI'$——生产出口产品的外汇流入(以美元计);

$FO'$——生产出口产品的外汇流出(包括应由出口产品分摊的固定资产投资及经营费用中的外汇流出,以美元计);

$n$——项目的计算期;

其他符号的意义同前式。

当工程项目有产品替代进口时,无论是全部还是部分,都应计算经济节汇成本。经济节汇成本与经济换汇成本相似,所不同的是它的外汇收入不是来源于产品的直接出口,而是来自产品以产顶进替代进口而为国家节省的外汇支出,它可以用来判断项目产品以产顶进节汇在经济上是否合理。经济节汇成本等于项目计算期内生产替代进口产品所投入的国内资源的现值与生产替代进口产品的经济外汇净值现值之比,即节约 1 美元外汇所需的人民币金额。其表达式如下。

$$成本 = \frac{\sum_{t=0}^{n} DR''_t (1+i_s)^{-t}}{\sum_{t=1}^{n} (FI'' - FO'')_t (1+i_s)^{-t}} \tag{4-89}$$

式中 $DR''_t$——项目在第 $t$ 年为替代进口产品投入的国内资源(包括投资、原材料、工资、其他投入和贸易费用,以人民币计);

$FI''$——生产替代进口产品所节约的外汇(以美元计);

$FO''$——生产替代进口产品的外汇流出(包括应由替代进口产品分摊的固定资产及经营费用中的外汇流出,以美元计);其他符号的意义同前式。

经济换汇成本或经济节汇成本(元/美元)小于或等于影子汇率,表明该项目产品出口或替代进口是有利的,项目是可以接受的。

**思政案例融入** 开展国民经济评价优秀案例教育，新疆图昆公路叶尔羌特大桥设计充分考虑桥梁建设对生态环境的影响，为保护原始胡杨林特别增加了桥梁高度，充分体现建设者的大局意识和绿色工程的环保理念。

新疆图昆公路
叶尔羌特大桥

# 任务 4　不确定性经济分析

## 一、风险与不确定性

各个方案技术经济变量（如投资、成本、产量、价格等）受政治、文化、社会因素、经济环境、资源与市场条件、技术发展情况等因素的影响，而这些因素是随着时间、地点、条件的改变而不断变化的，这些不确定性因素在未来的变化就构成了项目决策过程的不确定性。同时项目经济评价所采用的数据一般都带有不确定性，加上主观预测能力的局限性，对这些技术经济变量的估算与预测不可避免地会有误差，从而使投资方案经济效果的预期值与实际值可能会出现偏差。这种情况通称为工程项目的风险与不确定性。

产生不确定性与风险的原因主要有主观和客观两个方面。

1) 不确定性与风险产生的主观原因

(1) 信息的不完全性与不充分性。

(2) 人的有限理性等。

2) 不确定性与风险产生的客观原因

(1) 市场供求变化的影响。

(2) 技术变化的影响。

(3) 经济环境变化的影响。

(4) 社会、政策、法律、文化等方面的影响。

(5) 自然条件和资源方面的影响等。

美国经济学家奈特认为风险是"可测定的不确定性"，而"不可测定的不确定性"才是真正意义上的不确定性。工程项目风险分析就是分析工程项目在其环境中的寿命期内自然存在的导致经济损失的变化，而工程项目不确定性分析就是对项目风险大小的分析，即分析工程项目在其存在的时空内自然存在的导致经济损失之变化的可能性及其变化程度。

从理论上讲，风险是指由于随机原因引起的项目总体的实际价值对预期价值之间的差异。风险是与出现不利结果的概率相关联的，出现不利结果的概率（可能性）越大，风险也就越大。而不确定性是指以下两方面。

(1) 对项目有关的因素或未来的情况缺乏足够的情报而无法做出正确的估计。

(2) 没有全面考虑所有因素而造成的预期价值与实际价值之间的差异。

所以,从理论上可以区分风险与不确定性,但从项目经济评价角度来看,试图将它们绝对分开没有多大意义,实际上也无必要。

风险与不确定性管理成为工程项目管理的一个重要内容,风险与不确定性分析是项目风险管理的前提及基础。通过分析方案各个技术经济变量(不确定性因素)的变化对投资方案经济效益的影响(还应进一步研究外部条件变化如何影响这些变量),分析投资方案对各种不确定性因素变化的承受能力,进一步确认项目在财务和经济上的可靠性,这个过程称为风险与不确定性分析。这一步骤作为工程项目财务分析与国民经济分析的必要补充,有助于加强项目风险管理与控制,避免在变化面前束手无策。同时,在风险与不确定性分析基础上做出的决策,可在一定程度上避免决策失误导致的巨大损失,有助于决策的科学化。

工程经济分析人员应善于根据各项目的特点及客观情况变化的特点,抓住关键因素,正确判断,提高分析水平。工程经济分析中不确定性分析的基本方法包括盈亏平衡分析、敏感性分析和概率分析。盈亏平衡分析只用于财务效益分析,敏感性分析和概率分析可同时用于财务效益分析和国民经济效益分析。

## 二、盈亏平衡分析

盈亏平衡分析

盈亏平衡是指当年的销售收入扣除销售税金及附加后等于其总成本费用,在这种情况下,项目的经营结果既无盈利又无亏损。盈亏平衡分析是通过计算盈亏平衡点 BEP(break-even point)处的产量或生产能力利用率,分析拟建项目成本与收益的平衡关系,来判断拟建项目适应市场变化的能力和风险大小的一种分析方法。所以,盈亏平衡分析也称量本利分析。盈亏平衡点是项目盈利与亏损的分界点,它标志着项目不盈不亏的生产经营临界水平,反映在一定的生产经营水平时工程项目的收益与成本的平衡关系。

对于盈亏平衡分析模型而言,按成本、销售收入和产量之间是否呈线性关系可分为线性盈亏平衡分析和非线性盈亏平衡分析。

**1. 线性盈亏平衡分析**

线性盈亏平衡分析一般基于以下三个假设条件来进行。

(1) 产品的产量与销售量是一致的。

(2) 单位产品的价格保持不变。

(3) 成本分为可变成本与固定成本,其中可变成本与产量成正比,固定成本与产量无关,保持不变。

此时,产品的产量($Q$)、固定成本($C_F$)、可变成本($C_V$)、销售收入($S$)、利润($E$)之间的关系如图 4-7 所示。

由图 4-7 可得出以下公式。

总成本 $\qquad C = C_F + C_V \times Q \qquad$ (4-90)

销售收入 $\qquad S = (\text{单价 } P - \text{单位产品税金 } t) \times Q \qquad$ (4-91)

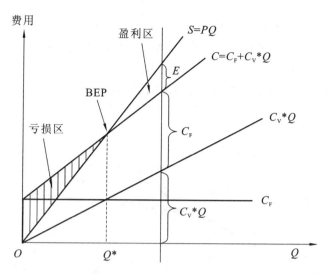

图 4-7 产品产量、固定成本、可变成本、销售收入、利润间的关系

当 $P-t$ 一定时，$S$ 随 $Q$ 的增加成比例增加，即呈线性变化。当 $P-t$ 不定时，$S$ 不单只取决于 $Q$，还要考虑 $P-t$ 这时呈非线性变化。

利润为
$$E = S - C = (P-t)Q - (C_F + C_V \times Q) = (P - t - C_V)Q - C_F \quad (4\text{-}92)$$

此时，对应产量
$$Q = (E + C_F)/(P - t - C_V) \quad (4\text{-}93)$$

在盈亏平衡点 BEP 处，$Q = Q^*$（盈亏平衡产量），项目处于不盈不亏的状态，也即是项目的收益与成本相等，即 $S = C$，$E = S - C = 0$，有

$$Q = Q^* = C_F/(P - t - C_V) \quad (4\text{-}94)$$

盈亏平衡点（BEP）除经常用产量表示外，可以用生产能力利用率 $f$，单位产品价格等指标 $P$ 表示如下。

$$f^* = Q^*/Q_0 \times 100\% \quad (4\text{-}95)$$

式中，$Q_0$ 为设计生产能力。

$$P^*（单位产品价格）= f^*/Q_0 + V + t \quad (4\text{-}96)$$

所以，$Q^*$ 值越小越好，同样 $f^*$ 越小越好，说明工程项目抗风险能力越强，亏损的可能性越小。

**例 4-9** 某企业拟新建一个工厂，拟定了 A、B、C 三种不同方案。经过对各方案进行的分析预测，三种方案的成本结构数据见表 4-9。若预料市场未来需求量在 15 000 件左右，试选择最优方案。

表 4-9 方案 A、B、C 的成本结构数据表

| 方案<br>成本 | A | B | C |
|---|---|---|---|
| $C_F$/(万元/年) | 30 | 50 | 70 |
| $C_V$/(元/件) | 40 | 20 | 10 |

**解** $C_A=300\,000+40Q, C_B=500\,000+20Q, C_C=700\,000+30Q$。

令 $C_A=C_B$，即 $300\,000+40Q=500\,000+20Q$，解得 $Q_A=10\,000$ 件

令 $C_B=C_C$，即 $500\,000+20Q=700\,000+10Q$，解得 $Q_B=20\,000$ 件

而预测产量为 15 000 件，则应选 AB 线段之间，即 CB 的线段。

故应选方案 B 为最优方案，如图 4-8 所示。

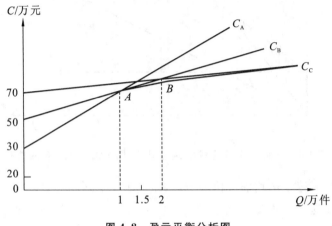

图 4-8 盈亏平衡分析图

## 2. 非线性盈亏平衡分析

在实际生产经营过程中，产品的销售收入与销售量之间，成本费用与产量之间，并不一定呈现出线性关系，在这种情况下进行盈亏平衡分析称为非线性盈亏平衡分析。例如，当产量达到一定数额时，市场趋于饱和，产品可能会滞销或降价，这时呈非线性变化；而当产量增加到超出已有的正常生产能力时，可能会增加设备，要加班时还需要加班费和照明费，此时可变费用呈上弯趋势，产生两个平衡点 BEP1 和 BEP2，如图 4-9 所示。

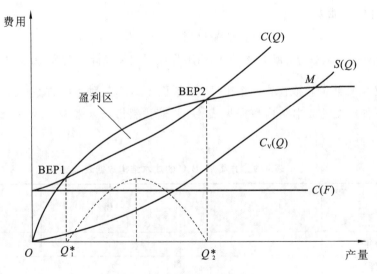

图 4-9 非线性盈亏分析图

非线性盈亏分析的基本过程如下。
(1) 产量 $Q<Q_1^*$ 或 $Q>Q_2^*$ 时,项目都处于亏损状态。
(2) 产量 $Q_1^*<Q<Q_2^*$ 时,项目处于盈利状态。
因此,$Q_1$、$Q_2$ 是项目的两个盈亏平衡点的产量。
又已知利润表达式如下。

$$利润 = 收益 - 成本 = S - C$$

通过求上式对产量的一阶导数并令其等于零,即可得

$$d[(S-C)]/dQ = 0$$

从而可以求出利润为最大的产量 $Q_{max}$。

**例 4-10** 已知固定成本为 60 000 元,单位变动成本为 35 元,产品单价为 60 元。由于成批采购材料,单位产品变动成本可减少 1‰;由于成批销售产品,单价可降低 3.5‰;求利润最大时的产量。

**解** 总成本 $C(q) = 60\,000 + (35 - 0.001q)q$
总收入 $F(q) = (60 - 0.0035q)q$
令 $C(q) = F(q)$,则 $0.0025q^2 - 25q + 60\,000 = 0$
解得 $q_1 = 4\,000$, $q_2 = 6\,000$
又因为 $E(q) = F(q) - C(q) = -0.0025q^2 + 30q - 60\,000$
令 $d[E(q)]/dq = 0$,则 $q = 6\,000$。
因 $d^2[E(q)]/dq^2 = -0.005 < 0$,所以 6 000 是利润最大时的产量。

盈亏平衡分析的主要目的在于通过盈亏平衡计算找出和确定一个盈亏平衡点,以及进一步突破此点后增加销售数量、增加利润、提高盈利的可能性。盈亏平衡分析还能够有助于发现和确定企业增加盈利的潜在能力以及各个有关因素变动对利润的影响程度。通过盈亏平衡分析,可以看到产量、成本、销售收入三者的关系,预测经济形势变化带来的影响,分析工程项目抗风险的能力;从而为投资方案的优劣分析与决策提供重要的科学依据。但是由于盈亏平衡分析仅仅是讨论价格、产量、成本等不确定因素的变化对工程项目盈利水平的影响,却不能从分析中判断项目本身盈利能力的大小。另外,盈亏平衡分析是一种静态分析,没有考虑货币的时间价值因素和项目计算期的现金流量的变化,因此,其计算结果和结论是比较粗略的,还需要采用其他的能分析判断出因不确定因素变化而引起项目本身盈利水平变化幅度的、动态的方法进行不确定性分析。

# 三、敏感性分析

在许多情况下,只对方案进行盈亏平衡分析是不够的,它只能通过变动售价、产量、成本等因素所导致的盈亏平衡点或线发生变化来进行不确定性分析。

**1. 敏感性分析的作用与基本原理**

所谓敏感性分析,从广义上来说,就是研究单一影响因素的不确定性给经济效果所带来的不确定。具体说来,就是研究某一拟建项目的各个影响因素(售价、产量、成本、投资等)在所指

定的范围内变化,而引起其经济效果指标(如投资的内部收益率、利润、回收期等)的变化。敏感性就是指经济效果指标对其影响因素的敏感程度的大小。对经济效果指标的敏感性影响大的那些因素,在实际工程中要严加控制和掌握,而对于敏感性较小的那些影响因素,在实际工程中只需稍加控制即可。

因此,敏感性分析是研究分析项目的投资、成本、价格、产量和工期等主要变量发生变化时,导致对项目经济效益的主要指标发生变动的敏感程度。工程经济分析中的财务分析指标主要是项目内部收益率、净现值、投资收益率、投资回收期或偿还期,敏感性分析也称为灵敏度分析。

通过敏感性分析,可以在诸多的不确定因素中,找出对经济效益指标反应敏感的因素,并确定其影响程度。计算出这些因素在一定范围内变化时,有关效益指标变动的数量,从而建立主要变量因素与经济效益指标之间的对应定量关系(变化率),进而可绘制敏感性分析图(见图4-10)。同时,可求出各因素变化的允许幅度(极限值),计算出临界点,考察其是否在可接受的范围之内。敏感性分析是侧重于对最敏感的关键因素(即不利因素)及其敏感程度进行分析。

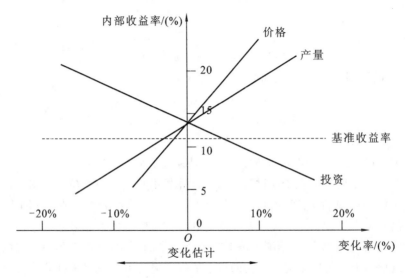

图 4-10 敏感性分析示意图

敏感性分析通常是分析单个因素的变化,必要时也可分析两个或多个不确定因素的变化对项目经济效益指标的影响程度。因此,除了采用单因素变化的敏感性分析以外,还可采用多因素变化的分析等。项目对某种因素的敏感程度,可表示为该因素按一定比例变化时引起项目指标的变动幅度(列表表示);也可表示为评价指标达到临界点(如财务内部收益率等于财务基准收益率,或是经济内部收益率等于社会折现率)时,某个因素允许变化的最大幅度,即极限值。敏感性分析可以使决策者了解不确定因素对项目经济效益指标的影响,从而提高决策的准确性,还可以启发工程经济分析人员对那些较为敏感的因素重新进行分析研究,以提高预测的可靠性。通过进行项目的敏感性分析,可以研究各种不确定因素变动对方案经济效果的影响范围和程度,了解工程项目方案的风险根源和风险大小,还可筛选出若干最为敏感的因素,有利于对它们集中力量研究,重点调查和收集资料,尽量降低因素的不确定性,进而减少方案风险。另外,通过敏感性分析,可以确定不确定因素在什么范围内变化时能使项目的经济效益情况最好;并确定在什么范围内变化时,项目的经济效益、情况最差等这类最乐观和最悲观的边界条件或边界数值。

## 2. 敏感性分析的一般步骤

进行敏感性分析的一般步骤如下。

(1) 确定敏感性分析指标。如净现值、内部收益率等。

(2) 选取不确定因素。

(3) 固定其他因素,变动其中某一个不确定因素,逐个计算不确定因素对分析指标的影响程度(或范围),并找出它们的一一对应关系。

(4) 找出敏感因素。

(5) 对方案进行综合方面分析,实施控制弥补措施。

下面通过实例来说明这种方法。

**例 4-11** 某企业拟建一个预制构件厂,其产品是大板结构住宅的预制板,该厂需投资 20 万元,每天可生产标准预制板 100 $m^2$,单价为 140 元/$m^3$,每年生产 350 天,生产能力利用程度可达到 80%,寿命期为 20 年,基准收益率为 12%,对其进行敏感性分析。

**解** 年度收入: $100 \times 350 \times 140 \times 0.8$ 元 = 3 920 000 元 = 392 万元

年度支出:

① 折旧费 = $20 \times (A/P, 12\%, 20)$ 万元 = 2.677 6 万元

② 人工费 = 54 万元

③ 经常费 = (4+4) 万元 = 8 万元

④ 材料费 = $0.8 \times 100 \times 350 \times 115$ 元 = 3 220 000 元 = 322 万元

在经常费中,固定费用和可变费用各占一半,为简单起见,试分析各因素的变化对静态投资收益率的影响。以下以生产能力利用程度、产品售价、使用寿命三个因素为例进行敏感性分析。

① 当其生产能力利用程度为 80% 时,各项指标计算如下。

- 年度总收入 = 392 万元
- 年度总支出 = 386.677 8 万元
- 利润 = 5.322 4 万元
- 投资收益率 = 5.322 24/20 = 26.6%

② 当生产能力利用程度为 70% 时,各项指标计算如下。

- 年度总收入 = $100 \times 350 \times 140 \times 0.7$ 元 = 3 430 000 元 = 343 万元
- 年度总支出 = 345.927 6 万元
- 利润 = -2.927 6 万元
- 投资收益率 = -2.9276/20 = -14.64%
- 材料费 = $100 \times 350 \times 115 \times 0.7$ 元 = 2 817 500 元 = 281.75 万元
- 经常费 = (4+3.5) 万元 = 7.5 万元

**说明:** 由于在生产能力利用程度为 80% 时,经常费中的可变费用为 4 万元,由此可计算出当生产能力利用程度为 100% 时,其经常费中的可变费用为 4/0.8 万元 = 5 万元。因此,当生产能力利用程度为 70% 时,其经常费就为 (4+70%×5) 万元,而其中的固定费,不论生产能力利用程度为多少,始终不变。

表 4-10 为几种生产能力利用程度的具体计算结果。由此可知,生产能力利用程度对收益率的影响很敏感,工厂投产后要严加控制。可尝试改变某些因素,重新确定其各项费用,使之变成不敏感因素。

表 4-10 生产能力敏感分析

| 项目 | 生产能力利用程度 | | | |
|---|---|---|---|---|
| | 70% | 75% | 80% | 85% |
| 年度收入 | 343 | 367.5 | 392 | 416.5 |
| 年度支出:①折旧费 | 2.677 6 | 2.677 6 | 2.677 6 | 2.677 6 |
| ②人工费 | 54 | 54 | 54 | 54 |
| ③经常费 | 7.5 | 7.75 | 8 | 8.25 |
| ④材料费 | 281.5 | 301.875 | 322 | 342.125 |
| 支出总额 | 345.927 76 | 366.302 6 | 386.677 6 | 407.052 6 |
| 年度利润 | −2.927 6 | 1.197 4 | 5.322 4 | 9.447 4 |
| 投资收益率 | −14.64% | 6% | 26.6% | 47.24% |

敏感性分析侧重于对不利因素及其影响程度的分析。除以上单个因素分析外,必要时,可分析两个或多个不确定因素对投资风险的影响程度。单因素的敏感分析适用于分析最敏感的因素,但它忽略了各因素之间的相互作用,因为多因素的估计误差所造成的风险一般比单个因素较大。因此在对项目进行风险分析时,除了要进行单因素的敏感性分析外,还应进行多因素的敏感性分析,下面仅就双因素情况进行敏感性分析。一次改变一个因素的敏感性分析可以得到敏感性曲线,若分析两个因素同时变化的敏感性,则可以得到一个敏感面。

**例 4-12** 某企业为了研究一项投资方案,提出了下面的因素指标估计(见表 4-11),见下表。假定最关键的敏感因素是投资和年销售收入,试同时进行这两个参数的敏感性分析。

表 4-11 某企业的投资指标估计

| 项目 | 投资 | 寿命 $n$ | 残值 | 年收入 | 年支出 $D$ | 折现率 $i$ |
|---|---|---|---|---|---|---|
| 参数值 | 10 000 | 5 | 2 000 | 5 000 | 2 200 | 8% |

**解** 以净年金 $A^*$ 为研究目标,设 $X$ 为初始投资变化的百分数,设 $Y$ 为初始年收入变化的百分数,则净年金 $A^*$ 为

$$A^* = -10\,000(1+X)(A/P,i,n) + 5\,000(1+Y)(A/P,i,n) - 2\,200 + 2\,000(A/F,i,n)$$

将 $i=8\%$, $n=5$ 代入可得

$$A^* = 636.32 + 5\,000Y - 2\,504.6X$$

临界曲线为 $A^*=0$,则 $Y=0.500\,92X - 0.127\,264$,作图如下。

作图后,就得到如图 4-11 所示的两个区域,其中所希望的区域($A^*>0$)占优势。如果预计造成 ±20% 的估计误差,则净年金对增加投资额比较敏感。例如,若投资增加 5%,年销售收入减小 12%,则 $A^*<0$。

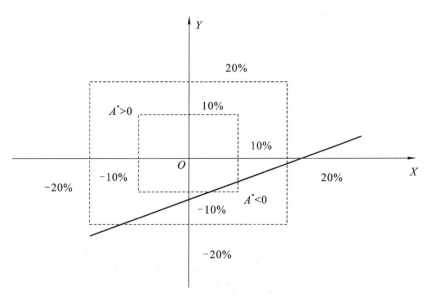

图 4-11 两个参数的敏感性分析

### 3. 敏感性分析的局限性

敏感性分析是项目经济评价时经常用到的一种方法,是投资决策中的两个重要步骤之一。它在一定程度上对不确定因素的变动对项目投资效果的影响做了定量的描述,得到了维持投资方案在经济上可行所允许的不确定因素发生不利变动的最大幅度,但是敏感性分析在使用中也存在着一定的局限性,就是它不能说明不确定因素发生变动的情况的可能性是大还是小,也就是没有考虑不确定因素在未来发生变动的概率,而这种概率是与项目的风险大小密切相关的。

## 四、概率分析

### 1. 基本原理

由于盈亏平衡分析和敏感性分析只是假定在各个不确定因素发生变动可能性相同的情况下进行的分析,而忽略了它们是否发生和发生可能的程度有多大等问题。因此只有概率分析才能明确这类问题。

概率是指事件的发生所产生某种后果的可能性的大小。概率分析是在选定不确定因素的基础上,通过估计其发生变动的范围,然后根据已有资料或经验等情况,估计出变化值下的概率,并根据这些概率的大小,来分析测算事件变动对项目经济效益带来的结果和所获结果的稳定性,它是一种定量分析方法。同时,又因为事件的发生具有随机性,故概率分析又称为简单风险分析。

### 2. 概率分析方法

概率法是在假定投资项目净现值的概率分布为正态的基础上,通过正态分布图像面积计算净现值下小于零的概率,来判断项目风险程度的决策分析方法。这种分析方法适用的前提条件是项目每年现金流量独立,即上年的现金收回情况好坏并不影响本年的现金收回,本年的现金收回也不影响下年的现金收回。

概率法首先要计算期望净现值 $E(\mathrm{NPV})$,具体公式如下。

$$E(\mathrm{NPV}) = \sum_{t=0}^{n} \frac{E(N_t)}{(1+i_\mathrm{c})^t} \tag{4-97}$$

其次,要计算项目的现金流量标准差 $\sigma$,具体公式如下。

$$\sigma = \sqrt{\sum_{i=1}^{n} \left[\frac{\sigma_i}{(1+i_\mathrm{c})^i}\right]^2} \tag{4-98}$$

最后,计算 NPV 小于零的概率并判断项目风险大小和项目的可行性,其一般计算步骤如下。

(1) 列出各种应考虑的不确定因素,如投资、经营成本、销售价格等。
(2) 设想各种不确定因素可能发生的变化情况,即确定其数值发生变化个数。
(3) 分别确定各种情况出现的可能性及概率,并保证每个不确定因素可能发生的情况的概率之和为 1。
(4) 分别求出各种不确定因素发生变化时,方案净现值流量各状态发生的概率和相应状态下的净现值的期望值。
(5) 求出净现值大于或等于零的累计概率。
(6) 对概率分析结果作出说明。

**例 4-13** 某企业评价的某项目之可能的各年净现金流量和该公司约定的 $C_\mathrm{V}$-$d$ 换算表见表 4-12,若 $I_\mathrm{c}=8\%$,试求 $E(\mathrm{NPV})$ 并判断其可行性。

表 4-12 净现金流量和 $C_\mathrm{V}$-$d$ 换算表

| $i$ | $N_{ij}$/元 | 概率 $P_{ij}$ |
| --- | --- | --- |
| 0 | −10 000 | 1.0 |
| 1 | 4 500 | 0.3 |
|   | 5 000 | 0.4 |
|   | 6 500 | 0.3 |
| 2 | 4 000 | 0.3 |
|   | 6 000 | 0.2 |
|   | 7 000 | 0.4 |
| 3 | 3 000 | 0.25 |
|   | 5 000 | 0.50 |
|   | 8 000 | 0.20 |

**解** 先求出各个 $\sigma$ 值,为此计算各年的 $E(N_t)$。

$E(N_0) = -10\ 000 \times 1.0 = -10\ 000$

$E(N_1) = 4\ 500 \times 0.3 + 5\ 000 \times 0.4 + 6\ 500 \times 0.3 = 5\ 300$

$E(N_2) = 4\,000 \times 0.3 + 6\,000 \times 0.2 + 7\,000 \times 0.4 = 5\,200$

$E(N_3) = 3\,000 \times 0.25 + 5\,000 \times 0.5 + 8\,000 \times 0.2 = 4\,850$

再求各年净现金流量的 $\sigma$。

$\sigma_0 = 0$

$\sigma_1 = [(4\,500 - 5\,000)^2 \times 0.3 + (5\,000 - 5\,000)^2 \times 0.4 + (6\,500 - 5\,000)^2 \times 0.3]^{\frac{1}{2}} = 866.0$

$\sigma_2 = [(4\,000 - 6\,000)^2 \times 0.3 + (6\,000 - 6\,000)^2 \times 0.2 + (7\,000 - 6\,000)^2 \times 0.4]^{\frac{1}{2}} = 1\,264.9$

$\sigma_3 = [(3\,000 - 5\,000)^2 \times 0.25 + (5\,000 - 5\,000)^2 \times 0.50 + (8\,000 - 5\,000)^2 \times 0.2]^{\frac{1}{2}} = 1\,673.3$

$$E(\text{NPV}) = \frac{5\,300}{1+0.08} + \frac{5\,200}{(1+0.08)^2} + \frac{4\,850}{(1+0.08)^3} - 10\,000 = 3\,215.7 \text{ 元}$$

$$\sigma = \sqrt{\left[\frac{866}{1+0.08}\right]^2 + \left[\frac{1\,264.9}{(1+0.08)^2}\right]^2 + \left[\frac{1\,673.3}{(1+0.08)^3}\right]^2} = 1\,893.0$$

至此,可以计算出期望净现值相当于项目现金流量标准差的倍数为

$$Z = E(\text{NPV})/\sigma = 3\,215.7/1\,893 = 1.70$$

根据 $Z$ 值,可从正态分布表中,查得正态分布曲线右侧对应横轴小于零的部分面积对应的百分数,这就是项目的净现值小于零的概率 $P$,如图 4-12 所示。

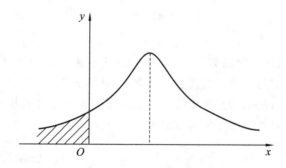

图 4-12 年净现值概率分布

经查表得 $P_b = 0.034\,1$,这一结果如图 4-12 所示,即 NPV<0 的概率仅为 3.41%,风险是很小的。

由公式 $Z = E(\text{NPV})/\sigma$ 可知,$E(\text{NPV})$ 越大,$\sigma$ 越小,$Z$ 值就越大;$Z$ 值越大,$P_b$ 就越小,项目就越有吸引力,反之则结论相反。

**3. 期望值决策方法**

1) 净现值期望值的数学含义

$$E(\text{NPV}) = \sum_{n=1}^{i} \text{NPV}_i \times P_i \tag{4-99}$$

式中 $\text{NPV}_i$——第 $i$ 种状态的净现值;

$n$——自然状态数;

$P_i$——第 $i$ 种状态的概率。

2) 期望值进行决策必须具备以下条件

(1) 目标。

(2) 几个可行方案。
(3) 所对应的自然状态。
(4) 概率。
(5) 相应的可计算出的损益值——加权平均值。

**例 4-14** 某土方工程,施工管理人员要决定下个月是否开工,若开工后遇天气不下雨,则可按期完工,获利润 6 万元,遇天气下雨,则要造成 1.5 万元的损失。假如不开工,不论下雨还是不下雨都要付窝工费 1 000 元。据气象预测下月天气不下雨的概率为 0.3,下雨概率为 0.7,利用期望值的大小为施工管理人员做出决策。

**解** 开工方案的期望值 $E_1 = 60\ 000 \times 0.3\ 元 + (-15\ 000) \times 0.7\ 元 = 7\ 500\ 元$
不开工方案的期望值 $E_2 = (-1\ 000) \times 0.3\ 元 + (-1000) \times 0.7\ 元 = -1\ 000\ 元$
因为 $E_1 > E_2$,则应选开工方案。

## 五、决策树方法

### 1. 基本形式

可以将例 4-9 决策内容绘制成如图 4-13 所示的决策树。其中,图中"□"代表决策点,从决策点画出的每一条直线代表一个方案,称为方案枝;"○"代表机会点(也可称为概率分枝点),从机会点画出的每一条直线代表一种自然状态,称为概率分枝;"△"为可能结果点,代表各种自然状态下的可能结果。

风险决策

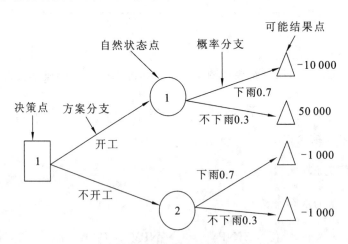

图 4-13 决策树方法基本形式

**例 4-15** 某公司拟建设一个预制构件厂,一个方案是大厂,需要 359 万元,另一个方案是小厂,需要 160 万元,使用期均为 10 年。另外,方案在不同自然状态下的损益值及自然状态概率见表 4-13,试利用决策树法决策。

表 4-13  损益值及自然状态概率

| 自然状态 | 概率 | 每年损益值/万元 | |
|---|---|---|---|
| | | 大厂 | 小厂 |
| 市场需求大 | 0.7 | 100 | 40 |
| 市场需求小 | 0.3 | −20 | 10 |

决策树图形如图 4-14 所示,各点期望值如下。

点 1　　0.7×100×10 万元+0.3×(−20)×10 万元−359 万元=281 万元
点 2　　0.7×40×10 万元+0.3×10×10 万元−160 万元=150 万元

两者相比较,可知建大厂较优,10 年期望值为 281 万元。

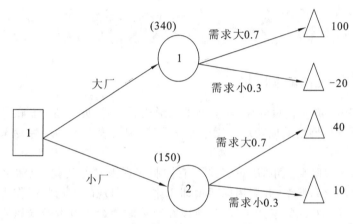

图 4-14　例 4-11 决策树

## 2. 多级决策问题

**例 4-16**　由例 4-11,现已现建小厂,如销路好,则第三年后扩建,扩建投资需要 140 万元,扩建后可使用 7 年,每年损益值与大厂相同。此方案与建大厂方案相比较,何者较优?画出的决策树图如图 4-15 所示,大厂方案未变化,仍将其损益期望值写在节点 1 之下。

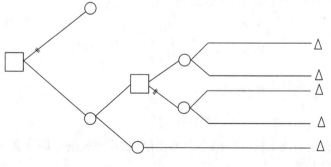

图 4-15　例 4-12 决策树

**解**　计算各节点的损益期望值。

点 6    $0.9×100×7$ 万元$+0.1×(-20)×7$ 万元$-140$ 万元$=476$ 万元
点 7    $0.9×40×7$ 万元$+0.1×10×7$ 万元$=259$ 万元

比较点 6 及点 7,扩建方案优于不扩建方案,决策节点Ⅱ的损益期望值即为扩建方案的期望值 476 万元。

点 5      $1.0×10×7$ 万元$=70$ 万元
点 2    $0.7×40×3$ 万元$+0.3×10×3$ 万元$+0.7×476$ 万元$+$
       $0.3×70$ 万元$-160$ 万元$=287.2$ 万元

即建小厂方案的损益期望值为 287.2 万元,高于建大厂方案。最优策略即为先建小厂,如销路好 3 年后再扩建。如将建厂投资的利息计入,则这个方案的优越性更大。

从例 4-12 可以看出,利用决策树法计算多级决策,既方便又直观。

## 六、贝叶斯概率方法

### 1. 贝叶斯概率方法的基本特点

自从 20 世纪 50~60 年代贝叶斯(Bayes)学派形成后,关于贝叶斯分析的研究久盛不衰。20 世纪 80 年代后,贝叶斯网络就成功地应用于专家系统,成为表示不确定性专家知识和推理的一种重要的方法。

贝叶斯决策属于风险型决策,决策者虽不能控制客观因素的变化,但却可以掌握其变化的可能状况及各状况的分布概率,并利用期望值即未来可能出现的平均状况作为决策准则。由于决策者对客观因素变化状况的描述不确定,所以在决策时会给决策者带来风险。但是完全确定的情况在现实中几乎不存在,贝叶斯决策不是使决策问题完全无风险,而是通过其他途径增加信息量使决策中的风险减小。由此可以看出,贝叶斯决策是一种比较实际可行的方法。

利用贝叶斯所提出的概率理论,我们可以考察决策的敏感性。贝叶斯提出了先验概率和后验概率的概念,故可以根据新的信息对先验概率加以修改从而得出后验概率。因此,贝叶斯理论被用于将新信息结合到分析当中。

根据贝叶斯方法,已知:
(1) 状态先验概率 $P(w_i)(i=1,2,\cdots,c)$。
(2) 类条件概率密度 $P(x|w_i)(i=1,2,\cdots,c)$。

利用贝叶斯公式:

$$P(w_i \mid x) = \frac{P(x \mid w_1)P(w_i)}{\sum P(x \mid w_j)P(w_j)} \tag{4-100}$$

可得到状态的后验概率 $P(w_i|x)$。

### 2. 应用举例

将贝叶斯概率理论与决策树方法结合起来使用,则及时根据市场信息可以建立一个解决风险型投资决策的模型方法。

**例 4-17** 某房地产公司打算聘请一个咨询公司来调查市场情况。这项调查的花费为 5 000 元。该公司是否应选择这一方式?这样做将导致改变公司对市场情况预测的先验概率。

该公司查阅了咨询公司的历史业绩记录,其结果见表 4-12。该表显示当市场实际增长时,该咨询公司的 70% 的报告预见到了这一增长,同时 20% 的报告预见的是市场将保持稳定,而 10% 的报告则预测的是市场将衰退。表 4-14 中的其他数据的含义与此类似。

表 4-14　初始预测表

| 实际市场结果 | 先验概率 | 咨询公司的预测 | | |
|---|---|---|---|---|
| | | 增长 | 稳定 | 衰退 |
| 增长 | 0.6 | 0.7 | 0.2 | 0.1 |
| 稳定 | 0.3 | 0.2 | 0.6 | 0.2 |
| 衰退 | 0.1 | 0.1 | 0.2 | 0.7 |

**解**　贝叶斯定理就是利用这些信息来修正有关的先验概率。假设有 $r$ 个互斥事件 $W_i(i=1,2,\cdots,r)$,其先验概率为 $P(W_i)$。进一步假设有事件 $F_k$,在事件 $W_i$ 发生的前提下事件 $F_k$ 发生的概率为 $P(F_k/W_i)$。那么如果我们知道 $F_k$ 已发生,则事件 $W_i$ 发生的概率即为:

$$P(W_j/F_k) = \frac{P(W_j) \times P(F_k/W_j)}{\sum \{P(W_i) \times P(F_k/W_i)\}} \quad (4-101)$$

如果有 $i$ 个互斥事件 $W_i(i=1,2,\cdots,r)$,仅当其中一个事件发生后,事件 $F$ 才能发生,则在事件 $F$ 已知时,事件 $W_j$ 发生的概率为

$$P(W_j/F) = \frac{P(W_j) \times P(F/W_j)}{\sum \{P(W_i) \times P(F/W_i)\}} \quad (4-102)$$

式中　$P(W_i)$——事件 $W_i$ 的先验概率;

$P(F_k/W_j)$——假定 $W_j$ 发生,事件 $F_k$ 发生的条件概率;

$P(W_j/F_k)$——假定 $F_k$ 发生,事件 $W_j$ 的后验概率。

在例 4-13 中,各结果的先验概率为

$$W_1—增长 \rightarrow P(W_1) = 0.6$$
$$W_2—稳定 \rightarrow P(W_2) = 0.3$$
$$W_3—衰退 \rightarrow P(W_3) = 0.1$$

如果 $F_r$ 是指一个调查,该调查表明市场实际增长,从表 4-5 中我们可以知道当预测报告预计市场将增长时,其结果为 0.7 的可能增长,0.2 的可能不变,0.1 的可能衰退。

因此可得

$$P(F_r/W_1) = 0.7$$
$$P(F_r/W_2) = 0.2$$
$$P(F_r/W_3) = 0.1$$

利用贝叶斯(Bayes)公式,在预测报告预计市场增长条件下,市场实际出现增长的概率为

$$P(W_1/F_r) = \frac{P(W_1)P(F_r/W_1)}{P(W_1)P(F_r/W_1) + P(W_2)P(F_r/W_2) + P(W_3)P(F_r/W_3)}$$
$$= \frac{(0.6 \times 0.7)}{(0.6 \times 0.7) + (0.2 \times 0.3) + (0.1 \times 0.1)} = 0.854$$

市场报告改变了各结果的概率,贝叶斯(Bayes)概率见表 4-15。

表 4-15　修正后的预测表

| 实际市场结果 | 咨询公司的预测 | | |
| --- | --- | --- | --- |
| | 增长 | 稳定 | 衰退 |
| 增长 | 0.85 | 0.38 | 0.32 |
| 稳定 | 0.12 | 0.56 | 0.32 |
| 衰退 | 0.02 | 0.06 | 0.37 |

这样就可画出一个新的决策树。对其的求解是从期望收益来推算最初的目标。底层的方案枝是原来的决策树。但是只有在获得预计市场增长、不变或衰退的报告的概率已知后，才可对其求解。

获得一个预计市场增长的报告的概率就是在各种市场情况下得出市场增长预测报告的概率乘以各种市场情况出现的概率。因此获得一个预测市场增长的报告的概率为

$$P=(0.7\times0.6)+(0.2\times0.3)+(0.1\times0.1)=0.49$$

类似地，获得一个预测市场不变的报告的概率为 0.32，而获得一个预测市场衰退的报告的概率为 0.19。现在将这些值代入到决策树中，咨询公司报告的预期收益为

$$EP=(0.49\times219.6)万元+(0.32\times168.0)万元+(0.19\times141.1)万元=188.17\text{ 万元}$$

因为获得该报告须花费 50 万元，故净收益为 138.17 万元，这少于没有报告时的收益，因此该公司无法从咨询报告中获得益处。这一点如图 4-16 中利用贝叶斯(Bayes)分析所制定的决策树所示。

### 3. 贝叶斯决策规则的选择

应用贝叶斯分析方法，决策者可根据具体情况和决策意愿选择不同的决策规则。

1) 基于最小错误率的贝叶斯决策规则

在决策问题中，人们往往希望尽量减小错误，从这样的要求出发，利用贝叶斯公式，就能得出使错误为最小的分类规则，称之为基于最小错误率的贝叶斯决策。

2) 基于最小风险的贝叶斯决策规则

在基于最小错误率的贝叶斯分类决策中，使错误率 $P(e)$ 达到最小是重要的。但实际上有时须要考虑一个比错误率更为重要的广泛的概念——风险。风险和损失是紧密联系的，最小风险贝叶斯决策正是考虑各种错误造成损失不同而提出的一种决策规则，在此决策中利用了决策论的观点进行考虑。在已知先验概率 $P(w_i)$ 及类条件概率密度 $P(x|w_i)(i=1,2,\cdots,c)$ 的条件下，在考虑错判所造成的损失时，由于引入"损失"的概念，而必须考虑所采取的决策是否使损失最小。

3) 最小最大的贝叶斯决策规则

从最小错误率和最小风险贝叶斯决策中可以看出其决策都是与先验概率 $P(w_1)$ 有关的。如果给定的 $x$，其 $P(w_1)$ 不变，按照贝叶斯决策规则，可以使错误率和风险最小。但是如果 $P(w_1)$ 是可变的，或事先对先验概率毫不知道的情况下，若再按某个固定的 $P(w_1)$ 条件下的决策进行就往往得不到最小错误率或最小风险。而最小最大决策就是考虑在 $P(w_1)$ 变化的情况

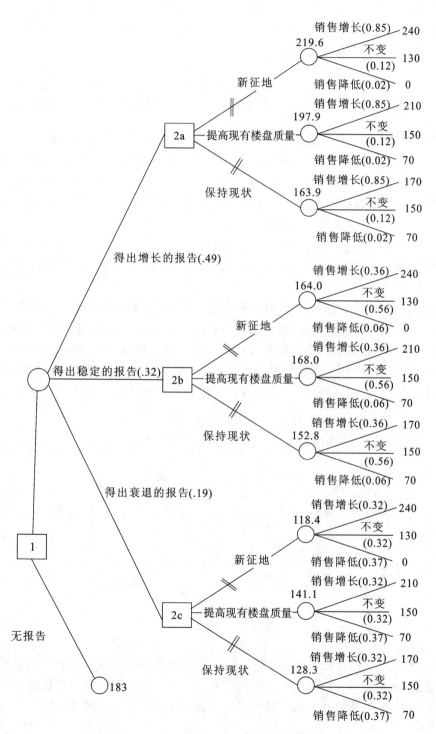

图 4-16 根据贝叶斯(Bayes)理论绘制的决策树

下,如何使最大可能的风险为最小,也就是在最差的条件下争取到最好的结果。

贝叶斯决策属于风险型决策,决策者虽不能控制客观因素的变化,但却可掌握其变化的可能状况及各状况的分布概率。将贝叶斯概率分析与决策树方法相结合,并利用期望值作为决策准则的依据,这为贝叶斯方法在投资风险决策的应用提出了一种可行方法。在此基础上可根据需要选择相关决策规则实现风险决策目标。

## 七、蒙特卡罗模拟方法

模拟是风险分析的一种深层次的方法,其本质是一种统计试验方法。蒙特卡罗分析(Montcarlo method)是随机模拟的一种形式,称其为蒙特卡罗法是因为该方法利用随机数来对各种可能结果进行选择,正如在轮盘赌中是通过小球所停的位置来确定赢家,其理论上也是一种随机现象。在建筑业中,可以模拟不同的天气类型以确定它们对施工进度的影响。同样,模拟技术也可以用于对工程项目费用的评价工作。

蒙特卡罗模拟要求生成多组随机数来对各种方案进行考察。可以用多种方法来确定随机数,如从帽子中抓阄或掷骰子。在实际工作中,利用计算机程序来生成多组随机数是最有效的方法。

模拟的前提是可以用概率分布来对受不确定性影响的参数加以描述。在蒙特卡罗模拟中,生成了大量的项目假想情况来反映实际项目的特征。每一个模拟(或重复)是通过用从一个风险变量的概率分布中抽取的一个随机数来代表该变量而实现的。通常须进行至少 100 次重复以建立整体项目的频率分布,然后利用统计的方法来计算其置信区间等,部分结果通常也用累计频率曲线来表示。通过这些曲线,可以较容易地得出一个特定工作按时完成的可能性,如图 4-17 所示。

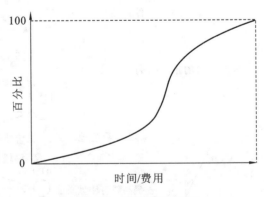

图 4-17 累计频率曲线

**例 4-18** 某建设公司投标竞争一项建设项目,据预测该建设项目可能建设期为 5 年、8 年、10 年的概率分别为 0.2,0.5,0.3,为承建此建设项目需购置一部专用设备,有两个厂家提供了如表 4-16 的资料,试用仿真模拟试验来选购设备(假设年折算利率为 8%)。

表 4-16  设备费用资料

| 甲设备（购置费 450 万元） | | 乙设备（购置费 120 万元） | |
| --- | --- | --- | --- |
| 年运行费用 | 概率 | 年运行费用 | 概率 |
| 35 | 0.2 | 60 | 0.15 |
| 45 | 0.6 | 80 | 0.35 |
| 60 | 0.2 | 100 | 0.35 |
|  |  | 120 | 0.15 |

**【解】** 先对工程工期、设备年费用列出其概率与二位随机数范围表，见表 4-17。

进一步对工程工期进行仿真试验，假设进行 10 次试验。即先任意指定第一个随机数，然后连续取 9 个随机数（从二值随机数表上按行或列均可）。如 70,14,18,48,82,58,48,78,51,28。然后计算两设备购买费的费用年金（即投资分摊），现将计算结果列在表 4-18 之中。

在上述基础上，对设备甲进行仿真试验 10 次。从随机数表中任意抽取一组（10 个）随机数，再从表 4-19 中查出对应的年设备费用，将结果列在表 4-20 之中。同时对设备乙也可进行类似的仿真试验，将结果也列在表 4-20 之中。

表 4-17  工程工期、设备年费用概率和二位随机数范围表

| 仿真对象 | 可能结果 | 概率 | 二位随机数范围 |
| --- | --- | --- | --- |
| 可能工期/年 | 5 | 0.2 | 0～19 |
|  | 8 | 0.5 | 20～69 |
|  | 10 | 0.3 | 70～99 |
| 甲设备年运行费用<br>/(万元/年) | 35 | 0.2 | 0～19 |
|  | 45 | 0.6 | 20～79 |
|  | 60 | 0.2 | 80～99 |
| 乙设备年运行费用<br>/(万元/年) | 60 | 0.15 | 0～14 |
|  | 80 | 0.35 | 15～49 |
|  | 100 | 0.35 | 50～84 |
|  | 120 | 0.15 | 85～99 |

表 4-18  甲、乙两设备购买费费用年金（即投资分摊）  单位：万元

| 试验次数 | 随机数 | 工期 | 甲设备购买费费用<br>年金$(A/P, i\%, n)$ | 乙设备购买费费用<br>年金$(A/P, i\%, n)$ |
| --- | --- | --- | --- | --- |
| 1 | 70 | 10 | $450(A/P, 8\%, 10) = 67$ | $120(A/P, 8\%, 10) = 17.6$ |
| 2 | 14 | 5 | $450(A/P, 8\%, 5) = 112.7$ | $120(A/P, 8\%, 5) = 30$ |
| 3 | 18 | 5 | $450(A/P, 8\%, 5) = 112.7$ | $120(A/P, 8\%, 5) = 30$ |
| 4 | 48 | 8 | $450(A/P, 8\%, 8) = 78.3$ | $120(A/P, 8\%, 8) = 20.9$ |

续表

| 试验次数 | 随机数 | 工期 | 甲设备购买费费用<br>年金$(A/P,i\%,n)$ | 乙设备购买费费用<br>年金$(A/P,i\%,n)$ |
|---|---|---|---|---|
| 5 | 82 | 10 | $450(A/P,8\%,10)=67$ | $120(A/P,8\%,10)=17.6$ |
| 6 | 58 | 8 | $450(A/P,8\%,8)=78.3$ | $120(A/P,8\%,8)=20.9$ |
| 7 | 48 | 8 | $450(A/P,8\%,8)=78.3$ | $120(A/P,8\%,8)=20.9$ |
| 8 | 78 | 10 | $450(A/P,8\%,10)=67$ | $120(A/P,8\%,10)=17.6$ |
| 9 | 51 | 8 | $450(A/P,8\%,8)=78.3$ | $120(A/P,8\%,8)=20.9$ |
| 10 | 28 | 8 | $450(A/P,8\%,8)=78.3$ | $120(A/P,8\%,8)=20.9$ |

表 4-19　设备仿真实验年设备费用表　　　　　　　　单位：万元

| 试验次数 | 随机数(甲) | 年设备费用(甲) | 随机数(乙) | 年设备费用(乙) |
|---|---|---|---|---|
| 1 | 29 | 45 | 69 | 100 |
| 2 | 3 | 35 | 30 | 80 |
| 3 | 62 | 45 | 66 | 100 |
| 4 | 17 | 35 | 55 | 100 |
| 5 | 92 | 60 | 80 | 100 |
| 6 | 30 | 45 | 10 | 60 |
| 7 | 38 | 45 | 72 | 100 |
| 8 | 12 | 35 | 74 | 100 |
| 9 | 38 | 45 | 76 | 100 |
| 10 | 7 | 35 | 82 | 100 |

将表 4-18 中两设备费用年金(即投资分摊)分别和表 4-19 中两设备各自仿真试验年费用相加。即可得到甲、乙两设备仿真试验总费用年金。将结果列在表 4-20 之中。

表 4-20　费用计算表　　　　　　　　单位：万元

| 试验次数 | 总年设备费用(甲) | 总年设备费用(乙) |
|---|---|---|
| 1 | $67+45=112$ | $17.6+100=117.6$ |
| 2 | $112.7+35=147.7$ | $30+80=110$ |
| 3 | $112.7+45=157.7$ | $30+100=130$ |
| 4 | $78.3+35=113.3$ | $20.9+100=120.9$ |
| 5 | $67+60=127$ | $17.6+100=117.6$ |
| 6 | $78.3+45=123.3$ | $20.9+60=80.9$ |
| 7 | $78.3+45=123.3$ | $20.9+100=120.9$ |
| 8 | $67+35=102$ | $17.6+100=117.6$ |
| 9 | $78.3+45=123.3$ | $20.9+100=120.9$ |
| 10 | $78.3+35=113.3$ | $20.9+100=120.9$ |

甲设备费用年金 10 年平均值为 124.29 万元，乙设备费用年金 10 年平均值为 115.73 万元，

按经济评价准则应选用费用年金小的乙设备。

在应用蒙特卡罗法进行经济分析时,要注意随机事件的概率描述应当是古典概率型。在仿真试验时,从随机数表上抽取随机数时应当是任意的,不可心存任何偏见,试验次数应该尽可能多,这样试验所得结果才较为可靠。

## 八、案例分析

**例 4-19** 某公司经营情况如下:房租为 300 元/月,假设经营产品 A、B、C 的利润各占总利润的 1/3,现通过对 A 的销售来对方案进行可行性分析,假设 A 的平均进价为 1.50 元/斤,售价为 1.70 元/斤,平均每月销售 A 约 3 000 斤,每月进货 2 次,运费 150 元/次,水电费 60 元/月,免税收。试分析 A 公司的各项指标。

### 1. 盈亏平衡分析

固定成本:A 的固定成本占总固定成本的 1/3。

$$F = \frac{1}{3}(300 + 2 \times 150 + 60)元 = 220 元$$

盈利:  $T_R = (P-t)Q = (1.7-0)Q = 1.7Q$

成本:  $T_C = F + VQ = 220 + 1.5Q$

由 $T_C = T_R$,得

$$盈亏平衡销售量 Q = \frac{F}{P-t-V} = \frac{220}{1.7-0-1.5}斤/月 = 1100 斤/月$$

盈亏平衡曲线如图 4-18 所示。

最低销售率 = 1 100/3 000 × 100% = 36.7%

### 2. 敏感度分析

销售量的敏感度为(±10%,±20%)

月收入: 1.7 × 3 000 元 = 5 100 元

月支出:

$$月使用费 = \left(\frac{300}{3} + \frac{150 \times 2}{3} + \frac{60}{3}\right)元 = 220 元$$

月材料费:1.5 × 3 000 元 = 4 500 元

故总额为 380 元,销售量的敏感度分析见表 4-21。

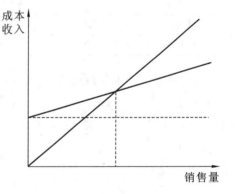

图 4-18 盈亏平衡分析图

表 4-21 销售量的敏感度分析表

| 估计项目 | | | | | |
|---|---|---|---|---|---|
| | 2 400 | 2 700 | 3 000 | 3 300 | 3 600 |
| 月收入 | 4 080 | 4 590 | 5 100 | 5 610 | 6 120 |
| 月使用费 | 220 | 220 | 220 | 220 | 220 |
| 月材料费 | 3 600 | 4 050 | 4 500 | 4 950 | 5 400 |
| 总额 | 260 | 320 | 380 | 440 | 500 |

售价的敏感度见表 4-22。

表 4-22 售价的敏感度分析表

| 估计项目 | 1.60 | 1.65 | 1.70 | 1.75 | 1.80 |
|---|---|---|---|---|---|
| 月收入 | 4 080 | 4 950 | 5 100 | 5 250 | 5 400 |
| 月使用费 | 220 | 220 | 220 | 220 | 220 |
| 月材料费 | 4 500 | 4 500 | 4 500 | 4 500 | 4 500 |
| 总额 | 80 | 230 | 380 | 530 | 680 |

进价的敏感度如见表 4-23。

表 4-23 进价的敏感度分析表

| 估计项目 | 1.40 | 1.45 | 1.50 | 1.55 | 1.60 |
|---|---|---|---|---|---|
| 月收入 | 5 100 | 5 100 | 5 100 | 5 100 | 5 100 |
| 月使用费 | 220 | 220 | 220 | 220 | 220 |
| 月材料费 | 4 200 | 4 350 | 4 500 | 4 650 | 4 800 |
| 总额 | 680 | 530 | 380 | 230 | 80 |

运费的敏感度见表 4-24。

表 4-24 运费的敏感度分析表

| 估计项目 | 120 | 135 | 150 | 165 | 180 |
|---|---|---|---|---|---|
| 月收入 | 5 100 | 5 100 | 5 100 | 5 100 | 5 100 |
| 月使用费 | 220 | 210 | 220 | 230 | 240 |
| 月材料费 | 4 500 | 4 500 | 4 500 | 4 500 | 4 500 |
| 总额 | 400 | 390 | 380 | 370 | 360 |

以上四方面因素分析如图 4-19 所示。

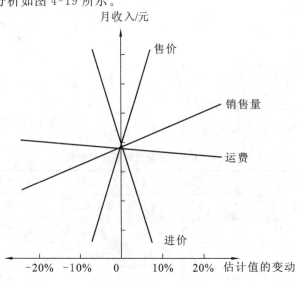

图 4-19 销售量、售价、进价、运费的敏感度分析图

根据以上分析,决策人就可以对方案做出比较全面合理的判断,由图4-19可以清楚地看出月收入对于进价和售价的变化都很敏感,而对于月销售量和运费则不敏感。

3. 概率分析

假设售价和销售量的概率关系如图4-20所示。

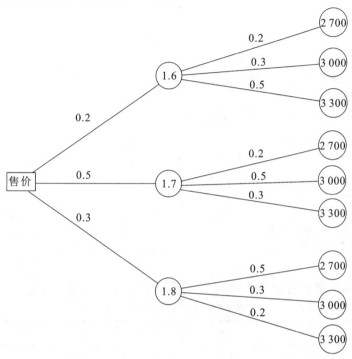

图4-20 假设售价和销售量的概率关系

计算其联合概率,见表4-25。

表4-25 联合概率

| 序号 | 联合概率 | 收入 | 概率×收入 |
| --- | --- | --- | --- |
| 1 | 0.04 | 270 | 10.8 |
| 2 | 0.06 | 300 | 18 |
| 3 | 0.10 | 330 | 33 |
| 4 | 0.10 | 540 | 54 |
| 5 | 0.25 | 600 | 150 |
| 6 | 0.15 | 660 | 99 |
| 7 | 0.15 | 810 | 121.5 |
| 8 | 0.09 | 900 | 81 |
| 9 | 0.06 | 990 | 59.4 |
| 合计 | 1.00 |  | 626.7 |

由表可以看出,除去月使用费和月材料费 220 元,每月 A 的销售利润为 406.7 元。根据计算结果,该方案虽然利润不多,但风险很小,决策者可以选择投资。

1. 可行性研究包括哪几个阶段?各阶段的任务是什么?
2. 可行性研究的主要内容是什么?
3. 市场调查的基本程序和方法是什么?
4. 财务评价的主要目的是什么?
5. 什么是国民经济评价?它与财务评价有何异同?
6. 国民经济评价中费用与效益的识别原则是什么?
7. 什么是影子价格、影子汇率、影子工资、社会折现率?它们是如何取值的?
8. 财务评价和国民经济评价的指标主要有哪些?它们的判别标准各是什么?

习 题 4

1. 某软件历年需求量的发生值如表 4-26 所示,试求 2020 年的需求量。

表 4-26 某软件历年需求量　　　　　　　　　　　　　　　　单位:套

| 年份 | 2005 | 2006 | 2007 | 2008 | 2009 | 2010 | 2011 | 2012 | 2013 | 2014 |
|---|---|---|---|---|---|---|---|---|---|---|
| 需求量 | 240 | 300 | 340 | 390 | 435 | 400 | 430 | 475 | 530 | 580 |

2. 已知某化工厂的某种产品 2015—2020 年的销售额如表 4-27 所示,单位为万元,分别以自变量 $x_i$ 代表年,因变量 $y_i$ 代表销售额(单位为万元),试预测 2021 年的销售额。

表 4-27 某化工厂产品历年销售额　　　　　　　　　　　　　　单位:万元

| 年份 | $x_i$ | $y_i$ |
|---|---|---|
| (1) | (2) | (3) |
| 2015 | 1 | 3.20 |
| 2016 | 2 | 3.45 |
| 2017 | 3 | 3.70 |
| 2018 | 4 | 4.00 |
| 2019 | 5 | 4.10 |
| 2020 | 6 | 4.40 |

# 工作手册 5

# 建筑设备更新经济分析

学习目标

1. 知识目标

(1) 掌握设备磨损的类型,并了解如何对设备磨损进行补偿。
(2) 掌握设备经济寿命确定的计算方法。
(3) 熟练掌握设备更新方案的经济分析方法。

2. 能力目标

能够运用建筑设备更新经济分析,使用设备处置方式的选择方法选择。

◆ **知识链接**

在2019年3月,某家具生产企业的一名工程师正在考虑更换一个1吨的工业叉车设备。该设备可以将组装好的家具从包装车间运送到成品库。最近,该叉车已经不能稳定工作常常是处于维修状态,维持叉车运行的成本也在稳定增加,当叉车不能工作时,公司不得不去另外租赁一台。其次,当叉车工作时,工厂的工人抱怨有空气污染。如果继续使用,必须马上整车大修以保证其运行状态。而大修既不会增加该设备的估计使用寿命也不会提升该设备的价值。

目前有两种设备的叉车可以选择,一种是电力驱动型,另外一种是燃油驱动。电力叉车将会减少空气污染,但是要求每天更换两次电池,这会显著增加运行成本,如果是使用燃油叉车,就需要经常维护。

工程师不能决定公司将持有的立场,因此需要在提供高层决策以前开展更多的工作,目前首先要解决以下两个问题。

(1)叉车是应该修理或者是买一个更高效率的新车?

(2)如果做出了更新的决策,那么应何时更新叉车,是现在还是将来的某个时间?

# 任务 1　设备更新经济分析概述

## 一、设备更新的概念

设备是企业生产的重要物质条件,企业为了进行生产,必须花费一定的投资,用以购置各种机器设备。设备在使用过程(或闲置过程)中将会发生有形磨损和无形磨损。有形磨损使得设备的运行费用和维修费用增加,效率低下,反映了设备使用价值的降低;而无形磨损是技术进步的结果,当相同结构设备再生产价值的降低或出现性能显著提高的新设备时,将引起原有设备的贬值或导致原始价值发生贬值。在设备因有形或无形磨损而造成的消耗下,是继续使用原有设备,还是用新设备替代老设备(即设备更新),这是需要认真考虑的问题。

设备更新是对旧设备的整体更换,就其本质来说,可分为原型设备更新和新型设备更新。原型设备更新是简单更新,就是用结构相同的新设备去更换有形磨损严重而不能继续使用的旧设备。这种更新主要是解决设备的损坏问题,不具有更新技术的性质。新型设备更新是以结构更先进、技术更完善、效率更高、性能更好、能源和原材料消耗更少的新型设备来替换那些技术上陈旧、在经济上不宜继续使用的旧设备。通常所说的设备更新主要是指后一种,它是技术发展的基础。因此,就实物形态而言,设备更新是用新的设备替换陈旧落后的设备;就价值形态而言设备更新是设备在运动中消耗掉的价值的重新补偿。设备更新是消除设备有形磨损和无形磨损的重要手段,目的是为了提高企业生产的现代化水平,尽快地形成新的生产能力。

设备更新决策是企业生产发展和技术进步的客观需要,对企业的经济效益有着重要的影响。过早的设备更新,将造成资金的浪费,失去其他的收益机会;过迟的设备更新,将造成生产成本的迅速上升,失去竞争的优势。因此,设备是否更新、何时更新,以及选用何种设备更新,既要考虑技术发展的需要,又要考虑经济方面的效益,这就需要不失时机地做好设备更新决策工作。

## 二、设备的寿命形态

设备的寿命形态较多,一般情况下可以分为自然寿命、使用寿命、经济寿命、折旧寿命、技术寿命和产品寿命等。

**1. 自然寿命**

设备的经济寿命计算

自然寿命也称为物理寿命。它是指设备从全新状态下开始使用,直到实体磨损至不堪使用而予以报废的全部时间过程。自然寿命主要取决于设备有形磨损的速度。

**2. 使用寿命**

使用寿命是指设备从投入使用开始,直到由于老化不能使用为止所经历的时间。这种寿命既考虑设备的有形磨损,又要考虑设备的无形磨损,但由于这两种磨损的估计都比较困难,因此,在实务中其使用年限是根据国家的有关规定,并结合企业的具体情况来确定的。

**3. 经济寿命**

设备的经济寿命是指设备从投入使用开始到因继续使用在经济上不合理而被更新所经历的时间,由维护费用的提高和使用价值的降低决定的。设备从开始使用到其等值年成本最小(或年赢利最高)的使用年限为设备的经济寿命,设备的经济寿命是从经济观点(成本观点或收益观点)确定的设备更新的最佳时刻。

**4. 技术寿命**

技术寿命是指由于科学技术的发展,不断出现技术上更先进、经济上更合理的替代设备,使现有设备在物资寿命或经济寿命尚未结束之前就提前报废。这种从设备投入使用到因技术进步而使其丧失使用价值所经历的时间称为设备的技术寿命。

**5. 产品寿命**

产品寿命周期是企业产品从进入市场到被市场淘汰、企业不再生产为止的全部持续时间,通常被分为引入期、成长期、成熟期和衰退期,与产品策略和经营策略的制定有直接的联系。

## 三、设备更新策略

设备更新分析是企业生产发展和技术进步的客观需要,对企业的经济效益有着重要的影响。过早的设备更新,无论是由于设备暂时出故障就报废的草率决定,还是片面追求现代化购买最新式设备的决定,都将造成资金的浪费,失去其他的收益机会;对一个资金十分紧张的企业可能走向另一个极端,采取拖延设备的更新,这将造成生产成本的迅速上升,失去竞争的优势。因此,设备是否更新、何时更新,以及选用何种设备更新,既要考虑技术发展的需要,又要考虑经济方面的效益。这就需要不失时机地做好设备更新分析工作,采取适宜的设备更新策略。

设备更新策略应在系统全面了解企业现有设备的性能、磨损程度、服务年限、技术进步等情况后,分轻重缓急,有重点有区别地对待。凡修复比较合理的,不应过早更新;可以修中有改进,通过改进工装就能使设备满足生产技术要求的不要急于更新;更新个别关键零部件就可达到要求的,不必更换整台设备;更换单机能满足要求的,不必更换整条生产线。通常优先考虑更新的设备有如下特点。

(1) 设备损耗严重,大修后性能、精度仍不能满足规定工艺要求的。

(2) 设备耗损虽在允许范围之内,但技术已经陈旧落后,并且能耗高、使用操作条件不好、对环境污染严重、技术经济效果很不好的。

(3) 设备役龄长,大修虽然能恢复精度但经济效果上不如更新的。

## 四、设备更新方案比选的原则

确定设备更新必须进行技术经济分析,设备更新方案比选的基本原理和评价方法与互斥性投资方案比选相同。但在实际设备更新方案比选时,应遵循如下原则。

(1) 设备更新分析应站在客观的立场分析问题。设备更新问题的要点是站在客观的立场上,而不是站在旧设备的立场上考虑问题。若要保留旧设备,首先要付出相当于旧设备当前市场价值的投资,才能取得旧设备的使用权。

(2) 不考虑沉没成本。沉没成本是既有企业过去投资决策发生的、非现在决策能改变(或不受现在决策影响)的、已经计入过去投资费用回收计划的费用。由于沉没成本是已经发生的费用,不管企业生产什么和生产多少,这项费用都不可避免地要发生。因此现在决策对它不起作用。在进行设备更新方案比选时,原设备的价值应按目前实际价值计算,而不考虑其沉没成本。例如,某设备 4 年前的原始成本是 80 000 元,目前的账面价值是 30 000 元,现在的市场价值仅为 18 000 元。在进行设备更新分析时,旧设备往往会产生一笔沉没成本,即

$$沉没成本 = 设备账面价值 - 当前市场价值$$

或

$$沉没成本 = (设备原值 - 历年折旧费) - 当前市场价值$$

则本例旧设备的沉没成本为 12 000 元(即 30 000 元 - 18 000 元),是过去投资决策发生的而与现在更新决策无关,目前该设备的价值等于市场价值 18 000 元。

(3) 逐年滚动比较。该原则是指在确定最佳更新时机时,应首先计算比较现有设备的剩余经济寿命和新设备的经济寿命,然后利用逐年滚动计算方法进行比较。

如果不遵循这些原则,方案比选结果或更新时机的确定可能会发生错误。

# 任务 2 设备的磨损、补偿和折旧

## 一、设备的磨损

设备在使用或闲置过程中会逐渐发生磨损,磨损分为有形磨损、无形磨损和综合磨损三大类。

设备的磨损和补偿

**1. 有形磨损**

1) 有形磨损的概念及分类

有形磨损也称物质磨损,是指机器设备在使用或闲置过程中发生的实体的磨损。引起磨损的原因有两个,一个是生产使用过程中,由于运转中机器设备在外力的作用下,其零件会发生摩擦、振动和疲劳现象,以致机器设备的实体产生磨损,这种磨损称为第一种有形磨损,它与设备的使用强度及时间有关,通常表现为零部件原始尺寸的改变,公差配合性质的改变和精度的降低及零件的损坏;第二个原因就是自然力的作用,比如,机器设备即使在没有使用的情况下也会发生的金属件生锈、腐蚀、橡胶老化等,因此设备闲置的时间长了就会自然丧失其加工精度和工作能力,失去其使用价值。这种有形磨损与设备闲置的时间长短和限制期的维护有关,称为第二种有形磨损。设备有形磨损中一部分可以通过修理来恢复,称为能消除性的有形磨损,如更换已磨损的零件或部件等,有的不能通过修理来恢复,称为不能消除的有形磨损。当设备的磨损不能通过修理或更换部件来恢复时,就需要报废。此时,设备就丧失了其原有的使用价值。

2) 有形磨损的度量

我们可以用经济指标对设备的有形磨损加以度量,其计算公式从考虑角度的不同分为以下两个。

$$a_p = \frac{\sum_{i=1}^{n} a_i k_i}{\sum_{i=1}^{n} k_i} \tag{5-1}$$

式中 $a_p$——设备有形磨损程度;
  $k_i$——设备中零件 $i$ 的价值;
  $a_i$——零件 $i$ 的实体磨损程度。

$$a_p = \frac{R}{K} \tag{5-2}$$

式中 $R$——修复全部磨损零件所用的修理费用;
  $K$——在修复时具有同等效率的该种设备的再生产的价值。

3) 有形磨损的规律

研究设备磨损的规律,有助于正确计算设备磨损程度,从而能够在设备磨损后采取正确的决策，比如，是进行修理、更换还是进行现代化改装。设备的有形磨损分为三大阶段，如图5-1所示。

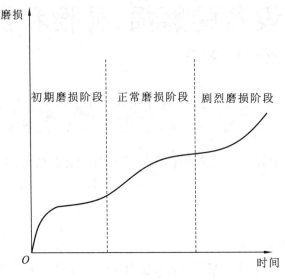

图 5-1　设备磨损曲线图

（1）初期磨损阶段。这个阶段主要是相对运动的零件表面的微观几何形状在受力情况下的迅速磨损，以及不同形状抱合所发生的磨损，特点是磨损速度快，时间短。

（2）正常磨损阶段。此时设备处于最佳技术状态，设备的生产率、产品质量最有保证，其特点是磨损速度平稳，磨损量的增加缓慢。

（3）剧烈磨损阶段。此时零件的正常磨损被破坏，磨损急剧增加，设备的性能迅速降低。如不进行修理、更新或停止使用，将会产生质量事故和生产事故。

设备在使用寿命期内的故障率或者故障发展变化的规律和设备的有形磨损是紧密相连的，其故障率的发展变化的形状类似一个澡盆的断面，所以理论上将其称为"澡盆理论"。如图5-2所示。

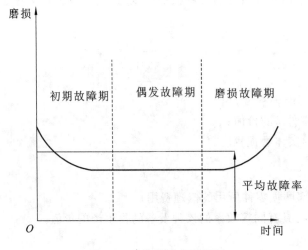

图 5-2　设备故障率变化图

(1) 初期故障期。此时期内故障发生的原因多数是由于设备设计制造的缺陷,零件的抱合关系不好,搬运机安装时的疏忽或操作不适应等。

(2) 偶发故障期。此时设备处于正常运转时期,故障发生的最少,发生的原因主要是由于操作不当和疏忽所致。

(3) 磨损故障期。这是故障的多发期,主要由于磨损、腐蚀引起,为降低故障率,就需对设备进行修理及更换。

**2. 无形磨损**

1) 无形磨损的概念及分类

设备无形磨损不是由生产过程中的使用或自然力的作用造成的,而是由于社会经济环境变化造成的设备价值贬值,是技术进步的结果,无形磨损有以下两种形式。

(1) 第一种无形磨损。设备的技术结构和性能并没有变化,但由于技术进步,设备制造工艺不断改进,社会劳动生产率水平的提高,同类设备的再生产价值降低,因而设备的市场价格也降低了,致使原设备相对贬值,这种磨损称为第一种无形磨损,这种无形磨损的后果只是现有设备原始价值部分贬值,设备本身的技术特性和功能即其使用价值并未发生变化,故不会影响现有设备的使用。因此,不产生提前更换现有设备的问题。

(2) 第二种无形磨损。第二种无形磨损是由于科学技术的进步,不断创新出结构更先进、性能更完善、效率更高、耗费原材料和能源更少的新型设备,使原有设备相对陈旧落后,其经济效益相对降低而发生贬值。第二种无形磨损的后果不仅是使原有设备价值降低,而且由于技术上更先进的新设备的发明和应用会使原有设备的使用价值局部或全部丧失,这就产生了是否用新设备代替现有陈旧落后设备的问题。

有形磨损和无形磨损两种磨损都引起设备原始价值的贬值,这一点两者是相同的。不同的是,遭受有形磨损的设备,特别是有形磨损严重的设备,在修理之前,常常不能工作;而遭受无形磨损的设备,并不表现为设备实体的变化和损坏,即使无形磨损很严重,其固定资产物质形态却可能没有磨损,仍然可以使用,只不过继续使用它在经济上是否合算,需要分析研究。

2) 无形磨损的度量

设备的无形磨损可以采用以下两种方法加以度量。

(1) 在技术进步的影响下,用设备价值降低系数来衡量它的无形磨损的程度。其计算公式如下。

$$a_1 = \frac{k_0 - k_1}{k_0} = 1 - \frac{k_1}{k_0} \tag{5-3}$$

式中 $a_1$——设备无形磨损的程度;

$k_0$——设备的原始价值;

$k_1$——考虑设备的两类无形磨损后的再生产价值。

在计算设备的无形磨损程度时,$k_1$ 必须考虑技术进步使生产同样设备的效率提高而导致的设备的贬值,也要考虑由于出现了更高性能和技术水平的设备而使现有设备的价值的降低。所以,$k_1$ 的计算公式如下。

$$k_1 = k_n \left(\frac{q_0}{q_n}\right)^a \left(\frac{c_n}{c_0}\right)^b \tag{5-4}$$

式中 $k_n$——新设备的价值；

$q_0$、$q_n$——旧、新设备的年生产率指标；

$c_0$、$c_1$——使用旧、新设备的单位产品消耗；

$a$、$b$——劳动生产率提高指数和单位成本降低指数。

(2) 衡量设备无形磨损的程度，还可以用下式分别计算，即分别研究设备的第一类无形磨损的程度和第二类无形磨损的程度。

$$a_{II1} = 1 - \frac{k_{01}}{k_0} \tag{5-5}$$

$$a_{II2} = \frac{c_0 - c_1}{c_0} = 1 - \frac{c_n}{c_0} \tag{5-6}$$

式中 $a_{II1}$、$a_{II2}$——第一类、第二类无形磨损的程度；

$k_{01}$——考虑第一类无形磨损的设备再生产价值；

$c_0$、$c_n$——使用原有设备或新设备生产产品的单位成本。

### 3. 综合磨损

设备的综合磨损主要是指设备在使用过程中既有有形磨损，也有无形磨损，这两种磨损的共同作用下引起了设备的贬值，但是不同的是有形磨损严重的设备往往不能继续使用，而无形磨损严重的设备却可以继续使用，只不过继续使用原有设备在经济上不合算而已。在实际的更新决策问题中，经常会碰到的设备的综合磨损，即两种磨损共同作用下的设备更新问题，在这种情况下我们常常考虑设备的综合磨损的程度，即两种磨损同时作用于设备上的效果，通过对这项指标及其他经济指标的分析来确定设备的更新改造方案。设备的综合磨损的度量可以用如下方法进行。

假定设备遭受的有形磨损程度为 $a_p$，设备遭受无形磨损程度为 $a_1$，由此可得设备的综合磨损程度如下。

$$a = (1 - a_p)(1 - a_1) \tag{5-7}$$

原有设备遭受综合磨损后的净值为：

$$k = (1 - a)k_0 \tag{5-8}$$

## 二、设备磨损补偿

机械设备在使用期内，既要遭受有形磨损，又要遭受无形磨损，所以机器所有的磨损都是双重的、综合的。两种磨损都引起机器设备原始价值的贬值，这一点二者是相同的。不同的是，遭受有形磨损的设备，特别是有形磨损严重的设备，在修理之前，常常不能工作；而遭受无形磨损的设备，即使无形磨损非常严重，仍然可以使用，只是继续使用的成本比较高，在经济上不合算，需要分析研究。

随着设备在生产中年限的延长，设备的有形磨损和无形磨损日益加剧，故障率增加，可靠性相对降低，导致使用费上升。其主要表现为，设备大修理间隔期越来越短，使用费不断增加，设备性能和生产率降低。当设备使用到一定时间以后，继续进行大修理已无法补偿其有形磨损和无形磨损；虽然经过修理仍能维持运行，但很不经济。解决这个问题的途径是进行设备的更新和改造,也即设备磨损的补偿。

### 1. 设备大修理

设备大修理主要是修复由于正常的或不正常的原因造成的设备损坏和精度劣化,通过修理更换已经磨损、老化和腐蚀的零部件,使设备性能得到恢复。其实质是对设备有形磨损进行补偿,手段是进行修复或者更换,目标是恢复设备性能。一般分为小修、中修和大修。

1) 维修

维修通常是指为保持设备在平均寿命期限内的完好使用状态而进行的局部更换或修复工作。

2) 日常维护

日常维护通常是指拆除和更换设备中被磨损的零部件无关的一些维修内容,诸如设备的润滑与保洁,定期检验与调整,消除部分零部件的磨损等。

3) 小修理

小修理是工作量最小的计划修理,是指设备在使用过程中为保证设备的工作能力而进行的调整、修复或更换个别零部件的修理工作。

4) 中修理

中修理是指进行设备部分解体的计划修理,其内容有:更换或修复部分不能用到下次计划修理的磨损零件,通过修理、调整,使规定修理部分基本恢复到出厂时的功能水平以满足工艺要求,修理后应保证设备在一个中修间隔期内能正常使用。

5) 大修理

大修理是最大的一种计划修理,它是在原有实物形态上的一种局部更新。它是通过对设备全部解体,修理耐久的部分,更换全部损坏的零部件,修复所有不符合要求的零部件,全面消除缺陷,以使设备在大修理之后,无论在生产率、精确度、速度等方面达到或基本达到原设备的出厂标准。

### 2. 设备更新

从广义上讲,补偿因综合磨损而消耗掉的机械设备,就称为设备更新。它包括总体更新和局部更新,即包括设备大修理、设备更新和设备现代化改造。从狭义上讲,设备更新是以结构更加先进、技术更加完善、生产效率更高的新设备去代替物理上不能继续使用,或经济上不宜继续使用的设备,同时旧设备又必须退出原生产领域。

根据目的的不同,设备更新分为下面两种类型。一种是原型更新,也就是用结构相同的新设备来更换已有的严重性磨损而物理上不能继续使用的旧机器设备,主要解决设备损坏问题。另一种更新则是以结构更先进、技术更完善、效率更高、性能更好、耗费能源和原材料更少的新型设备来代替那些技术陈旧、不宜继续使用的旧有设备。

### 3. 设备现代化改装

设备的现代化技术改造是指为了提高企业的经济效益,通过采用国内外先进的、适合我国情况的技术成果,改变现有设备的性能、结构、工作原理,以提高设备的技术性能或改善其安全、环保特性,使之达到或局部达到先进水平所采取的重大技术措施。对现有企业的技术改造,包括对工艺生产技术和装备改造两部分内容,而工艺生产技术改造的绝大部分内容还是设备,所以设备设计制造者要重视技术改造。技术改造包括设备革新和设备改造的全部内容,不过其范围更广泛,可以是一台设备的技术改造,也可以是一个工序、一个车间、甚至一个生产系统的技术改造。

设备综合磨损形式及其补偿方式的相互关系如图 5-3 所示。

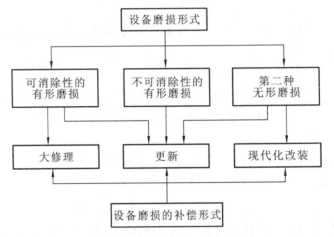

设备的折旧方法

图 5-3　设备综合磨损形式及其补偿方式

## 三、设备折旧

**1. 设备折旧的基本概念**

所谓的设备折旧就是固定资产折旧。设备在长期的使用过程中仍然保持它原有的实物形态,但由于不断耗损使它的价值部分地、逐渐地减少。以货币表现的固定资产因耗损而减少的这部分价值在会计核算上称为固定资产折旧。这种逐渐地、部分地耗损而转移到产品成本中去的那部分价值,构成产品成本的一项生产费用,在会计核算上称为折旧费或折旧额。计入产品成本中的固定资产折旧费在产品销售后转化为货币资金,作为固定资产耗损部分价值的补偿。从设备进入生产过程起,它以实物形态存在的那部分价值不断减少,而转化为货币资金部分的价值不断增加,到设备报废时,它的价值已全部转化为货币资金,这样,设备就完成了一次循环。

1993 年中国进行财会制度改革以前,折旧是企业固定资产改造更新的主要资金来源,为保证专款专用,规定国有企业设置"更新改造基金"。根据经济体制改革的要求,企业实行自主经营、自负盈亏、自我约束、自我激励和资本保值增值。"更新改造基金"和"大修理基金"取消,所需资金由企业统一筹划、按规定列支。这些改革看起来淡化了折旧与改造更新的关系,实际上使企业能在更深层次上处理好改造更新、处理好投资和投资回收。这表现在以下几个方面。

(1) 在市场经济中,企业要在激烈的竞争中取胜,必须要重视产品创新、技术创新、设备改造更新,用资金优势、人才优势、技术优势、产品优势,来保证市场优势。企业的资金来源,要以自有资金为核心,即折旧和实现利润。而且折旧的提取是规范化的、稳定的、按月提取的,在相当多的企业里,其数额会大于可用于投资的利润。因此,折旧是企业再投资资金的基础,它在一定程度上决定着再投资的资金规模。

(2) 企业作为投资主体,更加注重投资机会的选择和投资的回收。同等规模的设备投资,投资项目、折旧年限、折旧方法选择得好,通过折旧可回收投资 80% 以上;反之,只能回收 30% 以下。

(3) 为了取得良好的经济效益,企业不仅进行产品经营,而且可以以产品经营为中心,进行资本经营;不仅可以在原地对原产品、原设备进行改造更新,还可以通过参股、控制、联合、兼并等资产重组,进行跨地域、跨产业的更新改造;不仅可以改旧,也可以弃旧,发展全新的项目和产业。

综上所述,在市场经济体制中,折旧仍然是企业更新改造资金的基本来源,它可以作为杠杆,融合社会资金,进行更大规模、灵活多样的投资。但不管进行什么投资,必须要有良好的投资效益。

**2. 确定设备折旧的基本原则**

(1) 正确的设备折旧年限应该既反映设备有形磨损,又反映设备无形磨损,应该与设备的实际损耗基本符合。例如,精密、大型、重型、稀有设备,由于价值高而一般利用率较低,并且维护较好,故折旧年限应大于一般通用设备。一般来说,折旧年限应依据固定资产使用的时间、强度、使用环境及条件来确定。所以,不同行业、不同类型的设备的折旧年限应是不同的。

(2) 应从国家的财政、经济发展水平来考虑。折旧费的大小是影响国家的财政收入和国民收入比例的重要因素,因此,应从国家经济发展的实际水平出发,适当地制定折旧年限,并逐步改进。但这并不等于各企业的执行情况,各企业可结合实际发展需要,适当缩短或延长设备的折旧年限。

(3) 折旧是从销售收入中提取的,所以没有销售收入,折旧就无从提取。因此,折旧年限必须考虑产品的市场寿命。

(4) 要考虑企业技术改造和财务承受能力的平衡。设备折旧年限过长,则折旧基金不足以补偿设备已经消耗的部分,会影响设备的正常更新和改造的进程,不利于企业技术进步;如果折旧年限过短,则会使产品成本提高,销售停滞、利润降低,致使企业财力无法承受。因此,必须在两者之间取得平衡。

正确的设备折旧年限,既要考虑设备的有形磨损和无形磨损,同时又要考虑国家财政、经济发展及企业经营发展的需要和可能。

# 任务 3 设备的经济寿命

设备的经济寿命是指设备从投入使用开始到因继续使用在经济上不合理而被更新所经历的时间。

设备的经济寿命是由设备维护费用的提高和使用价值的降低决定的。设备使用年限越长,所分摊的设备年资产消耗成本越少。但是随着设备使用年限的增加,一方面需要更多的维修费维持原有功能;另一方面设备的操作成本及原材料、能源耗费也会增加,年运行时间、生产效率、质量将下降。因此,年资产消耗成本的降低,会被年度运行成本的增加或收益的下降所抵消。在整个变化过程中存在着某一年份,设备年平均使用成本最低,经济效益最好,如图5-4所示,在 $N_0$ 年时,设备年平均使用成本达到最低值。我们称设备从开始使用到其年平均使用成本最小(或年盈利最高)的使用年限 $N_0$ 为设备的经济寿命。所以,设备的经济寿命就是从经济观点(即成本观点或收益观点)确定的设备更新的最佳时刻。

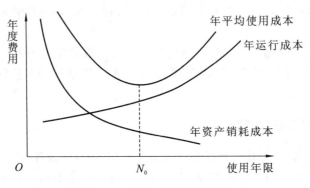

图 5-4 设备年度费用曲线图

设备寿命期限的影响因素主要有:设备的技术构成、设备成本、加工对象、生产类型、工作班次、操作水平、产品质量、维护质量和环境要求。设备经济寿命的确定方法有静态模式和动态模式两种。

## 一、静态模式下的设备经济寿命

静态模式下设备经济寿命的确定方法,就是在不考虑资金时间价值的基础上计算设备年平均使用成本 $\overline{C}_N$,使得 $\overline{C}_N$ 最小的 $N_0$ 就是设备的经济寿命。静态模式下设备经济寿命的计算方法常用的有两种,即公式计算法和列表计算法。

**1. 公式计算法**

当不考虑资金的时间价值时,设备经济寿命的计算公式如下。

$$\overline{C}_N = \frac{P - L_N}{N} + \frac{1}{N}\sum_{t=1}^{N} C_t \tag{5-9}$$

式中 $\overline{C}_N$——$N$ 年内设备的年平均使用成本;

$P$——设备目前实际价值,如果是新设备则包括购置费和安装费,如果是旧设备则包括旧设备现在的市场价值和继续使用旧设备追加的投资;

$C_t$——第 $t$ 年的设备运行成本,包括人工费、材料费、能源费、维修费、停工损失费、废次品损失等;

$L_N$——第 $N$ 年末的设备净残值。

在式(5-9)中,$\dfrac{P - L_N}{N}$ 为设备的平均年度资产消耗成本,而 $\dfrac{1}{N}\sum_{t=1}^{N} C_t$ 为设备的平均年度运行

成本。

在式(5-9)中,如果使用年限 $N$ 为变量,则当 $N_0(0<N_0\leqslant N)$ 为经济寿命时,应满足 $\overline{C}_N$ 最小。

**例 5-1** 某设备目前实际价值为 3 万元,有关统计资料如表 5-1 所示,求其经济寿命。

表 5-1　某设备运行有关资料　　　　　　　　　　　　　　　　单位:元

| 继续使用年限 $t$ | 1 | 2 | 3 | 4 | 5 | 6 | 7 |
|---|---|---|---|---|---|---|---|
| 年运行成本/元 | 5 000 | 6 000 | 7 000 | 9 000 | 11 500 | 14 000 | 17 000 |
| 年末残值/元 | 15 000 | 7 500 | 3 750 | 1 875 | 1 000 | 1 000 | 1 000 |

**解** 由统计资料可知,该设备在不同使用年限时的年平均成本如表 5-2 所示。

表 5-2　设备在不同使用年限时的静态模式下的年平均成本　　　　　单位:元

| 使用年限 $N$ | 资产消耗成本 $(P-L_N)$ | 平均年资产消耗成本(3)=(2)/(1) | 年度运行成本 $C_t$ | 运行成本累计 $\sum C_t$ | 平均年度运行成本(6)=(5)/(1) | 年平均使用成本 $\overline{C}_N(7)=(3)+(6)$ |
|---|---|---|---|---|---|---|
| (1) | (2) | (3) | (4) | (5) | (6) | (7) |
| 1 | 15 000 | 15 000 | 5 000 | 5 000 | 5 000 | 20 000 |
| 2 | 22 500 | 11 250 | 6 000 | 11 000 | 5 500 | 16 750 |
| 3 | 26 250 | 8 750 | 7 000 | 18 000 | 6 000 | 14 750 |
| 4 | 28 125 | 7 031 | 9 000 | 27 000 | 6 750 | 13 781 |
| 5 | 29 000 | 5 800 | 11 500 | 38 500 | 7 700 | 13 500 |
| 6 | 29 000 | 4 833 | 14 000 | 52 500 | 8 750 | 13 583 |
| 7 | 29 000 | 4 143 | 17 000 | 69 500 | 9 929 | 14 072 |

由表 5-2 可知,当设备使用到第 5 年时,年平均使用成本 $\overline{C}_N=13\,500$ 元为最小,也即当设备一共使用 5 年,每年的年平均使用成本最低,因此可以认为设备在不考虑资金时间价值的情况下其经济寿命为 5 年。

**2. 列表计算法**

由式(5-1)和表 5-2 可知,用设备的年平均使用成本 $\overline{C}_N$ 估算设备的经济寿命的过程为:在已知设备现金流量的情况下,逐年计算出从寿命 1 年到 $N$ 年全部使用期的年平均使用成本 $\overline{C}_N$,从中找出年平均使用成本 $\overline{C}_N$ 的最小值及其所对应的年限,从而确定设备的经济寿命。

由于设备的使用时间越长,设备的有形磨损和无形磨损越来越加剧,从而导致设备的维护修理费用增加越多,这种逐年递增的费用 $\Delta C_t$ 称为设备的低劣化。用低劣化数值表示设备损耗的方法称为低劣化数值法。如果每年设备的劣化增量是均等的,即 $\Delta C_t=\lambda$,每年劣化呈线性增长。假设评价基准年(即评价第一年)设备的运行成本为 $C_1$,则平均每年的设备使用成本 $\overline{C}_N$ 可以用下式表示。

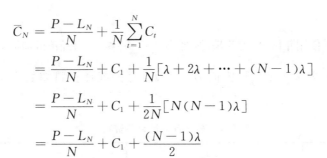

要使得 $\overline{C}_N$ 为最小，设 $L_N$ 为一常数（如果 $L_N$ 不为常数且无规律可循时，需用列表法计算），对上式的 $N$ 进行一阶求导，并令其导数为零，则可将上式简化为如下形式。

$$N_0 = \sqrt{\frac{2(P-L_N)}{\lambda}} \tag{5-10}$$

式中　$N_0$——设备的经济寿命；

　　　$\lambda$——设备的低劣化值。

**例 5-2**　假定有一台设备，目前实际价值 $P=8\,000$ 元，预计残值 $L_N=800$ 元，第一年的设备运行成本 $Q=600$ 元，每年设备的劣化增量是均等的，年劣化值 $\lambda=300$ 元，求该设备的经济寿命。

**解**　（1）列表法计算设备经济寿命。

列表计算各年的年平均使用成本，如表 5-3 所示。

表 5-3　用低劣化数值法计算设备经济寿命　　　　　　　　　单位：元

| 使用年限 $N$ | 平均年资产消耗成本 $(P-L_N)/N$ | 年度运行成本 $C_t$ | 运行成本累计 $\sum C_t$ | 平均年度运行成本 (5)=(4)/(1) | 年平均使用成本 $\overline{C}_N$ (6)=(2)+(5) |
|---|---|---|---|---|---|
| (1) | (2) | (3) | (4) | (5) | (6) |
| 1 | 7 200 | 600 | 600 | 600 | 7 800 |
| 2 | 3 600 | 900 | 1 500 | 750 | 4 350 |
| 3 | 2 400 | 1 200 | 2 700 | 900 | 3 300 |
| 4 | 1 800 | 1 500 | 4 200 | 1 050 | 2 850 |
| 5 | 1 440 | 1 800 | 6 000 | 1 200 | 2 640 |
| 6 | 1 200 | 2 100 | 8 100 | 1 350 | 2 550 |
| 7 | 1 029 | 2 400 | 10 500 | 1 500 | 2 529 |
| 8 | 900 | 2 700 | 13 200 | 1 650 | 2 550 |
| 9 | 800 | 3 000 | 16 200 | 1 800 | 2 600 |

由表 5-3 可知，当设备使用年限为 7 年的时候，年平均使用成本 $\overline{C}_N=2\,529$ 元为最小，因此可以认为该设备的经济寿命即为 7 年。也就是说该设备使用 7 年，每年的平均成本是最低的，如果接着使用该设备，那么继续使用该设备的能源费、保养费、修理费、停工损失费、废次品损失费等各种费用总和将比更新该设备的年平均费用更高，因此这个时候最合理的就是更新该设备。

(2) 公式法计算设备经济寿命。由式(5-10)可得：

$$N_0 = \sqrt{\frac{2(8000-800)}{300}} \text{年} \approx 7 \text{年}$$

也即该设备的经济寿命为7年，与列表法计算所得的结果相一致。

**例 5-3** 某设备的原始价值为10 000元，自然寿命为10年，第一年的运行成本为700元，劣化值、年末残值等变化如表5-4所示，试计算该设备的经济寿命。

**解** 经济寿命计算如表5-4所示。

表5-4 某设备经济寿命计算表　　　　　　　　　　　单位：元

| 使用年限 | 运行成本 | 劣化值 | 年末残值 | 年均运行成本与劣化值之和 | 平均年资产消耗成本 | 年均使用总成本 |
|---|---|---|---|---|---|---|
| (1) | (2) | (3) | (4) | (5)=(2)+∑(3)/(1) | (6)=[10 000−(4)]/(1) | (7)=(5)+(6) |
| 1 | 700 | 0 | 7 200 | 700 | 2 800 | 3 500 |
| 2 | 700 | 100 | 5 300 | 750 | 2 350 | 3 100 |
| 3 | 700 | 150 | 3 500 | 783 | 2 167 | 2 950 |
| 4 | 700 | 250 | 2 200 | 825 | 1 950 | 2 775 |
| 5 | 700 | 400 | 1 100 | 880 | 1 780 | 2 660 |
| 6 | 700 | 600 | 900 | 950 | 1 517 | 2 467 |
| 7 | 700 | 850 | 700 | 1 036 | 1 329 | 2 365 |
| 8 | 700 | 1 150 | 500 | 1 138 | 1 188 | 2 326 |
| 9 | 700 | 1 500 | 300 | 1 256 | 1 078 | 2 334 |
| 10 | 700 | 2 000 | 100 | 1 400 | 990 | 2 390 |

由表5-4可知，当设备使用年限为8年的时候，年平均使用成本 $\overline{C}_N = 2\ 326$ 元为最小，因此可以认为该设备的经济寿命即为8年。

由例5-3可知，当设备每年的劣化值不等时，我们无法用简化计算公式来计算设备的经济寿命，因此，这种情况下，一般采用列表法计算设备的经济寿命。虽然列表法计算设备经济寿命相对于公式法来说步骤较多，比较麻烦，但是其结果准确，思路清晰，是初学者经常采用的方法。

## 二、动态模式下的设备经济寿命

动态模式下设备经济寿命的确定方法，就是考虑资金时间价值的基础上计算设备最佳的更新时期。

**1. 单利条件下设备经济寿命的计算**

假定设备的年运行成本的劣化是线性增长的，第一年的运行成本为 $C_1$，每年运行成本增加额为 $\lambda$，若设备使用了 $N$ 年，则第 $N$ 年时的运行成本 $C_N$ 为

$$C_N = C_1 + (N-1)\lambda$$

显然，$N$ 年内设备的运行成本的平均值将为

$$\overline{C}_N = C_1 + \frac{(N-1)\lambda}{2}$$

除运行成本外，在设备的年均费用中还有每年分摊的年资金费用，其金额为：$\frac{K_0 - L_N}{N}$

另外，还要考虑单利情况下，设备占有资金的利息为：$\frac{K_0 - L_N}{2}i$

式中 $i$——银行利息。

设备的年总费用则为

$$AC = C_1 + \frac{N-1}{2}\lambda + \frac{K_0 - L_N}{N} + \frac{K_0 - L_N}{2}i$$

求 AC 的最小值。利用导数的知识，上式对 $N$ 求导，并令其等于零，可得

$$\frac{d(AC)}{dN} = \frac{\lambda}{2} - \frac{K_0 - L_N}{N^2} = 0$$

$$N = \sqrt{\frac{2(K_0 - L_N)}{\lambda}}$$

其最小年均费用为

$$AC_{min} = C_1 + \frac{\sqrt{\frac{2(K_0 - L_N)}{\lambda}} - 1}{2}\lambda + \sqrt{\frac{(K_0 - L_N)\lambda}{2}} + \frac{K_0 - L_N}{2}i$$

若不考虑设备的残值，其经济寿命和最小年均费用为

$$N = \sqrt{\frac{2K_0}{\lambda}} \tag{5-11}$$

$$AC_{min} = C_1 + \sqrt{2K_0\lambda} + \frac{K_0 i - \lambda}{2} \tag{5-12}$$

**例 5-4** 假定某设备初始投资为 200 万元，残值为零，运行费用第一年为 4 万元，以后每年递增 1 万元，利率为 10%，试计算该设备的经济寿命及最小年均费用。

**解** 由式(5-11)得，其经济寿命为

$$N = \sqrt{\frac{2K_0}{\lambda}} = \sqrt{\frac{2 \times 2\,000\,000}{10\,000}} \text{ 年} = 20 \text{ 年}$$

最小年均费用为

$$AC_{min} = \left(40\,000 + \sqrt{2 \times 2\,000\,000 \times 10\,000} + \frac{2\,000\,000 \times 10\% - 10\,000}{2}\right)\text{元} = 33.5 \text{ 万元}$$

**2. 复利条件下设备经济寿命的计算**

考虑资金时间价值，并以复利计算，年总费用平均值不是算术平均值，而是指时间调整为平均，即先把各年的费用折算成现值，然后再将其看成年金总额的现值，乘以资金回收系数，得到年金各年支付额，即为年均总费用的时间调整的平均值。

$$AC = K_0(A/P, i, n) - L_N(A/F, i, n) + C_1 + \left[\sum_{j=2}^{n}\lambda(P/F, i, j)\right](A/P, i, n) \tag{5-13}$$

式中　λ——劣化值；
　　　$(A/P,i,n)$——资金回收系数；
　　　$(A/F,i,n)$——偿债基金系数；
　　　$(P/F,i,n)$——一次支付现值系数。

在给定的基准折现率$i$时，令AC最小，此时对应的年限就是设备在考虑资金时间价值情况下的经济寿命。

设备大修理、更新和租赁经济分析

# 任务 4　设备更新的经济分析

设备更新方案的比选就是对新设备方案与旧设备方案进行比较分析，也即决定是现在马上购置新设备、淘汰旧设备，还是至少保留使用旧设备一段时间，再用新设备替换旧设备。新设备原始费用高，营运费和维修费低；旧设备目前净残值低，营运费和维修费高。设备更新方案的比选，是项目经济效益的必然要求，项目为了保证良好的经济效果就必须适时更新设备，并且更新方案需满足在技术性能和生产功能上有保证，经济上效益好这样的前提。一般情况下，更新方案的比选都需要进行逐年比较，权衡判断，才能做出正确的选择。

设备更新方案的比选方法主要有两大类，即静态模式下方案比选与动态模式下方案比选。根据拥有设备的方式不同，可以分为设备租赁和设备购置两种。

## 一、设备更新方案比选

### 1. 静态模式下方案比选

在静态模式下进行设备更新方案比选时，可按如下步骤进行。

（1）计算新旧设备方案不同使用年限的静态年平均使用成本和经济寿命。

（2）确定设备更新时机。设备更新即便在经济上是有利的，却也未必应该立即更新。换言之，设备更新分析还应包括更新时机选择的问题。现有的已用过一段时间的旧设备究竟在什么时机更新最经济呢？

① 如果旧设备继续使用一年的年平均使用成本低于新设备的年平均使用成本，即

$$\overline{C}_N(旧)<\overline{C}_N(新)$$

此时，不用更新旧设备，继续使用旧设备1年。

② 如果旧设备继续使用一年的年平均使用成本高于新设备的年平均使用成本，即

$$\overline{C}_N(旧)>\overline{C}_N(新)$$

此时，应更新现有设备，这即是设备更新的时机。

总之，以设备经济寿命为依据的更新方案比较，应是使得设备都使用到最有利的年限来进行分析。

**2. 动态模式下方案比选**

动态模式下设备更新方案比选主要有:年均总费用比较法、最低总费用法、研究期法。

1) 年均总费用比较法

年均总费用比较法是通过分别计算比较几个备选新添设备方案对应于各自的经济寿命期内的年均总费用,从中选择年均总费用最小的方案作为最佳方案。

(1) 年均总费用比较法中设备更新方案的比较特点和原则。

对于新旧设备来说,其在费用方面具有不同的特点,新设备的特点是原始费用高,但运行和维修费用低,而旧设备刚好相反,原始费用低,运行和维修费用高。因此,为了决定设备是否需要更新,就应权衡利弊,全面比较,以综合经济效益的高低作为判断的基础。

一般情况下,更新设备的目的是在成本较低的情况下,满足原有的生产功能,所以,通常采用年均总费用法来进行方案的决策。此外,设备更新方案的比较与选择的方法,除具有投资方案比较与选择方法的一般性质外,还具有以下两个特点。

① 通常假定设备产生的收益是相同的,因此在进行方案比较时只对其费用进行计算。

② 由于不同设备方案的使用寿命不同,因此通常以年度费用进行比较。

同时也应该遵循设备更新方案比选的基本原则。

(2) 年均总费用比较法的计算模型。

设备的年度使用费包括两部分,即年资金费用和年运行成本。具体还可细分为:运行的劣化损失、设备价值损耗、利息损失等。根据设备更新的情况,年均费用法可分为以下几种模型。

① 不计算设备的残值,也不计算资金的时间价值(相当于静态模式)。其计算公式如下。

$$AC = \frac{K_0}{n} + \frac{1}{n}\sum_{m=1}^{n} C_m \tag{5-14}$$

式中 $C_m$——第 $m$ 年设备的运营成本。

② 假设设备的劣化是线性的且逐年按同等数额增加,只以单利计算占有资金的利息并考虑设备的残值。假定设备劣化值为 $\lambda$,设备使用年限为 $N$ 年。

$$AC = \frac{N-1}{2}\lambda + \frac{K_0 - L_N}{N} + \frac{K_0 - L_N}{2}i \tag{5-15}$$

在复利计算的情况下,设备的年均总费用计算公式如下。

$$AC = K_0(A/P,i,n) - L_N(A/F,i,n) + C_1 + \left[\sum_{j=2}^{n}\lambda(P/F,i,j)\right](A/P,i,n) \tag{5-16}$$

③ 以复利计算利息,计算设备的残值,并且设备的年运行成本是无规律的,这是最一般的模型,其计算公式如下。

$$AC = [K_0 - L_N(P/F,i,n)](A/P,i,n) + \left[\sum_{m=1}^{n} C_m(P/F,i,m)\right](A/P,i,n) \tag{5-17}$$

因此,在设备的服务功能不变的前提下,已知不同更新设备的使用年限及其他参数,我们可以根据不同模型,利用以上公式计算出不同更新设备的年度费用,取其中最小者作为优选方案。

2) 最低总费用法

设备更新的决策方案一般分为六种情况:一是原有设备继续使用,二是设备在大修后继续使用,三是以同类新设备更换旧有设备,四是设备现代化改装,五是用新型、高效的设备更新旧设备,六是租赁设备。最低总费用法是通过分别计算、比较不同设备更新方案在不同服务年限内的总费用现值,根据所需要的服务年限,按照总费用现值最低的原则,进行设备更新方案选择的一种方法。

(1) 继续使用原设备的费用现值计算公式如下。

$$\mathrm{PC}_1 = \left[ \sum_{t=1}^{n} C_t (P/F,i,t) - L_N (P/F,i,n) \right] \tag{5-18}$$

式中　$\mathrm{PC}_1$——继续使用原设备的费用现值;
　　　$C_t$——原设备的年运营成本;
　　　$L_N$——原设备净残值。

(2) 大修后继续使用旧设备的费用现值计算公式如下。

$$\mathrm{PC}_2 = K_2 + \sum_{t=1}^{n} C_{2t}(P/F,i,t) \tag{5-19}$$

式中　$\mathrm{PC}_2$——大修后设备运行的费用现值;
　　　$K_2$——设备大修理费用;
　　　$C_{2t}$——大修后设备第 $t$ 年运营成本。

(3) 以同类设备更新旧设备的方案费用现值计算公式如下。

$$\mathrm{PC}_3 = K_3 - L_N + \sum_{t=1}^{n} C_{3t}(P/F,i,t) - L_3(P/F,i,n) \tag{5-20}$$

式中　$\mathrm{PC}_3$——同类新设备的费用现值;
　　　$K_3$——新设备的购置费用;
　　　$C_{3t}$——新购置设备第 $t$ 年运营成本;
　　　$L_3$——新设备的残值。

(4) 设备现代化改装的费用现值计算公式如下。

$$\mathrm{PC}_4 = \frac{K_4}{\beta_4} + \sum_{t=1}^{n} C_{4t}(P/F,i,t) - L_4(P/F,i,n) \tag{5-21}$$

式中　$\mathrm{PC}_4$——设备现代化改装的费用现值;
　　　$K_4$——设备现代化改装的费用;
　　　$\beta_4$——经过现代化改装后设备的生产效率系数;
　　　$C_{4t}$——经过现代化改装后设备第 $t$ 年运营成本;
　　　$L_4$——经现代化改装后新设备的残值。

(5) 以高效新型设备更换旧设备的费用现值计算公式如下。

$$\mathrm{PC}_5 = \frac{K_5}{\beta_5} - L_N + \sum_{t=1}^{n} C_{5t}(P/F,i,t) - L_5(P/F,i,n) \tag{5-22}$$

式中　$\mathrm{PC}_5$——高效新型设备的费用现值;
　　　$K_5$——高效新型设备的购置费用;
　　　$\beta_5$——高效新型设备的生产效率系数;
　　　$C_{5t}$——高效新型设备第 $t$ 年运营成本;
　　　$L_5$——高效新型设备的残值。

究竟选择哪个设备更新方案,往往取决于其使用年限的大小。当使用年限很长时,比如,使用年限在 8~10 年时,采用高效新型设备可能是最优方案;如果使用年限在 3~5 年,可能继续使用旧设备是比较经济的。

**例 5-5**　某项目实施过程中,拟对一台设备进行更新,各方案资料如表 5-5 所示,试进行方案的决策分析。

表 5-5　各方案运营成本表

| 序号 | 待选方案 | 设备购置或改装费/元 | 生产效率系数 | 各方案年运营成本/元 | | | | | | | | |
|---|---|---|---|---|---|---|---|---|---|---|---|---|
| | | | | 1 | 2 | 3 | 4 | 5 | 6 | 7 | 8 | 9 |
| 1 | 继续使用旧设备 | 0 | 0.7 | 250 | 300 | 350 | 400 | 450 | 500 | 530 | 700 | 910 |
| 2 | 大修 | 700 | 0.98 | 60 | 100 | 175 | 250 | 325 | 400 | 480 | 610 | 720 |
| 3 | 同类设备更新 | 1 300 | 1 | 25 | 53 | 105 | 160 | 210 | 270 | 340 | 420 | 510 |
| 4 | 高效新型设备更新 | 1 625 | 1.3 | 20 | 50 | 100 | 150 | 200 | 260 | 320 | 380 | 450 |
| 5 | 现代化改装 | 1 200 | 1.25 | 30 | 55 | 110 | 170 | 220 | 280 | 360 | 450 | 540 |
| 旧设备在更换年份的残值 | | | | 150 | | | | | | | | |

**解**　根据式(5-18)、式(5-19)、式(5-20)、式(5-21)、式(5-22),计算各方案的费用现值,计算结果如表 5-6 所示。

表 5-6　各方案费用现值计算表

| 年份 | 各方案费用现值/元 | | | | |
|---|---|---|---|---|---|
| | $PC_1$ | $PC_2$ | $PC_3$ | $PC_4$ | $PC_5$ |
| 1 | 330.7 | 741 | 1 173.2 | 982.2 | 1 114.2 |
| 2 | 697.9 | 828.4 | 1 218.6 | 1 019.2 | 1 147.2 |
| 3 | 1 095 | 973.2 | 1 301.9 | 1 089.8 | 1 208.3 |
| 4 | 1 515 | 1 160.2 | 1 419.5 | 1 189.7 | 1 293.1 |
| 5 | 1 952 | 1 413.5 | 1 562.5 | 1 309.5 | 1 397.9 |
| 6 | 2 402 | 1 670.7 | 1 732.6 | 1 450.7 | 1 523.9 |
| 7 | 2 844 | 1 956.2 | 1 930.8 | 1 618.6 | 1 667.4 |
| 8 | 3 384.2 | 2 292.4 | 2 257.6 | 1 813 | 1 825.2 |
| 9 | 4 034.2 | 2 659.7 | 2 412.4 | 2 053 | 1 998.3 |

从表 5-6 可知,如果设备只使用两年,可能因为两年后产品会更新换代或企业生产转型,继续使用原有设备费用最低,最为经济;如果使用 3~4 年,应选择对设备进行一次大修,保证其效率,继续使用;如果使用 5~8 年,最优的方案是对原有设备进行现代化改装;如果使用 8 年以上,就必须用高效新型的设备来更新原有设备,这样最为经济。

3) 研究期法

对于设备的使用寿命不同的方案,为了精确地比较其优劣,从理论上讲,应该把考察的时间从现在一直延长到两个方案的效果完全相同的未来,但是,在实际上这样是很难做到的,因此,就不能简单地采用年均费用法,此时,可以采用研究期法。

研究期法就是针对使用期限不同的设备更新方案,直接选取一个适当的分析期作为各个更新方案共同的计算期,通过比较各个方案在该计算期内的费用的现值,对设备的更新方案进行比较。研究期的选择视具体情况而定,主要有以下三类。

(1) 以寿命最短方案的寿命为各个方案共同的服务年限,令寿命较长的方案在共同服务年限末保留一定的残值。

(2) 以寿命最长方案的寿命为各方案的共同服务年限,令寿命较短的方案在寿命终了时,以同种设备或其他新型设备进行替代,直至达到共同服务年限为止,期末可能存在一定的残值。

(3) 统一规定方案的计划服务年限,其数量不一定等于各个方案的寿命,在达到计划服务年限前,有的方案或许需要进行更新,服务期满,有的方案可能存在一定的残值。

## 二、设备租赁和购买方案比选

在企业生产经营管理中,设备租赁常见于企业设备投资决策。在什么情况下企业选择租赁设备,什么情况下直接购买设备,其抉择取决于投资决策者对二者的费用与风险的全面综合比较分析。

**1. 设备租赁与购买的影响因素**

1) 设备租赁的概念

设备租赁是设备使用者(承租人)按照合同规定,按期向设备所有者(出租人)支付一定费用而取得设备使用权的一种经济活动。设备租赁一般有融资租赁和经营租赁两种方式。在融资租赁中,租赁双方承担确定时期的租让和付费义务,而不得任意中止和取消租约,贵重的设备(如重型机械设备等)宜采用这种方法;而在经营租赁中,租赁双方的任何一方可以随时以一定方式在通知对方后的规定期限内取消或中止租约,临时使用的设备(如车辆、仪器等)通常采用这种方式。

由于租赁具有将融资和融物结合起来的特点,这使得租赁能够提供及时而灵活的资金融通方式,是企业取得设备进行生产经营的一个重要手段。

(1) 对于承租人来说,设备租赁与设备购买相比的优越性有以下几点。

① 在资金短缺的情况下,既可用较少资金获得生产急需的设备,也可以引进先进设备,加速技术进步的步伐。

② 可获得良好的技术服务。

③ 可以保持资金的流动状态,防止呆滞,也不会使企业资产负债状况恶化。

④ 可避免通货膨胀和利率波动的冲击,减少投资风险。

⑤ 设备租金可在所得税前扣除,能享受税费上的利益。

(2) 设备租赁的不足之处有以下几点。

① 在租赁期间承租人对租用设备无所有权,只有使用权,故承租人无权随意对设备进行改造,不能处置设备,也不能用于担保、抵押贷款。

② 承租人在租赁期间所交的租金总额一般比直接购置设备的费用要高。
③ 长年支付租金,形成长期负债。
④ 融资租赁合同规定严格,毁约要赔偿损失,罚款较多等。
正是由于设备租赁有利有弊,故在租赁前要进行慎重的决策分析。

2) 影响设备租赁与购买的主要因素

企业在决定进行设备投资之前,必须进行多方面考虑。因为,决定企业租赁或购买的关键在于能否为企业节约尽可能多的支出费用,实现最好的经济效益。为此,首先需要考虑影响设备投资的因素。

(1) 影响设备投资的因素。

影响设备投资的因素较多,其主要包括以下一些因素。
① 项目的寿命期。
② 企业是否需要长期占有设备,还是只希望短期占有这种设备。
③ 设备的技术性能和生产效率。
④ 设备对工程质量(产品质量)的保证程度,对原材料、能源的消耗量,以及设备生产的安全性。
⑤ 设备的成套性、灵活性、耐用性、环保性和维修的难易程度。
⑥ 设备的经济寿命。
⑦ 技术过时风险的大小。
⑧ 设备的资本预算计划、资金可获量(包括自有资金和融通资金),融通资金时借款利息或利率高低。
⑨ 提交设备的进度。

(2) 影响设备租赁的因素。

对于租赁设备,除考虑上述因素外,还应考虑如下影响因素。
① 租赁期长短。
② 设备租金额,包括总租金额和每租赁期租金额。
③ 租金的支付方式,包括租赁期起算日、支付日期、支付币种和支付方法等。
④ 企业经营费用减少与折旧费和利息减少的关系;租赁的节税优惠。
⑤ 预付资金(定金)、租赁保证金和租赁担保费用。
⑥ 维修方式,即是由企业自行维修,还是由租赁机构提供维修服务。
⑦ 租赁期满,资产的处理方式。
⑧ 租赁机构的信用度、经济实力,与承租人的配合情况。

(3) 影响设备购买的因素。

对于购买设备,除考虑前述(1)的因素外,也应考虑如下影响因素。
① 设备的购置价格、设备价款的支付方式、支付币种和支付利率等。
② 设备的年运转费用和维修方式、维修费用。
③ 保险费,包括购买设备的运输保险费,设备在使用过程中的各种财产保险费。

总之,企业是否做出租赁与购买决定的关键在于技术经济可行性分析。因此,企业在决定进行设备投资之前,必须充分考虑影响设备租赁与购买的主要因素,才能获得最佳的经济效益。

## 2. 设备租赁与购买方案的比选分析

采用购置设备或是采用租赁设备应取决于这两种方案在经济上的比较,比较的原则和方法与一般的互斥投资方案的比选方法相同。

1) 设备租赁与购置方案分析的步骤

(1) 根据企业生产经营目标和技术状况,提出设备更新的投资建议。

(2) 拟订若干设备投资、更新方案,包括购置方案(一次性付款或分期付款购买)和租赁方案。

(3) 定性分析筛选方案,包括分析企业财务能力,分析设备技术风险及使用维修特点。

① 分析企业财务能力,如果企业不能一次性筹集并支付全部设备价款,则去掉一次性付款购置方案。

② 分析设备技术风险、使用维修特点,对技术过时风险大、保养维护复杂、使用时间短的设备,可以考虑经营租赁方案;对技术过时风险小、使用时间长的大型专用设备则融资租赁方案或购置方案均是可以考虑的方式。

(4) 定量分析并优选方案,结合其他因素,做出是租赁还是购买的投资决策。

2) 设备经营租赁与购置方案的经济比选方法

进行设备经营租赁与购置方案的经济比选,必须详细地分析各方案寿命期内各年度的现金流量情况,据此分析方案的经济效果,确定以何种方式投资才能获得最佳效果。

(1) 设备经营租赁方案的净现金流量。

采用设备经营租赁的方案,租赁费可以直接计入成本,但为了与设备购置方案具有可比性,特将租赁费用从经营成本分离出来,则现金流量如表5-7所示,其任一期净现金流量可表示为

净现金流量=营业收入-租赁费用-经营成本-与营业相关的税金-所得税

或

净现金流量=营业收入-租赁费用-经营成本-与营业相关的税金-所得税率
×(营业收入-租赁费用-经营成本-与营业相关的税金)

式中,租赁费用主要包括租赁保证金、租金、担保费等。

表 5-7 设备经营租赁方案现金流量表　　　　　　　　　　　　　　　单位:万元

| 序号 | 项目 | 合计 | 计算期 | | | | | |
|---|---|---|---|---|---|---|---|---|
| | | | 1 | 2 | 3 | 4 | … | n |
| 1 | 现金流入 | | | | | | | |
| 1.1 | 营业收入 | | | | | | | |
| 2 | 现金流出 | | | | | | | |
| 2.1 | 租赁费用 | | | | | | | |
| 2.2 | 经营成本 | | | | | | | |
| 2.3 | 营业税金及附加 | | | | | | | |
| 2.4 | 所得税 | | | | | | | |
| 3 | 净现金流量 | | | | | | | |
| 4 | 累计净现金流量 | | | | | | | |

① 租赁保证金。为了确认租赁合同并保证其执行，承租人必须先交纳租赁保证金。当租赁合同结束时，租赁保证金将被退还给承租人或在偿还最后一期租金时加以抵销。保证金一般按合同金额的一定比例计，或是某一基期数的金额（如一个月的租金额）。

② 担保费。出租人一般要求承租人请担保人对该租赁交易进行担保，当承租人由于财务危机付不起租金时，由担保人代为支付租金。一般情况下，承租人需要付给担保人一定数目的担保费。

③ 租金。租金是签订租赁合同的一项重要内容，直接关系到出租人与承租人双方的经济利益。出租人要从取得的租金中得到出租资产的补偿和收益，即要收回租赁资产的购进原价、贷款利息、营业费用和一定的利润。承租人则要按照租金核算成本。影响租金的因素很多，如设备的价格、融资的利息及费用、各种税金、租赁保证金、运费、租赁利差、各种费用的支付时间，以及租金采用的计算公式等。

对于租金的计算主要有附加率法和年金法两种方法。

● 附加率法。附加率法是在租赁资产的设备货价或概算成本上再加上一个特定的比率来计算租金。每期租金 $R$ 的表达式如下。

$$R = P \frac{(1+N \times i)}{N} + P \times r \tag{5-23}$$

式中　$P$——租赁资产的价格；
　　　$N$——租赁期数，可按月、季、半年、年计；
　　　$i$——与租赁期数相对应的利率；
　　　$r$——附加率。

**例 5-6**　某设备出租公司拟出租给某企业一台设备，设备的价格为 68 万元，租期为 5 年，每年年末支付租金，折现率为 10%，附加率为 4%，问每年租金为多少？

**解**　由式(5-23)可得：
$$R = 68 \times \frac{(1+5 \times 10\%)}{5} \text{万元} + 68 \times 4\% \text{万元} = 23.12 \text{万元}$$

● 年金法。年金法是将一项租赁资产价值按动态等额分摊到未来各租赁期间内的租金计算方法。年金法计算有期末支付和期初支付租金之分。

期末支付方式是在每期期末等额支付租金。其支付方式的现金流量如图 5-5(a)所示。期末等额支付租金计算是等额系列现值计算的逆运算，通过计算即可得期末支付租金 $R_a$ 的表达式如下。

$$R_a = P \frac{i(1+i)^N}{(1+i)^N - 1} \tag{5-24}$$

式中　$R_a$——每期期末支付的租金额；
　　　$P$——租赁资产的价格；
　　　$N$——租赁期数，可按月、季、半年、年计；
　　　$i$——与租赁期数相对应的利率或折现率；
　　　$\frac{i(1+i)^N}{(1+i)^N - 1}$——等额系列资金回收系数，用符号 $(A/P, i, N)$ 表示。

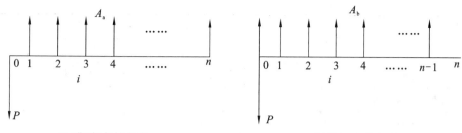

(a)期末支付方式　　　　　　　　　(b)期初支付方式

**图 5-5　年金法计算租金现金流量示意图**

期初支付方式是在每期期初等额支付租金,期初支付要比期末支付提前一期支付租金,其支付方式的现金流量如图 5-5(b)所示。每期租金 $R_b$ 的表达式如下。

$$R_b = P \frac{i(1+i)^{N-1}}{(1+i)^N - 1} \tag{5-25}$$

式中　$R_b$——每期期初支付的租金额。

**例 5-7**　某设备出租公司拟出租给某企业一台设备,设备的价格为 68 万元,租期为 5 年,折现率为 12%,附加率为 4%,试分别按每年年末、每年年初支付方式计算租金。

**解**　① 按每年末支付方式计算所得租金为

$$R_a = 68 \times \frac{12\% \times (1+12\%)^5}{(1+12\%)^5 - 1} \text{万元} = 68 \times 0.2774 \text{万元} = 18.86 \text{万元}$$

② 按每年初支付方式计算所得租金为

$$R_b = 68 \times \frac{12\% \times (1+12\%)^{5-1}}{(1+12\%)^5 - 1} \text{万元} = 68 \times 0.2477 \text{万元} = 16.84 \text{万元}$$

(2) 购买设备方案的净现金流量。

在与租赁设备方案相同的条件下,购买设备方案的现金流量如表 5-8 所示,则任一期净现金流量可表示为

净现金流量＝营业收入－设备购置费－经营成本－贷款利息－与营业相关的税金－所得税

或

净现金流量＝营业收入－设备购置费－经营成本－贷款利息－与营业相关的税金
　　　　　　－所得税率×(营业收入－经营成本－折旧－贷款利息－与营业相关的税金)

**表 5-8　购买设备方案现金流量表**　　　　　　　　　　　　　　　　单位:万元

| 序号 | 项目 | 合计 | 计算期 | | | | | |
|---|---|---|---|---|---|---|---|---|
| | | | 1 | 2 | 3 | 4 | … | n |
| 1 | 现金流入 | | | | | | | |
| 1.1 | 营业收入 | | | | | | | |
| 2 | 现金流出 | | | | | | | |
| 2.1 | 设备购置费 | | | | | | | |
| 2.2 | 经营成本 | | | | | | | |

续表

| 序号 | 项目 | 合计 | 计算期 | | | | | |
|---|---|---|---|---|---|---|---|---|
| | | | 1 | 2 | 3 | 4 | … | n |
| 2.3 | 贷款利息 | | | | | | | |
| 2.4 | 营业税金及附加 | | | | | | | |
| 2.5 | 所得税 | | | | | | | |
| 3 | 净现金流量 | | | | | | | |
| 4 | 累计净现金流量 | | | | | | | |

(3) 设备租赁与购置方案的经济比选。

对于承租人来说,关键的问题是决定租赁设备,还是购买设备。而设备租赁与购置的经济比选也是互斥方案选优问题,一般寿命相同时可以采用净现值(或费用现值)法,设备寿命不同时可以采用净年值(或年成本)法。无论用净现值法,还是净年值法,均以收益效果较大(或成本较少)的方案为宜。

在工程经济互斥方案分析中,为了简化计算,常常只需比较它们之间的差异部分。而设备租赁与购置方案经济比选,最简单的方法是在假设所得到设备的营业收入相同的条件下,将租赁方案和购买方案的费用进行比较。根据互斥方案比选的增量原则,只需比较它们之间的差异部分,即只需比较下面两式即可。

设备租赁:　　所得税率×租赁费－租赁费

设备购置:　　所得税率×(折旧＋贷款利息)－设备购置费－贷款利息

由于每个企业都要依利润大小缴纳所得税,按财务制度规定,租赁设备的租金允许计入成本;购买设备每期计提的折旧费也允许计入成本;若用借款购买设备,其每期支付的利息也可以计入成本。在其他费用保持不变的情况下,计入成本越多,则利润总额越少,企业缴纳的所得税也越少。因此,在充分考虑各种方式的税收优惠影响下,应该选择税后收益更大或税后成本更小的方案。

复习思考题

1. 设备更新的意义是什么?
2. 设备磨损分为几类? 产生不同种类的磨损原因是什么? 如何补偿?
3. 设备的寿命形态有哪些? 各自的定义是什么?
4. 什么是设备的折旧? 产生折旧的影响因素有哪些?
5. 折旧的计算方法有哪些?

习　题　5

1. 某设备实际价值为 30 000 元,有关统计资料见表 5-9,求其经济寿命。

表 5-9　某设备有关统计资料

| 使用年限 $t$ | 1 | 2 | 3 | 4 | 5 | 6 | 7 |
| --- | --- | --- | --- | --- | --- | --- | --- |
| 年运行成本/元 | 5 000 | 6 000 | 7 000 | 9 000 | 11 500 | 14 000 | 17 000 |
| 年末残值/元 | 15 000 | 7 500 | 3 750 | 1 875 | 1 000 | 1 000 | 1 000 |

2. 假定有一台设备，目前设备实际价值 $P=10\,000$ 元，预计残值 $L_N=1\,000$ 元，第一年的设备运行成本 $Q=700$ 元，每年设备的劣化增量是均等的，年劣化值 $\lambda=200$ 元，列表计算该设备在静态模式下的经济寿命。

3. 某设备原有价值为 8 500 元，使用期为 5 年，使用期末残值为 500 元，试用直线折旧法和年数总和法分别计算各年折旧费和账面价值。

4. 某企业购入货运卡车一辆，原有价值为 15 万元，预计净残值率为设备原值的 5%，总行程里程为 60 万千米，当年行驶里程 3.6 万千米，该卡车的年折旧费是多少？

5. 某设备资产原值为 10 000 元，使用期为 5 年，设备残值为 400 元，试用双倍余额递减法来计算该设备各年的折旧费及相应的账面价值。

# 工作手册 6

# 价值工程

价值工程

1. **知识目标**

(1) 掌握价值工程的基本概念。
(2) 掌握价值、功能、成本的概念以及相互关系。
(3) 掌握价值工程的基本工作程序。
(4) 掌握功能评价的方法。

2. **能力目标**

(1) 功能的分析和评价。
(2) 有效运用价值工程原理在工程中发挥作用。

## 知识链接

苹果公司于北京时间2012年10月24日凌晨在美国召开特别发布会,苹果公司首席执行官蒂姆·库克(Tim Cook)宣布,苹果iPad平板电脑全球销量超过1亿台,这距离苹果推出第一代iPad平板电脑只有两年半之久。iPad,是一款苹果公司于2010年发布的平板电脑,定位介于苹果的智能手机iPhone和笔记本电脑产品之间,通体只有四个按键,与iPhone布局一样,提供浏览互联网、收发电子邮件、观看电子书、播放音频或视频、玩游戏等功能。iPad代表了一个全新的产品类别,不像iPhone需要"挑战"用户对手机这种日常生活消费品既有的使用模式。iPad以一种更为亲密、直观和富有乐趣的方式,将用户与应用程序和内容连接起来,尤其对时尚人群有产品号召力。

iPad和其他平板电脑相比,有以下优点。

(1)系统流畅。苹果公司自己开发的不开源iOS操作系统开启了多点触摸的先河,其功能上和Android系统不相上下。

(2)应用丰富精致。

iPad的书写也是有讲究的:字母"p"本来是小写的,但是如果是小写的"p"按照英语的书写规则,就会看到"p"伸出了一条腿,像是多出了一块,不整齐,所以iPad就把原本小写的"p"换成了大写的"P",从而在视觉上感觉更加的美观。全世界都在给iPad做广告,不是没有道理的。注重细节,重视用户体验,是伟大品牌的共同特质。

思考:为什么很多人即使多花钱也要买iPad,而不是其他品牌的平板电脑呢?

## 引例导入

某项目部将承包的工程划分为基础工程、地下结构工程、主体结构工程、装饰装修工程,并对其进行功能评分,得出其预算成本如下表。企业要求项目经理部降低成本8%,项目部该如何完成目标?

| 分部工程 | 功能评分 | 预算成本/万元 |
| --- | --- | --- |
| 基础工程 | 12 | 1 650 |
| 地下结构工程 | 14 | 1 500 |
| 主体结构工程 | 36 | 4 880 |
| 装饰装修工程 | 38 | 5 630 |
| 合计 | 100 | 13 660 |

# 任务 1 价值工程概述

## 一、价值工程的产生与发展

**1. 价值工程的产生**

价值工程(value engineering,简称 VE)是一种新兴的科学管理技术,是降低成本、提高经济效益的一种有效方法,它起源于 20 世纪 40 年代的美国。第二次世界大战结束前不久,美国的军事工业发展很快,造成原材料供应紧缺,一些重要的材料很难买到。当时在美国通用电气公司有位名叫麦尔斯(L. D. Miles)的工程师,他的任务是为公司寻找和取得军工生产所需的材料。麦尔斯研究发现,采购某种材料的目的并不在于该材料的本身,而在于材料的功能。在一定条件下,虽然买不到某一种指定的材料,但可以找到具有同样功能的材料来代替,仍然可以满足其使用效果。当时轰动一时的所谓"石棉板事件"就是一个典型的例子。该公司汽车装配厂急需一种耐火材料——石棉板,当时,这种材料价格很高而且奇缺。麦尔斯想:只要材料的功能(作用)一样,能不能用一种价格较低的材料代替呢?他开始考虑为什么要用石棉板?其作用是什么?经过调查,原来汽车装配中的涂料容易漏洒在地板上,根据美国消防法规定,这类企业作业时地板上必须铺上一层石棉板,以防火灾。麦尔斯弄清这种材料的功能后,找到了一种价格便宜且能满足防火要求的防火纸来代替石棉板。经过试用和检验,美国消防部门批准了这一代用材料。

麦尔斯从研究代用材料开始,逐渐摸索出一套特殊的工作方法,把技术设计和经济分析结合起来考虑问题,用技术与经济价值统一对比的标准衡量问题,又进一步把这种分析思想和方法推广到研究产品开发、设计、制造及经营管理等方面,逐渐总结出一套比较系统和科学的方法。1947 年,麦尔斯以《价值分析程序》为题发表了研究成果,"价值工程"正式产生。

**2. 价值工程的发展**

价值工程产生后,立即引起了美国军工部门和大企业的浓厚兴趣,以后又逐步推广到民用部门。

1952 年麦尔斯举办了首批价值分析研究班,在他的领导下进行了有关价值分析(VA)的基础训练。这些专门从事价值分析的人员在后来的工作中所创造的一系列重大成果,为在更多的产业界推行价值分析产生了重要影响。

1954 年,美国海军部首先制定了推行价值工程的计划。美国海军研究局首先用这种方法指导新产品设计并把价值分析改名为价值工程。1956 年正式将其用于签订订货合同,即在合同中规定,承包厂商可以采取价值工程的方法,在保证功能的前提下,改进产品或工程项目,节约下来的费用的20%～30%归承包商,这种带有刺激性的条款有力地促进了价值工程的推广,美国海军部在应用价值工程的第一年就节约了3 500万美元。据报道由于采用价值工程,美国国防部在1963年财政年度节约支出7 200万美元,1964年财政年度节约开支2.5亿美元,1965年财政年度节约开支3.27亿美元,到了1969年,就连美国航天局这个最不考虑成本的部门也开始培训人员着手推行价值工程。

1961年,麦尔斯在《价值分析》的基础上进一步加以系统化,出版了专著《价值分析与价值工程技术》(Techniques of Value Analysis and Engineering),1972年又出版了该书的修订版并被译成十多种文字在国外出版。

由于国际市场的扩大和科学技术的发展,企业之间的竞争日益激烈,价值工程的经济效果是十分明显的,因而价值工程在企业界得到了迅速发展。20世纪50年代,美国福特汽车公司竞争不过通用汽车公司,面临着失败倒闭的危险,麦克纳马拉组成一个班子,大力开展价值工程活动,使福特汽车公司很快就扭亏为盈,因而麦克纳马拉也就成为福特汽车公司第一个非福特家族成员的高层人士。在军工企业大力推广价值工程之时,民用产品也自发地应用价值工程,在美国内政部的垦荒局系统、建筑施工系统、邮政科研工程系统、卫生系统等部门都得到了广泛应用。

价值工程不仅为工程技术有关部门所关心,也成为当时美国政府所关注的内容之一。1977年美国参议院第172号决议案中大量列举了价值工程应用效果,说明这是节约能量、改善服务和节省资金的有效方法,并呼吁各部门尽可能采用价值工程。1979年美国价值工程师协会(SAVE)举行年会,卡特总统在给年会的贺信中说:"价值工程是工业和政府各部门降低成本、节约能源、改善服务和提高生产率的一种行之有效的分析方法。"

1955年,日本派出一个成本管理考察团到美国,了解到价值工程十分有效,就引进采用,他们把价值工程与全面质量管理结合起来,形成具有日本特色的管理方法。1960年,价值工程首先在日本的物资和采购部门得到应用,而后又发展到老产品更新、新产品设计、系统分析等方面。1965年,日本成立了价值工程师协会(SJVE),价值工程得到了迅速推广。

价值工程在传入日本后,又传到了西欧、东欧、原西德、苏联等一些国家,他们中有的国家还制定了关于价值工程的国家标准,成立了价值工程或价值分析的学会或协会;在政府技术经济部门和企业界推广应用价值工程,也都得到不同程度的发展并收到显著成效。

**3. 价值工程迅速发展的背景与原因**

价值工程从产生至今,仅仅60多年的时间,它之所以能够得到迅速推广和发展,不是偶然的,而是有它的客观背景和内在原因的。

价值工程首先在美国产生并迅速发展起来。二次大战中,美国政府向企业订购军火,所注重的是武器的性能和交货期,这种不顾成本、浪费资源的现象一直持续到战后。战后,无论政府还是其他用户都不会以成本补偿方式支付生产费用,价值工程在美国得到迅速发展,其历史背景和经济条件在于:一方面随着国际市场的扩大和科技的发展,企业之间的竞争日益加剧,促使企业必须运用价值工程来提高产品竞争能力;另一方面,美国由于扩军备战、发动战争,尖端武器和核竞赛要求增加军工生产,国内人民的反抗又不允许国防开支无限上升。

价值工程在其他国家也得到了飞速发展。一是在二十世纪六七十年代各国工业有了新发展,使得材料供应日趋紧张,如何解决材料奇缺的问题成为资本主义各国的重要课题,价值工程的应运而生,为研究材料代用、产品改型、设计改进等问题提供了系统方法;二是国际交通运输日益发达,资本主义竞争更为剧烈,产品要立足市场,不但要降低成本、售价,而且还要实现同样的功能,因而价值工程代替了以往的那种点滴节约,达到了竞争要求的新方法;三是科技飞速发展,新材料、新工艺不断涌现,为设计人员改进旧方法,采用新材料、新工艺,提供了现实的可能性。

价值工程之所以能得到迅速推广,是因为它给企业带来了较好的经济效益,其内在的原因主要有以下两方面。一方面是传统的管理方式强调分系统,分工各搞一套,造成人为地割裂,管理人员注重经营效果,侧重产品产量和成本,而技术人员只管技术设计,侧重产品性能方面的考虑,加上设计者个人考虑,自然会提高设计标准,特别是诸如保险系数、安全系数等标准,这就形成了技术与经济脱节的状态,而价值工程则着眼于从两方面挖潜达到最佳经济效益,是符合现代化生产和现代科技发展规律的有效方法。另一方面,传统的人才培训方法也是分割的、孤立式的,而价值工程则是二者合理的结合,以求得最佳价值。

总之,价值工程是随着现代化工业产品和科学技术的发展,随着人类经营管理思想的进步而在实践中创立和发展起来的。

### 4. 价值工程在我国的推广与应用

1) 我国价值工程的发展

我国自1978年引进价值工程至今已有三十余年的历史。价值工程首先在机械工业部门得到应用,1981年8月原国家第一机械工业部以一机企字(81)1047号文件发出了《关于积极推行价值工程的通知》,要求机械工业企业和科研单位应努力学习和掌握价值工程的原理与方法,从实际出发,用实事求是的科学态度,积极推行价值工程,努力把价值工程贯穿到科研、设计、制造工艺和销售服务的全过程。1982年10月,我国创办了唯一的价值工程专业性刊物《价值工程通讯》,后更名《价值工程》杂志。1984年国家经委将价值工程作为18种现代化管理方法之一向全国推广。1986年由国家标准局组织制定了《中华人民共和国价值工程国家标准》(征求意见稿),1987年国家标准局颁布了第一个价值工程标准《价值工程基本术语和一般工作程序》,1988年5月,我国成立了价值工程的全国学术团体——中国企业管理协会价值工程研究会,并把《价值工程》杂志作为会刊。

政府及领导的重视与关注,使价值工程得以迅速发展。价值工程自1978年引入我国后,很快就引起了科技教育界的重视。通过宣传、培训进一步被一些工业企业所采用,均取得了明显的效果,从而引起了政府有关部门的重视。政府有关部门的关心与支持给价值工程在我国的应用注入了动力。特别是1988年,江泽民同志精辟的题词"价值工程常用常新"对价值工程的发展具有深远意义。1989年4月,原国家经委副主任、中国企业管理协会会长袁宝华同志提出"要像推广全面质量管理一样推广应用价值工程",从而促进了价值工程的推广与应用。

几十年来,一些高等院校、学术团体通过教材、刊物、讲座、培训等方式陆续介绍价值工程的原理与方法及其在国内外有关行业的应用,许多部门、行业和地方以及企业、大专院校、行业协会和专业学会,纷纷成立价值工程学会、研究会,通过会议、学习班、讨论等方式组织宣传推广,同时还编著出版了数十种价值工程的专著,开展了国际价值工程学术交流活动,有效地推动了价值工程在我国的推广应用。

2) 我国价值工程的应用成果

价值工程在我国首先应用于机械行业,而后又扩展到其他行业,通常被认为价值工程难以推行的采矿、冶金、化工、纺织等部门,也相继出现了好的势头。价值工程的应用领域逐步拓展,从开始阶段的工业产品开发到工程项目,从企业的工艺、技术、设备等硬件的改进,到企业的生产、经营、供销、成本等管理软件的开发;从工业领域应用进一步拓展到农业、商业、金融、服务、教育、行政事业领域;在国防军工领域的应用也获得明显效果。如今,价值工程广泛应用于机械、电子、纺织、军工、轻工、化工、冶金、矿山、石油、煤炭、电力船舶、建筑以及物资、交通、邮电、水利、教育、商业和服务业等各个部门;分析的对象从产品的研究、设计、工艺等扩展到能源、工程、设备、技术引进、改造以及作业、采购、销售服务等领域,还应用到机构改革和优化劳动组合、人力资源开发等方面。此外,在农业、林业、园林等方面几乎涉及各大门类和各行各业的应用。

要提高经济效益和市场竞争力并获得持续发展,企业的经营管理离不开价值管理,离不开产品(包括劳务等)的价值创造,离不开各项生产要素及其投入的有效的价值转化。企业经营管理的本质就是价值经营、价值管理、价值创造,力求投入少而产出高,不断为社会需要创造出有更高价值的财富。我们面临的是一个丰富多彩、纷繁复杂的价值世界,任何有效管理和有效劳动都是在做有益于社会发展的价值转化工作,都在创造价值;反之,则既无效又无益,甚至起负面作用,形成一种"零价值"或"负价值"。树立正确的价值观念,应用价值工程原理和价值分析技术,对事物进行价值评估,并进行价值管理和开展价值创新,目的就在于为社会创造价值。

价值工程引进我国以后,它在降低产品成本、提高经济效益、扩大社会资源的利用效果等方面所具有的特定作用,在短短几年的实践中已经充分显示出来,一批企业在应用中取得了显著的实效,为价值工程在不同行业广泛地推广应用提供了重要经验。据不完全统计,1978～1985年,全国应用价值工程的收益达2亿元,到1987年已达5亿元。开展价值工程应用较早的是上海市,他们在应用价值工程的深度与广度上都有一定经验,其他如辽宁、浙江、河北等地在推行价值工程的过程中也取得了较好的经济效果。中国第一汽车制造厂应用推广价值工程的第一个10年,共进行270多项价值分析,取得效益3 000万元。河北省石家庄拖拉机厂在改造小型拖拉机老产品和设计新产品中应用价值工程,提高产品功能,降低成本,每台节约成本170元。

实践证明,价值工程在我国现代化管理成果中占有较大的比重,为提高经济效益做出了积极贡献,同时价值工程在我国经济建设中也大有可为,它应用范围广,成效显著。我国应用价值工程取得了巨大的经济效益,价值工程的应用和研究,从工业拓展到农业、商业、金融、国防、教育等领域,从产品、工艺、配方扩展到经营、管理、服务等对象。

随着技术与经济发展的客观需要,以及价值工程本身的理论与方法日臻完善,它必将在更多国家中的更多行业得到广泛的应用与发展。

## 二、价值工程的概念

价值工程,也称价值分析(value analysis,简写VA),是指以产品或作业的功能分析为核心,以提高产品或作业的价值为目的,力求以最低寿命周期成本实现产品或作业使用所要求的必要功能的一项有组织的创造性活动,有些人也称其为功能成本分析。价值工程是以满足用户需要的必要功能为前提,脱离用户需要的更高功能属于多余功能;达不到用户要求的功能,属于功能不足。因此价值工程的目的就是既要满足必要功能,又要降低总成本,追求最佳价值。

价值工程是通过各相关领域的协作,对所研究对象的功能与费用进行系统分析,不断创新,力图以最低的寿命周期成本,可靠地实现必要的功能,价值工程的目的是提高某种事物价值的思想方法和管理技术。功能的提高不是无限的,它受到一定用途和条件的限制,同时又与成本紧密相连。价值工程是寻求以最低的寿命周期成本,可靠地实现使用者所需的功能,以获取最佳的综合效益的一种管理技术。价值工程的这一定义,涉及价值、功能和寿命周期成本三个基本概念。

**1. 产品的价值**

价值工程中所说的"价值"有其特定的含义,与哲学、政治经济学、经济学等学科关于价值的概念有所不同。价值工程中的"价值"指的是一种"评价事物有益程度的尺度"。价值高说明该事物的有益程度高、效益大、好处多;价值低则说明有益程度低、效益差、好处少。例如,人们在购买商品时,总是希望"物美而价廉",即花费最少的代价换取最多、最好的商品。价值工程中的"价值"是指产品(或劳务等)的功能与获得该功能所花费的全部费用(成本)之比。可以用以下数学公式表示

$$V = \frac{F}{C} \tag{6-1}$$

式中　$V$——产品(或劳务等)的价值;

　　　$F$——产品(或劳务等)所实现的功能;

　　　$C$——用户为获得该产品(或劳务等)具有的功能所付出的费用(成本)。

一种产品价值的高低,取决于该产品所具有的功能与为取得这种功能所花费的成本二者之比值。凡是费用(成本)低且功能强的产品其价值就高,反之则价值低。价值高的产品是好产品,价值低的产品是需要改进的或被淘汰的产品。价值工程的目的,就是通过对产品进行系统的分析,寻求提高产品价值的途径和方法,从而达到提高产品的功能,降低产品费用(成本)的目的。

如果从企业的角度来评价一种产品,通常把"费用(成本)"看成是制造该产品所投入的人力、物力资源等,即"输入";把"功能"看成产品能满足用户的效用,即"输出";则"价值"就是从产品中所获得的经济效益。

由此可见,价值工程是根据功能或费用(成本)的比值来判断产品的经济效益,其目的是提高对象(产品等)的价值,这既是消费者利益的要求,也是企业和国家利益的要求。

根据 $V=F/C$,价值的提高可以通过以下途径来实现。

(1) 功能 $F$ 不变,降低费用(成本)$C$。

人们在购买某种商品的时候,总是把商品的功能(质量)同价格联系起来考虑,在同类商品功能(质量)相仿的情况下,人们总是选择其中价格较低者。因此,可以采取这种途径以提高价值。

(2)费用(成本)$C$不变,提高功能$F$。

同理,当两种商品的价格相仿时,总是购买其中质量较好的商品。因此,可以采取成本不变,而提高功能的途径以提高价值。

(3)功能$F$提高,降低费用(成本)$C$。

物美价廉的商品是最受欢迎的。但是要做到这一点,就必须既提高功能又降低成本,这就要求在技术上和管理上有所突破。因此,价值工程不仅要在原有的技术管理水平上挖掘潜力,更要求打破现状,不断提高组织的技术管理水平,以获得提高价值的最佳途径。

(4)费用(成本)$C$略有提高,功能$F$有更大提高。

根据不少消费者喜爱新颖商品和多功能商品的偏好特点,应该研究商品的"竞争质量"。所谓"竞争质量",是指某种商品比同类商品具有更多的独特的功能。商品具有独特功能,哪怕是微小的独特功能,都会比同类商品更具有竞争力。这种商品即使价格稍贵,消费者也愿意购买。因此,采取这种提高价值的途径是可行的(主要适用于高档商品)。

(5)功能$F$略有下降,费用(成本)$C$有更大下降。

根据不少消费者喜欢"实惠"的心理,某些消费品,在不严重影响使用价值的情况下,可以适当地降低商品的功能(质量)水平,以换取成本有较大幅度的降低,这种商品也有广泛的销路。例如,不少消费者喜欢购买处理品就是一个明证。因此,采取这种途径提高价值的途径也是可行的(主要用于低档品)。

至于企业究竟采用哪种途径,则要从本企业的实际条件出发,加强市场调查,分析消费者心理及产品具有特殊的要求,才能做出正确的决策。

**2. 产品的功能**

价值工程中的功能是指产品(或劳务等)能够满足用户某种需求的一种属性。具体来说,功能就是功用与作用。任何产品和劳务都有功能,比如住宅的功能是提供居住空间,建筑物基础的功能是承受荷载等。用户购买产品并非为了占有产品本身,而是为了得到该产品所具有的功能。业主购买商品住宅,实质上是购买住宅的"提供生活空间"的功能。因此,企业生产的目的不在于提供产品给用户,而是通过产品向用户提供他们所需的功能,产品具有了功能才使其得以使用和生存下去,功能是产品最本质的东西。

1)功能定义的作用

功能定义就是用简明准确的语言来表达功能的本质内容。

(1)区分各种功能的概念。

通过功能定义把功能的内容和功能的水平准确地表述出来,这样就可以明确一种产品及其零部件的确切功能,并与其他产品及其零部件的功能区别开来。

(2)进一步明确用户所需要的功能。

用户对产品的功能要求是产品设计和制造的出发点和归宿。通过功能定义,准确地把握用户对产品的功能要求,使设计的内容和水平充分反映用户的功能要求,从而制造出符合用户要求的产品。

(3)便于进行功能评价。

功能评价的最终目的是确定实现功能的最低费用,由于功能费用与功能水平是相关联的,而功能水平又依赖于功能定义,所以只有通过功能定义确定功能的水平,才能进行有效的功能评价。

(4) 便于改进产品的方案构思。

产品的某一种功能的实现是可以通过多种手段来实现的,功能定义能有助于设计者摆脱产品结构的约束,把分析问题的着眼点转移到产品的功能上来,在抓住问题本质的基础上扩展构思,进而设想出各种设计方案。

2) 功能定义的方法

功能定义在实践中常用一个动词和一个名词组成的动宾词组构成。为了不限制实现产品功能的各种方法,动词常选用比较抽象的词;而为了将实现产品功能费用的多少与产品功能水平的高低有机地联系在一起,名词最好选用能够计量的词。例如,圈梁的功能定义是加固墙体,基础的功能定义是承受荷载等。

3) 功能分类

为了按类型进行功能分析,需要对功能进行分类,一般有如下三种分类方式。

(1) 按功能重要程度分,可以分为基本功能和辅助性功能。

基本功能是产品达到使用目的不可缺少的功能,是决定产品属性的功能。如果不具备这种功能,这种产品就失去了其存在的价值。

辅助功能是为了更好地实现基本功能而起辅助作用的功能,是为了实现基本功能而附加的功能。辅助功能在不影响基本功能实现的前提下是可以改变的,这种改变往往可以达到提高产品性能、降低制造成本的目的。例如,承受荷载是承重外墙的基本功能,保温、隔热、隔声是承重外墙的辅助功能。

(2) 按功能使用的性质分,可以分为使用功能和美学功能。

使用功能是指产品的特定用途或使用价值,通过产品的基本功能和辅助功能来实现,是从功能的内涵上反映其使用属性。例如,承重外墙的使用功能就是承受荷载、隔热、隔声、保温等。

美学功能是指产品所具有的外观美化功能,是从产品外观上反映功能的艺术属性。如建筑物上面的图案浮雕,就是为了使建筑物美观大方而增加的部分,其功能就是美学功能。

(3) 按用户的需要分,可以分为必要功能和不必要功能。

必要功能是指用户所要求的功能以及与实现用户所需求功能有关的功能,使用功能、美学功能、基本功能、辅助功能等均为必要功能。

不必要功能是用户不需要的功能,是过剩的或多余的功能,是不符合用户要求的功能,是完全没有必要或没有意义的"画蛇添足"功能,包括多余功能、重复功能和过剩功能三个方面。不必要功能不仅造成用户额外的经济负担,而且还造成国家资源的浪费,需要在改进设计中加以剔除,因此,价值工程的功能,一般是指必要功能。据国外相关资料介绍,在产品的功能中,大约有30%是不必要功能。

(4) 按功能使用的程度分,可以分为过剩功能和不足功能。

过剩功能是指某些功能虽属必要,但满足用户的需要有余,并且在数量上超过了用户的要求,或者高于标准功能水平。例如,某机器本来需要 5.5 kW 电动机,却配备了 7.5 kW 的电动机,功能过剩常常表现为"大材小用"。

不足功能是相对于过剩功能而言的,表现为功能水平在数量上不能完全满足用户的需要,或者低于标准功能水平。若实际需要 7.5 kW 的电动机,却配备了 5.5 kW 的电动机,那就是功能不足的问题了。

4) 功能的特性

功能特性包括如下内容。

(1) 性能。通常表示功能的水平,即实现功能的品质。

(2) 可靠性。实现功能的持续性。

(3) 维修性。功能发生故障后修复的难易度。

(4) 安全性。实现功能的安全性。

(5) 操作性。实现功能的操作或作业的方便性与少故障性。

(6) 易得性。实现功能的难易度。

**3. 寿命周期成本(寿命周期费用)**

价值工程中的寿命周期成本是指从产品(或劳务等)的研究、形成到退出使用这一过程所需的全部成本,一般包括生产费用和使用费用两部分。对于建筑产品则由建设费用和使用费用两部分构成。建设费用是指建筑产品从筹建直到竣工验收为止的全部费用,包括勘察设计费、施工建造费等。使用费用是指用户在使用过程中发生的各种费用,包括维修费用、能源消耗费用、管理费用等。寿命周期成本 $C$ 为生产费用 $C_1$ 与使用费用 $C_2$ 之和,即

$$C = C_1 + C_2 \tag{6-2}$$

一般情况下,生产费用随产品功能水平的提高而上升,使用费用随产品功能水平的提高而下降,如图 6-1 所示,产品寿命周期费用随产品功能水平变化呈开口向上的抛物线变化。显然,寿命周期费用曲线上存在一个最低点 $C_{min}$,在这个点上,产品达到恰当的功能水平 $F_0$ 而使寿命周期费用最小的情况是理想状态。一般来说,无论是现实的产品或新设计方案都没有完全达到这种状态。若在 $C'$ 与 $C_{min}$ 之间存在一个成本可以降低的幅度 $A = C' - C_{min}$,而在 $F'$ 与 $F_0$ 之间存在一个功能可以提高或改善的幅度 $B = F_0 - F'$,则 VE 的目的就是在于通过 VE 活动,使产品的 $C'$ 趋向于 $C_{min}$,而且 $F'$ 趋向于 $F_0$。

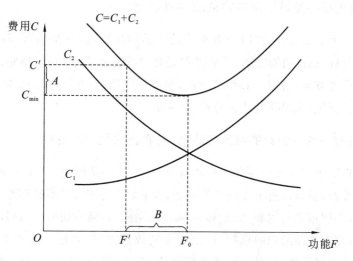

图 6-1 寿命周期费用与功能水平之间的关系图

随着产品的功能水平的提高,产品的使用费用降低,但是设计制造费用(生产费用)增高;反

之,产品的使用费用增高,则设计制造费用降低。一座精心设计施工的住宅,其质量就有保证,使用过程中发生的维修费用就一定比较低;相反,粗心设计并且施工中偷工减料建造出来的住宅质量一定低劣,使用过程中的维修费用就一定较高。设计制造费用、使用费用与功能水平的变化规律决定了寿命周期成本按如图 6-1 所示的马鞍形曲线变化,决定了寿命周期成本存在最低值 $C_{min}$。寿命周期的示意图如图 6-2 所示。

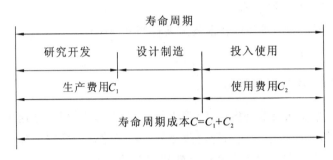

图 6-2　寿命周期示意图

## 三、价值工程的特点

**1. 价值工程致力于功能与成本的合理结合**

价值工程的目标是以最低的寿命周期成本,使产品或劳务具有所必须具有的功能,使用户和企业都得到最大的经济效益。价值工程不是单纯强调提高功能,也不是片面追求降低成本,而是致力于功能与成本的合理结合。

**2. 价值工程的核心是满足用户需求的特有功能**

价值工程的一个突出观点是"用户需要的是产品的功能,而不是物"。对产品进行分析时,首先要进行功能分析,通过功能分析,明确哪些是必要功能和不足功能,哪些是不必要功能和过剩功能。再通过改进方案,去掉不必要的功能,削减过剩功能,补充不足功能,实现必要功能,实现产品功能结构合理化,从而降低产品的费用(成本)。

**3. 价值工程是一种有组织的创造性活动,具有群众性和广泛性**

价值工程是贯穿于产品整个寿命周期的系统方法,从产品研究、设计到原材料的采购、生产制造以及销售和维修,都有价值工程的工作可做,而且涉及面广,需要许多部门和各种专业人员相互配合。因此,必须依靠有组织的、集体的努力来完成,必须密切配合、协同努力,发挥集体智慧和创造力,打破原有产品结构的框框,提出更多的改进方案,并按一定的工作程序有组织、有计划地进行活动。开展价值工程活动,要组织设计、工艺、供应、加工、管理、财务、销售以及用户等各方面的人员参加,运用各方面的知识,发挥集体智慧,博采众家之长,从产品生产的全过程来确保功能,降低成本。

# 任务 2 价值工程的工作程序与方法

## 一、价值工程工作程序

价值工程已发展成为一问比较完善的管理技术，在实践中已形成了一套科学的工作实施程序。这套实施程序实际上是发现矛盾、分析矛盾和解决矛盾的过程，通常是围绕以下 7 个合乎逻辑程序的问题展开的。

（1）这是什么？
（2）这是干什么用的？
（3）它的成本多少？
（4）它的价值多少？
（5）有其他方法能实现这个功能吗？
（6）新的方案成本是多少？功能如何？
（7）新的方案能满足要求吗？

按顺序回答和解决这七个问题的过程，就是价值工程的工作程序和步骤，即选定对象、收集情报资料、进行功能分析、提出改进方案、分析和评价方案、实施方案、评价活动成果。

价值工程的一般工作程序如表 6-1 所示。

表 6-1 价值工程一般工作程序

| 价值工程工作阶段 | 设计程序 | 工作步骤 | | 价值工程对应问题 |
|---|---|---|---|---|
| | | 基本步骤 | 详细步骤 | |
| 准备阶段 | 制定工作计划 | 确定目标 | 1. 对象选择 | 1. 这是什么？ |
| | | | 2. 信息搜集 | |
| 分析阶段 | 规定评价（功能要求事项实现程度的）标准 | 功能分析 | 3. 功能定义 | 2. 这是干什么用的？ |
| | | | 4. 功能整理 | |
| | | 功能评价 | 5. 功能成本分析 | 3. 它的成本是多少？ |
| | | | 6. 功能评价 | 4. 它的价值是多少？ |
| | | | 7. 确定改进范围 | |

续表

| 价值工程工作阶段 | 设计程序 | 工作步骤 | | 价值工程对应问题 |
|---|---|---|---|---|
| | | 基本步骤 | 详细步骤 | |
| 创新阶段 | 初步设计(提出各种设计方案) | 制定改进方案 | 8.方案创造 | 5.有其他方法实现这一功能吗? |
| | 评价各设计方案,对方案进行改进、选优 | | 9.概略评价 | 6.新方案的成本是多少? |
| | | | 10.调整完善 | |
| | | | 11.详细评价 | |
| | 书面化 | | 12.提出提案 | 7.新方案能满足功能要求吗? |
| 实施阶段 | 检查实施情况并评价活动成果 | 实施评价成果 | 13.审批 | 8.偏离目标了吗? |
| | | | 14.实施与检查 | |
| | | | 15.成果鉴定 | |

上述仅仅是价值工程的一般工作程序。由于价值工程的应用范围广泛,其活动形式也不尽相同,因此在实际应用中,可参照工作程序,根据对象的具体情况,应用价值工程的基本原理和思想方法,考虑具体的实施措施和方法步骤。但是对象选择、功能分析、功能评价和方案创新与评价是工作程序的关键内容,体现了价值工程的基本原理和思想,是不可缺少的内容。

## 二、选择价值工程对象

选择价值工程活动的对象,就是要具体确定功能成本分析的产品与零部件。这是决定价值工程活动收效大小的第一个步骤。

**1. 选择价值工程的一般原则**

价值工程活动的对象一般是指价值低的、改善期望值大的和十分重要的产品(系统)。能否正确选择价值工程对象是价值工程活动成效大小,甚至成败的关键。例如,就建筑产品而言,其种类繁多,质量、成本、施工工艺和方法不尽相同,不可能把所有的建筑产品作为价值工程对象。即使在一座建筑物的建设过程中,也不可能把所有环节作为价值工程对象。选择哪些内容作为价值工程对象,就首先需要根据一定的原则加以选定。

1) 与企业经营目标一致的原则

价值工程活动本身也是一种企业经营活动,因而不可避免地与企业的经营目标发生联系。一般地,企业经营目标有满足社会的需求、符合企业发展的要求和追求最佳的经济效益等三类,企业可以根据一定时期的主要经营目标,有针对性地选择对企业经营目标最有利的产品、零部件、工序、作业、工程项目等作为价值工程对象。

(1) 与社会目标相适应。应优先考虑国家急需的重点产品;社会需求量大的产品;国家重点工程建设急需的短缺产品以及公害、污染严重的产品等。

（2）与发展目标相适应。应优先考虑研制中的产品；需更新改造的设备；拟改革的工艺流程；竞争激烈的产品；用户意见大的产品以及开辟新市场的产品和出口产品等。

（3）与利益目标相适应。应优先考虑成本高、利润低的产品；材料贵、耗用大的产品；能耗高性能差、技术水平低的产品；生产周期长、占用资金多的产品以及笨重、结构复杂的产品等。

2）价值提高的可能性原则

在实际工作中，并不是所有产品都能获得理想的价值成果。大幅度地提高价值的可能性一方面取决于产品本身的价值改善潜力大小和难易程度，另一方面取决于企业在分析研究时的人力、物力、财力等一系列的客观条件。因此，只有既考虑价值提高的最大化，又考虑价值提高条件的较容易实现的方法，才可能准确地进行对象选择，进而有利于实现企业的经营目标。

**2. 选择价值工程对象的一般方法**

选择价值工程对象的方法众多，包括定性分析和定量分析两类方法，这里介绍几种常用的方法。

1）经验分析法（因素分析法）

经验分析法作为一种简单易行的定性分析方法，在目前使用较为普遍。该方法实际上是利用一些有丰富实践经验的人员对所存在问题的直接感受，经过主观判断确定价值工程对象的一种方法。运用该方法时要对各种影响因素进行综合分析，分清主次轻重，既要考虑需要，也要考虑可能，以保证对象选择的合理性。

经验分析法是一种定性的方法，选择的原则有如下几点。

（1）从设计方面看，选择结构复杂、性能差或技术指标低的产品或零部件。

（2）从生产方面看，选择产量大、工艺复杂、原材料消耗大且价格高并有可能替换的或废品率高的产品或零部件。

（3）从经营和管理方面看，选择用户意见多的、销路不畅的、系统配套差的、利润率低的、成本比重大的、市场竞争激烈的、社会需求量大的、发展前景好的或新开发的产品或零部件。

经验分析法的优点是简便易行、节省时间，其缺点是缺乏定量依据，不够精确可靠。因此，只有在目标单一、产品不多或问题比较简单的情况下使用该方法，在准确性和节约时间方面才具有显著的优越性，实际应用中也常将该方法与其他方法结合起来使用。

2）ABC分析法

ABC分析法也称为成本比重分析法、重点法或帕累托（Pareto）分配律法，是根据"关键的少数，次要的多数"的思想，对复杂事物的分析提供一种抓主要矛盾的简明有效的定量方法。

处理任何事情都要分清主次轻重，区别关键的少数和次要的多数，根据不同情况进行分析。该方法是意大利经济学家帕累托在研究人口与收入的规律时总结出来的。他发现占人口百分比不大的少数人的收入占总收入的极大部分，而占人口百分比大的多数人的收入却占总收入的极小部分，类似这种现象在社会生活中也屡见不鲜。例如，在进行产品生产成本分析时发现，数量占零部件总数10%左右的零部件，其成本却占总成本的70%左右；另有占数量20%左右的零部件，其成本占总成本的20%左右；而占总数70%左右的零部件的成本仅占总成本的10%左右。产品生产成本分配如此,各类工程项目、工艺、加工方法、工序工时等的费用分配也是如此。ABC 分析法将数量占 10%且成本占 70%的那部分零部件划为 A 类,将数量占 20%且成本占 20%的零部件划为 B 类,将数量占 70%且成本占 10%的零部件划为 C 类。A 类零部件是主要研究的对象,B 类则选择其中的前几个,C 类则不选。

一般地,应用 ABC 分析法选择价值工程对象的步骤如下。

(1) 收集相关数据,绘制 ABC 分析表,如表 6-2 所示。

① 将全部产品或一种产品的零部件按其成本由大到小依次排序。

② 按排序的累计件数计算占总产品或零部件总数的百分比。

③ 按排序的累计成本计算所占总成本的百分比。

④ 按 ABC 分析法将全部产品或零部件分为 A、B、C 三类,首选 A 类作为价值工程分析对象,B 类选前几个,C 类则不选。

(2) 绘制 ABC 分析图,如图 6-2 所示。采用直角坐标系,纵轴为成本累计比率(%),横轴为观测对象累计比率(%),根据上述分类方法定出 A、B、C 三类的范围。

**例 6-1** 某建筑产品由 10 种零件组成,各种零件的个数和每个零件的成本如表 6-2 所示,试用 ABC 分析法选择 VE 对象。

表 6-2 零件成本统计表

| 零件名称 | a | b | c | d | e | f | g | h | i | j |
|---|---|---|---|---|---|---|---|---|---|---|
| 零件个数 | 1 | 1 | 2 | 2 | 2 | 1 | 1 | 3 | 3 | 9 |
| 成本/(元/个) | 3.61 | 4.42 | 1.03 | 0.90 | 0.80 | 0.43 | 0.37 | 0.12 | 0.05 | 0.01 |

**解** (1) 绘制 ABC 分析表,如表 6-3 所示。

表 6-3 ABC 分析表

| 零件名称 | 件数 | 累计件数 | 累计占零件总数/(%) | 成本/元 | 累计金额/元 | 累计占总成本/(%) | 分类 |
|---|---|---|---|---|---|---|---|
| a | 1 | 1 | 4 | 3.61 | 3.61 | 24.24 | A |
| b | 1 | 2 | 8 | 4.42 | 8.03 | 53.93 | A |
| c | 2 | 4 | 16 | 2.06 | 10.09 | 67.76 | A |
| d | 2 | 6 | 24 | 1.80 | 11.89 | 79.85 | B |
| e | 2 | 8 | 32 | 1.60 | 13.49 | 90.60 | B |
| f | 1 | 9 | 36 | 0.43 | 13.92 | 93.49 | C |
| g | 1 | 10 | 40 | 0.37 | 14.29 | 95.97 | C |
| h | 3 | 13 | 52 | 0.36 | 14.65 | 98.39 | C |
| i | 3 | 16 | 64 | 0.15 | 14.80 | 99.40 | C |
| j | 9 | 25 | 100 | 0.09 | 14.89 | 100.00 | C |
| 合计 | 25 | | | 14.89 | | | |

（2）绘制 ABC 分析图，如图 6-3 所示。

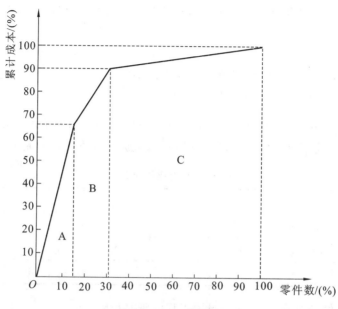

图 6-3　ABC 分析图

ABC 法的优点是能够比较直观地显示哪些产品的成本占总成本的主要部分，并能抓住重点，把数量少而成本大的零部件或工序选为价值工程的对象，利于集中精力，重点突破，取得较大成果。

ABC 法的缺点是并未联系功能方面的因素来考虑价值分析的对象。在实际工作中，由于成本分配不合理，常会出现有的零部件功能比较次要而成本高，而有的零部件功能比较重要但成本却低，致使后一种零部件（C 类）不能被选为价值工程的对象，有可能忽略所占比重虽然不大但功能却亟待改进的 C 类对象。

3）百分比分析法

百分比分析法是通过分析产品的两个或两个以上的技术经济指标所占有的百分比，并考查每个产品其指标百分比的综合比率来选择对象的方法。技术经济指标可以考虑采用产值、成本、利润、销售量等。例如，某厂有五种产品，其成本和利润的百分比及相应的综合比率（利润百分比与成本百分比的比值）如表 6-4 所示，通过综合比率排序可以看出产品 E 的综合比率最低，因此应选择产品 E 作为重点分析对象。

表 6-4　百分比分析计算表

| 产品名称 | A | B | C | D | E | 合　计 |
|---|---|---|---|---|---|---|
| 成本/万元 | 40 | 60 | 100 | 80 | 60 | 340 |
| 比重/(%) | 11.8 | 17.6 | 29.4 | 23.5 | 17.7 | 100 |
| 利润/万元 | 10 | 20 | 30 | 20 | 10 | 90 |
| 比重/(%) | 11.1 | 22.2 | 33.3 | 22.2 | 11.2 | 100 |
| 利润(%)/成本(%) | 0.941 | 1.261 | 1.133 | 0.945 | 0.633 | |
| 排　序 | 4 | 1 | 2 | 3 | 5 | |

在企业管理中,应用百分比分析法对产品进行分析,优化产品结构,对提高产品技术经济价值是十分方便有效的,实践中还常将百分比分析法与经验分析法相结合,以便更全面、综合地考察对象。

4) 价值比较法

价值比较法依据公式 $V=F/C$,即在产品成本已知的基础上,将产品功能定量化,计算出产品价值,然后选取价值小的产品或零部件作为价值工程对象。

**例 6-2** 某成片开发的居住区,提出了几种类型的单体住宅的初步设计方案,各方案的单体住宅居住面积及相应概算造价如表 6-5 所示,试选择价值工程研究对象的部分。

表 6-5 价值比较计算表

| 方案 | A | B | C | D | E | F | G |
|---|---|---|---|---|---|---|---|
| 功能:单位住宅居住面积/m² | 9 000 | 3 000 | 2 000 | 5 000 | 8 000 | 7 000 | 4 000 |
| 成本:概算造价/万元 | 1 100 | 300 | 320 | 600 | 1 000 | 500 | 600 |
| 价值指数:$V=F/C$ | 8.18 | 10.00 | 6.25 | 8.33 | 8.00 | 14.00 | 6.67 |

C、G、E 方案价值指数偏低,应选为价值工程的研究对象。

5) 强制确定法

不同于只按成本比重的大小确定价值分析对象的 ABC 分析法,强制确定法建立在产品的功能和成本应该相互协调一致的基础上,即对产品的某零部件而言,其成本应该与其功能的重要性相匹配。该方法从功能和成本两个方面进行考察,找出成本与功能不相匹配的零部件,将这些零部件作为 VE 的对象。因此,当一个产品(工程项目)由多种零部件(分项工程)组成,并且这些零部件的重要性各不相同时,可以应用强制确定法选择分析对象,具体方法如下。

(1) 确定功能评价系数。

组织熟悉业务的 5~15 名专业技术人员,对组成产品的零部件按其功能的重要性一对一地进行比较,重要程度高的得 1 分,重要程度低的得 0 分,不允许一对一比较时对两者都打 1 分或都打 0 分。自身比较可以记为 0 分或 1 分,按 0 分记是考虑这个零部件能否取消或同其他部分合并,若该零部件不可以取消或合并,则记 1 分。逐次比较后,将各零部件的得分结果进行统计,求出参加评分人员对同一零部件的功能评分之和,再将所有零部件的评分值累加,两者相比,即得某一零部件的功能评价系数,用公式表示如下:

$$F_i = \frac{\sum_{j=1}^{m} f_{ij}}{\sum_{i=1}^{n} \sum_{j=1}^{m} f_{ij}} \tag{6-3}$$

式中 $F_i$——第 $i$ 个零部件的功能评价系数;

$f_{ij}$——第 $j$ 位评分者给第 $i$ 个零部件的功能评分值;

$m$——参加评分的人数;

$n$——零部件的个数。

(2) 计算成本系数。

成本系数的计算公式如下。

$$C_i = \frac{CO_i}{\sum_{i=1}^{n} CO_i} \tag{6-4}$$

式中　$C_i$——第 $i$ 个零部件的成本系数；

　　　$CO_i$——第 $i$ 个零部件的现状成本。

（3）计算价值系数。

价值系数的计算公式如下。

$$V_i = \frac{F_i}{C_i} \tag{6-5}$$

式中　$V_i$——第 $i$ 个零部件的价值系数。

（4）根据价值系数进行分析。

① $V_i \approx 1$，表明现有功能和现有成本相适应，比较合理，一般可以不列为重点分析对象。但是，要注意有时存在成本比重和功能比重都过高的特殊情况。

② $V_i < 1$，表明对象为实现某功能所付出的成本过高了，需要降低成本，因而这个对象应被选为价值工程分析的对象。

③ $V_i > 1$，表明对象的现有功能高，而成本较少，从价值工程的本意来讲，价值系数高，原本是追求的目标，即不必作为重点选择的对象。但是，由于方法本身的特点，价值系数高只是表明该项功能的重要程度高，而不能反映该项功能是否已充分实现，所以要视具体情况而定。若该零部件功能很重要，但由于现状成本分配偏低，致使功能未能充分实现，则应适当增加其成本；若该零部件功能虽很重要，但本身材料价格低廉，则不必多余地增加成本。

**例 6-3**　某产品主要由 A、B、C、D、E 零部件组成，现各零件成本分别为 4.76 万元、3.64 万元、3.50 万元、1.12 万元、0.98 万元，现组织Ⅰ、Ⅱ、Ⅲ、Ⅳ、Ⅴ五位评委对各零部件的重要性评分，试在此基础上分析开展价值工程活动对象的确定。

**解**　应用强制确定法求解本题，其步骤如下。

（1）对各零部件的重要性评分。

让五位评委各自对该产品的各零部件的重要性进行排序。例如，评委Ⅰ认为各零部件的功能重要性排序是 C>A>E>B>D，同时认为各零部件都不可取消或合并，因此评委Ⅰ的评分结果如表 6-6 所示。其他评委的评分结果分别如表 6-7 至表 6-10 所示。

表 6-6　评委Ⅰ对各零部件的评分

| 产品部件名称 | 一对一比较评分 | | | | | 得分累计 |
| --- | --- | --- | --- | --- | --- | --- |
| | A | B | C | D | E | |
| A | 1 | 1 | 0 | 1 | 1 | 4 |
| B | 0 | 1 | 0 | 1 | 0 | 2 |
| C | 1 | 1 | 1 | 1 | 1 | 5 |
| D | 0 | 0 | 0 | 1 | 0 | 1 |
| E | 0 | 1 | 0 | 1 | 1 | 3 |

表 6-7  评委 Ⅱ 对各零部件的评分

| 产品部件名称 | 一对一比较评分 | | | | | 得分累计 |
|---|---|---|---|---|---|---|
| | A | B | C | D | E | |
| A | 1 | 1 | 1 | 1 | 1 | 5 |
| B | 0 | 1 | 0 | 0 | 0 | 1 |
| C | 0 | 1 | 1 | 1 | 1 | 4 |
| D | 0 | 1 | 0 | 1 | 1 | 3 |
| E | 0 | 1 | 0 | 0 | 1 | 2 |

表 6-8  评委 Ⅲ 对各零部件的评分

| 产品部件名称 | 一对一比较评分 | | | | | 得分累计 |
|---|---|---|---|---|---|---|
| | A | B | C | D | E | |
| A | 1 | 1 | 0 | 1 | 0 | 3 |
| B | 0 | 1 | 0 | 1 | 0 | 2 |
| C | 1 | 1 | 1 | 1 | 1 | 5 |
| D | 0 | 0 | 0 | 1 | 0 | 1 |
| E | 1 | 1 | 0 | 1 | 1 | 4 |

表 6-9  评委 Ⅳ 对各零部件的评分

| 产品部件名称 | 一对一比较评分 | | | | | 得分累计 |
|---|---|---|---|---|---|---|
| | A | B | C | D | E | |
| A | 1 | 1 | 1 | 1 | 1 | 5 |
| B | 0 | 1 | 0 | 0 | 1 | 2 |
| C | 0 | 1 | 1 | 0 | 1 | 3 |
| D | 0 | 1 | 1 | 1 | 1 | 4 |
| E | 0 | 0 | 0 | 0 | 1 | 1 |

表 6-10  评委 Ⅴ 对各零部件的评分

| 产品部件名称 | 一对一比较评分 | | | | | 得分累计 |
|---|---|---|---|---|---|---|
| | A | B | C | D | E | |
| A | 1 | 1 | 1 | 1 | 1 | 5 |
| B | 0 | 1 | 0 | 0 | 0 | 1 |
| C | 0 | 1 | 1 | 1 | 1 | 4 |
| D | 0 | 1 | 0 | 1 | 0 | 2 |
| E | 0 | 1 | 0 | 1 | 1 | 3 |

(2) 确定功能评价系数。

综合五位评委的评分结果,并确定各零部件功能的评价系数,如表 6-11 所示。对零部件 A 来说,五位评委的评分合计为 22,除以总计得分 75,即得零部件 A 的功能评价系数为 0.293。

表 6-11　评分结果综合与确定功能评价系数表

| 产器部件名称 | 一对一比较评分 | | | | | 合计得分 | 功能评价系数 |
|---|---|---|---|---|---|---|---|
| | Ⅰ | Ⅱ | Ⅲ | Ⅳ | Ⅴ | | |
| A | 4 | 5 | 3 | 5 | 5 | 22 | 0.293 |
| B | 2 | 1 | 2 | 2 | 1 | 8 | 0.107 |
| C | 5 | 4 | 5 | 3 | 4 | 21 | 0.280 |
| D | 1 | 3 | 1 | 4 | 2 | 11 | 0.147 |
| E | 3 | 2 | 4 | 1 | 3 | 13 | 0.173 |
| 累计分值 | | | | | | 75 | 1.000 |

(3) 计算成本系数。

成本系数的计算结果如表 6-12 所示。

(4) 计算价值系数与确定价值工程对象。

价值系数的计算结果如表 6-12 所示。根据价值系数进行对象的选择,优先选择零部件 B 作为分析对象;零部件 D、E 属于价值系数大于 1 的情况,要视具体情况而定;零部件 A、C 属于价值系数接近于 1 的情况,一般不作为价值分析的对象。

表 6-12　价值系数计算结果表

| 产品部件名称 | 现状成本/万元 | 成本系数 | 功能评价系数 | 价值系数 |
|---|---|---|---|---|
| A | 4.76 | 0.34 | 0.293 | 0.86 |
| B | 3.64 | 0.26 | 0.107 | 0.41 |
| C | 3.50 | 0.25 | 0.280 | 1.12 |
| D | 1.12 | 0.08 | 0.147 | 1.84 |
| E | 0.98 | 0.07 | 0.173 | 2.47 |
| 合计 | 14 | 1.00 | 1.000 | |

强制确定法由于在确定功能系数时将功能的相对重要性程度分为 0 和 1 的标度,因此又被称为"01"评分法。该方法从功能和成本两方面综合考虑,简单实用,不仅能明确揭示出价值工程的研究对象所在,而且具有数量概念。但由于这种方法是人为打分,只有 0、1 两种评价标准,未考虑两者本身的大小对价值的影响,不能准确反映功能差距的大小,只适用于零件间功能差别不太大且比较均匀的对象,而且一次分析的功能数目也不能太多,以不超过 10 个为宜。

6) 最合适区域法

最合适区域法也是一种通过计算价值系数选择价值工程对象的方法,因为这一方法是由日本东京大学的田中教授于 1973 年在美国价值工程师的国际学术研讨会上提出来的,所以又称田中法。田中法中价值系数的计算步骤与强制确定法相同,但在根据价值系数选择分析对象时,提出了一个最合适区域。

一般情况下,零部件或功能的价值系数很少恰好等于1。如果将$V\neq1$的零部件或功能都选为VE对象,工作量可能太大,花费高且效果也未必好。因此,可以认为$V=1$附近的点所代表的零部件或功能是适合的,不必作为VE对象。这样就产生了一个适合区域,VE仅选择位于该区域之外的零部件或功能作为其改进对象。

田中法构造的最合适区域如图6-4所示,由围绕价值标准线$V=1$的两条曲线包络而成。两条曲线的构成方法是从曲线$y=\sqrt{x_i^2\pm2S}$上任意一点$Q(x_i,y_i)$至价值标准$V=1$的垂线$QP$与$OP$的乘积是一个常数$S$。即假定$QP=r,OP=l$,有$r\times l=S$。当$S$值不变时,$l$值增大,则$r$值减小;反之,$l$值减小,则$r$值增大。亦即当$Q$点距$O$点较远时,则要求$Q$点距价值标准线的距离更小一些;反之,当$Q$点距$O$点较近时,则要求$Q$点距价值标准线的距离大一些。这样绘制的最合适区域图既能满足选择价值工程活动对象的要求,又能降低价值工程分析的成本。曲线中的$S$是人为给定的常数,若给定的$S$较大,则两条曲线距标准线距离也大,价值工程对象将选得少一些;反之,若给定的$S$较小,则曲线更逼近标准线,价值工程对象将选得多一些。田中法能够较好地解决应该对距原点远的VE对象进行严格控制和对距原点近的VE对象作较为放松控制的问题。

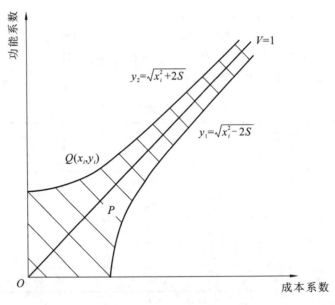

图6-4 最合适区域图

## 三、收集情报资料

价值工程的情报是指对实现价值工程目标有益的技术和经济方面的知识、信息和资料。价值工程的目标是提高价值,为达到或实现这一目标所作出的决策,都离不开必要的信息,情报收集工作贯穿于价值工程的全过程。在价值工程的改善对象确定之前,要围绕价值工程活动的范围收集情报;在改善对象确定之后,要围绕改善对象收集情报,为进一步开展价值工程活动奠定信息基础。一般来说,必要的或有益的信息越多,价值分析的质量就越高,错误的信息必然会导致错误的决策。因此,价值工程成果的大小在一定意义上取决于情报信息搜集的质量、数量和时间。

**1. 收集情报的原则**

1) 目的性

收集情报信息要事先明确所收集的信息是用来实现价值工程特定目标的,不要盲目地碰到什么就收集什么,要避免无的放矢。

2) 可靠性

信息是正确决策所必不可少的依据,若情报信息不可靠、不准确,将严重影响价值工程的预期结果,还可能最终导致价值工程工作的失败。

3) 完整性

情报收集要完整、系统,避免片面性。

4) 计划性

在收集情报之前应预先编制计划,加强这项工作的计划性,使这项工作具有明确的目的和确定的范围,以便提高工作效率。

5) 时间性

在收集情报时要收集近期的、较新的信息。

6) 加工性

对取得的情报资料进行加工、分类,最后成为系统信息,通过加工剔除无效的资料,使用有效的资料,以利于价值工程活动的分析研究。

**2. 情报收集的内容**

1) 用户要求情报

用户要求情报包括用户使用产品的目的、环境、条件,用户对产品性能、价格、服务、外观的要求等。

2) 市场销售情报

市场销售情报包括市场的范围及其发展趋势、产品产销数量的演变及目前产销情况、市场需求量及市场占有率的预测、同类产品竞争的情况等。

3) 技术情报

技术情报一般包括现有产品研制、设计的历史和演变,本企业产品和国内、外同类产品的相关技术资料,与产品相关的新结构、新工艺、新材料、新技术、标准化和"三废"处理方面的资料等。

4) 成本情报

成本情报包括产品的成本构成情况、单位产品的价格、工时定额、材料单价和消耗定额、实现产品必要功能的最低成本、其他厂家与价值工程对象相关的成本费用资料等。

5）本企业情报

本企业情报包括本企业的经营规划、技术方针、生产指标、职工素质等。

6）其他情报

政府和社会相关部门的政策、法令、条例、规定方面的情报。

**3．收集情报的方法**

收集情报主要有下面一些方法。

1）询问法

通过面谈、电话询问及邮寄书面询问问卷等方法获取情报。询问法将要调查的内容告诉被调查者，并请其认真回答，从而获得满足自己需要的情报资料。

2）查阅法

通过网络查询，查阅各种书籍、刊物、专刊、样本、目录、广告、报纸、录音、论文等，来寻找与调查内容有关的情报资料。

3）观察法

通过派遣调查人员到现场直接观察搜集情报资料。这就要求调查人员十分熟悉各种情况，并要求他们具备较敏锐的洞察力和观察问题、分析问题的能力。运用这种方法可以搜集到第一手资料。同时可以采用录音、摄像、拍照等工具协助搜集。

4）购买法

通过购买元件、样品、模型、样机、产品、科研资料、设计图纸、专利等来获取有关的情报资料。

5）试销试用法

将生产出的样品采取试销试用的方式来获取有关情报资料。利用这种方法，必须同时将调查表发给试销试用的单位和个人，请他们把试用情况和意见随时填写在调查表上，调查表按规定期限收回。

## 四、功能分析

当价值工程对象确定后，便着手围绕对象收集相关情报资料，然后进行功能分析。功能分析是价值工程的核心和基本内容，包括功能整理和功能评价，下面分别进行介绍。

功能分析

**1．功能整理**

功能整理是根据功能之间的逻辑关系，将产品的各功能按照一定的程序进行系统的整理和排序，以便从局部功能和整体功能的依存关系上分析问题，达到掌握必要功能和发现不必要功能的目的。

1）功能整理的目的

功能整理的目的有如下几点。

(1) 建立功能体系。
(2) 确定真正要求的功能。
(3) 发现不必要的功能。
(4) 检查功能定义的正确性。
(5) 明确改进对象的等级和功能区域。
(6) 检查原设计的系统性。

2) 功能整理的方法

一般采用由美国兰德公司的查尔斯·拜泽威(Charles Bytheway)提出的功能分析系统技术(function analysis system technique,简称FAST),其主要步骤如下。

(1) 明确产品的基本功能和辅助功能。
(2) 明确产品功能之间的关系(上下关系和并列关系)。
(3) 对功能定义作必要的修改和补充。
(4) 绘制功能系统图。按树枝状从左往右排,将上位功能排列在左边,下位功能排列在右边,最上位功能排列在最左边,并列关系功能并排排列,通过"目的—手段"关系把功能之间关系系统化。功能系统图的一般形式如图6-5所示。

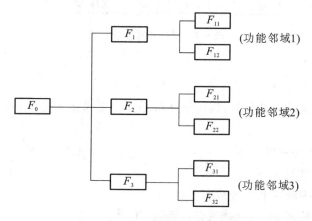

图6-5 功能系统图

在功能系统图6-5中,各功能从左向右排列形成功能等级层次。$F_0$为对象的一级功能;处于并列关系的$F_1$,$F_2$,$F_3$是对象的二级功能;处于并列关系的$F_{11}$,$F_{12}$,$F_{21}$,…,$F_{32}$则是对象的三级功能。目的和手段是指两个功能之间具有的直接依存的关系,如果某一功能是另一个功能的目的,而另一个功能是实现这一功能的手段,则前者被称为目的功能,后者被称为手段功能。目的功能也被称为上位功能,相应地手段功能被称为下位功能。上、下位功能强调的是功能在功能系统图中的位置,而目的功能与手段功能强调的是功能之间的关系。上、下关系是相对而言的,如$F_0$是$F_1$、$F_2$、$F_3$的目的,$F_1$、$F_2$、$F_3$是实现$F_0$的手段;而$F_1$是$F_{11}$与$F_{12}$的目的,$F_{11}$与$F_{12}$是实现$F_1$的手段。功能领域是指相对于整个功能系统存在的子功能系统,以该领域的最终目的功能为标准划分。如以$F_1$为最终目的的功能领域由$F_1$和$F_{11}$及$F_{12}$组成,同样$F_2$、$F_3$也各自构成功能领域。

现以住宅为例,其功能系统图如图6-6所示。

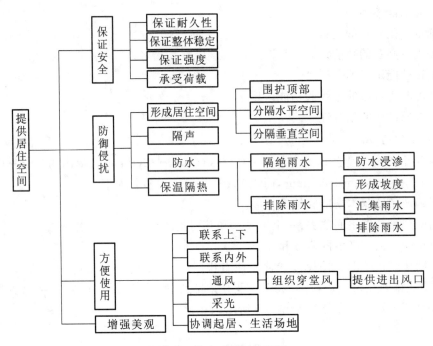

图 6-6 住宅功能系统框图

**2．功能评价**

功能整理是对功能作定性分析，而功能评价是对功能做定量分析，是定量地表示功能的大小和重要程度。

1）功能评价的主要步骤

功能评价的主要步骤如下。

(1) 确定功能的现状成本 $C$ 或成本系数 CI。

(2) 确定功能评价值 FC 或功能重要性系数 FI。

(3) 确定功能价值 $V$ 或功能价值系数 VI。

(4) 计算改善期望值，即成本降低幅度 $\Delta C = C - FC$。

(5) 根据对象价值的高低及成本降低幅度的大小，确定改进的重点或优先次序。

2）功能评价的方法

根据功能量化方法的不同，功能评价的方法可以分为两大类：功能评价成本法和功能评价系数法。

(1) 功能评价成本法（绝对值法）。

功能评价成本法是由麦尔斯最先提出来的，他认为任何功能的获得或实现都要付出一定的费用，因此可以把所有功能都转化为费用（成本），即功能被定量地表示为实现这一功能所需要的成本金额。这样，式(6-1)可以表示为

$$V_i = \frac{FC_i}{CO_i} \tag{6-6}$$

式中  $V_i$——评价对象 $i$ 的功能价值；

$FC_i$——评价对象 $i$ 实现功能的最低成本，也称为目标成本或功能评价值；

$CO_i$——评价对象 $i$ 的现状成本,也称为实际成本。

功能评价成本法中功能改进对象的确定是依据功能价值 $V$ 和降低成本幅度 $\Delta C = CO - FC$ 两个方面进行的,即综合考虑价值评价和成本评价。成本评价以 $|\Delta C|$ 较大者为优先改进对象,而价值评价则依据功能价值 $V$ 的取值。功能价值 $V$ 的取值可能出现以下三种情况。

- $V \approx 1$,说明功能的现状成本与实现该功能的最低成本基本一致,是比较理想的。
- $V < 1$,说明功能的现状成本比实现该功能的最低成本高出很多,这项功能应当成为改进对象。
- $V > 1$,说明功能的现状成本小于实现该功能的最低成本,因此需要增加成本使之达到用户所要求的功能水平。

① 功能现状成本 CO 的确定。

根据收集的产品各零部件的成本数据,将零部件的成本按一定的比例关系分摊到各项功能上去,再将实现同一功能的零部件所分摊的成本累加即得到功能的现状成本。

② 功能评价值 FC 的确定。

功能评价值的确定,常用的有以下几种方法。

- 经验估计法。经验估计法是邀请一些有经验的专家,由他们对各种可能方案进行成本估计,各方案的估算成本取专家估计成本的平均值,再从中取最低的估算成本作为功能评价值。
- 理论价值标准法。理论价值标准法是根据工程计算公式和费用定额资料,对功能成本中的某些费用进行定量计算的方法。例如,对于某个施工方案,根据工时定额和人工费用资料,可以计算出某些加工功能的最低费用。
- 实际价值标准法(实际调查法)。实际价值标准法是将企业内、外能达到相同功能的现有产品作详细比较,从中选取能够实现产品功能的最低成本作为功能评价值的一种方法。该方法的主要步骤是:首先收集成本资料及功能水平的各项指标资料;然后统一对比标准,将成本资料按功能条件的实现程度分类;再以功能实现程度为横坐标,成本为纵坐标绘制坐标图,并定出最低成本线;最后确定功能评价值。如图 6-7 中,$CO_i$ 是与功能 $F_i$ 对应的本企业的现状成本点,FC 是实现 $F_i$ 的最低成本,在确保功能的条件下,可以实现成本降低幅度的大小为 $CO_i - FC$。

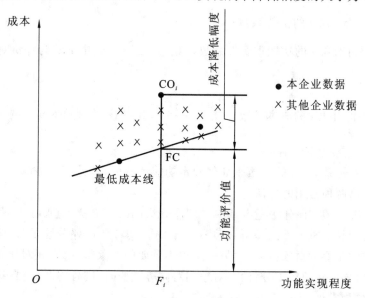

图 6-7　实际价值标准分析图

**例 6-4** 某工程有 6 项分项工程，各分项工程的目标成本及原设计成本如表 6-13 所示。根据表 6-13 中的数据计算得到各分项工程的功能价值及成本降低幅度，然后综合这两项指标进行改进对象的选择。从功能价值判断 $F_1$、$F_3$、$F_4$、$F_5$、$F_6$ 均应成为改进对象，考虑到改进对象的成本降低幅度的数值相差不大，而 $F_3$ 是由于成本偏低造成功能不足，因此从着重提高产品质量的角度出发，将 $F_3$ 列为首先应该被改进的对象。$F_1$、$F_4$、$F_5$、$F_6$ 的功能价值比较接近，可以按 $\Delta C$ 的大小进行排序，对 $\Delta C$ 相同的 $F_4$、$F_5$，则按其功能价值高低排序。从上述分析可知，价值工程追求的是功能与成本的合理匹配，而不是一味追求成本的降低。

表 6-13　某工程功能评价分析表

| 分项工程 | 原设计现状成本/万元 | 目标成本/万元 | 功能价值 | 成本降低幅度/万元 | 改进次序 |
| --- | --- | --- | --- | --- | --- |
| $F_1$ | 35 | 32 | 0.914 | 3 | 5 |
| $F_2$ | 30 | 30 | 1.000 | 0 | — |
| $F_3$ | 24 | 28 | 1.167 | −4 | 1 |
| $F_4$ | 45 | 40 | 0.889 | 5 | 3 |
| $F_5$ | 55 | 50 | 0.909 | 5 | 4 |
| $F_6$ | 66 | 60 | 0.909 | 6 | 2 |
| 合计 | 255 | 240 |  | 15 |  |

(2) 功能评价系数法（相对值法）。

功能评价系数法是通过对功能的相对重要程度进行评分来确定其功能重要性系数，然后根据功能重要性系数和成本系数计算功能价值系数，从而进一步确定评价对象目标成本的方法。在功能评价系数法中式(6-1)又可以表示为

$$VI_i = \frac{FI_i}{CI_i} \tag{6-7}$$

式中　$VI_i$——评价对象 $i$ 的价值系数；

　　　$FI_i$——评价对象 $i$ 的功能重要性系数，$FI_i = \dfrac{FS_i}{\sum FS_i}$，其中 $FS_i$ 为评价对象 $i$ 的功能评分值；

　　　$CI_i$——评价对象 $i$ 的成本系数，$CI_i = \dfrac{C_i}{\sum C_i}$，其中 $C_i$ 为评价对象 $i$ 的现状成本。

① 功能重要性系数 $FI_i$ 的确定。

确定功能重要性系数 $FI_i$ 的实质是如何确定功能评分值，其计算的方法很多，这里介绍"04"评分和环比评分这两种常用的方法。

● "04"评分法。"04"评分法是本章中"01"评分法的改进方法，克服了"01"评分法不能准确反映评价对象之间相对重要性的差异程度这一缺陷。其对"01"评分法的改进体现在评分标准上，包括：相对非常重要的对象得 4 分，另一个很不重要的对象得 0 分；相对比较重要的对象得 3 分，另一个不太重要的对象得 1 分；两个对象相对同等重要时，则各得 2 分；自身相比可得 1 分或不得分，以不得分为常见。

● 环比评分法。环比评分法也称 DARE（decision alternative ratio evaluation system）法，现

以表 6-14 说明其实施的步骤。

表 6-14 中的评价对象可以任意排序，也常以便于对比的顺序排列，如可以按重要性大小排序。然后由上而下确定相邻评价对象的相对重要性比值，如表 6-14 中认为 $F_1$ 比 $F_2$ 重要 2 倍。以末位排序的评分对象为基准，一般设其重要性得分为 1，由下而上计算修正比值，如 $F_3$ 的修正比值为 $1 \times 3.5 = 3.5$，$F_2$ 的修正比值为 $3.5 \times 0.4 = 1.4$。视修正比值为各对象的重要性得分，以各对象修正比值与合计得分相比的方法计算对象的功能重要性系数，如 $F_1$ 的功能重要性系数为 $\frac{2.8}{8.7} = 0.32$。

表 6-14 环比评分功能重要性系数计算表

| 评价对象 | 暂定相对比值 | 修正比值 | 功能重要性系数 |
| --- | --- | --- | --- |
| $F_1$ | 2.0 | 2.8 | 0.32 |
| $F_2$ | 0.4 | 1.4 | 0.16 |
| $F_3$ | 3.5 | 3.5 | 0.40 |
| $F_4$ |  | 1 | 0.12 |
| 合计 |  | 8.7 | 1.00 |

② 对象目标成本的确定。

目标成本的确定分新产品设计和老产品改进设计两种情况。

● 新产品设计。可以依据事先确定的总体目标成本，按功能重要性系数分配各功能对象的目标成本，即采用下式计算。

$$FC_i = TC \cdot FI_i \tag{6-8}$$

式中　$FC_i$——对象 $i$ 的目标成本；

　　　$TC$——目标成本总额；

　　　$FI_i$——对象 $i$ 的功能重要性系数。

● 老产品改进设计。

将已有的总体现状成本按功能重要性系数进行再分配，可能出现下列三种结果：新分配成本等于现状成本，则现状成本即为目标成本；新分配成本小于现状成本，则新分配成本为目标成本；新分配成本大于现状成本，则要具体分析。

如果是由于现状成本过低而不能保证必要的功能，则应以新分配成本作为目标成本；如果是由于功能重要性系数定得过高而产生了多余的功能，则应调整重要性系数后再次分配成本；如果不是上述两种情况，则以现状成本作为目标成本。

**例 6-5**　某老产品改进设计的功能评价，各功能的现状成本及重要性系数如表 6-15 所示，试确定各功能的目标成本及其成本改善期望值，并对改进对象的确定进行分析。

**解**　各功能的目标成本及其改善期望值的计算见表 6-15，$F_1$ 属于新分配成本大于现状成本的情况，经具体分析认为是目前成本过低而不能保证必要的功能这一情况，因此以新分配成本作为目标成本。改进对象的确定同样依据价值系数 $VI_i$ 和改善期望值 $|\Delta C|$ 的大小作综合判断。由于各功能的价值系数相差不大且接近于 1，而功能 $F_2$ 和 $F_4$ 的改善余地不大，因

此确定的改进重点是功能 $F_1$ 和 $F_3$。

表 6-15 某老产品改进设计的功能评价分析表

| 功能领域 ① | 现状成本 ② | 重要性系数 ③ | 成本系数 ④=②/∑② | 价值系数 ⑤=③/④ | 成本分配 ⑥=1 121×③ | 目标成本 ⑦ | 改善期望值 ⑧=②−⑦ | 改进重点 ⑨ |
|---|---|---|---|---|---|---|---|---|
| $F_1$ | 495 | 0.48 | 0.44 | 1.091 | 538.08 | 538.08 | −43.08 | √ |
| $F_2$ | 372 | 0.32 | 0.33 | 0.970 | 358.72 | 358.72 | 13.28 | |
| $F_3$ | 203 | 0.16 | 0.18 | 0.889 | 179.36 | 179.36 | 23.64 | √ |
| $F_4$ | 51 | 0.04 | 0.05 | 0.800 | 44.84 | 44.84 | 6.16 | |
| 合计 | 1 121 | 1.00 | 1.00 | | 1 121 | 1 121 | | |

(3) 基点分析法。

在前述功能评价系数法中,当价值系数 $VI_i \approx 1$ 时,对象的功能与成本被认为是相匹配的,而在其他情况下认为对象的功能与成本不匹配,但按这一准则指示的具体改进对象并不准确。这是因为在计算评价对象 $i$ 的价值系数 $VI_i$ 时,采用的计算公式是

$$VI = \frac{FI_i}{CI_i} = \frac{\dfrac{FS_i}{\sum FS_i}}{\dfrac{C_i}{\sum C_i}} \tag{6-9}$$

即 $\sum FS_i$ 和 $\sum C_i$ 对每一个评价对象都产生影响,也就是说,在计算 $VI_i$ 时,功能评价系数法将除评价对象 $i$ 以外的所有 FS 和 C 的偏差都包括进去了。由浙江大学的马庆国教授提出的基点分析法克服了这一缺陷,该方法的要点如下。

① 找出基点功能,计算基点系数 $\alpha$。

所谓基点功能是指功能重要性程度与其成本水平相符合的功能,那么,可以依据实际成本和功能评分计算其基点系数如下。

$$\alpha = \frac{C_{i0}}{FS_{i0}} \tag{6-10}$$

式中 $C_{i0}$——基点功能的实际成本;
$FS_{i0}$——基点功能的重要性评分。

在实际工作中,可能会找出多个基点功能,此时可以取它们的平均值来计算基点系数。

$$\alpha' = \frac{1}{m}\sum_{i=1}^{m}\frac{C_{i0}}{FS_{i0}} \tag{6-11}$$

式中 $m$——可能的基点功能的数量;
$\alpha'$——虚基点系数。

② 计算基点价值系数 $VI_i'$。

$$VI_i' = \alpha \cdot \frac{FS_i}{C_i} \quad \text{或} \quad VI_i' = \alpha' \cdot \frac{FS_i}{C_i} \tag{6-12}$$

③ 求目标成本 $FC_i$ 及成本改善期望值 $\Delta C_i$。

$$FC_i = \alpha \cdot FS_i \quad \text{或} \quad FC_i = \alpha' \cdot FS_i \tag{6-13}$$

$$\Delta C_i = C_i - \alpha \cdot FS_i \quad \text{或} \quad \Delta C_i = C_i - \alpha' \cdot FS_i \tag{6-14}$$

④ 按 $VI_i'$ 和 $\Delta C_i$ 进行评价对象选择,判断标准同前述。

**例 6-6** 某建筑产品由五个构配件,其功能评分与实际成本如表 6-16 所示。试运用基点法计算价值系数和成本改善期望值。

表 6-16 某建筑产品功能评价基点法分析表

| 构配件 | 功能评分 | 实际成本/元 | 基点系数 | 价值系数 | 目标成本/元 | 改善期望值/元 |
|---|---|---|---|---|---|---|
| A | 4 | 100 |  | 0.80 | 80 | 20 |
| B | 3 | 60 | $\alpha=20$ | 1.00 | 60 | 0 |
| C | 5 | 140 |  | 0.71 | 100 | 40 |
| D | 2 | 25 |  | 1.60 | 40 | −15 |
| E | 1 | 60 |  | 0.33 | 20 | 40 |
| 合计 | 15 | 385 |  |  | 300 |  |

**解** 经过分析,构配件 B 的成本与功能匹配较合理,因此选其作为基点。其他计算见表 6-16。经改进后,各构配件的功能与成本均相匹配,价值系数均达到 1。但如果构配件 D 属于功能特别重要而成本较低的特殊情况,则其目标成本应为 25 元,成本改善期望值为 0,这样构配件 D 的价值系数就不为 1。

## 五、方案的创造和评价

### 1. 方案的创造

经过功能评价,确定了目标成本之后就进入改进方案的创造和评价阶段。方案创造是利用掌握的知识和经验,通过分析和综合,构思出新的功能方式,用以更好地实现功能要求的过程。据相关资料统计,目前世界上已有 300 多种方案创造的方法应用于各国,下面介绍的是几种有代表性的方法。

1) 头脑风暴法(brain storming,简称 BS 法)

BS 法由美国 BBDO 广告公司的奥斯本于 1941 年首创。不同于普通的会议法,BS 法这种会议法一般由 5~10 人参加,并且规定了四条规则:不批评别人的意见;鼓励自由奔放的思考;提出的方案越多越好;希望结合别人意见提出设想。利用这种方法,可以打破常规、创造性地思考问题,从而抓住瞬时的灵感或意识得到新的构思方案。与会者瞬间的见解往往会诱导出创造性的思想火花,因此可能收到极好的效果。这种方法的特点是简单易行,并且能互相启发,集思广益,比同样人数单独提方案的效果高 70%,其缺点是会后整理工作量大。

2) 哥顿法(模糊目标法)

哥顿法由美国人哥顿(W. I. J. Gorden)于 1964 年提出,其特点是将要研究的问题适当抽象,摆脱现有事物对思维的束缚,便于开拓思路,从而得到一些常规方法难以得到的方案。其要点是:会议开始时,主持人只向专家提出一个抽象化问题,要求大家对抽象的问题自由地提出解决方案,当讨论到适当的程度后,再提出具体问题,与会者再具体思考,舍弃不可行方案,对可行方案作进一步研究。

3) 问题列举法

问题列举法是通过列举问题来提示、诱发人们创新构思的一种方法,一般以会议的形式进行。根据列举的问题可以分为以下几种形式。

(1) 特性列举法。这种方法是将产品的特性,如结构、功能、材料等,逐项列举出来,然后根据这些特性提出改进方案。

(2) 缺点列举法。用调查产品缺点的方法,请各方面专家提出产品的缺点,并针对这些缺点提出改进方案,所以又称为"专挑毛病法"。

(3) 希望列举法。这种方法是将对产品功能的要求和希望都提出来作为价值工程的目标,启发人们更好地构思,进而由构思勾画出方案。

4) 专家函询法(德尔菲法)

专家函询法不采用开会的形式,而是由主管人员或部门把预想方案以信函的方式分发给相关的专业人员,征询他们的意见,然后将意见汇总、统计和整理之后再分发下去,希望再次得到补充修改。如此反复若干次,把原来比较分散的意见在一定程度上使其内容集中一致,最终形成统一的集体结论,作为新的代替方案。

5) 输入输出法

输入输出法是美国通用公司在产品设计阶段使用的一种方法。输入是指研究对象的初始状态,输出是指对象的功能目的。该方法首先给定实现功能的要求事项,即制约条件,然后设想输入与输出之间有无联系。如果没有联系,就要思考输入能与什么事物联系?通过什么手段才能达到输出的目的?这样逐渐深入地接近所需要达到的目的,对每一步都要作出评价并随时去掉不可行的方案。

## 2. 方案评价

方案评价是从技术、经济和社会等方面评价所提出的各种方案,看其能否实现预期的目标,然后从中选择最佳方案的过程。方案评价包括概略评价和详细评价两个层次,其评价内容基本相同,只是深浅程度有别。

1) 概略评价

概略评价的目的是对方案进行初步筛选,将一些价值明显不高的方案先行排除,保留价值较高的少数方案,以减少进一步评价所耗费的人力和时间。概略评价主要内容有以下几个方面。

(1) 技术评价。围绕"功能"所进行的评价,主要是评价方案能否满足功能的要求,以及技术上的完善性和可能性。

(2) 经济评价。围绕经济效果所进行的评价,主要是评价有无降低成本的可能和能否实现预定的目标成本。

(3) 社会评价。围绕社会效益进行评价,主要是评价是否符合国家规定的各项政策、法令、标准以及与社会其他事业有无矛盾等。

(4) 综合评价。将上述三方面结果加以综合,比较优劣,得出结论。

2) 详细评价

将概略评价后保留下来的方案具体化后,就进入详细评价阶段,目的是对具体化的方案作最后的审查和评价,评价内容同样包括技术评价、经济评价、社会评价和综合评价,只是内容和方法上都较为复杂。综合评价有定性评价和定量评价两类方法,由于定性评价方法缺乏足够的说服力,实践中较多采用的是定量评价方法,下面介绍几种常用的定量评价方法。

(1) 加法评分法与连乘评分法。

加法评分法与连乘评分法首先要求拟定评价指标,再将每一评价指标分成若干等级,对每一等级规定一个评分标准(重要项目的评分标准要高些)。对拟定的各种方案均按照同样的评分标准打分,最后将所得分数相加或连乘,得出总分,总分最高者为最优方案。加法评分法与连乘评分法所得结果相同,但连乘评分法能把各方案之间的分差拉开,对比明显,便于选择。表6-17为两种评价方法的示例,四个方案中确定A方案为最优方案。

表 6-17 加法评分与连乘评分计算表

| 评价指标 | 评价项目 | | 评价方案 | | | |
|---|---|---|---|---|---|---|
| | 评价等级 | 评分标准 | A | B | C | D |
| 产品功能 | ①满足用户要求 | 5 | 5 | | | |
| | ②基本满足用户要求 | 4 | | 4 | | 4 |
| | ③仅能满足用户最低要求 | 3 | | | 3 | |
| 成本 | ①低于外企业同类产品的成本 | 3 | | 3 | | |
| | ②低于本企业原有产品的成本 | 2 | 2 | | 2 | 2 |
| | ③与本企业原有产品的成本相同 | 1 | | | | |
| 产品销路 | ①产品销路大、地域广 | 3 | 3 | | 3 | 3 |
| | ②销路中等 | 2 | | 2 | | |
| | ③销路小 | 1 | | | | |
| 产品方向 | ①符合国家及企业目标 | 3 | 3 | | | |
| | ②符合当前要求 | 2 | | 2 | | |
| | ③不符合国家长远规划 | 1 | | | 1 | 1 |
| 加法合计 | | | 13 | 11 | 9 | 10 |
| 连乘合计 | | | 90 | 48 | 18 | 24 |

(2) 加权评分法。

加权评分法用权数大小表示各评价指标的相对重要程度,用满意程度评分表示某方案的某项指标水平的高低,通过满意程度评分与相应的权数相乘后累计求和的方法得到各方案的加权评分和,以加权评分和大的方案为相对优方案。例如,如表6-18所示的某一建筑设计的方案优选问题,根据加权评分法确定的最优方案为A方案。

表 6-18  加权评分计算表

| 评价指标 | 适用 | 美观 | 安全可靠 | 维修性 | 造价 | 方案的加权评分和 |
|---|---|---|---|---|---|---|
| 权重系数 | 0.4 | 0.1 | 0.2 | 0.1 | 0.2 | |
| 方案 | \multicolumn{5}{c}{满意程度评分(10分制)} | |
| A | 9 | 8 | 9 | 7 | 8 | 8.5 |
| B | 8 | 7 | 7 | 9 | 7 | 7.6 |
| C | 7 | 8 | 9 | 8 | 8 | 7.8 |
| D | 6 | 9 | 8 | 9 | 8 | 7.4 |

(3) 技术经济价值法。

一般而言,技术性指标和经济性指标在方案评价中相对于其他指标而言更为重要,技术经济价值法是用技术价值和经济价值来对方案进行评价的方法,该方法的步骤如下。

① 确定技术评价值 $X$。

$$X = \frac{\sum_{j=1}^{n} P_j}{n P_{max}} \tag{6-15}$$

式中  $P_j$——方案的第 $j$ 个技术评价指标的实际得分值;

$P_{max}$——理想方案的技术评价指标得分值;

$n$——技术评价指标的个数。

② 确定经济评价值 $Y$。

$$Y = \frac{H_i - H}{H_i} \tag{6-16}$$

式中  $H_i$——原有成本;

$H$——新方案的预计成本。

③ 确定综合评价值 $K$。

$$K = \sqrt{XY} \tag{6-17}$$

④ 确定最优方案。

以 $K$ 值最高的方案为最优方案。

**例 6-7**  已知某产品的生产方案有甲、乙、丙三种,其技术评价指标为 A、B、C、D、E 五种,技术评价得分如表 6-19 所示。该产品原有成本为 20 元一件,新方案预计成本为:甲 18 元;乙 16 元;丙 12 元。试用技术经济价值法确定最优方案。

表 6-19  某产品各生产方案技术得分表

| 技术评价指标 | 甲方案 | 乙方案 | 丙方案 | 理想方案 |
|---|---|---|---|---|
| A | 3 | 3 | 1 | 4 |
| B | 4 | 3 | 2 | 4 |
| C | 3 | 2 | 1 | 4 |
| D | 3 | 2 | 2 | 4 |
| E | 1 | 3 | 0 | 4 |

**解** ①确定技术评价值 $X$。

$$X_甲 = \frac{14}{5 \times 4} = 0.7$$

同理，$X_乙 = 0.65$，$X_丙 = 0.3$。

② 确定经济评价值 $Y$。

$$Y_甲 = \frac{20-18}{20} = 0.1$$

同理，$Y_乙 = 0.2$，$Y_丙 = 0.4$。

③ 确定综合评价值 $K$。

$$K_甲 = \sqrt{0.7 \times 0.1} = 0.26$$

同理，$K_乙 = 0.36$，$K_丙 = 0.35$。

④ 确定最优方案。

乙方案的综合评价值最大，故为最优方案。

### 3. 提案审批和实施

**1) 提案审批**

经过综合评价选出的方案，是价值工程人员向主管部门推荐的拟实施的方案。为了使方案得到上级主管部门的认可，需要将方案实施等问题写成提案形式，报送相关部门审批。提案一般包括以下内容。

（1）价值工程课题、内容摘要及工作小组成员。

（2）功能分析的结论，新方案与原设计（或产品）在基本功能和辅助功能上人们的满意程度方面的差别，以及产品质量、结构等方面的区别。

（3）成本分析结果，对比成本额，预测企业经济效益和社会效益。

（4）功能评价的结论、价值提高的情况。

（5）技术、经济上尚存在的问题的说明。

（6）重要的实验结果、相关的情报、资料、图纸和数据等，可以附在相关内容之后，或者作为提案的附件。

**2) 方案实施**

如果提案通过审批，就要拟定计划，组织实施。一般从以下四个方面对方案的实施作出具体的安排和落实。

（1）组织落实。把具体的实施方案落实到部门和相关人员。

（2）经费落实。落实经费的来源及使用方法。

（3）条件落实。做好物资、装备的准备。

（4）时间落实。妥善安排实施方案的始、末时间及各阶段的时间。

**3) 价值工程活动成果的评价**

整个价值工程活动结束后，要以经济效果对其成果进行总结和评价，这种总结和评价是改进后产品正式投产的前提条件，评价的指标主要有下列几项。

（1）成本降低率＝（改进前单位成本－改进后单位成本）/改进前单位成本×100%。

(2) 全年净节约额＝(改进前成本－改进后成本)×年产量－价值工程活动经费。
(3) 节约倍数＝全年净节约额/价值工程活动经费。

# 任务 3 价值工程的应用

某企业生产的多用途活动房屋,采用屋面板、外墙板、内隔板、楼板等大型板材装配而成,具有结构牢靠、安装快、重量轻、占地省、隔热保温性能好等优点,但也存在造价高、运输不便的缺点。为了扩大销路,该企业决定对产品进行改进,为此确定的目标是在保证必要功能的基础上降低生产成本。

## 一、价值工程对象的选择

根据多用途活动房屋造价的构成特点,价值工程小组运用 ABC 法对各项费用进行分析,如表 6-20 所示。最后将 A 类的材料费作为价值工程活动的对象。

表 6-20 某企业生产成本的 ABC 分析表

| 序号 | ABC 分类 | 内容 | 项目数 | | 成本 | |
|---|---|---|---|---|---|---|
| | | | 项数 | 占总数比例/(%) | 金额/元 | 占总费用比例/(%) |
| 1 | A | 材料费 | 1 | 14.285 | 87 574.28 | 70.39 |
| 2 | B | 人工费 | 1 | 14.285 | 20 613.55 | 16.57 |
| 3 | C | 其他费用 | 5 | 71.430 | 16 228.17 | 13.04 |
| 合计 | | | 7 | 100.000 | 124 416 | 100.00 |

## 二、功能分析

价值工程人员首先对多用途活动房屋的 12 个主要构配件的功能进行分析,通过回答"该构配件是干什么用的?"问题来定义各个构配件的功能。各主要构配件的功能定义如表 6-21 所示。通过回答"怎样实现这个功能?"的问题进一步确定各个构配件的下位功能。

表 6-21 主要构配件的功能定义表

| 序号 | 构配件名称 | 功能定义 |
|---|---|---|
| 1 | 屋面板 | 遮蔽顶部 |
| 2 | 外墙板 | 围护室内空间 |
| 3 | 内墙板 | 分隔内部 |

续表

| 序号 | 构配件名称 | 功能定义 |
|---|---|---|
| 4 | 楼板 | 分隔上、下空间 |
| 5 | 楼梯 | 联系上、下 |
| 6 | 窗 | 采光通风 |
| 7 | 门 | 方便进、出 |
| 8 | 连接件 | 方便拆、装 |
| 9 | 电器 | 方便用电 |
| 10 | 走廊 | 联系交通 |
| 11 | 地框 | 承受荷载 |
| 12 | 包装箱 | 安全运输 |

价值工程小组对多功能的材料采用专家多人评分的办法进行功能费用分摊,从而取得了各功能的现状成本及相应的成本系数,并且在功能评分的基础上确定了各功能的重要性系数,进而计算得到各功能的价值系数,如表6-22所示。目标成本的制定采用实际调查法与经验分析相结合的办法,最终确定的总目标成本为74 439.96元,将其按功能重要性系数分配可以得到各功能的目标成本。价值工程小组在深入研究的基础上经过多次论证确定的改善对象及其先后次序为:$F_2$、$F_1$、$F_4$、$F_3$。

表6-22 功能评价计算表

| 序号 | 构配件名称 | 功能项目 | 功能重要性系数 | 现状成本/元 | 成本系数 | 价值系数 | 目标成本/元 | 成本降低幅度/元 |
|---|---|---|---|---|---|---|---|---|
| 1 | 屋面板 | $F_1$ | 0.16 | 18 878.90 | 0.216 | 0.74 | 11 910.39 | 6 968.51 |
| 2 | 外墙板 | $F_2$ | 0.15 | 29 183.75 | 0.333 | 0.45 | 11 165.99 | 18 017.76 |
| 3 | 内墙板 | $F_3$ | 0.10 | 11 650.85 | 0.133 | 0.75 | 7 444.00 | 4 206.85 |
| 4 | 楼板 | $F_4$ | 0.13 | 16 136.08 | 0.184 | 0.71 | 9 677.19 | 6 458.89 |
| 5 | 楼梯 | $F_5$ | 0.09 | 1 339.47 | 0.015 | 6.00 | 6 699.60 | −5 360.13 |
| 6 | 窗 | $F_6$ | 0.06 | 2 044.00 | 0.023 | 2.61 | 4 466.40 | −2 422.40 |
| 7 | 门 | $F_7$ | 0.08 | 2 176.00 | 0.025 | 3.20 | 5 955.20 | −3 779.20 |
| 8 | 连接件 | $F_8$ | 0.05 | 62.73 | 0.001 | 50.00 | 3 722.00 | −3 659.27 |
| 9 | 电器 | $F_9$ | 0.06 | 1 320.00 | 0.015 | 4.00 | 4 466.40 | −3 146.40 |
| 10 | 走廊 | $F_{10}$ | 0.04 | 3 125.43 | 0.036 | 1.11 | 2 977.60 | 147.83 |
| 11 | 地框 | $F_{11}$ | 0.05 | 1 129.07 | 0.013 | 3.85 | 3 722.00 | −2 592.93 |
| 12 | 包装箱 | $F_{12}$ | 0.03 | 528.00 | 0.006 | 5.00 | 2 233.20 | −1 705.20 |
| | 合计 | | 1.00 | 87 574.28 | 1.000 | | 74 439.96 | 13 134.32 |

## 三、确定改进方案及其评价

对作为价值工程分析对象的 $F_2$、$F_1$、$F_4$、$F_3$ 四项功能领域,在其各自的子功能分别进行功能成本及目标成本计算,找出价值系数小于 1 的子功能,作为改善价值、降低成本的对象。活动房屋价值改善目标可以归结为承受荷载、保护壁板、保温隔热、美观及形成壁板等功能。通过在生产单位组织运用"头脑风暴法",共获得改进方案 31 个。对这 31 个改进方案,邀请专家作出初步评价,排除了目前不具备条件的 16 个方案。通过对全国同类生产厂家的调查,落实了所提出的功能改造方案的可行性,在对各种可行方案进行组合并考虑其经济上的合理性后,最终得到 4 个技术、经济均可行的组合方案,通过加权评分法对这 4 个方案进行评价,评价过程如表 6-23 所示,组合方案 II 的加权得分值最高,为最优方案。在对采用组合方案 II 的材料节约效果进行估算后,价值工程小组认为在多用途活动房屋的改进设计中应用价值工程可以收到显著降低成本的效果。

表 6-23 组合方案评价计算表

| 指标 | 适用 | 美观 | 安全可靠 | 维修费 | 造价 | 方案的加权评分和 |
|---|---|---|---|---|---|---|
| 权重系数 | 0.4 | 0.1 | 0.2 | 0.1 | 0.2 | |
| 方案 | 满意程度评分(百分制) | | | | | |
| I | 72 | 81 | 90 | 78 | 75 | 77.7 |
| II | 85 | 90 | 80 | 80 | 90 | 85.0 |
| III | 65 | 70 | 88 | 75 | 72 | 72.1 |
| IV | 82 | 90 | 80 | 80 | 85 | 82.8 |

**思政案例融入** 准确把握经济效益理论的深刻内涵,辩证分析工程-经济关系,深刻理解经济效益的中心地位,增强自觉运用经济效益理论指导实践的能动性。认识在经济融合发展和世界经济一体化的趋势中,竞争不是"零和博弈",而是互利双赢,深刻认识习总书记从提出共建"一带一路"倡议到共建人类命运共同体设想,无不体现着当代世界经济社会发展的合作与竞争观点。

给地球系上"绿"丝带——推进全球环境治理的绿色"一带一路"

1. 什么是价值工程?价值工程中价值的含义是什么?提高价值有哪些途径?

2. 什么是寿命周期和寿命周期成本？价值工程中为什么要考虑寿命周期成本？
3. 价值工程的工作程序是什么？每个程序都解决什么问题？
4. 选择价值工程对象的方法有哪些？各有什么优缺点？
5. 为什么说价值工程的核心是功能分析？
6. 方案创造的方法有哪些？各有什么特点？

 习 题 6

一、单选题

1. 价值工程中的总成本是指( )。
   A. 生产成本　　　　　　　　　　B. 产品寿命周期成本
   C. 使用成本　　　　　　　　　　D. 使用和维修费用
2. 在功能成本表达式 $V=F/C$ 中，$V$ 代表( )。
   A. 成本系数　　B. 价值功能量　　C. 价值系数　　D. 价值功能系数
3. 在价值工程中，功能评价值是指可靠地实现用户要求功能的( )成本。
   A. 最高　　　　B. 适中　　　　　C. 最低　　　　D. 最优
4. 价值工程的功能评价方法有两类，包括功能成本法和( )。
   A. 方案估算法　　　　　　　　　B. 功能指数法
   C. 强制确定法　　　　　　　　　D. 多比例评分法
5. 在建设产品生产中应用价值工程原理，应( )。
   A. 在分析结构、材质等问题的同时，对建筑产品的必要功能进行定义
   B. 首先确定建筑产品的设计方案，然后进行功能分析和评价
   C. 在分析功能的基础上，再去研究结构、材质等问题
   D. 在分析结构、施工工艺的基础之上确定建筑产品的功能
6. 价值工程中的功能一般是指产品的( )。
   A. 基本功能　　　　　　　　　　B. 使用功能
   C. 主要功能　　　　　　　　　　D. 必要功能
7. 在价值工程活动中，价值指数 $V_i$ 的计算结果不同，采取的改进策略也不同。下列改进策略中正确的是( )。
   A. 当 $V_i<1$ 时，应将评价对象列为改进对象，改善的方向主要是提高功能水平
   B. 当 $V_i>1$ 时，应将评价对象列为改进对象，改善的方向主要是降低功能水平
   C. 当 $V_i>1$ 时，应将评价对象列为改进对象，改善的方向主要是增加成本
   D. 当 $V_i>1$ 时，是否将评价对象列为改进对象，应作进一步分析后再确定

二、多选题

1. 根据价值工程原理，提高产品价值的途径有( )。
   A. 功能不变，成本降低　　　　　B. 功能提高，成本提高
   C. 功能提高，成本降低　　　　　D. 总功能满足要求的前提下，消除多余功能
   E. 功能稍有下降，成本大幅度降低

2. 在价值工程中关于功能与成本的正确论述是（　　）。

A. 功能水平越高，生产成本越高

B. 当生产成本高于使用成本时，产品功能不足

C. 功能水平越低，总成本越低

D. 生产成本等于使用成本时，功能水平最佳

E. 当使用成本过高时，产品功能不足

3. 从重要程度来看，产品的功能可分为（　　）。

A. 使用功能　　　B. 基本功能　　　C. 必要功能　　　D. 辅助功能

E. 过剩功能

4. 用于方案综合评价的方法有很多，常用的定量方法有（　　）。

A. 加权评分法　　B. 优缺点列举法　　C. 直接评分法　　D. 比较价值评分法

E. 强制评分法

5. 价值工程涉及价值、功能和寿命周期成本三个基本要素，其特点包括（　　）。

A. 价值工程的核心是对产品进行功能分析

B. 价值工程要求将功能定量化，即将功能转化为能够与成本直接相比的量化值

C. 价值工程的目标是以最低的生产成本使产品具备其所必须具备的功能

D. 价值工程是以集体智慧开展的有计划、有组织的管理活动

E. 价值工程中的价值是指对象的使用价值，而不是交换价值

### 三、计算题

根据业主的使用要求，某工程项目设计人员提出了三个设计方案。有关专家决定从五个方面（分别以 $F_1 \sim F_5$ 表示）对不同方案的功能进行评价，各项功能的重要性得分如下：$F_1$ 相对于 $F_2$ 很重要，$F_3$ 相对于 $F_1$ 较重要，$F_2$ 和 $F_5$ 同样重要，$F_4$ 和 $F_5$ 同样重要。各方案单位面积造价及专家对三个方案满意程度的评分结果见表 6-24。

表 6-24　备选方案功能评分表

| 得分方案<br>功能 | A | B | C |
| --- | --- | --- | --- |
| $F_1$ | 9 | 8 | 9 |
| $F_2$ | 8 | 7 | 8 |
| $F_3$ | 8 | 10 | 10 |
| $F_4$ | 7 | 6 | 8 |
| $F_5$ | 10 | 9 | 8 |
| 单位面积造价/（元每平方米） | 1 680 | 1 720 | 1 590 |

（1）试用"04"评分法计算各功能的权重。

（2）用功能指数法选择最佳设计方案。

（3）在确定某一设计方案后，设计人员按限额设计要求确定建筑安装工程项目成本额为 14 000 万元，然后以主要分部工程为对象进一步开展价值工程分析，各分部工程评分值及目前成

本见表 6-25。试分析各功能项目的功能指数、目标成本(要求分别列出计算式)及应降低额,并确定功能改进顺序(计算结果保留小数点后 3 位)。

表 6-25 分部工程功能评分及成本

| 功能项目 | 功能得分 | 目前成本/万元 |
|---|---|---|
| ±0.0000 以下工程 | 21 | 3 854 |
| 主体结构工程 | 35 | 4 633 |
| 装饰工程 | 28 | 4 364 |
| 水电安装工程 | 32 | 3 219 |

# 案 例

**学习目标**

## 案例目录

| 序号 | 案例 | 对应工作手册 | 对应任务 |
|---|---|---|---|
| 1 | 案例 1 | 工作手册 2<br>资金的时间价值 | 任务 3<br>资金时间价值的计算 |
| 2 | 案例 2 | 工作手册 4<br>工程项目经济分析与评价 | 任务 2<br>工程项目财务评价 |
| 3 | 案例 3 | 工作手册 4<br>工程项目经济分析与评价 | 任务 2<br>工程项目财务评价 |
| 4 | 案例 4 | 工作手册 4<br>工程项目经济分析与评价 | 任务 2<br>工程项目财务评价 |
| 5 | 案例 5 | 工作手册 4<br>工程项目经济分析与评价 | 任务 2<br>工程项目财务评价 |
| 6 | 案例 6 | 工作手册 4<br>工程项目经济分析与评价 | 任务 2<br>工程项目财务评价 |
| 7 | 案例 7 | 工作手册 4<br>工程项目经济分析与评价 | 任务 2<br>工程项目财务评价 |
| 8 | 案例 8 | 工作手册 4<br>工程项目经济分析与评价 | 任务 2<br>工程项目财务评价 |
| 9 | 案例 9 | 工作手册 3<br>工程经济效果评价方法 | 任务 3<br>互斥型投资方案的比较选择 |
| 10 | 案例 10 | 工作手册 4<br>工程项目经济分析与评价 | 任务 2<br>工程项目财务评价 |
| 11 | 案例 11 | 工作手册 3<br>工程经济效果评价方法 | 任务 3<br>互斥型投资方案的比较选择 |
| 12 | 案例 12 | 工作手册 4<br>工程项目经济分析与评价 | 任务 2<br>工程项目财务评价 |
| 13 | 案例 13 | 工作手册 4<br>工程项目经济分析与评价 | 任务 2<br>工程项目财务评价 |
| 14 | 案例 14 | 工作手册 4<br>工程项目经济分析与评价 | 任务 2<br>工程项目财务评价 |
| 15 | 案例 15 | 工作手册 4<br>工程项目经济分析与评价 | 任务 4<br>不确定性经济分析 |
| 16 | 案例 16 | 工作手册 4<br>工程项目经济分析与评价 | 任务 2<br>工程项目财务评价 |

**案例 1**　某企业拟建一栋节能综合办公楼,建筑面积为 25000m², 其工程设计方案部分资料如下:采用装配式钢结构框架体系,预制钢筋混凝土叠合板楼板,装饰、保温、防水三合一复合外墙,双玻断桥铝合金外墙窗,叠合板上现浇珍珠岩保温屋面。单方造价为 2020 元/m²。方案设计使用寿命均按 50 年计算,基准折现率为 10%,方案年运行和维修费用为 78 万元,每 10 年大修一次,费用为 900 万元。

【问题】绘制该方案的现金流量图,并列式计算该方案的费用现值、费用终值和费用年值。

**解**　该方案的现金流量图如下：

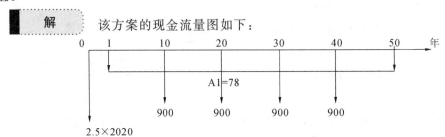

费用现值 PC＝2.5×2020＋78×(P/A,10%,50)＋900×(P/F,10%,10)＋900×(P/F, 10%,20)＋900×(P/F,10%,30)＋900×(P/F,10%,40)＝6375.59 万元

费用终值 FC＝2.5×2020×(F/P,10%,50)＋78×(F/A,10%,50)＋900×(F/P,10%,40) ＋900×(F/P,10%,30)＋900×(F/P,10%,20)＋900×(F/P,10%,10)＝748435.58 万元

费用年值 AC＝78＋{2020×2.5＋900×[(P/F,10%,10)＋(P/F,10%,20)＋(P/F,10%, 30)＋(P/F,10%,40)]}×(A/P,10%,50)＝643.04 万元

**案例 2**　某企业投资建设的一个工业项目,生产运营期 10 年,于 5 年前投产。该项目固定资产投资总额 3000 万元,全部形成固定资产,固定资产使用年限 10 年,残值率 5%,按直线法折旧。目前,项目建设期贷款已偿还完成,建设期可抵扣进项税已抵扣完成,处于正常生产年份。正常生产年份的年销售收入为 920 万元(不含销项税),年经营成本为 324 万元(含可抵扣进项税 24 万元)。项目运营期第 1 年投入了流动资金 200 万元。企业适用的增值税税率 13%,增值税附加税率 12%,企业所得税税率 25%。为了提高生产效率,降低生产成本,企业拟开展生产线智能化、数字化改造,且改造后企业可获得政府专项补贴支持。具体改造工程相关经济数据如下:

(1) 改造工程建设投资 800 万元(含可抵扣进项税 60 万元,全部形成新增固定资产,新增固定资产使用年限与原固定资产剩余使用年限相同,残值率、折旧方式和原固定资产相同。改造工程建设投资由企业自有资金投入。

(2) 改造工程在项目运营期第 6 年(改造年)年初开工,2 个月完工,达到可使用状态,并投产使用。

(3) 改造年的产能、销售收入、经营成本按照改造前正常年份的数值计算。改造后第 2 年(即项目运营期第 7 年,下同)开始,项目产能提升 20%,且增加的产量能被市场完全吸纳,同时由于改造提升了原材料等利用效率,使得经营成本及其可抵扣进项税均降低 10%,所需流动资金比改造前降低 30%。改造后第 2 年,企业可获得当地政府给予的补贴收入 100 万元(不征收增值税)。

【问题】
（1）列式计算项目改造前正常年份的应缴增值税、总成本费用、税前利润及企业所得税。
（2）列式计算项目改造年和改造后第2年的应缴增值税和企业所得税。
（3）以政府视角计算由于项目改造引起的税收变化总额（仅考虑增值税和企业所得税）。

问题1：
改造前正常年份应缴增值税：$920\times13\%-24=95.6$ 万元
改造前正常年份年折旧额：$3000\times(1-5\%)\div10=285$ 万元
改造前正常年份总成本费用：$(324-24)+285=585$ 万元
改造前正常年份税前利润：$920-585-95.6\times12\%=323.53$ 万元
改造前正常年份企业所得：$323.5\times25\%=80.88$ 万元

问题2：
改造后（运营期第6—10年）年折旧额：$285+(800-60)\times(1-5\%)\div5=425.6$ 万元
改造年应缴纳增值税：$920\times13\%-24-60=35.6$ 万元
改造后第2年应缴纳增值税：$920\times(1+20\%)\times13\%-24\times(1-10\%)=121.92$ 万元
改造年（第6年）总成本费用：$(324-24)+425.6=725.6$ 万元
改造年（第6年）企业所得税：$(920-725.6-35.6\times12\%)\times25\%=47.53$ 万元
改造第2年（第7年）总成本费用：$(324-24)\times(1-10\%)+425.6=695.6$ 万元
改造第2年（第7年）企业所得税：$[920\times(1+20\%)+100-695.6-121.92\times12\%]$
$\times25\%=123.44$ 万元

问题3：
第8～10年总成本费用：$(324-24)+425.6=725.6$ 万元
第8～10年应缴纳增值税：$920\times(1+20\%)\times13\%-24\times(1-10\%)=121.92$ 万元
第8～10年企业所得税：$[920\times(1+20\%)-695.6-121.92\times12\%]\times25\%=98.44$ 万元
原方案后5年税收总额：$(95.6+80.88)\times5=882.4$ 万元
扩建后后5年税收总额：$(35.6+47.53)+(121.92+123.44)+(121.92+98.44)\times3$
$=989.57$ 万元
项目改造会导致税收总额增加：$989.57-882.4=107.17$ 万元

**案例3** 某新建建设项目的基础数据如下：
(1)建设期2年，运营期10年，建设投资3600万元，预计全部形成固定资产。
(2)建设投资来源为自有资金和贷款，贷款2000万元，年利率6%（按年计息），贷款合同约定为：运营期第一年按项目最大偿还能力还款，运营期第2～5年将未偿还贷款等额本息偿还。自有资金和贷款在建设期内均衡投入。
(3)项目固定资产使用年限10年，残值率5%，直线法折旧。
(4)流动资金250万元由自有资金在运营期第1年投入（流动资金不用于建设期贷款偿还）。
(5)运营期间正常年份的营业收入为900万元，经营成本为280万元，产品营业税金及附加税率为6%，所得税率为25%。

(6)运营期第一年达到设计产能的80%,该年营业收入经营成本均为正常年份80%,以后均达到设计产能。

(7)建设期贷款偿还完之前,不计提盈余公积,不分配股利。

【问题】

(1) 计算项目建设期贷款利息。

(2) 计算项目运营期第一年偿还的贷本金和利息。

**解**

(1) 建设期利息的计算:

贷款均衡投入,每年投入 2000/2＝1000 万元

第一年利息＝1000×6%/2＝30 万元

第二年利息＝(1000＋30＋1000/2)×6%＝91.80 万元

建设期贷款利息＝30＋91.80＝121.80 万元

(2) 固定资产＝建设期投资＋建设期利息＝3600＋121.80＝3721.80 万元

年折旧＝固定资产×(1－残值率)/使用年限＝3721.8×(1－5%)/10＝353.57 万元

运营期第一年初累计借款总额为:2000＋121.80＝2121.80 万元

运营期第一年利息＝2121.80×6%＝127.31 万元

运营期第一年总成本＝280×80%＋353.57＋127.31＝704.88 万元

运营期第一年利润＝总收入－营业税及附加－总成本＝900×80%×(1－6%)－704.88

＝－28.08 万元

运营期第一年可用于还款的资金 ＝－28.08＋353.57＋127.31＝452.80 万元

运营期第一年偿还的贷款利息 ＝127.31 万元

运营期第一年偿还的贷款本金＝452.80－127.31＝325.49 万元

**案例 4** 某企业投资建设一个工业项目,该项目可行性研究报告中相关资料和基础数据如下:

(1)项目工程费用为2000 万元,工程建设其他费用为500 万元(其中无形资产费用为200万元)。

(2)项目建设前期年限为1 年,建设期为2 年,生产运营期为8 年。

(3)项目建设期第1 年完成项目静态投资的40%,第2 年完成静态投资的60%,项目生产运营期第1 年投入流动资金240 万。

(4)项目建设投资、流动资金均由资本金投入。

(5)除无形资产费用之外,项目建设投资全部形成固定资产,无形资产按生产运营期平均摊销,固定资产使用年限为8 年,残值率为5%,采用直线法折旧。

(6)项目正常年份的产品设计生产能力为10000 件/年,正常年份年总成本费用为950 万元,其中项目单位产品可变成本为550 元,其余为固定成本。项目产品预计售价为1400 元/件,营业税及附加税税率为6%,企业适用所得税税率为25%。

(7)项目生产运营期第一年的生产能力为正常年份设计生产能力的70%,第二年及以后各年的生产能力达到设计生产能力的100%。

【问题】

(1) 分别列式计算项目建设期第 1 年、第 2 年价差预备费和项目建设投资(注:基本预备费费率为 8%,年涨价率为 5%)。

(2) 分别列式计算项目生产运营期的年固定成本资产折旧额和正常年份的可变成本、固定成本和经营成本。

(3) 分别列式计算项目生产运营期正常年份的所得税和项目资金利润率。

(4) 分别列式计算项目正常年份产量盈亏平衡点和单价盈亏平衡点。

**解**

(1) 基本预备费 = (2000+500)×8% = 200 万元

静态投资额 = 2000+500+200 = 2700 万元

第 $t$ 年价差预备费公式为:$I_t[(1+f)^m(1+f)^{0.5}(1+f)^{t-1}-1]$,其中 $m$ 为建设前期年限,本例中 $m=1$,故:

第 1 年价差预备费 = 2700×40%×$[(1+5\%)^1(1+5\%)^{0.5}(1+5\%)^{1-1}-1]$
= 2700×40%×$[(1+5\%)^{1.5}-1]$ = 82.00 万元

第 2 年价差预备费 = 2700×60%×$[(1+5\%)^1(1+5\%)^{0.5}(1+5\%)^{2-1}-1]$
= 2700×60%×$[(1+5\%)^{2.5}-1]$ = 210.16 万元

项目建设投资 = 工程费用+工程建设其他费用+预备费
= 2700+82.00+210.16 = 2992.16 万元

(2) 固定资产折旧 = (2992.16−200)(1−5%)/8 = 331.57 万元

正常年份的可变成本 = 10000×550/10000 = 550.00 万元

固定成本 = 950−550 = 400.00 万元

经营成本 = 总成本−折旧−摊销

摊销 = 200/8 = 25.00 万元

经营成本 = 950−331.57−25 = 59.43 万元。

(3) 所得税 = 利润总额×所得税税率

利润总额 = 营业收入−营业税金及附加−总成本费用
= 0.14×10000×(1−6%)−950 = 366 万元

所得税 = 366×25% = 91.50 万元

净利润 = 利润总额−所得税 = 366−91.5 = 274.50 万元

资本金净利润率第 1 年的净利润 = $[(10000×70\%×0.14)×(1−6\%)−400−7000×0.055]×(1−25\%)$ = 102.15 万元

资本金净利润率:= 274.50/(2992.16+240) = 8.49%

(4) 产量盈亏平衡点:

Q = 400/[0.14×(1−6%)−0.055] = 5222 件

单价的盈亏平衡点:

P×10000×(1−6%) = 9500000

P = 1010.64 元

**案例 5**　某建设项目的相关基础数据如下：

(1) 按当地现行价格计算,项目的设备购置费为 2800 万元,已建类似项目的建筑工程费、安装工程费占设备购置费的比例分别为 45%、25%,由于时间、地点等因素引起的上述两项费用变化的综合调整系数均为 1.1,项目的工程建设其他费用按 800 万元估算。

(2) 项目建设期 1 年,运营期 10 年。

(3) 建设投资的资金来源为资本金和贷款。其中贷款为 2000 万元,贷款年利率为 6%(按年计息),贷款合同约定的还款方式为运营期前 5 年等额还本、利息照付方式。

(4) 建设投资预计全部形成固定资产,固定资产使用年限为 10 年,残值率为 5%,采用直线法折旧。

(5) 运营期第 1 年投入资本金 500 万元作为流动资金。

(6) 运营期第 1 年营业收入、经营成本、营业税金及附加分别为 1650 万元、880 万元、99 万元。

(7) 项目所得税税率为 25%。

(8) 项目计算时,不考虑预备费。

【问题】

(1) 列式计算项目的建设投资。

(2) 列式计算项目年固定资产折旧额。

(3) 列式计算项目运营期第 1 年应偿还银行的本息额。

(4) 列式计算项目运营期第 1 年的总成本费用、税前利润和所得税。

(5) 编制完成"项目投资现金流量表"(在表中填写相应的内容,计算结果均保留两位小数)。

**解**

(1) 建筑、安装工程费用为:$2800 \times (45\% + 25\%) \times 1.1 = 2156$ 万元

项目建设投资为:$2800 + 2156 + 800 = 5756$ 万元

(2) 建设期贷款利息为:$2000 \times 6\% \times 1/2 = 60$ 万元

项目固定资产投资为:$5756 + 60 = 5816$ 万元

项目年固定资产折旧为:$5816 \times (1 - 5\%)/10 = 552.52$ 万元

(3) 运营期第 1 年年初贷款累计为:$2000 + 60 = 2060$ 万元

按 5 年等额还本方式每年应偿还:$2060 \div 5 = 412$ 万元

运营期第 1 年应计息:$2060 \times 6\% = 123.6$ 万元

运营期第 1 年应偿还银行的本息额为:$412 + 123.6 = 535.6$ 万元

(4) 运营期第 1 年总成本费用 = 经营成本 + 折旧 + 利息
$$= 880 + 552.52 + 123.6 = 1556.12 \text{ 万元}$$

运营期第 1 年税前利润为:$1650 - 99 - 1556.12 = -5.12$ 万元

因为运营期第 1 年的税前利润为负(亏损),故所得税为 0。

(5) 项目投资现金流量表填写如下。

## 项目投资现金流量表
单位:万元

| 序号 | 项目\期间 | 建设期 1 | 运营期 2 | 运营期 3 | …… | 11 |
|---|---|---|---|---|---|---|
| 1 | 现金流入 | | 1650 | 2300 | …… | 3090.8 |
| 1.1 | 营业收入 | | 1650 | 2300 | …… | 2300 |
| 1.2 | 回收固定资产残值 | | | | …… | 290.8 |
| 1.3 | 回收流动资金 | | | | …… | 500 |
| 2 | 现金流出 | 5756 | 1508.62 | 1365.37 | …… | 1365.37 |
| 2.1 | 建设投资 | 5756 | | | | |
| 2.2 | 流动资金 | | 500 | | | |
| 2.3 | 经营成本 | | 880 | 1100 | …… | 1100 |
| 2.4 | 营业税金及附加 | | 99 | 138 | …… | 138 |
| 2.5 | 调整所得税 | | 29.62 | 127.37 | …… | 127.37 |
| 3 | 税后净现金流量 | -5756 | 141.38 | 934.63 | …… | 1725.43 |

其中,第二年的调整所得税计算式为:
(营业收入－经营成本－折旧－营业税金及附加)×税率=(1650－880－552.52－99)×25%=29.62万元

**案例6** 某拟建工业项目建设投资3000万元,建设期2年,生产运营期8年。其他有关资料和基础数据如下。

(1)建设投资预计全部形成固定资产,固定资产使用年限为8年,残值率为5%,采用直线法折旧。

(2)建设投资来源为资本金和贷款。其中贷款本金为1800万元,贷款年利率为8%,按年计息。贷款在两年内均衡投入。

(3)在生产运营期前4年按照等额还本付息方式偿还贷款。

(4)生产运营期第1年由资本金投入300万元作为生产运营期间的流动资金。

(5)项目生产运营期正常年份营业收入为1500万元,经营成本为680万元,生产运营期第1年营业收入和经营成本均为正常年份的80%。第2年起各年营业收入和营业成本均达到正常年份水平。

(6)项目所得税税率为25%,营业税金及附加税率为6%。

【问题】

(1) 列式计算项目的年折旧额。

(2) 列式计算项目生产运营期第1年,第2年应偿还的本息额。

(3) 列式计算项目生产运营期第1年,第2年的总成本费用。

(4) 判断项目生产运营期第1年末项目还款资金能否满足约定还款方式要求,并通过列式计算说明理由。

(5) 列式计算项目正常年份的总投资收益率(计算结果均保留两位小数)。

**解**

(1) 建设期第 1 年贷款利息＝1800/2×50％×6％＝27 万元
建设期第 2 年贷款利息＝(1800/2+27+1800/2×50％)×6％＝82.62 万元
建设期贷款利息合计＝27+82.62＝109.62 万元
固定资产原值＝建设投资+建设期贷款利息＝3000+109.62＝3109.62 万元
年折旧额＝3109.62×(1-5％)/8＝369.27 万元

(2) 运营期第 1 年年初贷款本息和＝建设期贷款总额+建设期贷款利息
$\qquad$ ＝1800+27+82.62＝1909.62 万元
还款期 4 年中每年等额还本付息额＝1909.62×(A/P,6％,4)＝551.10 万元
运营期第 1 年应付利息＝1909.62×6％＝114.58 万元
运营期第 1 年应还本金＝551.10-114.58＝436.52 万元
运营期第 2 年应付利息＝(1909.62-436.52)×6％＝88.39 万元
运营期第 2 年应还本金＝551.10-88.39＝462.71 万元

(3) 总成本＝经营成本+折旧+摊销+利息支出
运营期第一年总成本＝680×80％+369.27+114.58＝1027.85 万元
运营期第二年总成本＝680+369.27+88.39＝1137.66 万元

(4) 运营期第 1 年营业收入：1500×80％＝1200 万元
运营期第 1 年利润总额＝营业收入-营业税金及附加-总成本
$\qquad$ ＝1200-1200×6％-1027.85＝100.15 万元
运营期第 1 年所得税：100.15×25％＝25.04 万元
运营期第 1 年净利润：100.15-25.04＝75.11 万元
运营期第 1 年息税折旧摊销前利润＝应还利息+所得税+折旧+摊销+净利润
$\qquad$ ＝114.58+25.04+369.27+75.11＝584.00 万元
运营期第 1 年可用来还本付息的资金为：
息税折旧摊销前利润-所得税＝584.00-25.04＝558.96 万元
运营期第 1 年应还本付息总额：551.10 万元，运营期第 1 年可用来还本付息的资金 558.96 万元大于应还本付息总额 551.10 万元，说明项目运营期第 1 年末项目还款资金能够满足约定还款方式要求。

(5) 正常年份的总投资收益率＝正常年份的息税前利润/总投资
正常年份的息税前利润＝营业收入-营业税金及附加-经营成本-折旧
$\qquad$ ＝1500-1500×6％-680-369.27＝360.73 万元
总投资＝建设投资+建设期利息+流动资金＝3000+109.62+300＝3409.62 万元
正常年份的总投资收益率＝360.73/3409.62＝10.58％

**案例 7** 某项目案例背景如下：
(1) 某建设项目的工程费由以下内容构成。
① 主要生产项目 1500 万元，其中建筑工程费 300 万元，设备购置费 1050 万元，安装工程费 1 万元。

②辅助生产项目300万元,其中建筑工程费150万元,设备购置费110万元,安装工程费40万元。

③公用工程150万元,其中建筑工程费100万元,设备购置费40万元,安装工程费10万元。

(2)项目建设前期年限为1年,项目建设期第1年完成投资40%,第2年完成投资60%。工程建设其他费用为250万元,基本预备费率为10%,年均投资价格上涨为6%。

(3)项目建设期2年,运营期8年。建设期贷款1200万元,贷款年利率为6%,在建设期第1年投入40%,第2年投入60%。贷款在运营期前4年按照等额还本、利息照付的方式偿还。

(4)项目固定资产投资预计全部形成固定资产,使用年限为8年,残值率为5%,采用直线法折旧。运营期第1年投入资本金200万元作为流动资金。

(5)项目运营期正常年份的营业收入为1300万元,经营成本为525万元。运营期第1年的营业收入和运营成本均为正常年份的70%,自运营期第2年起进入正常年份。

(6)所得税税率为25%,营业税金及附加为6%。

【问题】

(1)列式计算项目的基本预备费和价差预备费。

(2)列式计算项目的建设期贷款利息,并完成建设项目固定资产投资估算表。

(3)计算项目各年还本付息额填入还本付息计划表。

(4)列式计算项目运营期第1年的总成本费用。

(5)列式计算项目资本金现金流量分析中运营期第1年的净现金流量(填表及计算结果如有小数则保留2位小数)。

**解**

(1)基本预备费=(工程费用+工程建设其他费用)×基本预备费费率
=[(1500+300+150)+250]×10%=220万元

第 $t$ 年价差预备费公式为:$I_t[(1+f)^m(1+f)^{0.5}(1+f)^{t-1}-1]$,其中 $m$ 为建设前期年限,本例中 $m=1$。

静态投资=1500+300+150+250+220=2420万元

建设期第一年完成投资=2420×40%=968万元

第一年的价差预备费=968×$[(1+6\%)^1(1+6\%)^{0.5}(1+6\%)^{1-1}-1]$=968×$(1.06^{1.5}-1)$
=88.41万元

建设期第二年完成投资=2420×60%=1452万元

第二年的价差预备费=1452×$[(1+6\%)^1(1+6\%)^{0.5}(1+6\%)^{2-1}-1]$
=1452×$(1.06^{2.5}-1)$=227.70万元

则建设期的价差预备费为:88.41+227.70=316.11万元

(2)第一年利息=(1200×40%÷2)×6%=14.40万元

第二年利息=(1200×40%+14.40+1200×60%÷2)×6%=51.26万元

则建设期贷款利息=14.40+51.26=65.66万元

建设项目固定资产投资估算表如下:

建设项目固定资产投资估算表　　　　　　　　单位:万元

| 项目名称 | 建筑工程费 | 设备购置费 | 安装工程费 | 其他费 | 合计 |
|---|---|---|---|---|---|
| 1 工程费 | 550 | 1200 | 200 | | 1950 |
| 1.1 主要项目 | 300 | 1050 | 150 | | 1500 |
| 1.2 辅助项目 | 150 | 110 | 40 | | 300 |
| 1.3 公用工程 | 100 | 40 | 10 | | 150 |
| 2. 工程建设其他费 | | | | 250 | 250 |
| 3. 预备费 | | | | 536.11 | 536.11 |
| 3.1 基本预备费 | | | | 220 | 220 |
| 3.2 涨价预备费 | | | | 316.11 | 316.11 |
| 4. 建设期利息 | | | | 65.66 | 65.66 |
| 5. 固定资产投资 | 550 | 1200 | 200 | 851.77 | 2801.77 |

(3) 还本付息计划表如下:

还本付息计划表　　　　　　　　　　　　　　单位:万元

| 序号 | 项目名称 | 1 | 2 | 3 | 4 | 5 | 6 |
|---|---|---|---|---|---|---|---|
| 1 | 年初借款余额 | | 494.40 | 1265.66 | 949.24 | 632.82 | 316.40 |
| 2 | 当年借款 | 480 | 720 | | | | |
| 3 | 当年计息 | 14.40 | 51.26 | 75.94 | 56.95 | 37.97 | 18.98 |
| 4 | 当年还本 | | | 316.42 | 316.42 | 316.42 | 316.42 |
| 5 | 当年还本付息 | | | 392.36 | 373.37 | 354.39 | 335.40 |

(4) 固定资产折旧费=(550+1200+200+250+220+316.11+65.66)×(1−5%)/8
　　　　　　　　=332.71 万元

运营期第 1 年的经营成本=525×70%=367.50 万元

运营期第 1 年的利息为 75.94 万元

所以,运营期第 1 年的总成本费用=经营成本+折旧+利息
　　　　　　　　　　　　　　=367.50+332.71+75.94=776.15 万元

(5) 运营期第 1 年

①现金流入

营业收入:1300×70%=910 万元

②现金流出

- 流动资金:200 万元
- 还本:316.42 万元
- 付息:75.94 万元
- 经营成本:525×70%=367.50 万元
- 营业税金及附加:910×6%=54.60 万元

- 所得税:(910−54.60−776.15)×25%＝19.8 万元
现金流出合计 1034.26 万元
所以,净现金流量:910−1034.26＝−124.26 万元

**案例 8** （根据 2016 一级造价工程师题目略作修改）

某企业拟于某城市新建一个工业项目,该项目可行性研究相关基础数据下:

(1)项目建设期 1 年,运营期 10 年,建设投资全部形成固定资产。固定资产使用年限为 10 年,残值率为 5%,直线法折旧。

(2)项目运营期第 1 年投入自有资金 200 万元作为运营期的流动资金。

(3)项目正常年份销售收入为 1560 万元,营业税金及附加税率为 6%,项目正常年份经营成本为 400 万元。项目运营期第 1 年产量为设计产量的 85%,运营期第 2 年及以后各年均达到设计产量,运营期第 1 年的销售收入、经营成本均为正常年份的 85%,企业所得税率为 25%。

【问题】

若该项目的建设投资为 5500 万元,建设投资来源为自有资金和贷款,贷款为 3000 万元,贷款年利率为 7.2%(按月利息),约定的还款方式为运营期前 5 年等额还本,利息照付方式。分期列式计算项目运营期第 1 年、第 2 年的总成本费用和净利润以及运营期第 2 年年末的项目累计盈余资金(不考虑企业公积金、公益金提取及投资者股利分配,计算结果保留两位小数)。

【解】

年实际利率＝$(1+7.2\%/12)^{12}-1$＝7.442%

建设期利息＝3000/2×7.442%＝111.63 万元

每年还本额＝(3000＋111.63)/5＝622.326 万元

运营期第 1 年应还利息＝(3000＋111.63)×7.442%＝231.568 万元

运营期第 2 年应还利息＝(3000＋111.63−622.326)×7.442%＝185.254 万元

折旧费＝5500×(1−5%)/10＝522.5 万元

运营期第 1 年总成本费用＝400×85%＋522.5＋231.568＝1094.07 万元

运营期第 2 年总成本费用＝400＋522.5＋185.254＝1107.75 万元

运营期第 1 年净利润＝(1560−1560×6%−1094.07)×(1−25%)＝279.25 万元

运营期第 2 年净利润＝(1560−1560×6%−1107.75)×(1−25%)＝268.99 万元

运营期第 1 年剩余利润＝522.5＋279.25−622.326＝179.424 万元

运营期第 2 年年末的项目累计盈余资金
＝268.99＋179.424＋522.5−622.326＝348.59 万元

**案例 9** （2016 年一级造价工程师真题）

某隧洞工程,施工单位与项目业主签订了 120000 万元的施工总承包合同,合同处罚(或奖励)金额 3 万元。

施工过程中发生了以下事件:

事件 1:施工前,施工单位拟定了三种隧洞开挖施工方案,并测定了各方案的施工成本,见下表。

各施工方案施工成本表　　　　　　　　　　　　单位:万元

| 施工方案 | 施工准备工作成本 | 不同地质条件下的施工成本 | |
| --- | --- | --- | --- |
| | | 地质较好 | 地质不好 |
| 先拱后墙法 | 4300 | 101000 | 102000 |
| 台阶法 | 4500 | 99000 | 106000 |
| 全断面法 | 6800 | 93000 | / |

当采用全断面法施工时,在地质条件不好的情况下,须改用其他其他施工方法,如果改用先拱后墙法施工,需再投入 3300 万元的施工准备工作成本;如果改用台阶法施工,需再投入 1100 万元的施工准备工作成本。根据对地质勘探资料的分析评估,地质情况较好的可能性为 0.6。

事件 2:实际开工前发现地质情况不好,经综合考虑施工方案采用台阶法,造价工程师测算了按计划工期施工的施工成本;间接成本为 2 万元/天;直接成本每压缩工期 5 天增加 30 万元,每延长工期 5 天减少 20 万元。

【问题】

(1) 绘制事件 1 中施工单位施工方案的决策树。
(2) 列式计算事件 1 中施工方案选择的决策过程,并按成本最低原则确定最佳施工方案。
(3) 事件 2 中,从经济的角度考虑,施工单位应压缩工期、延长工期还是按计划施工?说明理由。

## 解

(1)

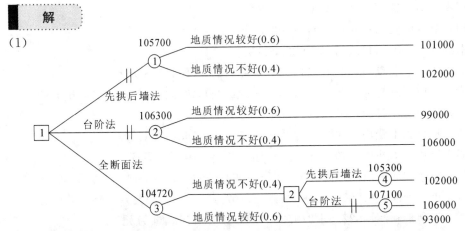

(2) 机会点 4 成本期望值=102000+6800+3300=112100 万元

机会点 5 成本期望值=106000+6800+1100=113900 万元

由于机会点 5 的成本期望值大于机会点 4 的成本期望值,所以应当优选机会点 4 的方案。

机会点 1 总成本期望值=(101000+4300)×0.6+(102000+4300)×0.4=105700 万元

机会点 2 总成本期望值=(99000+4500)×0.6+(106000+4500)×0.4=106300 万元

机会点 3 总成本期望值=(93000+6800)×0.6+112100×0.4=104720 万元

由于机会点 3 的成本期望值小于机会点 1 和机会点 2 的成本期望值,所以应当优选机会点 3 的方案。

(3) 按计划工期每天费用=2 万元/天

压缩工期每天费用=2+30/5−3=5 万元/天

延长工期每天费用＝2－20/5＋3＝1 万元/天

由于延长工期每天费用最小,所以应当选延长工期的方案。

**案例 10** （2021年一级造价工程师真题）

某企业拟投资建设一个生产市场急需产品的工业项目。该项目建设期2年,运营期8年。项目建设的其他基本数据如下:

(1) 项目建设投资估算5300万元(包含可抵扣进项税300万元),预计全部形成固定资产,固定资产使用年限8年。按直线法折旧,期末净残值率为5%。

(2) 建设投资资金来源于自有资金和银行借款,借款年利率6%(按年计息)。借款合同约定还款方式为在运营期的前5年等额还本付息。建设期内自有资金和借款均为均衡投入。

(3) 项目所需流动资金按照分项详细估算法估算,从运营期第1年开始由自有资金投入。

(4) 项目运营第1年,外购原材料、燃料费为1680万元,工资及福利费为700万元,其他费用为290万元,存货估算为385万元。项目应收账款年周转次数、现金年周转次数、应付账款年周转次数分别为12次、9次、6次。项目无预付账款和预收账款情况。

(5) 项目产品适用的增值税税率为13%,增值税附加税率为12%,企业所得税税率为25%。

(6) 项目的资金投入、收益、成本费用表,如下表。

项目资金投入收益、成本费用表　　　　　　　　　　　单位:万元

| 序号 | 项目 | 建设期 | | 运营期 | | |
|---|---|---|---|---|---|---|
| 1 | 建设投资<br>其中:自有资金<br>借款本金 | 1150<br>1500 | 1150<br>1500 | | | |
| 2 | 营业收入(不含销项税) | | | 3520 | 4400 | 4400 | 4400 |
| 3 | 经营成本<br>(不含可抵扣进项税) | | | 2700 | 3200 | 3200 | 3200 |
| 4 | 经营成本中的可抵扣进项税 | | | 200 | 250 | 250 | 250 |
| 5 | 流动资产 | | | | 855 | 855 | 855 |
| 6 | 流动负债 | | | | 350 | 350 | 350 |

【问题】

(1) 列式计算项目运营期年固定资产折旧额。

(2) 列式计算项目运营期第1年应偿还的本金、利息。

(3) 列式计算项目运营期第1年、第2年应投入的流动资金。

(4) 列式计算项目运营期第1年应缴纳的增值税。

(5) 以不含税价格列式计算项目运营期第1年的总成本费用和税后利润,并通过计算说明项目运营期第1年能够满足还款需求(计算过程和结果保留两位小数)。

**解**

(1) 建设期利息第1年:1500×1/2×6%＝45.00万元

第 2 年：$(1545+1500×1/2)×6\%=137.70$ 万元

合计：$45+137.7=182.37$ 万元

固定资产折旧费：$(5300+182.7-300)×(1-5\%)/8=615.45$ 万元

(2) 每年应还本息和：

$3182.7×6\%×(1+6\%)^5[(1+6\%)^5-1]=755.56$ 万元

运营期第 1 年应还利息：$3182.70×6\%=190.96$ 万元

应还本金：$755.56-190.96=564.6$ 万元

(3) 运营期第 1 年应投入的流动资金：

应收账款＝年经营成本/12＝2700/12＝225 万元

现金＝工资及福利费＋其他费用＝$(700+290)/9=110$ 万元

存货＝385 万元

流动资产＝225＋110＋385＝720 万元

应付账款＝外购原材料、燃料费/6＝1680/6＝280 万元

流动负债＝应付账款＝280 万元

运营期第 1 年应投入的流动资金＝720－280＝440 万元

运营期第 2 年应投入的流动资金＝855－350－440＝65 万元

(4) 运营期第 1 年增值税：$3520×13\%-200-300=-42.4$ 万元,故应纳增值税为 0。

(5) 运营期第 1 年：

总成本费用＝2700＋615.45＋190.96＝3506.41 万元

税后利润＝$(3520-3506.41)×(1-25\%)=10.19$ 万元

因 10.19＋615.45＝625.64 万元＞当年应还本金 564.6 万元。

故,运营期第 1 年可以满足还款需求。

**案例 11** （2021 年一级造价工程师真题）

某利用原有仓储库房改建养老院项目,有三个可选设计方案。

方案一：不改变原建筑结构和外立面装修,内部格局和装修做部分调整。

方案二：部分改变原建筑结构,外立面装修全部拆除重做,内部格局和装修做较大调整。

方案三：整体拆除新建。

三个方案的基础数据见下表 1,假设初始投资发生在期初,维护费用和残值发生在期末。

表 1 各设计方案的基础数据

| 数据项目 \ 设计方案 | 方案一 | 方案二 | 方案三 |
| --- | --- | --- | --- |
| 初始投资/万元 | 1200 | 1800 | 2100 |
| 维护费用/(万元/年) | 150 | 130 | 120 |
| 使用年限/年 | 30 | 40 | 50 |
| 残值/万元 | 20 | 40 | 70 |

经建设单位组织的专家组评审,决定从施工工期($Z_1$)、初始投资($Z_2$)、维护费用($Z_3$)、空间利用($Z_4$)、使用年限($Z_5$)、建筑能耗($Z_6$)等六个指标对设计方案进行评价。专家组采用 0～1 评

分方法对各指标的重要程度进行评分,评分结果见表2,专家组对各设计方案的评价指标打分的算术平均值见表3。

表2 指标重要程度评分表

|    | Z1 | Z2 | Z3 | Z4 | Z5 | Z6 |
|----|----|----|----|----|----|----|
| Z1 | ×  | 0  | 0  | 1  | 1  | 1  |
| Z2 | 1  | ×  | 1  | 1  | 1  | 1  |
| Z3 | 1  | 0  | ×  | 1  | 1  | 1  |
| Z4 | 0  | 0  | 0  | ×  | 0  | 1  |
| Z5 | 0  | 0  | 0  | 1  | ×  | 1  |
| Z6 | 0  | 0  | 0  | 0  | 0  | ×  |

表3 各设计方案的评价指标打分算术平均值

| 指标 \ 设计方案 | 方案一 | 方案二 | 方案三 |
|----|----|----|----|
| Z1 | 10 | 8  | 7  |
| Z2 | 10 | 7  | 6  |
| Z3 | 8  | 9  | 10 |
| Z4 | 6  | 9  | 10 |
| Z5 | 6  | 8  | 10 |
| Z6 | 7  | 9  | 10 |

【问题】

(1) 利用表5,计算各评价指标的权重。

(2) 按Z1到Z6组成的评价指标体系,采用综合评审法对三个方案进行评价,并推荐最优方案。

(3) 为了进一步对三个方案进行比较,专家组采用结构耐久度、空间利用、建筑能耗、建筑外现四个指标作为功能项目,经综合评价确定的三个方案的功能指数分别为:方案一0.241,方案二0.351,方案三0.408。在考虑初始投资、维护费用和残值的前提下,已知方案一和方案二的寿命期年费用分别为256.415万元和280.789万元,试计算方案三的寿命期年费用,并用价值工程方法选择最优方案。年复利率为8%,现值系数见表4。

表4 现值系数表

| n | 10 | 20 | 30 | 40 | 50 |
|---|----|----|----|----|----|
| (P/A,8%,n) | 6.710 | 9.818 | 11.258 | 11.925 | 12.233 |
| (P/F,8%,n) | 0.463 | 0.215 | 0.090 | 0.046 | 0.021 |

(4) 在选定方案二的前提下,设计单位提出,通过增设护理监测系统降低维护费用。该系统又有A、B两个设计方案。

方案A初始投资60万元,每年降低维护费用8万元,每10年大修一次,每次大修费用20

万元。

方案B初始投资100万元,每年降低维护费用11万元,每20年大修一次,每次大修费用50万元。

试分别计算A、B两个方案的净现值,并选择最优方案(计算过程和结果均保留三位小数)。

■ 解

(1)

表5

|  | Z1 | Z2 | Z3 | Z4 | Z5 | Z6 | 得分 | 修正得分 | 权重 |
|---|---|---|---|---|---|---|---|---|---|
| Z1 | × | 0 | 0 | 1 | 1 | 1 | 3 | 4 | 0.190 |
| Z2 | 1 | × | 1 | 1 | 1 | 1 | 5 | 6 | 0.286 |
| Z3 | 1 | 0 | × | 1 | 1 | 1 | 4 | 5 | 0.238 |
| Z4 | 0 | 0 | 0 | × | 0 | 1 | 1 | 2 | 0.095 |
| Z5 | 0 | 0 | 0 | 1 | × | 1 | 2 | 3 | 0.143 |
| Z6 | 0 | 0 | 0 | 0 | 0 | × | 0 | 1 | 0.048 |
| 合计 |  |  |  |  |  |  | 15 | 21 | 1.000 |

(2) 方案一得分:$10×0.19+10×0.286+8×0.238+6×0.095+6×0.143+7×0.048=8.428$

方案二得分:$8×0.19+7×0.286+9×0.238+9×0.095+8×0.143+9×0.048=8.095$

方案三得分:$7×0.19+6×0.286+10×0.238+10×0.095+10×0.143+10×0.048=8.286$

因方案一得分最高。故推荐方案一为最优方案。

(3) 方案三寿命周期年费用:

$2100×(A/P,8\%,50)+120-70×(P/F,8\%,50)×(A/P,8\%,50)$
$=2100/12.233+120-70×0.021/12.233=291.547$ 万元

成本指数:

$256.415+280.789+291.547=828.751$ 万元

方案一:$256.415/828.751=0.309$

方案二:$280.789/828.751=0.339$

方案三:$291.547/828.751=0.352$

价值指数:

方案一:$0.241/0.309=0.780$

方案二:$0.351/0.339=1.035$

方案三:$0.408/0.352=1.159$

因方案三价值指数最高,故选择方案三为最优方案。

(4) A方案净现值:

$-1800-60+40×(P/F,8\%,60)-(130-8)×(P/A,8\%,40)-20×[(P/F,8\%,10)$

$+(P/F,8\%,20)+(P/F,8\%,30)]$

$=-1800-60+40\times0.046-122\times11.925-20\times(0.463+0.215+0.090)$

$=3328.55$ 万元

B方案净现值：

$-1800-100+40\times(P/F,8\%,40)-(130-11)\times(P/A,8\%,40)-50\times(P/F,8\%,20)$

$=-1800-100+40\times0.046-119\times11.925-50\times0.215$

$=-3327.985$ 万元

因B方案费用净现值最大，故选择B方案为最优方案。

**案例 12** （2020年一级造价工程师真题）

某企业拟投资建设一工业项目，生产一种市场急需的产品，该项目相关基础数据如下：

(1) 项目建设期1年，运营期8年，建设投资估算1500万元（含可抵扣进项税100万元），建设投资（不含可抵扣进项税）全部形成固定资产。固定资产使用年限8年，期末净残值率5%，按直线法折旧。

(2) 项目建设投资来源为自有资金和银行借款。借款总额1000万元，借款年利率8%（按年计息），借款合同约定的还款方式为运营期的前5年等额还本付息。自有资金和借款在建设期内均衡投入。

(3) 项目投产当年以自有资金投入运营期流动资金400万元。

(4) 项目设计产量为2万件/年，单位产品不含税销售价格预计为450元，单位产品不含进项税可变成本估算为240元，单位产品平均可抵扣进项税估算为15元，正常达产年份的经营成本为550万元（不含可抵扣进项税）。

(5) 项目运营期第1年产量为设计产量的80%，营业收入亦为达产年份的80%，以后各年均达到设计产量。

(6) 企业适用的增值税税率13%，增值税附加按应纳增值税的12%计算。企业所得税税率为25%。

【问题】

(1) 列式计算项目建设期贷款利息和固定资产年折旧额。

(2) 列式计算项目运营期第1年、第2年的企业应纳增值税额。

(3) 列式计算项目运营期第1年的经营成本、总成本费用。

(4) 列式计算项目运营期第1年、第2年的税前利润，并说明运营期第1年项目可用于还款的资金能否满足还款要求。

(5) 列式计算项目运营期第2年的产量盈亏平衡点。

（注：计算过程和结算数据有小数的，保留两位小数。）

**解**

(1) 建设期利息：$1000\times1/2\times8\%=40.00$ 万元

固定资产原值：$1500-100+40=1440.00$ 万元

折旧：$1440\times(1-5\%)\div8=171.00$ 万元

(2) 运营期第1年：

应纳增值税：$450\times2\times80\%\times13\%-100-15\times2\times80\%=-30.40$ 万元

增值税为 0,增值税附加也为 0。

运营期第 2 年：

应纳增值税：$450 \times 2 \times 13\% - 15 \times 2 - 30.40 = 56.60$ 万元

增值税附加税：$56.60 \times 12\% = 6.79$ 万元

（3）运营期第 1 年：

不含税的经营成本：$550 - 240 \times 2 + 240 \times 2 \times 80\% = 454.00$ 万元

利息：$1040 \times 8\% = 83.20$ 万元

不含税总成本费用：$454 + 171 + 83.2 = 708.20$ 万元

（4）运营期前五年每年应还本息 $= 1040 \times [8\% \times (1+8\%)^5 / ((1+8\%)^5 - 1)] = 260.47$ 万元

运营期第 1 年：

应还本金：$260.47 - 83.2 = 177.27$ 万元

利润总额：$450 \times 2 \times 80\% - 708.2 = 11.80$ 万元

净利润：$11.8 \times (1 - 25\%) = 8.85$ 万元

因为 $8.85 + 171 = 179.85 > 177.27$ 万元，所以可以满足还款要求。

运营期第 2 年：

利息：$(1040 - 177.27) \times 8\% = 69.02$ 万元

利润总额：$450 \times 2 - 550 - 171 - 69.02 - 6.79 = 103.19$ 万元

（5）运营期第 2 年固定成本：$550 - 240 \times 2 + 171 + 69.02 = 310.02$ 万元

设运营期第 2 年产量为 $Q$：

$450Q - (310.02 + 240Q) - (450Q \times 13\% - 15Q - 30.4) \times 12\% = 0$

得出 $Q = 1.50$ 万件

则运营期第 2 年产量盈亏平衡点为 1.50 万件。

### 案例 13　（2019 年一级造价工程师真题）

某企业投资新建一项目，生产一种市场需求较大的产品。项目的基础数据如下。

（1）项目建设投资估算为 1600 万元（含可抵扣进项税 112 万元），建设期 1 年，使用年限运营期 8 年。建设投资（不含可抵扣进项税）全部形成固定资产，固定资产 8 年，残值率 4%，按直线法折旧。

（2）项目流动资金估算为 200 万元，运营期第 1 年年初投入，全部回收。

（3）项目资金来源为自有资金和贷款，建设投资贷款利率为 8%，流动资金贷款利率为 5%（按年计息）。建设投资贷款的还款方式为运营期前 4 年等额还本、利息照付方式。

（4）项目正常年份的设计产能力为 10 万件，运营期第 1 年的产能为正常年份产能的 70%。目前市场同类产品的不含税销售价格约为 65~75 元/件。

（5）项目资金投入、收益及成本等基础测算数据见下表。

（6）该项目产品适用的增值税税率为 13%，增值税附加综合税率为 10%，所得税税率为 25%。

**项目资金投入、收益及成本表**　　　　　　　　　　　　　单位：万元

| 序号 | 项目 | 1 | 2 | 3 | 4 | 5 | 6~9 |
|---|---|---|---|---|---|---|---|
| 1 | 建设投资<br>其中：自有资金<br>贷款本金 | 1600<br>1000<br>600 | | | | | |
| 2 | 流动资金<br>其中：自有资金<br>贷款本金 | | 200<br>100<br>100 | | | | |
| 3 | 年产销量/万件 | | 7 | 10 | 10 | 10 | 10 |
| 4 | 年经营成本<br>其中：可抵扣进项税 | | 210<br>14 | 300<br>20 | 300<br>20 | 300<br>20 | 330<br>25 |

【问题】

(1) 列式计算项目的建设期贷款利息及年固定资产折旧额。

(2) 若产品的不含税销售单价确定为 65 元/件，列式计算项目运营期第 1 年的增值税、税前利润、所得税、税后利润。

(3) 若企业希望项目运营期第 1 年不借助其他资金来源能够满足建设投资贷款还款要求，产品的不含税销售单价至少应确定为多少？

(4) 项目运营后期(建设期贷款偿还完成后)，考虑到市场成熟后产品价格可能下降，产品单价拟在 65 元的基础上下调 10%，列式计算运营后期正常年份的资本金净利润率。

**【解】**

(1) ① 建设期利息：$1000/2 \times 8\% = 40$ 万元

② 年折旧额 $=(1600-112+40) \times (1-4\%)/8 = 183.36$ 万元

(2) ① 增值税

运营期第一年销项税额 $= 7 \times 65 \times 13\% = 59.15$ 万元

运营期第一年增值税额 $= 59.15 - 14 - 112 = -66.85$ 万元 $< 0$

故运营期第一年增值税为 0 万元。

② 运营期第一年增值税附加为 0 万元。

③ 税前利润

运营期第一年税前利润(利润总额) = 销售收入(不含税) - 总成本费用(不含税) - 增值税附加

销售收入 $= 65 \times 7 = 455.00$ 万元

总成本费用 = 经营成本 + 折旧费 + 摊销费 + 利息支出

$\qquad = (210-14) + 183.36 + 0 + [(1000+40) \times 8\% + 100 \times 5\%] = 467.56$ 万元

故，税前利润 $= 455.00 - 467.56 - 0 = -12.56$ 万元。

④ 所得税为 0 万元。

⑤ 税后利润(净利润)为 $-12.56$ 万元。

(3) 运营期第一年还本：(1000+40)/4=260万元。

若不借助其他资金来源能够满足建设期贷款还款要求，则：

折旧费+摊销费+未分配利润(净利润)=运营期应还本金

设净利润为 $X$ 万元，183.63+0+$X$=260，计算净利润 $X$=76.64万元。

税前利润=76.64/(1-25%)=102.19万元

根据利润总额公式列盈亏平衡计算一元一次方程，设不含税销售价格为 $y$ 元/件。

销售收入-总成本费用-增值税附加=利润总额

$7y-[((210-14)+183.36+(1040\times8\%+100\times5\%)]=102.19$

解得：$y$=81.39元/件。

(4) 营业收入：10×65×(1-10%)=585万元

附加税：(585×13%-25)×10%=5.11万元

总成本：305+183.36+100×5%=493.36万元

税前利润：585-5.11-493.36=86.53万元

所得税：86.53×25%=21.63万元

税后利润：86.53-21.63=64.90万元

资本金：600+100=700万元

资本金净利润率：64.9/700=9.27%

**案例14** （2018年一级造价工程师真题）

某企业拟建一工业产品生产线，采用同等生产规模的标准化设计资料。项目可行性研究相关基础数据如下。

(1) 按现行价格计算的该项目生产线设备购置费为720万元，当地已建同类同等生产规模生产线项目的建筑工程费用、生产线设备安装工程费用、其他辅助设备购置及安装费用占生产设备购置费的比重分别为70%、20%、15%。根据市场调查，现行生产线设备购置费较已建项目有10%的下降，建筑工程费用、生产线设备安装工程费用较已建项目有20%上涨，其他辅助设备购置及安装费用无变化。拟建项目的其他相关费用为500万元(含预备费)。

(2) 项目建设期1年，运营期10年，建设投资(不含可抵扣进项税)全部形成固定资产，固定资产使用年限为10年，残值率为5%，直线法折旧。

(3) 项目投产当年需要投入运营期流动资金200万元。

(4) 项目运营期达产年份不含税销售收入为1200万元，适用的增值税税率为16%。增值税附加按增值税的10%计取。项目达产年份的经营成本为760万元(含进项税60万元)。

(5) 运营期第1年达到设计生产能力的80%，销售收入、经营成本(含进项税)均按照达产年份的80%计算，第2年以后各年均为达产年份。

(6) 企业适用的所得税税率为25%，行业平均投资收益率为8%。

【问题】

(1) 列式计算拟建项目的建设投资。

(2) 若该项目的建设投资为2200万元(包含可抵扣进项税200万元)，建设投资在建设期均衡投入。

① 列式计算运营期第1年、第2年的应纳增值税额。

② 列式计算运营期第1年、第2年的调整所得税。
③ 进行项目投资现金流量表(第1~4年)的编制,并填入答题卡表1项目投资现金流量表中。
④ 假定计算期第4年、运营期第3年为正常年份,计算项目的总投资收益率并判断项目的可行性(计算结果保留两位小数)。

**解**

(1) 720+720/(1-10%)×[(70%+20%)×(1+20%)+15%]+500=2204.00万元

(2) ① 运营期第1年应纳增值税额=1200×16%×80%-60×80%-200
   =-94.40(万元)

运营期第2年应纳增值税额=1200×16%-60-94.40=37.60万元

② 折旧费=(2200-200)×(1-5%)/10=190.00万元

运营期第1年调整所得税=[1200×80%-(760-60)×80%-0-190]×25%
   =52.50万元

运营期第2年调整所得税=[1200-(760-60)-37.60×10%-190]×25%
   =76.56万元

③

表1 项目投资现金流量表   单位:万元

| 序号 | 项目 | 建设期 | 运营期 | | |
|---|---|---|---|---|---|
| | | 1 | 2 | 3 | 4 |
| 1 | 现金流入 | | 1113.60 | 1392 | 1392 |
| 1.1 | 营业收入(含销项税额) | | 1113.60 | 1392 | 1392 |
| 1.2 | 回收固定资产余值 | | | | |
| 1.3 | 回收流动资金 | | | | |
| 2 | 现金流出 | 2200 | 860.50 | 877.92 | 979.40 |
| 2.1 | 建设投资 | 2200 | | | |
| 2.2 | 流动资金投资 | | 200 | | |
| 2.3 | 经营成本(含进项税额) | | 608 | 760 | 760 |
| 2.4 | 应纳增值税 | | 0 | 37.60 | 132.00 |
| 2.5 | 增值税附加 | | 0 | 3.76 | 13.20 |
| 2.6 | 调整所得税 | | 52.50 | 76.56 | 74.2 |
| 3 | 所得税后现金流量 | -2200 | 253.10 | 514.08 | 412.60 |
| 4 | 累计税后现金流量 | -2200 | -1946.90 | -1432.82 | -1020.22 |

④ 运营期第3年应纳增值税=1200×16%-60=132.00万元

运营期第3年调整所得税=[1200-(760-60)-(1200×16%-60)×10%-190]×25%
   =74.20万元

运营期第3年息税前利润＝1200－(760－60)－13.20－190＝296.80万元

总投资收益率＝296.80/(2200＋200)＝12.37％

总投资收益率为12.37％,大于行业平均投资收益率8％,所以项目可行。

**案例15** 某市新建一座化工企业,计划投资3000万元,建设期3年,考虑设备的有形损耗和无形损耗,生产期定为15年,项目报废时,残值与清理费正好相等。投资者的要求是项目的投资收益率不低于10％,基准收益率为8％,其他数据见表1。

表1 某化工企业新建项目基本情况表　　　　　　　　　　　　单位:万元

| 年份 | 投资成本 | 销售收入 | 生产成本 | 净现金流量 | 10％贴现系数 | 净现值 |
|---|---|---|---|---|---|---|
| 1 | 500 | | | －500 | 0.9091 | －454.55 |
| 2 | 1500 | | | －1500 | 0.8264 | －1239.60 |
| 3 | 1000 | 200 | 140 | －940 | 0.7513 | －706.22 |
| 4 | | 3000 | 2600 | 400 | 0.6830 | 273.20 |
| 5 | | 5000 | 4500 | 500 | 0.6209 | 310.45 |
| 6～15 | | 6000 | 5400 | 600 | 3.8153 | 2289.18 |
| 合计 | 3000 | 68200 | 61240 | 3960 | | 472.46 |

【问题】 通过敏感性分析决定该项目是否可行以及应采取的措施。

**解**

第一步:预测正常年份的各项收入与支出,以目标收益率为基准收益率,计算出基本情况下的净现值和内部收益率。

由表1可见基本情况下的净现值为472.46万元。

内部收益率有试算法和内推法两种,用内推法进行计算。当贴现率为10％时,由表1可知净现值为472.46万元;当贴现率为15％时,同理可计算出净现值为－212.56万元。由此可得内部收益率:

$$\text{内部收益率} = R_1 + (R_2 - R_1)\frac{NPV_1}{NPV_1 + |NPV_2|}$$

$$= 10\% + (15\% - 10\%)\frac{472.46}{472.46 + |-212.56|} = 13.414\%$$

即内部收益率为13.414％。

第二步:进行投资成本增加的敏感性分析。

假定第一年投资成本上升了总成本的15％,在此条件下计算净现值和内部收益率。

表2 投资成本增加15％的敏感性分析表　　　　　　　　　　　　单位:万元

| 年份 | 投资成本 | 销售收入 | 生产成本 | 净现金流量 | 10％贴现系数 | 净现值 |
|---|---|---|---|---|---|---|
| 1 | 950 | | | －950 | 0.9091 | －863.65 |
| 2 | 1500 | | | －1500 | 0.8264 | －1239.60 |
| 3 | 1000 | 200 | 140 | －940 | 0.7513 | －706.22 |

续表

| 年份 | 投资成本 | 销售收入 | 生产成本 | 净现金流量 | 10%贴现系数 | 净现值 |
|---|---|---|---|---|---|---|
| 4 | | 3000 | 2600 | 400 | 0.6830 | 273.20 |
| 5 | | 5000 | 4500 | 500 | 0.6209 | 310.45 |
| 6~15 | | 6000 | 5400 | 600 | 3.8153 | 2289.18 |
| 合计 | 3450 | 68200 | 61240 | 3510 | | 63.36 |

由表 2 可见当投资成本上升了 15% 后,净现值变为 63.36 万元。

当贴现率为 12% 时,净现值为 -251.59 万元,由内推法可得内部收益率:

$$部收益率 = R_1 + (R_2 - R_1) \frac{NPV_1}{NPV_1 + |NPV_2|}$$

$$= 10\% + (12\% - 10\%) \frac{63.36}{63.36 + |-251.59|} = 10.42\%$$

即内部收益率为 10.42%。

第三步:进行项目建设周期延长的敏感性分析。

现假定项目建设周期由于意外事故延长一年,并由此导致总投资增加 100 万元(第 1、2、3 和 4 年分别为 500 万元、1400 万元、900 万元和 300 万元),其余条件不变。在此条件下计算净现值和内部收益率。

由表 3 可见当工期延长一年后,净现值变为 85.94 万元。

当贴现率为 12% 时,净现值为 -205.05 万元,由内推法可得内部收益率:

$$部收益率 = R_1 + (R_2 - R_1) \frac{NPV_1}{NPV_1 + |NPV_2|}$$

$$= 10\% + (12\% - 10\%) \frac{85.94}{85.94 + |-205.05|} = 10.59\%$$

即内部收益率为 10.59%。

表 3　建设周期延长一年的敏感性分析表　　　　　　　　　　　　单位:万元

| 年份 | 投资成本 | 销售收入 | 生产成本 | 净现金流量 | 10%贴现系数 | 净现值 |
|---|---|---|---|---|---|---|
| 1 | 500 | | | -500 | 0.9091 | -454.55 |
| 2 | 1400 | | | -1400 | 0.8264 | -1156.96 |
| 3 | 900 | | | -900 | 0.7513 | -676.17 |
| 4 | 300 | 200 | 140 | -240 | 0.6830 | -163.92 |
| 5 | | 3000 | 2600 | 400 | 0.6209 | 248.36 |
| 6~15 | | 6000 | 5400 | 600 | 3.8153 | 2289.18 |
| 合计 | 3100 | 63200 | 65740 | 3360 | | 85.94 |

第四步:进行生产成本增加的敏感性分析。

现假定项目投产后第 6~15 年生产成本上升 5%,其余条件不变。在此条件下计算净现值和内部收益率。

表 4　生产成本上升 5% 的敏感性分析表　　　　　　　　　　　单位：万元

| 年份 | 投资成本 | 销售收入 | 生产成本 | 净现金流量 | 10%贴现系数 | 净现值 |
|---|---|---|---|---|---|---|
| 1 | 500 | | | −500 | 0.9091 | −454.55 |
| 2 | 1500 | | | −1500 | 0.8264 | −1239.60 |
| 3 | 1000 | 200 | 140 | −940 | 0.7513 | −706.22 |
| 4 | | 3000 | 2600 | 400 | 0.6830 | 273.20 |
| 5 | | 5000 | 4500 | 500 | 0.6209 | 310.45 |
| 6～15 | | 6000 | 5670 | 330 | 3.8153 | 1259.05 |
| 合计 | 3000 | 68200 | 63940 | 1260 | | −557.67 |

由表 4 可见当成本上升 5% 后，净现值变为 −557.67 万元。

当贴现率为 5% 时，净现值为 68.73 万元，由内推法可得内部收益率：

$$\text{内部收益率} = R_1 + (R_2 - R_1) \frac{NPV_1}{NPV_1 + |NPV_2|}$$

$$= 5\% + (10\% - 5\%) \frac{68.73}{68.73 + |-557.67|} = 5.55\%$$

即内部收益率为 5.55%。

第五步：进行价格下降的敏感性分析。

现假定项目投产后第 6～15 年产品销售价格下降了 5%，其余条件不变。在此条件下计算净现值和内部收益率。

表 5　产品价格下降 5% 的敏感性分析表　　　　　　　　　　　单位：万元

| 年份 | 投资成本 | 销售收入 | 生产成本 | 净现金流量 | 10%贴现系数 | 净现值 |
|---|---|---|---|---|---|---|
| 1 | 500 | | | −500 | 0.9091 | −454.55 |
| 2 | 1500 | | | −1500 | 0.8264 | −1239.60 |
| 3 | 1000 | 200 | 140 | −940 | 0.7513 | −706.22 |
| 4 | | 3000 | 2600 | 400 | 0.6830 | 273.20 |
| 5 | | 5000 | 4500 | 500 | 0.6209 | 310.45 |
| 6～15 | | 5700 | 5400 | 300 | 3.8153 | 1144.5 |
| 合计 | 3000 | 65200 | 61240 | 960 | | −672.22 |

由表 5 可见当价格下降 5% 后，净现值变为 −672.22 万元。

当贴现率为 5% 时，净现值为 129.23 万元，由内推法可得内部收益率：

$$\text{内部收益率} = R_1 + (R_2 - R_1) \frac{NPV_1}{NPV_1 + |NPV_2|}$$

$$= 5\% + (10\% - 5\%) \frac{129.23}{129.23 + |-672.22|} = 5.81\%$$

即内部收益率为 5.81%。

第六步：对整个项目的敏感性分析进行汇总对比，见表 6。

表6 某化工厂四个主要因素敏感性分析汇总表

| 序号 | 敏感因素 | 净现值/万元 | 与基本情况的差异/万元 | 内部收益率/(%) | 与基本情况差异/(%) |
|---|---|---|---|---|---|
| 0 | 基本情况 | 472.46 | 0 | 13.41 | 0 |
| 1 | 投资成本增加15% | 63.36 | -409.10 | 10.40 | -3.01 |
| 2 | 建设周期延长一年 | 85.94 | -386.52 | 10.59 | -2.82 |
| 3 | 生产成本增加5% | -557.67 | -1030.13 | 5.55 | -7.86 |
| 4 | 销售价格下降5% | -672.22 | -1144.68 | 5.81 | -7.6 |

结论：

当投资成本增加15%或建设周期延长一年时，净现值仍为正，仍能实现投资者期望的收益率；当未来生产成本增加5%或产品价格下降5%时，净现值变为负值，内部收益率低于基准收益率8%，不能实现投资者的期望，亦即项目效益对后两种因素更为敏感。

从总体上讲，该项目风险太大，应放弃。

**案例16** 某新建工业项目财务评价案例。

一、项目概况

某新建项目，其可行性研究已完成市场需求预测、生产规模、工艺技术方案、建厂条件和厂址方案、环境保护、工厂组织和劳动定员以及项目实施规划等诸方面的研究论证和多方案比较。项目财务评价在此基础上进行，项目基准折现率为12%，基准投资回收期为8.3年。

二、基础数据

1. 生产规模和产品方案，生产规模为年产1.2万吨某工业原料。产品方案为A型及B型两种，以A型为主。

2. 实施进度：项目拟两年建成，第三年投产，当年生产负荷达到设计能力的70%，第四年达到90%，第五年达到100%。生产期按8年计算，计算期为10年。

3. 建设投资估算。建设投资估算见表1，其中外汇按1美元兑换8.30人民币计算。

表1 建设投资估算表 单位：万元

| 序号 | 工程或费用名称 | 估算价值 | | | | | 其中外汇/万美元 | 占总值比/(%) |
|---|---|---|---|---|---|---|---|---|
| | | 建筑工程 | 设备费用 | 安装工程 | 其他费用 | 总值 | | |
| 1 | 建设投资（不含建设期利息） | 1559.25 | 10048.95 | 3892.95 | 3642.30 | 19143.45 | 976.25 | 100% |
| 1.1 | 第一部分工程费用 | 1559.25 | 10048.95 | 3892.95 | 0.00 | 15501.15 | | 81% |
| | 主要生产项目 | 463.50 | 7849.35 | 3294.00 | | 11606.85 | | |
| | 其中：外汇 | | 639.00 | 179.25 | | 818.25 | 818.25 | |
| | 辅助生产车间 | 172.35 | 473.40 | 22.95 | | 668.70 | | |
| | 公用工程 | 202.05 | 1119.60 | 457.65 | | 1779.30 | | |
| 1.1.4 | 环境保护工程 | 83.25 | 495.00 | 101.25 | | 679.50 | | |

续表

| 序号 | 工程或费用名称 | 估算价值 | | | | | | 占总值比/(%) |
|---|---|---|---|---|---|---|---|---|
| | | 建筑工程 | 设备费用 | 安装工程 | 其他费用 | 总值 | 其中外汇/万美元 | |
| | 总图运输 | 23.40 | 111.60 | | | 135.00 | | |
| | 厂区服务性工程 | 117.90 | | | | 117.90 | | |
| | 生活福利工程 | 496.80 | | | | 496.80 | | |
| | 厂外工程 | | | 17.10 | | 17.10 | | |
| 1.2 | 第二部分其他费用 | | | | 1368.90 | 1368.90 | 158.00 | 7% |
| | 其中:土地费用 | | | | 600.00 | 600.00 | | |
| | 第一、第二部分合计 | 1559.25 | 10048.95 | 3892.95 | 1368.90 | 16870.05 | | |
| 1.3 | 预备费用 | | | | 2273.40 | 2273.40 | | 12% |
| 2 | 建设期利息 | | | | | 1149.74 | 99.02 | |
| | 合计(1+2) | 1559.25 | 10048.95 | 3892.95 | 3642.30 | 20293.19 | 1075.27 | |

4.流动资金估算采用分项详细估算法进行估算,估算总额为3111.02万元。流动资金借款为2302.7万元。流动资金估算见表2。

表2 流动资金估算表　　　　　　　　　　　　　　　　　单位:万元

| 序号 | 年份项目 | 最低周转天数 | 周转次数 | 投产期 | | 达到设计生产能力期 | |
|---|---|---|---|---|---|---|---|
| | | | | 3 | 4 | 5 | 6 |
| 1 | 流动资产 | | | 2925.50 | 3645.15 | 4001.22 | 4001.22 |
| 1.1 | 应收账款 | 30 | 12 | 769.17 | 951.03 | 1040.03 | 1040.03 |
| 1.2 | 存货 | 15 | 24 | 2117.99 | 2655.78 | 2922.85 | 2922.85 |
| 1.3 | 现金 | | | 38.34 | 38.34 | 38.34 | 38.34 |
| 2 | 流动负债 | | | 622.80 | 800.93 | 890.20 | 890.20 |
| 2.1 | 应付账款 | 30 | 12 | 622.80 | 800.93 | 890.20 | 890.20 |
| 3 | 流动资金(1-2) | | | 2302.70 | 2844.22 | 3111.02 | 3111.02 |
| 4 | 流动资金增加额 | | | 2302.70 | 541.52 | 266.80 | 0.00 |

5.资金来源。项目资本金为7121.43万元,其中用于流动资金808.32万元,其余为借款。资本金由甲、乙两个投资方出资,其中甲方出资3000万元,从还完建设投资长期借款年开始,每年分红按出资额的20%进行,经营期末收回投资。外汇全部通过中国银行向国外借款,年利率为9%;人民币建设投资部分由中国建设银行提供贷款,年利率为6.2%;流动资金由中国工商银行提供贷款,年利率5.94%。投资分年使用计划按第一年60%,第二年40%的比例分配。资金使用计划与资金筹措表见表3。

表 3 资金使用计划与资金筹措表

单位：万元

| 序号 | 项目 | 合计 | | | 1 | | | | 2 | | | | 3 | | | | 4 | | | | 5 | | | |
|---|---|---|---|---|---|---|---|---|---|---|---|---|---|---|---|---|---|---|---|---|---|---|---|---|
| | | 人民币 | 外币 | 折人民币 | 人民币 | 外币 | 折人民币 | 小计 | 人民币 | 外币 | 折人民币 | 小计 | 人民币 | 外币 | 折人民币 | 小计 | 人民币 | 外币 | 折人民币 | 小计 | 人民币 | 外币 | 折人民币 | 小计 |
| 1 | 总投资 | 23304.21 | 612.11 | 5080.50 | 6712.28 | | | 11792.78 | 4656.16 | 463.16 | 3844.25 | 8500.41 | 2302.70 | | | 2302.70 | 541.52 | | | 541.52 | 266.80 | | | 266.80 |
| 1.1 | 建设投资（未含利息） | 19143.45 | 585.75 | 4861.73 | 6624.35 | | | 11486.07 | 4416.23 | 390.50 | 3241.15 | 7657.38 | | | | | | | | | | | | |
| 1.2 | 建设期利息 | 1149.74 | 26.36 | 218.78 | 87.93 | | | 306.71 | 239.93 | 72.66 | 603.10 | 843.03 | | | | | | | | | | | | |
| 1.3 | 流动资金 | 3111.02 | | | | | | | | | | | | 2302.70 | | | 2302.70 | 541.52 | | | 541.52 | 266.80 | | | 266.80 |
| 2 | 资金筹措 | 23304.21 | | | | | | | | | | | | | | | | | | | | | | | |
| 2.1 | 自有资金 | 7121.43 | | | 3787.87 | | | 3787.87 | 2525.24 | | | 2525.24 | 808.32 | | | 808.32 | | | | | | | | |
| | 其中：用于流动资金 | 0.00 | | | | | | | | | | | | | | | | | | | | | | | |
| | 资本金 | 7121.43 | | | 3787.87 | | | 3787.87 | 2525.24 | | | 2525.24 | 808.32 | | | 808.32 | | | | | | | | |
| | 资本溢价 | 0.00 | | | | | | 0.00 | | | | 0.00 | | | | 0.00 | | | | | | | | |
| 2.2 | 借款 | 16282.78 | 612.11 | 5080.50 | 2924.41 | | | 8004.91 | 2130.92 | 463.16 | 3844.25 | 5975.17 | 1494.38 | | | 1494.38 | 541.52 | | | 541.52 | 266.80 | | | 266.80 |
| | 长期借款 | 12830.34 | 585.75 | 4861.73 | 2836.48 | | | 7698.20 | 1890.99 | 390.50 | 3241.15 | 5132.14 | | | | | | | | | | | | |
| | 流动资金借款 | 2302.70 | | | | | | | | | | | | 1494.38 | | | 1494.38 | 541.52 | | | 541.52 | 266.80 | | | 266.80 |
| | 建设期利息 | 1149.74 | 26.36 | 218.78 | 87.93 | | | 306.71 | 239.93 | 72.66 | 603.10 | 843.03 | | | | 0.00 | | | | 0.00 | | | | 0.00 |
| 2.3 | 其它 | | | | | | | | | | | | | | | | | | | | | | | | |

注：各年流动资金年初投入

6. 工资及福利费估算。全厂定员 500 人,工资及福利费按每人每年 8000 元估算,全年工资及福利费估算为 400 万元,其中福利费按工资总额的 14% 计算。

7. 年销售收入和年销售税金及附加。产品售价以市场价格为基础,预测到生产期初的市场价格,每吨出厂价按 15850 元计算(不含增值税),产品增值税税率为 17%。本项目采用价外计税方式考虑增值税,城市维护和建设税按增值税的 7% 计算,教育费附加按增值税的 3% 计算。年销售收入和年销售税金及附加见表 4。

表 4  销售收入、销售税金及附加和增值税估算表

| 序号 | 项目 | 单价/元 | 生产负荷70%（第3年） | | 生产负荷90%（第4年） | | 生产负荷100%（第5~10年） | |
|---|---|---|---|---|---|---|---|---|
| | | | 销售量/吨 | 金额/万元 | 销售量/吨 | 金额/万元 | 销售量/吨 | 金额/万元 |
| 1 | 产品销售收入 | 15850.00 | 8400.00 | 13314.00 | 10800.00 | 17118.00 | 12000.00 | 19020.00 |
| 2 | 销售税金及附加 | | | 99.25 | | 127.60 | | 141.78 |
| | 增值税销项 | | | 2263.38 | | 2910.06 | | 3233.40 |
| | 增值税进项 | | | 1270.92 | | 1634.04 | | 1815.60 |
| | 增值税 | | | 992.46 | | 1276.02 | | 1417.80 |
| 2.1 | 城市维护建设税（增值税×7%） | | | 69.47 | | 89.32 | | 99.25 |
| 2.2 | 教育费附加（增值税×3%） | | | 29.77 | | 38.28 | | 42.53 |

8. 产品成本估算。总成本费用估算见表 5,成本估算说明如下。

表 5  总成本费用估算表                        单位:万元

| 序号 | 项目 | 合计 | 投产期 | | 达到设计生产能力期 | | | | | |
|---|---|---|---|---|---|---|---|---|---|---|
| | | | 3 | 4 | 5 | 6 | 7 | 8 | 9 | 10 |
| | 生产负荷/(%) | | 70 | 90 | 100 | 100 | 100 | 100 | 100 | 100 |
| 1 | 外购原材料 | 71811.00 | 6614.40 | 8503.80 | 9448.80 | 9448.80 | 9448.80 | 9448.80 | 9448.80 | 9448.80 |
| 2 | 外购燃料、动力 | 9357.00 | 861.60 | 1108.20 | 1231.20 | 1231.20 | 1231.20 | 1231.20 | 1231.20 | 1231.20 |
| 3 | 工资及福利费 | 3200.00 | 400.00 | 400.00 | 400.00 | 400.00 | 400.00 | 400.00 | 400.00 | 400.00 |
| 4 | 修理费 | 9274.04 | 1159.25 | 1159.25 | 1159.25 | 1159.25 | 1159.25 | 1159.25 | 1159.25 | 1159.25 |
| 5 | 折旧费 | 18548.07 | 2318.51 | 2318.51 | 2318.51 | 2318.51 | 2318.51 | 2318.51 | 2318.51 | 2318.51 |
| 6 | 摊销费 | 768.90 | 126.11 | 126.11 | 126.11 | 126.11 | 126.11 | 46.11 | 46.11 | 46.11 |
| 7 | 财务费用（利息、汇兑损失） | 3820.30 | 1205.42 | 1017.02 | 702.06 | 348.68 | 136.78 | 136.78 | 136.78 | 136.78 |
| 7.1 | 其中:利息支出 | 3820.30 | 1205.42 | 1017.02 | 702.06 | 348.68 | 136.78 | 136.78 | 136.78 | 136.78 |
| 8 | 其他费用 | 4161.60 | 520.20 | 520.20 | 520.20 | 520.20 | 520.20 | 520.20 | 520.20 | 520.20 |

续表

| 序号 | 项目 | 合计 | 投产期 | | 达到设计生产能力期 | | | | | |
|---|---|---|---|---|---|---|---|---|---|---|
| | | | 3 | 4 | 5 | 6 | 7 | 8 | 9 | 10 |
| 9 | 总成本费用(1+2+3+4+5+6+7+8) | 120940.91 | 13205.50 | 15153.09 | 15906.14 | 15552.76 | 15340.86 | 15260.86 | 15260.86 | 15260.86 |
| | 其中:固定成本 | 35952.61 | 4524.08 | 4524.08 | 4524.08 | 4524.08 | 4524.08 | 4444.08 | 4444.08 | 4444.08 |
| | 可变成本 | 84988.30 | 8681.42 | 10629.02 | 11382.06 | 11028.68 | 10816.78 | 10816.78 | 10816.78 | 10816.78 |
| 10 | 经营成本(9−5−6−7.1) | 97803.64 | 9555.45 | 11691.45 | 12759.45 | 12759.45 | 12759.45 | 12759.45 | 12759.45 | 12759.45 |

(1)固定资产原值中除工程费用外还包括建设期利息、预备费用以及其他费用中的土地费用。固定资产原值为19524.29万元,按平均年限法计算折旧,折旧年限为8年,残值率为5%,折旧率为11.88%,年折旧额为2318.51万元。固定资产折旧费估算见表6。

**表6 固定资产折旧费估算表**　　　　　　　　　　　　　　　　　　　　　　　　单位:万元

| 序号 | 年份项目 | 合计 | 折旧率/(%) | 投产期 | | 达到设计生产能力期 | | | | | |
|---|---|---|---|---|---|---|---|---|---|---|---|
| | | | | 3 | 4 | 5 | 6 | 7 | 8 | 9 | 10 |
| 1 | 固定资产合计 | | 11.88% | | | | | | | | |
| 1.1 | 原值 | 19524.29 | | | | | | | | | |
| 1.2 | 折旧费 | 18548.07 | | 2318.51 | 2318.51 | 2318.51 | 2318.51 | 2318.51 | 2318.51 | 2318.51 | 2318.51 |
| | 净值 | | | 17205.78 | 14887.27 | 12568.76 | 10250.25 | 7931.74 | 5613.23 | 3294.72 | 976.21 |

(2)其他费用中其余部分均作为无形资产及递延资产。无形资产为368.90万元,按8年摊销,年摊销额为46.11万元。递延资产为400万元,按5年摊销,年摊销额为80万元。无形资产及递延资产摊销费计算见表7。

**表7 无形资产及递延资产摊销费估算表**　　　　　　　　　　　　　　　　　　　单位:万元

| 序号 | 年份项目 | 摊销年限 | 原值 | 投产期 | | 达到设计生产能力期 | | | | | |
|---|---|---|---|---|---|---|---|---|---|---|---|
| | | | | 3 | 4 | 5 | 6 | 7 | 8 | 9 | 10 |
| 1 | 无形资产 | 8 | 368.90 | | | | | | | | |
| 1.1 | 摊销 | | | 46.11 | 46.11 | 46.11 | 46.11 | 46.11 | 46.11 | 46.11 | 46.11 |
| 1.2 | 净值 | | | 322.79 | 276.68 | 230.56 | 184.45 | 138.34 | 92.22 | 46.11 | 0.00 |
| 2 | 递延资产(开办费) | 5 | 400.00 | | | | | | | | |
| 2.1 | 摊销 | | | 80.00 | 80.00 | 80.00 | 80.00 | 80.00 | | | |
| 2.2 | 净值 | | | 320.00 | 240.00 | 160.00 | 80.00 | 0.00 | | | |
| 3 | 无形及递延资产合计 | | 768.90 | | | | | | | | |
| 3.1 | 摊销 | | | 126.11 | 126.11 | 126.11 | 126.11 | 126.11 | 46.11 | 46.11 | 46.11 |
| 3.2 | 净值 | | | 642.79 | 516.68 | 390.56 | 264.45 | 138.34 | 92.22 | 46.11 | 0.00 |

(3)修理费计算。修理费按年折旧额的50%提取,每年1159.25万元。

(4)借款利息计算。流动资金年应计利息为136.78万元,长期借款利息计算见表8。生产经营期间应将利息计入财务费用。

(5)固定成本和可变成本。可变成本包含外购原材料、外购燃料、动力费以及流动资金借款利息。固定成本包含总成本费用中除可变成本外的费用。

9.损益和利润分配。损益和利润分配表见表11,利润总额正常年为3617.36万元。所得税按利润总额的33%计取,盈余公积金按税后利润的10%计取。

表8 全部资金财务现金流量表　　　　　　　　　　　　　　　　　　　单位:万元

| 序号 | 年份 项目 | 合计 | 建设期 | | 投产期 | | 达到设计生产能力期 | | | | | |
|---|---|---|---|---|---|---|---|---|---|---|---|---|
| | | | 1 | 2 | 3 | 4 | 5 | 6 | 7 | 8 | 9 | 10 |
| | 生产负荷/% | | | | 70 | 90 | 100 | 100 | 100 | 100 | 100 | 100 |
| 1 | 现金流入 | 148639.23 | 0.00 | 0.00 | 13314.00 | 17118.00 | 19020.00 | 19020.00 | 19020.00 | 19020.00 | 19020.00 | 23107.23 |
| 1.1 | 产品销售收入 | 144552.00 | | | 13314.00 | 17118.00 | 19020.00 | 19020.00 | 19020.00 | 19020.00 | 19020.00 | 19020.00 |
| 1.2 | 回收固定资产余值 | 976.21 | | | | | | | | | | 976.21 |
| 1.3 | 回收流动资金 | 3111.02 | | | | | | | | | | 3111.02 |
| 2 | 现金流出 | 121135.64 | 11486.07 | 7657.38 | 11957.40 | 12360.58 | 13168.03 | 12901.23 | 12901.23 | 12901.23 | 12901.23 | 12901.23 |
| 2.1 | 建设投资(不含建设期借款利息) | 19143.45 | 11486.07 | 7657.38 | | | | | | | | |
| 2.2 | 流动资金 | 3111.02 | | | 2302.70 | 541.52 | 266.80 | | | | | |
| 2.3 | 经营成本 | 97803.64 | | | 9555.45 | 11691.45 | 12759.45 | 12759.45 | 12759.45 | 12759.45 | 12759.45 | 12759.45 |
| 2.4 | 销售税金及附加 | 1077.53 | | | 99.25 | 127.60 | 141.78 | 141.78 | 141.78 | 141.78 | 141.78 | 141.78 |
| 3 | 净现金流量 | 27503.60 | -11486.07 | -7657.38 | 1356.60 | 4757.42 | 5851.97 | 6118.77 | 6118.77 | 6118.77 | 6118.77 | 10206.00 |
| 4 | 累计净现金流量 | | -11486.07 | -19143.45 | -17786.85 | -13029.43 | -7177.46 | -1058.70 | 5060.07 | 11178.83 | 17297.60 | 27503.60 |

计算指标:全部资金财务内部收益率(FIRR=17.62%);全部资金财务净现值(FNPV($i_c$=12%)=¥4,781.34万元);全部资金静态投资回收期(从建设期算起=6.17年)。

表9 资本金财务现金流量表　　　　　　　　　　　　　　　　　　　单位:万元

| 序号 | 年份项目 | 合计 | 建设期 | | 投产期 | | 达到设计生产能力期 | | | | | |
|---|---|---|---|---|---|---|---|---|---|---|---|---|
| | | | 1 | 2 | 3 | 4 | 5 | 6 | 7 | 8 | 9 | 10 |
| | 生产负荷/(%) | | | | 70.00 | 90.00 | 100.00 | 100.00 | 100.00 | 100.00 | 100.00 | 100.00 |
| 1 | 现金流入 | 148639.23 | 0.00 | 0.00 | 13314.00 | 17118.00 | 19020.00 | 19020.00 | 19020.00 | 19020.00 | 19020.00 | 23107.23 |
| 1.1 | 产品销售收入 | 144552.00 | | | 13314.00 | 17118.00 | 19020.00 | 19020.00 | 19020.00 | 19020.00 | 19020.00 | 19020.00 |
| 1.2 | 回收固定资产余值 | 976.21 | | | | | | | | | | 976.21 |
| 1.3 | 回收流动资金 | 3111.02 | | | | | | | | | | 3111.02 |
| 2 | 现金流出 | 133541.75 | 3787.87 | 2525.24 | 14122.32 | 17118.00 | 19020.00 | 17765.04 | 14205.34 | 14231.74 | 14231.74 | 14231.74 |
| 2.1 | 资本金 | 7121.43 | 3787.87 | 2525.24 | 808.32 | | | | | | | |

续表

| 序号 | 年份项目 | 合计 | 建设期 | | 投产期 | | 达到设计生产能力期 | | | | | |
|---|---|---|---|---|---|---|---|---|---|---|---|---|
| | | | 1 | 2 | 3 | 4 | 5 | 6 | 7 | 8 | 9 | 10 |
| 2.2 | 借款本金偿还 | 16282.78 | | | 2450.82 | 3675.62 | 4435.92 | 3417.72 | | | | 2302.70 |
| 2.3 | 借款利息支付 | 3820.30 | | | 1205.42 | 1017.02 | 702.06 | 348.68 | 136.78 | 136.78 | 136.78 | 136.78 |
| 2.4 | 经营成本 | 97803.64 | | | 9555.45 | 11691.45 | 12759.45 | 12759.45 | 12759.45 | 12759.45 | 12759.45 | 12759.45 |
| 2.5 | 销售税金及附加 | 1077.53 | | | 99.25 | 127.60 | 141.78 | 141.78 | 141.78 | 141.78 | 141.78 | 141.78 |
| 2.6 | 所得税 | 7436.07 | | | 3.05 | 606.31 | 980.79 | 1097.40 | 1167.33 | 1193.73 | 1193.73 | 1193.73 |
| 3 | 净现金流量 | 15097.48 | −3787.87 | −2525.24 | −808.32 | 0.00 | 0.00 | 1254.96 | 4814.66 | 4788.26 | 4788.26 | 6572.79 |

计算指标:资本金内部收益率为18.22%。

**表10　甲方投资财务现金流量表**　　　　　　　　　　　　单位:万元

| 序号 | 年份项目 | 合计 | 建设期 | | 投产期 | | 达到设计生产能力期 | | | | | |
|---|---|---|---|---|---|---|---|---|---|---|---|---|
| | | | 1 | 2 | 3 | 4 | 5 | 6 | 7 | 8 | 9 | 10 |
| | 生产负荷/(%) | | | | 70 | 90 | 100 | 100 | 100 | 100 | 100 | 100 |
| 1 | 现金流入 | 6000 | | | | | | 600 | 600 | 600 | 600 | 3600 |
| 1.1 | 股利分配 | 6000 | | | | | | 600 | 600 | 600 | 600 | 3600 |
| 1.2 | 资产处置收益分配 | | | | | | | | | | | |
| 1.3 | 租赁费收入 | | | | | | | | | | | |
| 1.4 | 技术转让收入 | | | | | | | | | | | |
| 1.5 | 其他现金流入 | | | | | | | | | | | |
| 2 | 现金流出 | 3000 | 1500 | 1500 | | | | | | | | |
| 2.1 | 股权投资 | 3000 | 1500 | 1500 | | | | | | | | |
| 2.2 | 租赁资产支出 | | | | | | | | | | | |
| 2.3 | 其他现金流出 | | | | | | | | | | | |
| 3 | 净现金流量 | 1800 | −1500 | −1500 | | | | 600 | 600 | 600 | 600 | 3600 |

计算指标:甲方投资内部收益率为9.80%。

**表11　损益和利润分配表**　　　　　　　　　　　　単位:万元

| 序号 | 年份项目 | 合计 | 投产期 | | 达到设计生产能力期 | | | | | |
|---|---|---|---|---|---|---|---|---|---|---|
| | | | 3 | 4 | 5 | 6 | 7 | 8 | 9 | 10 |
| | 生产负荷/(%) | | 70 | 90 | 100 | 100 | 100 | 100 | 100 | 100 |
| 1 | 产品销售收入 | 144552.00 | 13314.00 | 17118.00 | 19020.00 | 19020.00 | 19020.00 | 19020.00 | 19020.00 | 19020.00 |
| 2 | 销售税金及附加 | 1077.53 | 99.25 | 127.60 | 141.78 | 141.78 | 141.78 | 141.78 | 141.78 | 141.78 |
| 3 | 总成本费用 | 120940.93 | 13205.50 | 15153.09 | 15906.14 | 15552.76 | 15340.86 | 15260.86 | 15260.86 | 15260.86 |

续表

| 序号 | 年份\项目 | 合计 | 投产期 | | 达到设计生产能力期 | | | | | |
|---|---|---|---|---|---|---|---|---|---|---|
| | | | 3 | 4 | 5 | 6 | 7 | 8 | 9 | 10 |
| 4 | 利润总额(1－2－3) | 22533.54 | 9.25 | 1837.31 | 2972.08 | 3325.46 | 3537.36 | 3617.36 | 3617.36 | 3617.36 |
| 5 | 所得税(33%) | 7436.07 | 3.05 | 606.31 | 980.79 | 1097.40 | 1167.33 | 1193.73 | 1193.73 | 1193.73 |
| 6 | 税后利润(4－5) | 15097.47 | 6.20 | 1231 | 1991.29 | 2228.06 | 2370.03 | 2423.63 | 2423.63 | 2423.63 |
| 7 | 可供分配利润 | 15097.47 | 6.20 | 1231 | 1991.29 | 2228.06 | 2370.03 | 2423.63 | 2423.63 | 2423.63 |
| 7.1 | 赢余公积金(10%) | 964.09 | | | | 237.00 | 242.36 | 242.36 | 242.36 | 242.36 |
| 7.2 | 应付利润 | 0.00 | | | | | | | | |
| 7.3 | 未分配利润 | 14133.39 | 6.20 | 1231 | 1991.29 | 2228.06 | 2133.03 | 2181.27 | 2181.27 | 2181.27 |
| | 累计未分配利润 | | 6.20 | 1237.20 | 3228.49 | 5456.55 | 7589.58 | 9770.85 | 11952.12 | 14133.39 |

表12 资金来源与运用表　　　　　　　　　　　　　　　　　　　单位：万元

| 序号 | 年份\项目 | 合计 | 建设期 | | 投产期 | | 达到设计生产能力期 | | | | | |
|---|---|---|---|---|---|---|---|---|---|---|---|---|
| | | | 1 | 2 | 3 | 4 | 5 | 6 | 7 | 8 | 9 | 10 |
| | 生产负荷/(%) | | | | | 70 | 90 | 100 | 100 | 100 | 100 | 100 |
| 1 | 资金来源 | 69341.98 | 11792.78 | 8500.41 | 4756.58 | 4823.45 | 5683.51 | 5770.09 | 5981.98 | 5981.98 | 5981.98 | 10069.22 |
| 1.1 | 利润总额 | 22533.56 | | | 9.25 | 1837.31 | 2972.08 | 3325.46 | 3537.36 | 3617.36 | 3617.36 | 3617.36 |
| 1.2 | 折旧费 | 18548.07 | | | 2318.51 | 2318.51 | 2318.51 | 2318.51 | 2318.51 | 2318.51 | 2318.51 | 2318.51 |
| 1.3 | 摊销费 | 768.90 | | | 126.11 | 126.11 | 126.11 | 126.11 | 126.11 | 46.11 | 46.11 | 46.11 |
| 1.4 | 长期借款 | 13980.08 | 8004.91 | 5975.17 | 0.00 | | | | | | | |
| 1.5 | 流动资金借款 | 2302.70 | | | 1494.38 | 541.52 | 266.80 | | | | | |
| 1.6 | 其他短期借款 | 0.00 | | | | | | | | | | |
| 1.7 | 自有资金 | 7121.43 | 3787.87 | 2525.24 | 808.32 | | | | | | | |
| 1.8 | 其它 | 0.00 | | | | | | | | | | |
| 1.9 | 回收固定资产余值 | 976.21 | | | | | | | | | | 976.21 |
| 1.10 | 回收流动资金 | 3111.02 | | | | | | | | | | 3111.02 |
| 2 | 资金运用 | 47123.06 | 11792.78 | 8500.41 | 4756.58 | 4823.45 | 5683.51 | 4515.13 | 1167.33 | 1193.73 | 1193.73 | 3496.43 |
| 2.1 | 固定资产投资 | 19143.45 | 11486.07 | 7657.38 | | | | | | | | |
| 2.2 | 建设期利息 | 1149.74 | 306.71 | 843.03 | | | | | | | | |
| 2.3 | 流动资金 | 3111.02 | | | 2302.70 | 541.52 | 266.80 | | | | | |
| 2.4 | 所得税 | 7436.07 | | | 3.05 | 606.31 | 980.79 | 1097.40 | 1167.33 | 1193.73 | 1193.73 | 1193.73 |
| 2.5 | 应付利润 | 0.00 | | | | | | | | | | |

续表

| 序号 | 项目\年份 | 合计 | 建设期 1 | 建设期 2 | 投产期 3 | 投产期 4 | 达到设计生产能力期 5 | 达到设计生产能力期 6 | 达到设计生产能力期 7 | 达到设计生产能力期 8 | 达到设计生产能力期 9 | 达到设计生产能力期 10 |
|---|---|---|---|---|---|---|---|---|---|---|---|---|
| 2.6 | 长期借款本金偿还 | 13980.08 | | | 2450.82 | 3675.62 | 4435.92 | 3417.72 | | | | |
| 2.7 | 流动资金借款本金偿还 | 2302.70 | | | | | | | | | | 2302.70 |
| 2.8 | 短期借款本金偿还 | 0.00 | | | | | | | | | | |
| 3 | 盈余资金 | 22218.91 | 0.00 | 0.00 | 0.00 | 0.00 | 0.00 | 1254.96 | 4814.66 | 4788.26 | 4788.26 | 6572.79 |
| 4 | 累计盈余资金 | | 0.00 | 0.00 | 0.00 | 0.00 | 0.00 | 1254.96 | 6069.61 | 10857.87 | 15646.13 | 22218.91 |

表13 长期借款偿还计划表

单位:万元

| 序号 | 项目\年份 | 利率/(%) | 建设期 1 | 建设期 2 | 投产期 3 | 投产期 4 | 达到设计生产能力期 5 | 达到设计生产能力期 6 |
|---|---|---|---|---|---|---|---|---|
| 1 | 外汇借款(折成人民币) | 9% | | | | | | |
| 1.1 | 年初借款本息累计 | | | 5080.50 | 8924.75 | 6473.93 | 2798.31 | |
| | 本金 | | | 4861.73 | 8102.88 | 6473.93 | 2798.31 | |
| | 建设期利息 | | | 218.78 | 821.87 | | | |
| 1.2 | 本年借款 | | 4861.73 | 3241.15 | | | | |
| 1.3 | 本年应计利息 | | 218.78 | 603.10 | 803.23 | 582.65 | 251.85 | |
| 1.4 | 本年偿还本金 | | | | 2450.82 | 3675.62 | 2798.31 | |
| 1.5 | 本年支付利息 | | | | 803.23 | 582.65 | 251.85 | |
| 2 | 人民币借款 | 6.20% | | | | | | |
| 2.1 | 年初借款本息累计 | | | 2924.41 | 5055.33 | 5055.33 | 5055.33 | 3417.72 |
| | 本金 | | | 2836.48 | 4727.47 | 5055.33 | 5055.33 | 3417.72 |
| | 建设期利息 | | | 87.93 | 327.86 | | | |
| 2.2 | 本年借款 | | 2836.48 | 1890.99 | | | | |
| 2.3 | 本年应计利息 | | 87.93 | 239.93 | 313.43 | 313.43 | 313.43 | 211.90 |
| 2.4 | 本年偿还本金 | | | | | | 1637.61 | 3417.72 |
| 2.5 | 本年支付利息 | | | | 313.43 | 313.43 | 313.43 | 211.90 |
| 3 | 偿还借款本金的资金来源 | | | | | | | |
| 3.1 | 利润 | | | | 6.20 | 1230.99 | 1991.30 | 2228.06 |
| 3.2 | 折旧费 | | | | 2318.51 | 2318.51 | 2318.51 | 2318.51 |
| 3.3 | 摊销费 | | | | 126.11 | 126.11 | 126.11 | 126.11 |
| 3.4 | 偿还本金来源合计(3.1+3.2+3.3) | | | | 2450.82 | 3675.62 | 4435.92 | 4672.68 |
| 3.4.1 | 偿还外汇本金 | | | | 2450.82 | 3675.62 | 2798.31 | 0.00 |

续表

| 序号 | 项目 / 年份 | 利率/(%) | 建设期 1 | 建设期 2 | 投产期 3 | 投产期 4 | 达到设计生产能力期 5 | 达到设计生产能力期 6 |
|---|---|---|---|---|---|---|---|---|
| 3.4.2 | 偿还人民币本金 | | | | | 0.00 | 1637.61 | 3417.72 |
| 3.4.3 | 偿还本金后余额(3.4－3.4.1－3.4.2) | | | | | | | 1254.96 |

人民币借款偿还期(从借款开始年算起)为 $5+\dfrac{3417.72}{4672.68}=5.73(年)$。

### 三、财务评价

1. 全部资金财务现金流量表见表 8。根据该表计算的评价指标为：全部资金财务内部收益率 FIRR 为 17.62%，全部资金财务净现值 $i_c=12\%$ 时，为 4781.34 万元。全部资金财务内部收益率大于基准收益率，说明盈利能力满足了行业最低要求，全部资金财务净现值大于零，该项目在财务上是可以接受的。全部资金静态投资回收期为 6.17 年(含建设期)，小于行业基准投资回收期 8.3 年，表明项目投资能按时收回。

2. 资本金现金流量表见表 9，根据该表计算资本金内部收益率为 18.22%。

3. 甲方财务现金流量表见表 10，根据该表计算甲方投资内部收益率为 9.80%。

4. 根据损益及利润分配表(表 11)、建设投资估算表(表 1)计算以下指标：

$$投资利润率=\dfrac{年利金}{}\times100\%=\dfrac{3617.36}{20293.19}\times100\%=17.83\%$$

该项目投资利润率大于行业平均利润率 8%，说明单位投资收益水平达到行业标准。

### 四、财务评价说明

本项目采用量入偿付法归还长期借款本金。总成本费用估算表(表 5)、损益及利润分配表(表 11)及借款偿还计划表(表 13)通过利息支出、当年还本和税后利润互相联系，通过三表联算得出借款偿还计划；在全部借款偿还后，再计提盈余公积金和确定利润分配方案。三表联算的关系如下图所示。

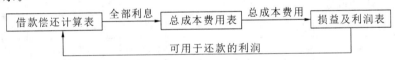

### 五、评价结论

财务评价结论详见财务评价结论汇总表(表 14)。

表 14 评价结论汇总表

| 财务评价指标 | 计算结果 | 评价标准 | 是否可行 |
|---|---|---|---|
| 全部资金财务内部收益率 | 17.62% | >12% | 是 |
| 全部资金静态投资回收期 | 6.17 | <8.3 年 | 是 |
| 国内借款偿还期 | 5.73 年 | | 是 |
| 全部资金财务净现值 | 4781.34 万元 | >0 | 是 |

从主要指标上看，财务评价效益均可行，而且生产的产品是国家急需的，所以项目是可以接受的。

# 附录 A 复利系数表

**附表 A-1 一次支付终值系数 $(F/P, i, n)$ 表**

| n | 0.75% | 1% | 1.5% | 2% | 2.5% | 3% | 4% | 5% | 6% |
|---|---|---|---|---|---|---|---|---|---|
| 1 | 1.007 5 | 1.010 0 | 1.015 0 | 1.020 0 | 1.025 0 | 1.030 0 | 1.040 0 | 1.050 0 | 1.060 0 |
| 2 | 1.015 1 | 1.020 1 | 1.030 2 | 1.040 4 | 1.050 6 | 1.060 9 | 1.081 6 | 1.102 5 | 1.123 6 |
| 3 | 1.022 7 | 1.030 3 | 1.045 7 | 1.061 2 | 1.076 9 | 1.092 7 | 1.124 9 | 1.157 6 | 1.191 0 |
| 4 | 1.030 3 | 1.040 6 | 1.061 4 | 1.082 4 | 1.103 8 | 1.125 5 | 1.169 9 | 1.215 5 | 1.262 5 |
| 5 | 1.038 1 | 1.051 0 | 1.077 3 | 1.104 1 | 1.131 4 | 1.159 3 | 1.216 7 | 1.276 3 | 1.338 2 |
| 6 | 1.045 9 | 1.061 5 | 1.093 4 | 1.126 2 | 1.159 7 | 1.194 1 | 1.265 3 | 1.340 1 | 1.418 5 |
| 7 | 1.053 7 | 1.072 1 | 1.109 8 | 1.148 7 | 1.188 7 | 1.229 9 | 1.315 9 | 1.407 1 | 1.503 6 |
| 8 | 1.061 6 | 1.082 9 | 1.126 5 | 1.171 7 | 1.218 4 | 1.266 8 | 1.368 6 | 1.477 5 | 1.593 8 |
| 9 | 1.069 6 | 1.093 7 | 1.143 4 | 1.195 1 | 1.248 9 | 1.304 8 | 1.423 3 | 1.551 3 | 1.689 5 |
| 10 | 1.077 6 | 1.104 6 | 1.160 5 | 1.219 0 | 1.280 1 | 1.343 9 | 1.480 2 | 1.628 9 | 1.790 8 |
| 11 | 1.085 7 | 1.115 7 | 1.177 9 | 1.243 4 | 1.312 1 | 1.384 2 | 1.539 5 | 1.710 3 | 1.898 3 |
| 12 | 1.093 8 | 1.126 8 | 1.195 6 | 1.268 2 | 1.344 9 | 1.425 8 | 1.601 0 | 1.795 9 | 2.012 2 |
| 13 | 1.102 0 | 1.138 1 | 1.213 6 | 1.293 6 | 1.378 5 | 1.468 5 | 1.665 1 | 1.885 6 | 2.132 9 |
| 14 | 1.110 3 | 1.149 5 | 1.231 8 | 1.319 5 | 1.413 0 | 1.512 6 | 1.731 7 | 1.979 9 | 2.260 9 |
| 15 | 1.118 6 | 1.161 0 | 1.250 2 | 1.345 9 | 1.448 3 | 1.558 0 | 1.800 9 | 2.078 9 | 2.396 6 |
| 16 | 1.127 0 | 1.172 6 | 1.269 0 | 1.372 8 | 1.484 5 | 1.604 7 | 1.873 0 | 2.182 9 | 2.540 4 |
| 17 | 1.135 4 | 1.184 3 | 1.288 0 | 1.400 2 | 1.521 6 | 1.652 8 | 1.947 9 | 2.292 0 | 2.692 8 |
| 18 | 1.144 0 | 1.196 1 | 1.307 3 | 1.428 2 | 1.559 7 | 1.702 4 | 2.025 8 | 2.406 6 | 2.854 3 |
| 19 | 1.152 5 | 1.208 1 | 1.327 0 | 1.456 8 | 1.598 7 | 1.753 5 | 2.106 8 | 2.527 0 | 3.025 6 |
| 20 | 1.161 2 | 1.220 2 | 1.346 9 | 1.485 9 | 1.638 6 | 1.806 1 | 2.191 1 | 2.653 3 | 3.207 1 |
| 21 | 1.169 9 | 1.232 4 | 1.367 1 | 1.515 7 | 1.679 6 | 1.860 3 | 2.278 8 | 2.786 0 | 3.399 6 |
| 22 | 1.178 7 | 1.244 7 | 1.387 6 | 1.546 0 | 1.721 6 | 1.916 1 | 2.369 9 | 2.925 3 | 3.603 5 |
| 23 | 1.187 5 | 1.257 2 | 1.408 6 | 1.576 9 | 1.764 6 | 1.973 6 | 2.464 7 | 3.071 5 | 3.819 7 |
| 24 | 1.196 4 | 1.269 7 | 1.429 5 | 1.608 4 | 1.808 7 | 2.032 8 | 2.563 3 | 3.225 1 | 4.048 9 |
| 25 | 1.205 4 | 1.282 4 | 1.450 9 | 1.640 6 | 1.853 9 | 2.093 8 | 2.665 8 | 3.386 4 | 4.291 9 |
| 26 | 1.214 4 | 1.295 3 | 1.472 7 | 1.673 4 | 1.900 3 | 2.156 6 | 2.772 5 | 3.555 7 | 4.549 4 |
| 27 | 1.223 5 | 1.308 2 | 1.494 8 | 1.706 9 | 1.947 8 | 2.221 3 | 2.883 4 | 3.733 5 | 4.822 3 |
| 28 | 1.232 7 | 1.321 3 | 1.517 2 | 1.741 0 | 1.996 5 | 2.287 9 | 2.998 7 | 3.920 1 | 5.111 7 |
| 29 | 1.242 0 | 1.334 5 | 1.540 0 | 1.775 8 | 2.046 4 | 2.356 6 | 3.118 7 | 4.116 1 | 5.418 4 |
| 30 | 1.251 3 | 1.347 8 | 1.563 1 | 1.811 4 | 2.097 6 | 2.427 3 | 3.243 4 | 4.321 9 | 5.743 5 |
| 31 | 1.260 7 | 1.361 3 | 1.586 5 | 1.847 6 | 2.150 0 | 2.500 1 | 3.373 1 | 4.538 0 | 6.088 1 |
| 32 | 1.270 1 | 1.374 9 | 1.610 3 | 1.884 5 | 2.203 8 | 2.575 1 | 3.508 1 | 4.764 9 | 6.453 4 |
| 33 | 1.279 6 | 1.388 7 | 1.634 5 | 1.922 2 | 2.258 9 | 2.652 3 | 3.648 4 | 5.003 2 | 6.840 6 |
| 34 | 1.289 2 | 1.402 6 | 1.659 0 | 1.960 7 | 2.315 3 | 2.731 9 | 3.794 3 | 5.253 3 | 7.251 0 |
| 35 | 1.298 9 | 1.416 6 | 1.683 9 | 1.999 9 | 2.373 2 | 2.813 9 | 3.946 1 | 5.516 0 | 7.686 1 |
| 40 | 1.348 3 | 1.488 9 | 1.814 0 | 2.208 0 | 2.685 1 | 3.262 0 | 4.801 0 | 7.040 0 | 10.285 7 |
| 45 | 1.399 7 | 1.564 8 | 1.954 2 | 2.437 9 | 3.037 9 | 3.781 6 | 5.841 2 | 8.985 0 | 13.764 6 |
| 50 | 1.453 0 | 1.644 6 | 2.105 2 | 2.691 6 | 3.437 1 | 4.383 9 | 7.106 7 | 11.467 4 | 18.420 2 |
| 55 | 1.508 3 | 1.728 5 | 2.267 9 | 2.971 7 | 3.888 8 | 5.082 1 | 8.646 4 | 14.635 6 | 24.650 3 |
| 60 | 1.565 7 | 1.816 7 | 2.443 2 | 3.281 0 | 4.399 8 | 5.891 6 | 10.519 6 | 18.679 2 | 32.987 7 |
| 65 | 1.625 3 | 1.909 4 | 2.632 0 | 3.622 5 | 4.978 0 | 6.830 0 | 12.798 7 | 23.839 9 | 44.145 0 |
| 70 | 1.687 2 | 2.006 8 | 2.835 5 | 3.999 6 | 5.632 1 | 7.917 8 | 15.571 6 | 30.426 4 | 59.075 9 |
| 75 | 1.751 4 | 2.109 1 | 3.054 8 | 4.415 8 | 6.372 2 | 9.178 9 | 18.945 3 | 38.832 7 | 79.056 9 |
| 80 | 1.818 0 | 2.216 7 | 3.290 7 | 4.875 4 | 7.209 6 | 10.640 9 | 23.049 8 | 49.561 4 | 105.796 0 |
| 85 | 1.887 3 | 2.329 8 | 3.545 0 | 5.382 9 | 8.157 0 | 12.335 7 | 28.043 6 | 63.254 4 | 141.578 9 |

续表

| n | 7% | 8% | 9% | 10% | 12% | 15% | 20% | 25% | 30% |
|---|---|---|---|---|---|---|---|---|---|
| 1 | 1.070 0 | 1.080 0 | 1.090 0 | 1.100 0 | 1.120 0 | 1.150 0 | 1.200 0 | 1.250 0 | 1.300 0 |
| 2 | 1.144 9 | 1.166 4 | 1.188 1 | 1.210 0 | 1.254 4 | 1.322 5 | 1.440 0 | 1.562 5 | 1.690 0 |
| 3 | 1.225 0 | 1.259 7 | 1.295 0 | 1.331 0 | 1.404 9 | 1.520 9 | 1.728 0 | 1.953 1 | 2.197 0 |
| 4 | 1.310 8 | 1.360 5 | 1.411 6 | 1.464 1 | 1.573 5 | 1.749 0 | 2.073 6 | 2.441 4 | 2.856 1 |
| 5 | 1.402 6 | 1.469 3 | 1.538 6 | 1.610 5 | 1.762 3 | 2.011 4 | 2.488 3 | 3.051 8 | 3.712 9 |
| 6 | 1.500 7 | 1.586 9 | 1.677 1 | 1.771 6 | 1.973 8 | 2.313 1 | 2.986 0 | 3.814 7 | 4.826 8 |
| 7 | 1.605 8 | 1.713 8 | 1.828 0 | 1.948 7 | 2.210 7 | 2.660 0 | 3.583 2 | 4.788 4 | 6.274 9 |
| 8 | 1.718 2 | 1.850 9 | 1.992 6 | 2.143 6 | 2.476 0 | 3.059 0 | 4.299 8 | 5.960 5 | 8.157 3 |
| 9 | 1.838 5 | 1.999 0 | 2.171 9 | 2.357 9 | 2.773 1 | 3.517 9 | 5.159 8 | 7.450 6 | 10.604 5 |
| 10 | 1.967 2 | 2.158 9 | 2.367 4 | 2.593 7 | 3.105 8 | 4.045 6 | 6.191 7 | 9.313 2 | 13.785 8 |
| 11 | 2.104 9 | 2.331 6 | 2.580 4 | 2.853 1 | 3.478 5 | 4.652 4 | 7.430 1 | 11.641 5 | 17.921 6 |
| 12 | 2.252 2 | 2.518 2 | 2.812 7 | 3.138 4 | 3.896 0 | 5.350 3 | 8.916 1 | 14.551 9 | 23.298 1 |
| 13 | 2.409 8 | 2.719 6 | 3.065 8 | 3.452 3 | 4.363 5 | 6.152 8 | 10.699 3 | 18.189 9 | 30.287 5 |
| 14 | 2.578 5 | 2.937 2 | 3.341 7 | 3.797 5 | 4.887 1 | 7.075 7 | 12.839 2 | 22.737 4 | 39.373 8 |
| 15 | 2.759 0 | 3.172 2 | 3.642 5 | 4.177 2 | 5.473 6 | 8.137 1 | 15.407 0 | 28.421 7 | 51.185 9 |
| 16 | 2.952 2 | 3.425 9 | 3.970 3 | 4.595 0 | 6.130 4 | 9.357 6 | 18.488 4 | 35.527 1 | 66.541 7 |
| 17 | 3.158 8 | 3.700 0 | 4.327 6 | 5.054 5 | 6.866 0 | 10.761 3 | 22.186 1 | 44.408 9 | 86.504 2 |
| 18 | 3.379 9 | 3.996 0 | 4.717 1 | 5.559 9 | 7.690 0 | 12.375 5 | 26.623 3 | 55.511 2 | 112.455 4 |
| 19 | 3.616 5 | 4.315 7 | 5.141 7 | 6.115 9 | 8.612 8 | 14.231 8 | 31.948 0 | 69.388 9 | 146.192 0 |
| 20 | 3.869 7 | 4.661 0 | 5.604 4 | 6.727 5 | 9.646 3 | 16.366 5 | 38.337 6 | 86.736 2 | 190.049 6 |
| 21 | 4.140 6 | 5.033 8 | 6.108 8 | 7.400 2 | 10.803 8 | 18.821 5 | 46.005 1 | 108.420 | 247.064 5 |
| 22 | 4.430 4 | 5.436 5 | 6.658 6 | 8.140 3 | 12.100 3 | 21.644 7 | 55.206 1 | 135.525 | 321.183 9 |
| 23 | 4.740 5 | 5.871 5 | 7.257 9 | 8.954 3 | 13.552 3 | 24.891 5 | 66.247 4 | 169.406 | 417.539 1 |
| 24 | 5.072 4 | 6.341 2 | 7.911 1 | 9.849 7 | 15.178 6 | 28.625 2 | 79.496 8 | 211.758 | 542.800 8 |
| 25 | 5.427 4 | 6.848 5 | 8.623 1 | 10.834 7 | 17.000 1 | 32.919 0 | 95.396 2 | 264.697 | 705.641 0 |
| 26 | 5.807 4 | 7.396 4 | 9.399 2 | 11.918 2 | 19.040 1 | 37.856 8 | 114.475 5 | 330.872 2 | 917.333 3 |
| 27 | 6.213 9 | 7.988 1 | 10.245 1 | 13.110 0 | 21.324 9 | 43.535 3 | 137.370 6 | 413.590 3 | 1 192.533 3 |
| 28 | 6.648 8 | 8.627 1 | 11.167 1 | 14.421 0 | 23.883 9 | 50.065 6 | 164.844 7 | 516.987 9 | 1 550.293 3 |
| 29 | 7.114 3 | 9.317 3 | 12.172 2 | 15.863 1 | 26.749 9 | 57.575 5 | 197.813 6 | 646.234 9 | 2 015.381 3 |
| 30 | 7.612 3 | 10.062 7 | 13.267 7 | 17.449 4 | 29.959 9 | 66.211 8 | 237.376 3 | 807.793 6 | 2 619.995 6 |
| 31 | 8.145 1 | 10.867 7 | 14.461 8 | 19.194 3 | 33.555 1 | 76.143 5 | 284.851 6 | 1 009.742 0 | 3 405.994 3 |
| 32 | 8.715 3 | 11.737 1 | 15.763 3 | 21.113 8 | 37.581 7 | 87.565 1 | 341.821 9 | 1 262.177 4 | 4 427.792 6 |
| 33 | 9.325 3 | 12.676 0 | 17.182 0 | 23.225 2 | 42.091 5 | 100.699 8 | 410.186 3 | 1 577.721 8 | |
| 34 | 9.978 1 | 13.690 1 | 18.728 4 | 25.547 7 | 47.142 5 | 115.804 8 | 492.223 5 | 1 976.152 3 | |
| 35 | 10.676 6 | 14.785 3 | 20.414 0 | 28.102 4 | 52.799 6 | 133.175 5 | 590.668 2 | 2 465.190 3 | |
| 40 | 14.974 5 | 21.724 5 | 31.409 4 | 45.259 3 | 93.051 0 | 267.863 5 | 1 469.771 6 | | |
| 45 | 21.002 5 | 31.920 4 | 48.327 3 | 72.890 5 | 163.987 6 | 538.769 3 | 3 657.262 0 | | |
| 50 | 29.457 0 | 48.901 6 | 74.357 5 | 117.390 9 | 289.002 2 | 1 083.657 4 | 9 100.438 2 | | |
| 55 | 41.315 0 | 88.913 9 | 114.408 3 | 189.059 1 | | | | | |
| 60 | 57.946 4 | 101.257 1 | 176.031 3 | 304.481 6 | | | | | |
| 65 | 81.272 9 | 148.779 8 | 270.846 0 | 490.370 7 | | | | | |
| 70 | 113.989 4 | 218.606 4 | 416.730 1 | 789.747 0 | | | | | |
| 75 | 159.876 0 | 321.204 5 | 641.190 9 | 1 271.895 4 | | | | | |
| 80 | 224.234 4 | 471.954 8 | 986.551 7 | 2 048.400 2 | | | | | |
| 85 | 314.500 3 | 693.456 5 | 1 517.932 0 | 3 298.969 0 | | | | | |

# 附录 A
## 复利系数表

附表 A-2　一次支付现值系数 ($P/F, i, n$) 表

| n | 0.75% | 1% | 1.5% | 2% | 2.5% | 3% | 4% | 5% | 6% |
|---|---|---|---|---|---|---|---|---|---|
| 1 | 0.992 6 | 0.990 1 | 0.985 2 | 0.980 4 | 0.975 6 | 0.970 9 | 0.961 5 | 0.952 4 | 0.943 4 |
| 2 | 0.985 2 | 0.980 3 | 0.970 7 | 0.961 2 | 0.951 8 | 0.942 6 | 0.924 6 | 0.907 0 | 0.890 0 |
| 3 | 0.977 8 | 0.970 6 | 0.956 3 | 0.942 3 | 0.928 6 | 0.915 1 | 0.889 0 | 0.863 8 | 0.839 6 |
| 4 | 0.970 6 | 0.961 0 | 0.942 2 | 0.923 8 | 0.906 0 | 0.888 5 | 0.854 8 | 0.822 7 | 0.792 1 |
| 5 | 0.963 3 | 0.951 5 | 0.928 3 | 0.905 7 | 0.883 9 | 0.862 6 | 0.821 9 | 0.783 5 | 0.747 3 |
| 6 | 0.956 2 | 0.942 0 | 0.914 5 | 0.888 0 | 0.862 3 | 0.837 5 | 0.790 3 | 0.746 2 | 0.705 0 |
| 7 | 0.949 0 | 0.932 7 | 0.901 0 | 0.870 6 | 0.841 3 | 0.813 1 | 0.759 9 | 0.710 7 | 0.665 1 |
| 8 | 0.942 0 | 0.923 5 | 0.887 7 | 0.853 5 | 0.820 7 | 0.789 4 | 0.730 7 | 0.676 8 | 0.627 4 |
| 9 | 0.935 0 | 0.914 3 | 0.874 6 | 0.836 8 | 0.800 7 | 0.766 4 | 0.702 6 | 0.644 6 | 0.591 9 |
| 10 | 0.928 0 | 0.905 3 | 0.861 7 | 0.820 3 | 0.781 2 | 0.744 1 | 0.675 6 | 0.613 9 | 0.558 4 |
| 11 | 0.921 1 | 0.896 3 | 0.848 9 | 0.804 3 | 0.762 1 | 0.722 4 | 0.649 6 | 0.584 7 | 0.526 8 |
| 12 | 0.914 2 | 0.887 4 | 0.836 4 | 0.788 5 | 0.743 6 | 0.701 4 | 0.624 6 | 0.556 8 | 0.497 0 |
| 13 | 0.907 4 | 0.878 7 | 0.824 0 | 0.773 0 | 0.725 4 | 0.681 0 | 0.600 6 | 0.530 3 | 0.468 8 |
| 14 | 0.900 7 | 0.870 0 | 0.811 8 | 0.757 9 | 0.707 7 | 0.661 1 | 0.577 5 | 0.505 1 | 0.442 3 |
| 15 | 0.894 0 | 0.861 3 | 0.799 9 | 0.743 0 | 0.690 5 | 0.641 9 | 0.555 3 | 0.481 0 | 0.417 3 |
| 16 | 0.887 3 | 0.852 8 | 0.788 0 | 0.728 4 | 0.673 6 | 0.623 2 | 0.533 9 | 0.458 1 | 0.393 6 |
| 17 | 0.880 7 | 0.844 4 | 0.776 4 | 0.714 2 | 0.657 2 | 0.605 0 | 0.513 4 | 0.436 3 | 0.371 4 |
| 18 | 0.874 2 | 0.836 0 | 0.764 9 | 0.700 2 | 0.641 2 | 0.587 4 | 0.493 6 | 0.415 5 | 0.350 3 |
| 19 | 0.867 6 | 0.827 7 | 0.753 6 | 0.686 4 | 0.625 5 | 0.570 3 | 0.474 6 | 0.395 7 | 0.330 5 |
| 20 | 0.861 2 | 0.819 5 | 0.742 5 | 0.673 0 | 0.610 3 | 0.553 7 | 0.456 4 | 0.376 9 | 0.311 8 |
| 21 | 0.854 8 | 0.811 4 | 0.731 5 | 0.659 8 | 0.595 4 | 0.537 5 | 0.438 8 | 0.358 9 | 0.294 2 |
| 22 | 0.848 4 | 0.803 4 | 0.720 7 | 0.646 8 | 0.580 9 | 0.521 9 | 0.422 0 | 0.341 8 | 0.277 5 |
| 23 | 0.842 1 | 0.795 4 | 0.710 0 | 0.634 2 | 0.566 7 | 0.506 7 | 0.405 7 | 0.325 6 | 0.261 8 |
| 24 | 0.835 8 | 0.787 6 | 0.699 5 | 0.621 7 | 0.552 9 | 0.491 9 | 0.390 1 | 0.310 1 | 0.247 0 |
| 25 | 0.829 8 | 0.779 8 | 0.689 2 | 0.609 5 | 0.539 4 | 0.477 6 | 0.375 1 | 0.295 3 | 0.233 0 |
| 26 | 0.823 4 | 0.772 0 | 0.679 0 | 0.597 6 | 0.526 2 | 0.463 7 | 0.360 7 | 0.281 2 | 0.219 8 |
| 27 | 0.817 3 | 0.764 4 | 0.669 0 | 0.585 9 | 0.513 4 | 0.450 2 | 0.346 8 | 0.267 8 | 0.207 4 |
| 28 | 0.811 2 | 0.756 8 | 0.659 1 | 0.574 4 | 0.500 9 | 0.437 1 | 0.333 5 | 0.255 1 | 0.195 6 |
| 29 | 0.805 2 | 0.749 3 | 0.649 4 | 0.563 1 | 0.488 7 | 0.424 3 | 0.320 7 | 0.242 9 | 0.184 6 |
| 30 | 0.799 2 | 0.741 9 | 0.639 8 | 0.552 1 | 0.476 7 | 0.412 0 | 0.308 3 | 0.231 4 | 0.174 1 |
| 31 | 0.793 2 | 0.734 6 | 0.630 3 | 0.541 2 | 0.465 1 | 0.400 0 | 0.296 5 | 0.220 4 | 0.164 3 |
| 32 | 0.787 3 | 0.727 3 | 0.621 0 | 0.530 6 | 0.453 8 | 0.388 3 | 0.285 1 | 0.209 9 | 0.155 0 |
| 33 | 0.781 5 | 0.720 1 | 0.611 8 | 0.520 2 | 0.442 7 | 0.377 0 | 0.274 1 | 0.199 9 | 0.146 2 |
| 34 | 0.775 7 | 0.713 0 | 0.602 8 | 0.510 0 | 0.431 9 | 0.366 0 | 0.263 6 | 0.190 4 | 0.137 9 |
| 35 | 0.769 9 | 0.705 9 | 0.593 9 | 0.500 0 | 0.421 4 | 0.355 4 | 0.253 4 | 0.181 3 | 0.130 1 |
| 40 | 0.741 6 | 0.671 7 | 0.551 3 | 0.452 9 | 0.372 4 | 0.306 6 | 0.208 3 | 0.142 0 | 0.097 2 |
| 45 | 0.714 5 | 0.639 1 | 0.511 7 | 0.410 2 | 0.329 2 | 0.264 4 | 0.171 2 | 0.111 3 | 0.072 7 |
| 50 | 0.688 3 | 0.608 0 | 0.475 0 | 0.371 5 | 0.280 9 | 0.228 1 | 0.140 7 | 0.087 2 | 0.054 3 |
| 55 | 0.663 0 | 0.578 5 | 0.440 9 | 0.336 5 | 0.257 2 | 0.196 8 | 0.115 7 | 0.068 3 | 0.040 6 |
| 60 | 0.638 7 | 0.550 4 | 0.409 3 | 0.304 8 | 0.227 3 | 0.169 7 | 0.095 1 | 0.053 5 | 0.030 3 |
| 65 | 0.615 3 | 0.523 7 | 0.379 9 | 0.276 1 | 0.200 9 | 0.146 4 | 0.078 1 | 0.041 9 | 0.022 7 |
| 70 | 0.592 7 | 0.493 3 | 0.352 7 | 0.250 0 | 0.177 6 | 0.126 3 | 0.064 2 | 0.032 9 | 0.016 9 |
| 75 | 0.571 0 | 0.474 1 | 0.327 4 | 0.226 5 | 0.156 9 | 0.108 9 | 0.052 8 | 0.025 8 | 0.012 6 |
| 80 | 0.550 0 | 0.451 1 | 0.303 9 | 0.205 1 | 0.138 7 | 0.094 0 | 0.043 4 | 0.020 2 | 0.009 5 |
| 85 | 0.529 9 | 0.429 2 | 0.282 1 | 0.185 8 | 0.122 6 | 0.081 1 | 0.035 7 | 0.015 8 | 0.007 1 |

续表

| n | 7% | 8% | 9% | 10% | 12% | 15% | 20% | 25% | 30% |
|---|---|---|---|---|---|---|---|---|---|
| 1 | 0.934 6 | 0.925 9 | 0.917 4 | 0.909 1 | 0.892 9 | 0.869 6 | 0.833 3 | 0.800 0 | 0.769 2 |
| 2 | 0.873 4 | 0.857 3 | 0.841 7 | 0.826 4 | 0.797 2 | 0.756 1 | 0.694 4 | 0.640 0 | 0.591 7 |
| 3 | 0.816 3 | 0.793 8 | 0.772 2 | 0.751 3 | 0.711 8 | 0.657 5 | 0.578 7 | 0.512 0 | 0.455 2 |
| 4 | 0.762 9 | 0.735 0 | 0.708 4 | 0.683 0 | 0.635 5 | 0.571 8 | 0.482 3 | 0.409 6 | 0.350 1 |
| 5 | 0.713 0 | 0.680 6 | 0.649 9 | 0.620 9 | 0.567 4 | 0.497 2 | 0.401 9 | 0.327 7 | 0.269 3 |
| 6 | 0.666 3 | 0.630 2 | 0.596 3 | 0.564 5 | 0.506 6 | 0.432 3 | 0.334 9 | 0.262 1 | 0.207 2 |
| 7 | 0.622 7 | 0.583 5 | 0.547 0 | 0.513 2 | 0.452 3 | 0.375 9 | 0.279 1 | 0.209 7 | 0.159 4 |
| 8 | 0.582 0 | 0.540 3 | 0.501 9 | 0.466 5 | 0.403 9 | 0.326 9 | 0.232 6 | 0.167 8 | 0.122 6 |
| 9 | 0.543 9 | 0.500 2 | 0.460 4 | 0.424 1 | 0.360 6 | 0.284 3 | 0.193 8 | 0.134 2 | 0.094 3 |
| 10 | 0.508 3 | 0.463 2 | 0.422 4 | 0.385 5 | 0.322 0 | 0.247 2 | 0.161 5 | 0.107 4 | 0.072 5 |
| 11 | 0.475 1 | 0.428 9 | 0.387 5 | 0.350 5 | 0.287 5 | 0.214 9 | 0.134 6 | 0.085 9 | 0.055 8 |
| 12 | 0.444 0 | 0.397 1 | 0.355 5 | 0.318 6 | 0.256 7 | 0.186 9 | 0.112 2 | 0.068 7 | 0.042 9 |
| 13 | 0.415 0 | 0.367 7 | 0.326 2 | 0.289 7 | 0.229 2 | 0.162 5 | 0.093 5 | 0.055 0 | 0.033 0 |
| 14 | 0.387 8 | 0.340 5 | 0.299 2 | 0.263 3 | 0.204 6 | 0.141 3 | 0.077 9 | 0.044 0 | 0.025 4 |
| 15 | 0.362 4 | 0.315 2 | 0.274 5 | 0.239 4 | 0.182 7 | 0.122 9 | 0.064 9 | 0.035 2 | 0.019 5 |
| 16 | 0.338 7 | 0.291 9 | 0.251 9 | 0.217 6 | 0.163 1 | 0.106 9 | 0.054 1 | 0.028 1 | 0.015 0 |
| 17 | 0.316 6 | 0.270 3 | 0.231 1 | 0.197 8 | 0.145 6 | 0.092 9 | 0.045 1 | 0.022 5 | 0.011 6 |
| 18 | 0.295 9 | 0.250 2 | 0.212 0 | 0.179 9 | 0.130 0 | 0.080 8 | 0.037 6 | 0.018 0 | 0.008 9 |
| 19 | 0.276 5 | 0.231 7 | 0.194 5 | 0.163 5 | 0.116 1 | 0.070 3 | 0.031 3 | 0.014 4 | 0.006 8 |
| 20 | 0.258 4 | 0.214 5 | 0.178 4 | 0.148 6 | 0.103 7 | 0.061 1 | 0.026 1 | 0.011 5 | 0.005 3 |
| 21 | 0.241 5 | 0.198 7 | 0.163 7 | 0.135 1 | 0.092 6 | 0.053 1 | 0.021 7 | 0.009 2 | 0.004 0 |
| 22 | 0.225 7 | 0.183 9 | 0.150 2 | 0.122 8 | 0.082 6 | 0.046 2 | 0.018 1 | 0.007 4 | 0.003 1 |
| 23 | 0.210 9 | 0.170 3 | 0.137 8 | 0.111 7 | 0.073 8 | 0.040 2 | 0.015 1 | 0.005 9 | 0.002 4 |
| 24 | 0.197 1 | 0.157 7 | 0.126 4 | 0.101 5 | 0.065 9 | 0.034 9 | 0.012 6 | 0.004 7 | 0.001 8 |
| 25 | 0.184 2 | 0.146 0 | 0.116 0 | 0.092 3 | 0.058 8 | 0.030 4 | 0.010 5 | 0.003 8 | 0.001 4 |
| 26 | 0.172 2 | 0.135 2 | 0.106 4 | 0.083 9 | 0.052 5 | 0.026 4 | 0.008 7 | 0.003 0 | 0.001 1 |
| 27 | 0.160 9 | 0.125 2 | 0.097 6 | 0.076 3 | 0.046 9 | 0.023 0 | 0.007 3 | 0.002 4 | 0.000 8 |
| 28 | 0.150 4 | 0.115 9 | 0.089 5 | 0.069 3 | 0.041 9 | 0.020 0 | 0.006 1 | 0.001 9 | 0.000 6 |
| 29 | 0.140 6 | 0.107 3 | 0.082 2 | 0.063 0 | 0.037 4 | 0.017 4 | 0.005 1 | 0.001 5 | 0.000 5 |
| 30 | 0.131 4 | 0.099 4 | 0.075 4 | 0.057 3 | 0.033 4 | 0.015 1 | 0.004 2 | 0.001 2 | 0.000 4 |
| 31 | 0.122 8 | 0.092 0 | 0.069 1 | 0.052 1 | 0.029 8 | 0.013 1 | 0.003 5 | 0.001 0 | 0.000 3 |
| 32 | 0.114 7 | 0.085 2 | 0.063 4 | 0.047 4 | 0.026 6 | 0.011 4 | 0.002 9 | 0.000 8 | 0.000 2 |
| 33 | 0.107 2 | 0.078 9 | 0.058 2 | 0.043 1 | 0.023 8 | 0.009 9 | 0.002 4 | 0.000 6 | 0.000 2 |
| 34 | 0.100 2 | 0.073 0 | 0.053 4 | 0.039 1 | 0.021 2 | 0.008 6 | 0.002 0 | 0.000 5 | 0.000 1 |
| 35 | 0.093 7 | 0.067 6 | 0.049 0 | 0.035 6 | 0.018 9 | 0.007 5 | 0.001 7 | 0.000 4 | 0.000 1 |
| 40 | 0.066 8 | 0.046 0 | 0.031 8 | 0.022 1 | 0.010 7 | 0.003 7 | 0.000 7 | 0.000 1 | |
| 45 | 0.047 6 | 0.031 3 | 0.020 7 | 0.013 7 | 0.006 1 | 0.001 9 | 0.000 3 | | |
| 50 | 0.033 9 | 0.021 3 | 0.013 4 | 0.008 5 | 0.003 5 | 0.000 9 | 0.000 1 | | |
| 55 | 0.024 2 | 0.014 5 | 0.008 7 | 0.005 3 | 0.002 0 | 0.000 5 | | | |
| 60 | 0.017 3 | 0.009 9 | 0.005 7 | 0.003 3 | 0.001 1 | 0.000 2 | | | |
| 65 | 0.012 3 | 0.006 7 | 0.003 7 | 0.002 0 | 0.000 6 | 0.000 1 | | | |
| 70 | 0.008 8 | 0.004 6 | 0.002 4 | 0.001 3 | 0.000 4 | 0.000 1 | | | |
| 75 | 0.006 3 | 0.003 1 | 0.001 6 | 0.000 8 | 0.000 2 | | | | |
| 80 | 0.004 5 | 0.002 1 | 0.001 0 | 0.000 5 | 0.000 1 | | | | |
| 85 | 0.003 2 | 0.001 4 | 0.000 7 | 0.000 3 | 0.000 1 | | | | |

# 附录 A
## 复利系数表

**附表 A-3** 等额支付终值系数 $(F/A, i, n)$ 表

| n | 0.75% | 1% | 1.5% | 2% | 2.5% | 3% | 4% | 5% | 6% |
|---|---|---|---|---|---|---|---|---|---|
| 1 | 1.000 0 | 1.000 0 | 1.000 0 | 1.000 0 | 1.000 0 | 1.000 0 | 1.000 0 | 1.000 0 | 1.000 0 |
| 2 | 2.007 5 | 2.010 0 | 2.015 0 | 2.020 0 | 2.025 0 | 2.030 0 | 2.040 0 | 2.050 0 | 2.060 0 |
| 3 | 3.022 6 | 3.030 1 | 3.045 2 | 3.060 4 | 3.075 6 | 3.090 9 | 3.121 6 | 3.152 5 | 3.183 6 |
| 4 | 4.045 2 | 4.060 4 | 4.090 9 | 4.121 6 | 4.152 5 | 4.183 6 | 4.246 5 | 4.310 1 | 4.374 6 |
| 5 | 5.075 6 | 5.101 0 | 5.152 3 | 5.204 0 | 5.256 3 | 5.309 1 | 5.416 3 | 5.525 6 | 5.637 1 |
| 6 | 6.113 6 | 6.152 0 | 6.229 6 | 6.308 1 | 6.387 7 | 6.468 4 | 6.633 0 | 6.801 9 | 6.975 3 |
| 7 | 7.159 5 | 7.213 5 | 7.323 2 | 7.434 3 | 7.547 4 | 7.662 5 | 7.898 3 | 8.142 0 | 8.393 8 |
| 8 | 8.213 2 | 8.285 7 | 8.432 8 | 8.583 0 | 8.736 1 | 8.892 3 | 9.214 2 | 9.549 1 | 9.897 5 |
| 9 | 9.274 8 | 9.368 5 | 9.559 3 | 9.754 6 | 9.954 5 | 10.159 1 | 10.582 8 | 11.026 6 | 11.491 3 |
| 10 | 10.344 3 | 10.462 2 | 10.702 7 | 10.949 7 | 11.203 4 | 11.463 9 | 12.006 1 | 12.577 9 | 13.180 8 |
| 11 | 11.421 9 | 11.566 8 | 11.863 3 | 12.168 7 | 12.483 5 | 12.807 8 | 13.486 4 | 14.206 8 | 14.971 6 |
| 12 | 12.507 6 | 12.682 5 | 13.041 2 | 13.412 1 | 13.795 6 | 14.192 0 | 15.025 8 | 15.917 1 | 16.869 9 |
| 13 | 13.601 4 | 13.809 3 | 14.236 8 | 14.680 3 | 15.140 4 | 15.617 8 | 16.626 8 | 17.713 0 | 18.882 1 |
| 14 | 14.703 4 | 14.947 4 | 15.450 4 | 15.973 9 | 16.519 0 | 17.086 3 | 18.291 9 | 19.598 6 | 21.015 1 |
| 15 | 15.813 7 | 16.096 9 | 16.682 1 | 17.293 4 | 17.931 9 | 18.598 9 | 20.023 6 | 21.578 6 | 23.276 0 |
| 16 | 16.932 3 | 17.257 9 | 17.932 4 | 18.639 3 | 19.380 2 | 20.156 9 | 21.824 5 | 23.657 5 | 25.672 5 |
| 17 | 18.059 3 | 18.430 4 | 19.201 4 | 20.012 1 | 20.864 7 | 21.761 6 | 23.697 5 | 25.840 4 | 28.212 9 |
| 18 | 19.194 7 | 19.614 7 | 20.489 4 | 21.412 3 | 22.386 3 | 23.414 4 | 25.645 4 | 28.132 4 | 30.905 7 |
| 19 | 20.338 7 | 20.810 9 | 21.796 7 | 22.840 6 | 23.946 0 | 25.116 9 | 27.671 2 | 30.539 0 | 33.760 0 |
| 20 | 21.491 2 | 22.019 0 | 23.123 7 | 24.297 4 | 25.544 7 | 26.870 4 | 29.778 1 | 33.066 0 | 36.785 6 |
| 21 | 22.652 4 | 23.239 2 | 24.470 5 | 25.783 3 | 27.183 3 | 28.676 5 | 31.969 2 | 35.719 3 | 39.992 7 |
| 22 | 23.822 3 | 24.471 6 | 25.837 6 | 27.299 0 | 28.862 9 | 30.536 8 | 34.248 0 | 38.505 2 | 43.392 3 |
| 23 | 25.001 0 | 25.716 3 | 27.225 1 | 28.845 0 | 30.584 4 | 32.452 9 | 36.617 9 | 41.430 5 | 46.995 8 |
| 24 | 26.188 5 | 26.973 5 | 28.633 5 | 30.421 9 | 32.349 0 | 34.426 5 | 39.082 6 | 44.502 0 | 50.815 6 |
| 25 | 27.384 9 | 28.243 2 | 30.063 0 | 32.030 3 | 34.157 8 | 36.459 3 | 41.645 9 | 47.727 1 | 54.864 5 |
| 26 | 28.590 3 | 29.525 6 | 31.514 0 | 33.670 9 | 36.011 7 | 38.553 0 | 44.311 7 | 51.113 5 | 59.156 4 |
| 27 | 29.804 7 | 30.820 9 | 32.986 7 | 35.344 3 | 37.912 0 | 40.709 6 | 47.084 2 | 54.669 1 | 63.705 8 |
| 28 | 31.028 2 | 32.129 1 | 34.481 5 | 37.051 2 | 39.859 8 | 42.930 9 | 49.967 6 | 58.402 6 | 68.528 1 |
| 29 | 32.260 9 | 33.450 4 | 35.998 7 | 38.792 2 | 41.856 3 | 45.218 9 | 52.966 3 | 62.322 7 | 73.639 8 |
| 30 | 33.502 9 | 34.784 9 | 37.538 7 | 40.568 1 | 43.902 7 | 47.575 4 | 56.084 9 | 66.438 8 | 79.058 2 |
| 31 | 34.754 2 | 36.132 7 | 39.101 8 | 42.379 4 | 46.000 3 | 50.002 7 | 59.328 3 | 70.760 8 | 84.801 7 |
| 32 | 36.014 8 | 37.494 1 | 40.688 3 | 44.227 0 | 48.150 3 | 52.502 8 | 62.701 5 | 75.298 8 | 90.889 8 |
| 33 | 37.284 9 | 38.869 0 | 42.298 6 | 46.111 6 | 50.354 0 | 55.077 8 | 66.209 5 | 80.063 8 | 97.343 2 |
| 34 | 38.564 6 | 40.257 7 | 43.933 1 | 48.033 8 | 52.612 9 | 57.730 2 | 69.857 9 | 85.067 0 | 104.183 8 |
| 35 | 39.853 8 | 41.660 3 | 45.592 1 | 49.994 5 | 54.928 2 | 60.462 1 | 73.652 2 | 90.320 3 | 111.434 8 |
| 40 | 46.446 5 | 48.886 4 | 54.267 9 | 60.402 0 | 67.402 6 | 75.401 3 | 95.025 5 | 120.799 8 | 154.762 0 |
| 45 | 53.290 1 | 56.481 1 | 63.614 2 | 71.892 7 | 81.516 1 | 92.719 9 | 121.029 4 | 159.700 2 | 212.743 5 |
| 50 | 60.394 3 | 64.463 2 | 73.682 8 | 84.579 4 | 97.484 3 | 112.796 9 | 152.667 1 | 209.348 0 | 290.335 9 |
| 55 | 67.768 8 | 72.852 5 | 84.529 6 | 98.586 5 | 115.550 9 | 136.071 6 | 191.159 2 | 272.712 6 | 394.172 0 |
| 60 | 75.424 1 | 81.669 7 | 96.214 7 | 114.051 5 | 135.991 6 | 163.053 4 | 237.990 7 | 353.583 7 | 533.128 2 |
| 65 | 83.370 9 | 90.936 6 | 108.802 8 | 131.126 2 | 159.118 3 | 194.332 8 | 294.968 4 | 456.798 0 | 719.082 9 |
| 70 | 91.620 1 | 100.676 3 | 122.363 8 | 149.977 9 | 185.284 1 | 230.594 1 | 364.290 5 | 588.528 5 | 967.932 2 |
| 75 | 100.183 3 | 110.912 8 | 136.972 8 | 170.791 8 | 214.888 3 | 272.630 9 | 448.631 4 | 756.653 7 | 1 300.948 7 |
| 80 | 109.072 5 | 121.671 5 | 152.710 9 | 193.772 0 | 248.382 7 | 321.363 0 | 551.245 0 | 971.228 8 | 1 746.599 9 |
| 85 | 118.300 1 | 132.979 0 | 169.665 2 | 219.143 9 | 286.278 6 | 377.857 0 | 676.090 1 | 1 245.087 1 | 2 342.981 7 |

续表

| n | 7% | 8% | 9% | 10% | 12% | 15% | 20% | 25% | 30% |
|---|---|---|---|---|---|---|---|---|---|
| 1 | 1.000 0 | 1.000 0 | 1.000 0 | 1.000 0 | 1.000 0 | 1.000 0 | 1.000 0 | 1.000 0 | 1.000 0 |
| 2 | 2.070 0 | 2.080 0 | 2.090 0 | 2.100 0 | 2.120 0 | 2.150 0 | 2.200 0 | 2.250 0 | 2.300 0 |
| 3 | 3.214 9 | 3.246 4 | 3.278 1 | 3.310 0 | 3.374 4 | 3.472 5 | 3.640 0 | 3.812 5 | 3.990 0 |
| 4 | 4.439 9 | 4.506 1 | 4.573 1 | 4.641 0 | 4.779 3 | 4.993 4 | 5.368 0 | 5.765 6 | 6.187 0 |
| 5 | 5.750 7 | 5.866 6 | 5.984 7 | 6.105 1 | 6.352 8 | 6.742 4 | 7.441 6 | 8.207 0 | 9.043 1 |
| 6 | 7.153 3 | 7.335 9 | 7.523 3 | 7.715 6 | 8.115 2 | 8.753 7 | 9.929 9 | 11.258 8 | 12.756 0 |
| 7 | 8.654 0 | 8.922 8 | 9.200 4 | 9.487 2 | 10.089 0 | 11.066 8 | 12.915 9 | 15.073 5 | 17.582 8 |
| 8 | 10.259 8 | 10.636 6 | 11.028 5 | 11.435 9 | 12.299 7 | 13.726 8 | 16.499 1 | 19.841 9 | 23.857 7 |
| 9 | 11.978 0 | 12.487 6 | 13.021 0 | 13.579 5 | 14.775 7 | 16.785 8 | 20.798 9 | 25.802 3 | 32.015 0 |
| 10 | 13.816 4 | 14.486 6 | 15.192 9 | 15.937 4 | 17.548 7 | 20.303 7 | 25.958 7 | 33.252 9 | 42.619 5 |
| 11 | 15.783 6 | 16.645 5 | 17.560 3 | 18.531 2 | 20.654 6 | 24.349 3 | 32.150 4 | 42.566 1 | 56.405 3 |
| 12 | 17.888 5 | 18.977 1 | 20.140 7 | 21.384 3 | 24.133 1 | 29.001 7 | 39.580 5 | 54.207 7 | 74.327 0 |
| 13 | 20.140 6 | 21.495 3 | 22.953 4 | 24.522 7 | 28.029 1 | 34.351 9 | 48.496 6 | 68.759 8 | 97.625 0 |
| 14 | 22.550 5 | 24.214 9 | 26.019 2 | 27.975 0 | 32.392 6 | 40.504 7 | 59.195 9 | 86.949 5 | 127.912 5 |
| 15 | 25.129 0 | 27.152 1 | 29.360 9 | 31.772 5 | 37.279 7 | 47.580 4 | 72.035 1 | 109.686 8 | 167.286 3 |
| 16 | 27.888 1 | 30.324 3 | 33.003 4 | 35.949 7 | 42.753 3 | 55.717 5 | 87.442 1 | 138.108 5 | 218.472 2 |
| 17 | 30.840 2 | 33.750 2 | 36.973 7 | 40.544 7 | 48.883 7 | 65.075 1 | 105.930 6 | 173.635 7 | 285.013 9 |
| 18 | 33.999 0 | 37.450 2 | 41.301 3 | 45.599 2 | 55.749 7 | 75.836 4 | 128.116 7 | 218.044 6 | 371.518 0 |
| 19 | 37.379 0 | 41.446 3 | 46.018 5 | 51.159 1 | 63.439 7 | 88.211 8 | 154.740 0 | 273.555 8 | 483.973 4 |
| 20 | 40.995 5 | 45.762 0 | 51.160 1 | 57.275 0 | 72.052 4 | 102.443 6 | 186.688 0 | 342.944 7 | 630.165 5 |
| 21 | 44.865 2 | 50.422 9 | 56.764 5 | 64.002 5 | 81.698 7 | 118.810 1 | 225.025 6 | 429.680 9 | 820.215 1 |
| 22 | 49.005 7 | 55.456 8 | 62.873 3 | 71.402 7 | 92.502 6 | 137.631 6 | 271.030 7 | 538.101 1 | 1 067.279 6 |
| 23 | 53.436 1 | 60.893 3 | 69.531 9 | 79.543 0 | 104.602 9 | 159.276 4 | 326.236 9 | 673.626 4 | 1 388.463 5 |
| 24 | 58.176 7 | 66.764 8 | 76.789 8 | 88.497 3 | 118.155 2 | 184.167 8 | 392.484 2 | 843.032 9 | 1 806.002 6 |
| 25 | 63.249 0 | 73.105 9 | 84.700 9 | 98.347 1 | 133.333 9 | 212.793 0 | 471.981 1 | 1054.791 1 | 2 348.803 2 |
| 26 | 68.676 5 | 79.954 4 | 93.324 0 | 109.181 8 | 150.333 9 | 245.712 0 | 567.377 3 | 1 319.489 0 | 3 054.444 3 |
| 27 | 74.483 8 | 87.350 8 | 102.723 1 | 121.099 9 | 169.374 0 | 283.568 8 | 681.852 8 | 1 650.361 2 | 3 971.777 6 |
| 28 | 80.697 7 | 95.338 8 | 112.968 2 | 134.209 9 | 190.698 9 | 327.104 1 | 819.223 3 | 2 063.951 5 | 5 164.310 9 |
| 29 | 87.346 5 | 103.965 9 | 124.135 4 | 148.630 9 | 214.582 8 | 377.169 7 | 984.068 0 | 2 580.939 4 | 6 714.604 2 |
| 30 | 94.460 8 | 113.283 2 | 136.307 5 | 164.494 0 | 241.332 7 | 434.745 1 | 1 181.881 6 | 3 227.174 3 | 8 729.985 5 |
| 31 | 102.073 0 | 123.345 9 | 149.575 2 | 181.943 4 | 271.292 6 | 500.956 9 | 1 419.257 9 | 4 034.967 8 | 11 349.981 1 |
| 32 | 110.218 2 | 134.213 5 | 164.037 0 | 201.137 8 | 304.847 7 | 577.100 5 | 1 704.109 5 | 5 044.709 8 | 14 755.975 5 |
| 33 | 118.933 4 | 145.950 6 | 178.800 3 | 222.251 5 | 342.429 4 | 664.665 5 | 2 045.931 4 | 6 306.887 2 | 19 183.768 1 |
| 34 | 128.258 8 | 158.626 7 | 196.982 3 | 245.476 7 | 384.521 0 | 765.365 4 | 2 456.117 6 | 7 884.609 1 | 24 939.898 5 |
| 35 | 138.236 9 | 172.316 8 | 215.710 8 | 271.024 4 | 431.663 5 | 881.170 2 | 2 948.341 1 | 9 856.761 3 | 32 422.868 1 |
| 40 | 199.635 1 | 259.056 5 | 337.882 4 | 442.592 6 | 767.091 4 | 1 779.090 3 | 7 343.857 8 | 30 088.655 4 | |
| 45 | 285.749 3 | 386.505 6 | 525.858 7 | 718.904 8 | 1 358.230 0 | 3 585.128 5 | 18 281.309 9 | 91 831.496 2 | |
| 50 | 406.528 9 | 573.770 2 | 815.083 6 | 1 163.908 5 | 2 400.018 2 | 7 217.716 3 | 45 479.190 8 | | |
| 55 | 575.928 6 | 848.923 2 | 1 260.091 8 | 1 880.591 4 | | | | | |
| 60 | 813.520 4 | 1 253.213 3 | 1 944.792 1 | 3 034.816 4 | | | | | |
| 65 | 1 146.755 2 | 1 847.248 1 | 2 998.288 5 | 4 893.707 3 | | | | | |
| 70 | 1 614.134 2 | 2 720.080 1 | 4 619.223 2 | 7 887.469 6 | | | | | |
| 75 | 2 269.657 4 | 4 002.556 6 | 7 113.232 1 | 12 703.953 7 | | | | | |
| 80 | 3 189.062 7 | 5 886.935 4 | 10 950.574 1 | 20 474.002 1 | | | | | |
| 85 | 4 478.576 1 | 8 655.706 1 | 16 854.800 3 | 32 979.690 3 | | | | | |

# 附录 A

## 复利系数表

### 附表 A-4  等额支付偿债基金系数 $(A/F, i, n)$ 表

| n | 0.75% | 1% | 1.5% | 2% | 2.5% | 3% | 4% | 5% | 6% |
|---|---|---|---|---|---|---|---|---|---|
| 1 | 1.0000 | 1.0000 | 1.0000 | 1.0000 | 1.0000 | 1.0000 | 1.0000 | 1.0000 | 1.0000 |
| 2 | 0.4981 | 0.4975 | 0.4963 | 0.4950 | 0.4938 | 0.4926 | 0.4902 | 0.4878 | 0.4854 |
| 3 | 0.3308 | 0.3300 | 0.3284 | 0.3268 | 0.3251 | 0.3235 | 0.3203 | 0.3172 | 0.3141 |
| 4 | 0.2472 | 0.2463 | 0.2444 | 0.2426 | 0.2408 | 0.2390 | 0.2355 | 0.2320 | 0.2286 |
| 5 | 0.1970 | 0.1960 | 0.1941 | 0.1922 | 0.1902 | 0.1884 | 0.1846 | 0.1810 | 0.1774 |
| 6 | 0.1636 | 0.1625 | 0.1605 | 0.1585 | 0.1565 | 0.1546 | 0.1508 | 0.1470 | 0.1434 |
| 7 | 0.1397 | 0.1386 | 0.1366 | 0.1345 | 0.1325 | 0.1305 | 0.1266 | 0.1228 | 0.1191 |
| 8 | 0.1218 | 0.1207 | 0.1186 | 0.1165 | 0.1145 | 0.1125 | 0.1085 | 0.1047 | 0.1010 |
| 9 | 0.1078 | 0.1067 | 0.1046 | 0.1025 | 0.1005 | 0.0984 | 0.0945 | 0.0907 | 0.0870 |
| 10 | 0.0967 | 0.0956 | 0.0934 | 0.0913 | 0.0893 | 0.0872 | 0.0833 | 0.0795 | 0.0759 |
| 11 | 0.0876 | 0.0865 | 0.0843 | 0.0822 | 0.0801 | 0.0781 | 0.0741 | 0.0704 | 0.0668 |
| 12 | 0.0800 | 0.0788 | 0.0767 | 0.0746 | 0.0725 | 0.0705 | 0.0666 | 0.0628 | 0.0593 |
| 13 | 0.0735 | 0.0724 | 0.0702 | 0.0681 | 0.0660 | 0.0640 | 0.0601 | 0.0565 | 0.0530 |
| 14 | 0.0680 | 0.0669 | 0.0647 | 0.0626 | 0.0605 | 0.0585 | 0.0547 | 0.0510 | 0.0476 |
| 15 | 0.0632 | 0.0621 | 0.0599 | 0.0578 | 0.0558 | 0.0538 | 0.0499 | 0.0463 | 0.0430 |
| 16 | 0.0591 | 0.0579 | 0.0558 | 0.0537 | 0.0516 | 0.0496 | 0.0458 | 0.0423 | 0.0390 |
| 17 | 0.0554 | 0.0543 | 0.0521 | 0.0500 | 0.0479 | 0.0460 | 0.0422 | 0.0387 | 0.0354 |
| 18 | 0.0521 | 0.0510 | 0.0488 | 0.0467 | 0.0447 | 0.0427 | 0.0390 | 0.0355 | 0.0324 |
| 19 | 0.0492 | 0.0481 | 0.0459 | 0.0438 | 0.0418 | 0.0398 | 0.0361 | 0.0327 | 0.0296 |
| 20 | 0.0465 | 0.0454 | 0.0432 | 0.0412 | 0.0391 | 0.0372 | 0.0336 | 0.0302 | 0.0272 |
| 21 | 0.0441 | 0.0430 | 0.0409 | 0.0388 | 0.0368 | 0.0349 | 0.0313 | 0.0280 | 0.0250 |
| 22 | 0.0420 | 0.0409 | 0.0387 | 0.0366 | 0.0346 | 0.0327 | 0.0292 | 0.0260 | 0.0230 |
| 23 | 0.0400 | 0.0389 | 0.0367 | 0.0347 | 0.0327 | 0.0308 | 0.0273 | 0.0241 | 0.0213 |
| 24 | 0.0382 | 0.0371 | 0.0349 | 0.0329 | 0.0309 | 0.0290 | 0.0256 | 0.0225 | 0.0197 |
| 25 | 0.0365 | 0.0354 | 0.0333 | 0.0312 | 0.0293 | 0.0274 | 0.0240 | 0.0210 | 0.0182 |
| 26 | 0.0350 | 0.0339 | 0.0317 | 0.0297 | 0.0278 | 0.0259 | 0.0226 | 0.0196 | 0.0169 |
| 27 | 0.0336 | 0.0324 | 0.0303 | 0.0283 | 0.0264 | 0.0246 | 0.0212 | 0.0183 | 0.0157 |
| 28 | 0.0322 | 0.0311 | 0.0290 | 0.0270 | 0.0251 | 0.0233 | 0.0200 | 0.0171 | 0.0146 |
| 29 | 0.0310 | 0.0299 | 0.0278 | 0.0258 | 0.0239 | 0.0221 | 0.0189 | 0.0160 | 0.0136 |
| 30 | 0.0298 | 0.0287 | 0.0266 | 0.0246 | 0.0228 | 0.0210 | 0.0178 | 0.0151 | 0.0126 |
| 31 | 0.0288 | 0.0277 | 0.0256 | 0.0236 | 0.0217 | 0.0200 | 0.0169 | 0.0141 | 0.0118 |
| 32 | 0.0278 | 0.0267 | 0.0246 | 0.0226 | 0.0208 | 0.0190 | 0.0159 | 0.0133 | 0.0110 |
| 33 | 0.0268 | 0.0257 | 0.0236 | 0.0217 | 0.0199 | 0.0182 | 0.0151 | 0.0125 | 0.0103 |
| 34 | 0.0259 | 0.0248 | 0.0228 | 0.0208 | 0.0190 | 0.0173 | 0.0143 | 0.0118 | 0.0096 |
| 35 | 0.0251 | 0.0240 | 0.0219 | 0.0200 | 0.0182 | 0.0165 | 0.0136 | 0.0111 | 0.0090 |
| 40 | 0.0215 | 0.0205 | 0.0184 | 0.0166 | 0.0148 | 0.0133 | 0.0105 | 0.0083 | 0.0065 |
| 45 | 0.0188 | 0.0177 | 0.0157 | 0.0139 | 0.0123 | 0.0108 | 0.0083 | 0.0063 | 0.0047 |
| 50 | 0.0166 | 0.0155 | 0.0136 | 0.0118 | 0.0103 | 0.0089 | 0.0066 | 0.0048 | 0.0034 |
| 55 | 0.0148 | 0.0137 | 0.0118 | 0.0101 | 0.0087 | 0.0073 | 0.0052 | 0.0037 | 0.0025 |
| 60 | 0.0133 | 0.0122 | 0.0104 | 0.0088 | 0.0074 | 0.0061 | 0.0042 | 0.0028 | 0.0019 |
| 65 | 0.0120 | 0.0110 | 0.0092 | 0.0076 | 0.0063 | 0.0051 | 0.0034 | 0.0022 | 0.0014 |
| 70 | 0.0109 | 0.0099 | 0.0082 | 0.0067 | 0.0054 | 0.0043 | 0.0027 | 0.0017 | 0.0010 |
| 75 | 0.0100 | 0.0090 | 0.0073 | 0.0059 | 0.0047 | 0.0037 | 0.0022 | 0.0013 | 0.0008 |
| 80 | 0.0092 | 0.0082 | 0.0065 | 0.0052 | 0.0040 | 0.0031 | 0.0018 | 0.0010 | 0.0006 |
| 85 | 0.0085 | 0.0075 | 0.0059 | 0.0046 | 0.0035 | 0.0026 | 0.0015 | 0.0008 | 0.0004 |

续表

| n | 7% | 8% | 9% | 10% | 12% | 15% | 20% | 25% | 30% |
|---|---|---|---|---|---|---|---|---|---|
| 1 | 1.000 0 | 1.000 0 | 1.000 0 | 1.000 0 | 1.000 0 | 1.000 0 | 1.000 0 | 1.000 0 | 1.000 0 |
| 2 | 0.483 1 | 0.480 8 | 0.478 5 | 0.476 2 | 0.471 7 | 0.465 1 | 0.454 5 | 0.444 4 | 0.434 8 |
| 3 | 0.311 1 | 0.308 0 | 0.305 1 | 0.302 1 | 0.296 3 | 0.288 0 | 0.274 7 | 0.262 3 | 0.250 6 |
| 4 | 0.225 2 | 0.221 9 | 0.218 7 | 0.215 5 | 0.209 2 | 0.200 3 | 0.186 3 | 0.173 4 | 0.161 6 |
| 5 | 0.173 9 | 0.170 5 | 0.167 1 | 0.163 8 | 0.157 4 | 0.148 3 | 0.134 4 | 0.121 8 | 0.110 6 |
| 6 | 0.139 8 | 0.136 3 | 0.132 9 | 0.129 6 | 0.123 2 | 0.114 2 | 0.100 7 | 0.088 8 | 0.078 4 |
| 7 | 0.115 6 | 0.112 1 | 0.108 7 | 0.105 4 | 0.099 1 | 0.090 4 | 0.077 4 | 0.066 3 | 0.056 9 |
| 8 | 0.097 5 | 0.094 0 | 0.090 7 | 0.087 4 | 0.081 3 | 0.072 9 | 0.060 6 | 0.050 4 | 0.041 9 |
| 9 | 0.083 5 | 0.080 1 | 0.076 8 | 0.073 6 | 0.067 7 | 0.059 6 | 0.048 1 | 0.038 8 | 0.031 2 |
| 10 | 0.072 4 | 0.069 0 | 0.065 8 | 0.062 7 | 0.057 0 | 0.049 3 | 0.038 5 | 0.030 1 | 0.023 5 |
| 11 | 0.063 4 | 0.060 1 | 0.056 9 | 0.054 0 | 0.048 4 | 0.041 1 | 0.031 1 | 0.023 5 | 0.017 7 |
| 12 | 0.055 9 | 0.052 7 | 0.049 7 | 0.046 8 | 0.041 4 | 0.034 5 | 0.025 3 | 0.018 4 | 0.013 5 |
| 13 | 0.049 7 | 0.046 5 | 0.043 6 | 0.040 8 | 0.035 7 | 0.029 1 | 0.020 6 | 0.014 5 | 0.010 2 |
| 14 | 0.044 3 | 0.041 3 | 0.038 4 | 0.035 7 | 0.030 9 | 0.024 7 | 0.016 9 | 0.011 5 | 0.007 8 |
| 15 | 0.039 8 | 0.036 8 | 0.034 1 | 0.031 5 | 0.026 8 | 0.021 0 | 0.013 9 | 0.009 1 | 0.006 0 |
| 16 | 0.035 9 | 0.033 0 | 0.030 3 | 0.027 8 | 0.023 4 | 0.017 9 | 0.011 4 | 0.007 2 | 0.004 6 |
| 17 | 0.032 4 | 0.029 6 | 0.027 0 | 0.024 7 | 0.020 5 | 0.015 4 | 0.009 4 | 0.005 8 | 0.003 5 |
| 18 | 0.029 4 | 0.026 7 | 0.024 2 | 0.021 9 | 0.017 9 | 0.013 2 | 0.007 8 | 0.004 6 | 0.002 7 |
| 19 | 0.026 8 | 0.024 1 | 0.021 7 | 0.019 5 | 0.015 8 | 0.011 3 | 0.006 5 | 0.003 7 | 0.002 1 |
| 20 | 0.024 4 | 0.021 9 | 0.019 5 | 0.017 5 | 0.013 9 | 0.009 8 | 0.005 4 | 0.002 9 | 0.001 6 |
| 21 | 0.022 3 | 0.019 8 | 0.017 6 | 0.015 6 | 0.012 2 | 0.008 4 | 0.004 4 | 0.002 3 | 0.001 2 |
| 22 | 0.020 4 | 0.018 0 | 0.015 9 | 0.014 0 | 0.010 8 | 0.007 3 | 0.003 7 | 0.001 9 | 0.000 9 |
| 23 | 0.018 7 | 0.016 4 | 0.014 4 | 0.012 6 | 0.009 6 | 0.006 3 | 0.003 1 | 0.001 5 | 0.000 7 |
| 24 | 0.017 2 | 0.015 0 | 0.013 0 | 0.011 3 | 0.008 5 | 0.005 4 | 0.002 5 | 0.001 2 | 0.000 6 |
| 25 | 0.015 8 | 0.013 7 | 0.011 8 | 0.010 2 | 0.007 5 | 0.004 7 | 0.002 1 | 0.000 9 | 0.000 4 |
| 26 | 0.014 6 | 0.012 5 | 0.010 7 | 0.009 2 | 0.006 7 | 0.004 1 | 0.001 8 | 0.000 8 | 0.000 3 |
| 27 | 0.013 4 | 0.011 4 | 0.009 7 | 0.008 3 | 0.005 9 | 0.003 5 | 0.001 5 | 0.000 6 | 0.000 3 |
| 28 | 0.012 4 | 0.010 5 | 0.008 9 | 0.007 5 | 0.005 2 | 0.003 1 | 0.001 2 | 0.000 5 | 0.000 2 |
| 29 | 0.011 4 | 0.009 6 | 0.008 1 | 0.006 7 | 0.004 7 | 0.002 7 | 0.001 0 | 0.000 4 | 0.000 1 |
| 30 | 0.010 6 | 0.008 8 | 0.007 3 | 0.006 1 | 0.004 1 | 0.002 3 | 0.000 8 | 0.000 3 | 0.000 1 |
| 31 | 0.009 8 | 0.008 1 | 0.006 7 | 0.005 5 | 0.003 7 | 0.002 0 | 0.000 7 | 0.000 2 | 0.000 1 |
| 32 | 0.009 1 | 0.007 5 | 0.006 1 | 0.005 0 | 0.003 3 | 0.001 7 | 0.000 6 | 0.000 2 | 0.000 1 |
| 33 | 0.008 4 | 0.006 9 | 0.005 6 | 0.004 5 | 0.002 9 | 0.001 5 | 0.000 5 | 0.000 2 | 0.000 1 |
| 34 | 0.007 8 | 0.006 3 | 0.005 1 | 0.004 1 | 0.002 6 | 0.001 3 | 0.000 4 | 0.000 1 | |
| 35 | 0.007 2 | 0.005 8 | 0.004 6 | 0.003 7 | 0.002 3 | 0.001 1 | 0.000 3 | 0.000 1 | |
| 40 | 0.005 0 | 0.003 9 | 0.003 0 | 0.002 3 | 0.001 3 | 0.000 6 | 0.000 1 | | |
| 45 | 0.003 5 | 0.002 6 | 0.001 9 | 0.001 4 | 0.000 7 | 0.000 3 | 0.000 1 | | |
| 50 | 0.002 5 | 0.001 7 | 0.001 2 | 0.000 9 | 0.000 4 | 0.000 1 | | | |
| 55 | 0.001 7 | 0.001 2 | 0.000 8 | 0.000 5 | 0.000 2 | 0.000 1 | | | |
| 60 | 0.001 2 | 0.000 8 | 0.000 5 | 0.000 3 | 0.000 1 | | | | |
| 65 | 0.000 9 | 0.000 5 | 0.000 3 | 0.000 2 | 0.000 1 | | | | |
| 70 | 0.000 6 | 0.000 4 | 0.000 2 | 0.000 1 | | | | | |
| 75 | 0.000 4 | 0.000 2 | 0.000 1 | 0.000 1 | | | | | |
| 80 | 0.000 3 | 0.000 2 | 0.000 1 | | | | | | |
| 85 | 0.000 2 | 0.000 1 | 0.000 1 | | | | | | |

# 附录 A

## 复利系数表

**附表 A-5 等额支付现值系数 $(P/A, i, n)$ 表**

| n | 0.75% | 1% | 1.5% | 2% | 2.5% | 3% | 4% | 5% | 6% |
|---|---|---|---|---|---|---|---|---|---|
| 1 | 0.992 6 | 0.990 1 | 0.985 2 | 0.980 4 | 0.975 6 | 0.970 9 | 0.961 5 | 0.952 4 | 0.943 4 |
| 2 | 1.977 7 | 1.970 4 | 1.955 9 | 1.941 6 | 1.927 4 | 1.913 5 | 1.886 1 | 1.859 4 | 1.833 4 |
| 3 | 2.955 6 | 2.941 0 | 2.912 2 | 2.883 9 | 2.856 0 | 2.828 6 | 2.775 1 | 2.723 2 | 2.673 0 |
| 4 | 3.926 1 | 3.902 0 | 3.854 4 | 3.807 7 | 3.762 0 | 3.717 1 | 3.629 9 | 3.546 0 | 3.465 1 |
| 5 | 4.889 4 | 4.853 4 | 4.782 6 | 4.713 5 | 4.645 8 | 4.579 7 | 4.451 8 | 4.329 5 | 4.212 4 |
| 6 | 5.845 6 | 5.795 5 | 5.697 2 | 5.601 4 | 5.508 1 | 5.417 2 | 5.242 1 | 5.075 7 | 4.917 3 |
| 7 | 6.794 6 | 6.728 2 | 6.598 2 | 6.472 0 | 6.349 4 | 6.230 3 | 6.002 1 | 5.786 4 | 5.582 4 |
| 8 | 7.736 6 | 7.651 7 | 7.485 9 | 7.325 5 | 7.170 1 | 7.019 7 | 6.732 7 | 6.463 2 | 6.209 8 |
| 9 | 8.671 6 | 8.566 0 | 8.360 5 | 8.162 2 | 7.970 9 | 7.786 1 | 7.435 3 | 7.107 8 | 6.801 7 |
| 10 | 9.599 6 | 9.471 3 | 9.222 2 | 8.982 6 | 8.752 0 | 8.530 2 | 8.110 9 | 7.721 7 | 7.360 1 |
| 11 | 10.502 7 | 10.367 6 | 10.071 1 | 9.786 8 | 9.514 2 | 9.252 6 | 8.760 5 | 8.306 4 | 7.886 9 |
| 12 | 11.434 9 | 11.255 1 | 10.907 5 | 10.575 3 | 10.257 8 | 9.954 0 | 9.385 1 | 8.863 3 | 8.383 8 |
| 13 | 12.342 3 | 12.133 7 | 11.731 5 | 11.348 4 | 10.983 2 | 10.635 0 | 9.985 6 | 9.393 6 | 8.852 7 |
| 14 | 13.243 0 | 13.003 7 | 12.543 4 | 12.106 2 | 11.690 9 | 11.296 1 | 10.563 1 | 9.898 6 | 9.295 0 |
| 15 | 14.137 0 | 13.865 1 | 13.343 2 | 12.849 3 | 12.381 4 | 11.937 9 | 11.118 4 | 10.379 7 | 9.712 2 |
| 16 | 15.024 3 | 14.717 9 | 14.131 3 | 13.577 7 | 13.055 0 | 12.561 1 | 11.652 3 | 10.837 8 | 10.105 9 |
| 17 | 15.905 0 | 15.562 3 | 14.907 6 | 14.291 9 | 13.712 2 | 13.166 1 | 12.165 7 | 11.274 1 | 10.477 3 |
| 18 | 16.779 2 | 16.398 3 | 15.672 6 | 14.992 0 | 14.353 4 | 13.753 5 | 12.659 3 | 11.689 6 | 10.827 6 |
| 19 | 17.646 8 | 17.226 0 | 16.426 2 | 15.678 5 | 14.978 9 | 14.323 8 | 13.133 9 | 12.085 3 | 11.158 1 |
| 20 | 18.508 0 | 18.045 6 | 17.168 6 | 16.351 4 | 15.589 2 | 14.877 5 | 13.590 3 | 12.462 2 | 11.469 9 |
| 21 | 19.362 8 | 18.857 0 | 17.900 1 | 17.011 2 | 16.184 5 | 15.415 0 | 14.029 2 | 12.821 2 | 11.764 1 |
| 22 | 20.211 2 | 19.660 4 | 18.620 8 | 17.658 0 | 16.765 4 | 15.936 9 | 14.451 1 | 13.163 0 | 12.041 6 |
| 23 | 21.053 3 | 20.455 8 | 19.330 9 | 18.292 2 | 17.332 1 | 16.443 6 | 14.856 8 | 13.488 6 | 12.303 4 |
| 24 | 21.889 1 | 21.243 4 | 20.030 4 | 18.913 9 | 17.885 0 | 16.935 5 | 15.247 0 | 13.798 6 | 12.550 4 |
| 25 | 22.718 8 | 22.023 2 | 20.719 6 | 19.523 5 | 18.424 4 | 17.413 1 | 15.622 1 | 14.093 9 | 12.783 4 |
| 26 | 23.542 2 | 22.795 2 | 21.398 6 | 20.121 0 | 18.950 6 | 17.876 8 | 15.982 8 | 14.375 2 | 13.003 2 |
| 27 | 24.359 5 | 23.559 6 | 22.067 6 | 20.706 9 | 19.464 0 | 18.327 0 | 16.329 6 | 14.643 0 | 13.210 5 |
| 28 | 25.170 7 | 24.316 4 | 22.726 7 | 21.281 3 | 19.964 9 | 18.764 1 | 16.663 1 | 14.898 1 | 13.406 2 |
| 29 | 25.975 9 | 25.065 8 | 23.376 1 | 21.844 4 | 20.453 5 | 19.188 5 | 16.983 7 | 15.141 1 | 13.590 7 |
| 30 | 26.775 1 | 25.807 7 | 24.015 8 | 22.396 5 | 20.930 3 | 19.600 4 | 17.292 0 | 15.372 5 | 13.764 8 |
| 31 | 27.568 3 | 26.542 3 | 24.646 1 | 22.937 7 | 21.395 4 | 20.000 4 | 17.588 5 | 15.592 8 | 13.929 1 |
| 32 | 28.355 7 | 27.269 6 | 25.267 1 | 23.468 3 | 21.849 2 | 20.388 8 | 17.873 6 | 15.802 7 | 14.084 0 |
| 33 | 29.137 1 | 27.989 7 | 25.879 0 | 23.988 6 | 22.291 9 | 20.765 8 | 18.147 6 | 16.002 5 | 14.230 2 |
| 34 | 29.912 8 | 28.702 7 | 26.481 7 | 24.498 6 | 22.723 8 | 21.131 8 | 18.411 2 | 16.192 9 | 14.368 1 |
| 35 | 30.682 7 | 29.408 6 | 27.075 6 | 24.998 6 | 23.145 2 | 21.487 2 | 18.664 6 | 16.374 2 | 14.498 2 |
| 40 | 34.446 9 | 32.834 7 | 29.915 8 | 27.355 5 | 25.102 8 | 23.114 8 | 19.792 8 | 17.159 1 | 15.046 3 |
| 45 | 38.073 2 | 36.094 5 | 32.552 3 | 29.490 2 | 26.833 0 | 24.518 7 | 20.720 0 | 17.774 1 | 15.455 8 |
| 50 | 41.566 4 | 39.196 1 | 34.999 7 | 31.423 6 | 28.362 3 | 25.729 8 | 21.482 2 | 18.255 9 | 15.761 9 |
| 55 | 44.931 6 | 42.147 2 | 37.271 5 | 33.174 8 | 29.714 0 | 26.774 4 | 22.108 6 | 18.633 5 | 15.990 5 |
| 60 | 48.173 4 | 44.955 0 | 39.380 3 | 34.760 9 | 30.908 7 | 27.675 6 | 22.623 5 | 18.929 3 | 16.161 4 |
| 65 | 51.296 3 | 47.626 6 | 41.337 8 | 36.197 5 | 31.964 6 | 28.452 9 | 23.046 7 | 19.161 1 | 16.289 1 |
| 70 | 54.304 6 | 50.168 5 | 43.154 9 | 37.498 6 | 32.897 9 | 29.123 4 | 23.394 5 | 19.342 7 | 16.384 5 |
| 75 | 57.202 7 | 52.587 1 | 44.841 6 | 38.677 1 | 33.722 7 | 29.701 8 | 23.680 4 | 19.485 0 | 16.455 8 |
| 80 | 59.994 4 | 54.888 2 | 46.407 3 | 39.744 5 | 34.451 8 | 30.200 8 | 23.915 4 | 19.596 5 | 16.509 1 |
| 85 | 62.683 8 | 57.077 7 | 47.860 7 | 40.711 3 | 35.096 2 | 30.631 2 | 24.108 5 | 19.683 8 | 16.548 9 |

续表

| n | 7% | 8% | 9% | 10% | 12% | 15% | 20% | 25% | 30% |
|---|---|---|---|---|---|---|---|---|---|
| 1 | 0.934 6 | 0.925 9 | 0.917 4 | 0.909 1 | 0.892 9 | 0.869 6 | 0.833 3 | 0.800 0 | 0.769 2 |
| 2 | 0.808 0 | 1.783 3 | 1.759 1 | 1.735 5 | 1.690 1 | 1.625 7 | 1.527 8 | 1.440 0 | 1.360 9 |
| 3 | 2.624 3 | 2.577 1 | 2.531 3 | 2.486 9 | 2.401 8 | 2.283 2 | 2.106 5 | 1.952 0 | 1.816 1 |
| 4 | 3.387 2 | 3.312 1 | 3.239 7 | 3.169 9 | 3.037 3 | 2.855 0 | 2.588 7 | 2.361 6 | 2.166 2 |
| 5 | 4.100 2 | 3.992 7 | 3.889 7 | 3.790 8 | 3.604 8 | 3.352 2 | 2.990 6 | 2.689 3 | 2.435 6 |
| 6 | 4.766 5 | 4.622 9 | 4.485 9 | 4.355 3 | 4.111 4 | 3.784 5 | 3.325 5 | 2.951 4 | 2.642 7 |
| 7 | 5.389 3 | 5.206 4 | 5.033 0 | 4.868 4 | 4.563 8 | 4.160 4 | 3.604 6 | 3.161 1 | 2.802 1 |
| 8 | 5.971 3 | 5.746 6 | 5.534 8 | 5.334 9 | 4.967 6 | 4.487 3 | 3.837 2 | 3.328 9 | 2.924 7 |
| 9 | 6.515 2 | 6.246 9 | 5.995 2 | 5.759 0 | 5.328 2 | 4.771 6 | 4.031 0 | 3.463 1 | 3.019 0 |
| 10 | 7.023 6 | 6.710 1 | 6.417 7 | 6.144 6 | 5.650 2 | 5.018 8 | 4.192 5 | 3.570 5 | 3.091 5 |
| 11 | 7.498 7 | 7.139 0 | 6.805 2 | 6.495 1 | 5.937 7 | 5.233 7 | 4.327 1 | 3.656 4 | 3.147 3 |
| 12 | 7.942 7 | 7.536 1 | 7.160 7 | 6.813 7 | 6.194 4 | 5.420 6 | 4.439 2 | 3.725 1 | 3.190 3 |
| 13 | 8.357 7 | 7.903 8 | 7.486 9 | 7.103 4 | 6.423 5 | 5.583 1 | 4.532 7 | 3.780 1 | 3.223 3 |
| 14 | 8.745 5 | 8.244 2 | 7.786 2 | 7.366 7 | 6.628 2 | 5.724 5 | 4.610 6 | 3.824 1 | 3.248 7 |
| 15 | 9.107 9 | 8.559 5 | 8.060 7 | 7.606 1 | 6.810 9 | 5.847 4 | 4.675 5 | 3.859 3 | 3.268 2 |
| 16 | 9.448 6 | 8.851 4 | 8.312 6 | 7.823 7 | 6.974 0 | 5.954 2 | 4.729 6 | 3.887 4 | 3.283 2 |
| 17 | 9.763 2 | 9.121 6 | 8.543 6 | 8.021 6 | 7.119 6 | 6.047 2 | 4.774 6 | 3.909 9 | 3.294 8 |
| 18 | 10.059 1 | 9.371 9 | 8.755 6 | 8.201 4 | 7.249 7 | 6.128 0 | 4.812 2 | 3.927 9 | 3.303 7 |
| 19 | 10.335 6 | 9.603 6 | 8.950 1 | 8.364 9 | 7.365 8 | 6.198 2 | 4.843 5 | 3.942 4 | 3.310 5 |
| 20 | 10.594 0 | 9.818 1 | 9.128 5 | 8.513 6 | 7.469 4 | 6.259 3 | 4.869 6 | 3.953 9 | 3.315 8 |
| 21 | 10.835 5 | 10.016 8 | 9.292 2 | 8.648 7 | 7.562 0 | 6.312 5 | 4.891 3 | 3.963 1 | 3.319 8 |
| 22 | 11.061 2 | 10.200 7 | 9.442 4 | 8.771 5 | 7.644 6 | 6.358 7 | 4.909 4 | 3.970 5 | 3.323 0 |
| 23 | 11.272 2 | 10.371 1 | 9.580 2 | 8.883 2 | 7.718 4 | 6.398 8 | 4.924 5 | 3.976 4 | 3.325 4 |
| 24 | 11.469 3 | 10.528 8 | 9.706 6 | 8.984 7 | 7.784 3 | 6.433 8 | 4.937 1 | 3.981 1 | 3.327 2 |
| 25 | 11.653 6 | 10.674 8 | 9.822 6 | 9.077 0 | 7.843 1 | 6.464 1 | 4.947 6 | 3.984 9 | 3.328 6 |
| 26 | 11.825 8 | 10.810 0 | 9.929 0 | 9.160 9 | 7.895 7 | 6.490 6 | 4.956 3 | 3.987 9 | 3.329 7 |
| 27 | 11.986 7 | 10.935 2 | 10.026 6 | 9.237 2 | 7.942 6 | 6.513 5 | 4.963 6 | 3.990 3 | 3.330 5 |
| 28 | 12.137 1 | 11.051 1 | 10.116 1 | 9.308 6 | 7.924 4 | 6.533 5 | 4.969 7 | 3.992 3 | 3.331 2 |
| 29 | 12.277 7 | 11.158 4 | 10.198 3 | 9.369 6 | 8.021 8 | 6.550 9 | 4.974 7 | 3.993 8 | 3.331 7 |
| 30 | 12.409 0 | 11.257 8 | 10.273 7 | 9.426 9 | 8.055 2 | 6.566 0 | 4.978 9 | 3.995 0 | 3.332 1 |
| 31 | 12.531 8 | 11.349 8 | 10.342 8 | 9.479 0 | 8.085 0 | 6.579 1 | 4.982 4 | 3.996 0 | 3.332 4 |
| 32 | 12.646 6 | 11.435 0 | 10.406 2 | 9.526 4 | 8.111 6 | 6.590 5 | 4.985 4 | 3.996 8 | 3.332 6 |
| 33 | 12.753 8 | 11.513 9 | 10.464 4 | 9.569 4 | 8.135 4 | 6.600 5 | 4.987 8 | 3.997 5 | 3.332 8 |
| 34 | 12.854 0 | 11.586 9 | 10.517 8 | 9.608 6 | 8.156 6 | 6.609 1 | 4.989 8 | 3.998 0 | 3.332 9 |
| 35 | 12.947 7 | 11.654 6 | 10.566 8 | 9.644 2 | 8.175 5 | 6.616 6 | 4.991 5 | 3.998 4 | 3.333 0 |
| 40 | 13.331 7 | 11.924 6 | 10.757 4 | 9.779 1 | 8.243 8 | 6.641 8 | 4.996 6 | 3.999 5 | 3.333 2 |
| 45 | 13.605 5 | 12.108 4 | 10.881 2 | 9.862 8 | 8.282 5 | 6.654 3 | 4.998 6 | 3.998 8 | 3.333 3 |
| 50 | 13.800 7 | 12.233 5 | 10.961 7 | 9.914 8 | 8.304 5 | 6.660 5 | 4.999 5 | 3.999 9 | 3.333 3 |
| 55 | 13.939 9 | 12.318 6 | 11.014 0 | 9.947 1 | 8.317 0 | 6.663 6 | 4.999 8 | 4.000 0 | 3.333 3 |
| 60 | 14.039 2 | 12.376 6 | 11.048 0 | 9.967 2 | 8.324 0 | 6.665 1 | 4.999 9 | 4.000 0 | 3.333 3 |
| 65 | 14.109 9 | 12.416 0 | 11.070 1 | 9.979 6 | 8.328 1 | 6.665 9 | 5.000 0 | 4.000 0 | 3.333 3 |
| 70 | 14.160 4 | 12.442 8 | 11.084 4 | 9.987 3 | 8.330 1 | 6.666 3 | 5.000 0 | 4.000 0 | 3.333 3 |
| 75 | 14.196 4 | 12.461 1 | 11.093 8 | 9.992 1 | 8.331 6 | 6.666 5 | 5.000 0 | 4.000 0 | 3.333 3 |
| 80 | 14.222 0 | 12.473 5 | 11.099 8 | 9.995 1 | 8.332 4 | 6.666 6 | 5.000 0 | 4.000 0 | 3.333 3 |
| 85 | 14.240 3 | 12.482 0 | 11.103 8 | 9.997 0 | 8.332 8 | 6.666 6 | 5.000 0 | 4.000 0 | 3.333 3 |

# 附录A

## 复利系数表

### 附表 A-6 等额支付资金回收系数 $(A/P, i, n)$ 表

| n | 0.75% | 1% | 1.5% | 2% | 2.5% | 3% | 4% | 5% | 6% |
|---|---|---|---|---|---|---|---|---|---|
| 1 | 1.007 5 | 1.010 0 | 1.015 0 | 1.020 0 | 1.025 0 | 1.030 0 | 1.040 0 | 1.050 0 | 1.060 0 |
| 2 | 0.505 6 | 0.507 5 | 0.511 3 | 0.515 0 | 0.518 8 | 0.522 6 | 0.530 2 | 0.537 8 | 0.545 4 |
| 3 | 0.338 3 | 0.340 0 | 0.343 4 | 0.346 8 | 0.350 1 | 0.353 5 | 0.360 3 | 0.367 2 | 0.374 1 |
| 4 | 0.254 7 | 0.256 3 | 0.259 4 | 0.262 6 | 0.265 8 | 0.269 0 | 0.275 5 | 0.282 0 | 0.288 6 |
| 5 | 0.204 5 | 0.206 0 | 0.209 1 | 0.212 2 | 0.215 2 | 0.218 4 | 0.224 6 | 0.231 0 | 0.237 4 |
| 6 | 0.171 1 | 0.172 5 | 0.175 5 | 0.178 5 | 0.181 5 | 0.184 6 | 0.190 8 | 0.197 0 | 0.203 4 |
| 7 | 0.147 2 | 0.148 6 | 0.151 6 | 0.154 5 | 0.157 5 | 0.160 5 | 0.166 6 | 0.172 8 | 0.179 1 |
| 8 | 0.129 3 | 0.130 7 | 0.133 6 | 0.136 5 | 0.139 5 | 0.142 5 | 0.148 5 | 0.154 7 | 0.161 0 |
| 9 | 0.115 3 | 0.116 7 | 0.119 6 | 0.122 5 | 0.125 5 | 0.128 4 | 0.134 5 | 0.140 7 | 0.147 0 |
| 10 | 0.104 2 | 0.105 6 | 0.108 4 | 0.111 3 | 0.114 3 | 0.117 2 | 0.123 3 | 0.129 5 | 0.135 9 |
| 11 | 0.095 1 | 0.096 5 | 0.099 3 | 0.102 2 | 0.105 1 | 0.108 1 | 0.114 1 | 0.120 4 | 0.126 8 |
| 12 | 0.087 5 | 0.088 8 | 0.091 7 | 0.094 6 | 0.097 5 | 0.100 5 | 0.106 6 | 0.112 8 | 0.119 3 |
| 13 | 0.081 0 | 0.082 4 | 0.085 2 | 0.088 1 | 0.091 0 | 0.094 0 | 0.100 1 | 0.106 5 | 0.113 0 |
| 14 | 0.075 5 | 0.076 9 | 0.079 7 | 0.082 6 | 0.085 5 | 0.088 5 | 0.094 7 | 0.101 0 | 0.107 6 |
| 15 | 0.070 7 | 0.072 1 | 0.074 9 | 0.077 8 | 0.080 8 | 0.083 8 | 0.089 9 | 0.096 3 | 0.103 0 |
| 16 | 0.066 6 | 0.067 9 | 0.070 8 | 0.073 7 | 0.076 6 | 0.079 6 | 0.085 8 | 0.092 3 | 0.099 0 |
| 17 | 0.062 9 | 0.064 3 | 0.067 1 | 0.070 0 | 0.072 9 | 0.076 0 | 0.082 2 | 0.088 7 | 0.095 4 |
| 18 | 0.059 6 | 0.061 0 | 0.063 8 | 0.066 7 | 0.069 7 | 0.072 7 | 0.079 0 | 0.085 5 | 0.092 4 |
| 19 | 0.056 7 | 0.058 1 | 0.060 9 | 0.063 8 | 0.066 8 | 0.069 8 | 0.076 1 | 0.082 7 | 0.089 6 |
| 20 | 0.054 0 | 0.055 4 | 0.058 2 | 0.061 2 | 0.064 1 | 0.067 2 | 0.073 6 | 0.080 2 | 0.087 2 |
| 21 | 0.051 6 | 0.053 0 | 0.055 9 | 0.058 8 | 0.061 8 | 0.064 9 | 0.071 3 | 0.078 0 | 0.085 0 |
| 22 | 0.049 5 | 0.050 9 | 0.053 7 | 0.056 6 | 0.059 6 | 0.062 7 | 0.069 2 | 0.076 0 | 0.083 0 |
| 23 | 0.047 5 | 0.048 9 | 0.051 7 | 0.054 7 | 0.057 7 | 0.060 8 | 0.067 3 | 0.074 1 | 0.081 3 |
| 24 | 0.045 7 | 0.047 1 | 0.049 9 | 0.052 9 | 0.055 9 | 0.059 0 | 0.065 6 | 0.072 5 | 0.079 7 |
| 25 | 0.044 0 | 0.045 4 | 0.048 3 | 0.051 2 | 0.054 3 | 0.057 4 | 0.064 0 | 0.071 0 | 0.078 2 |
| 26 | 0.042 5 | 0.043 9 | 0.046 7 | 0.049 7 | 0.052 8 | 0.055 9 | 0.062 6 | 0.069 6 | 0.076 9 |
| 27 | 0.041 1 | 0.042 4 | 0.045 3 | 0.048 3 | 0.051 4 | 0.054 6 | 0.061 2 | 0.068 3 | 0.075 7 |
| 28 | 0.039 7 | 0.041 1 | 0.044 0 | 0.047 0 | 0.050 1 | 0.053 3 | 0.060 0 | 0.067 1 | 0.074 6 |
| 29 | 0.038 5 | 0.039 9 | 0.042 8 | 0.045 8 | 0.048 9 | 0.052 1 | 0.058 9 | 0.066 0 | 0.073 6 |
| 30 | 0.037 3 | 0.038 7 | 0.041 6 | 0.044 6 | 0.047 8 | 0.051 0 | 0.057 8 | 0.065 1 | 0.072 6 |
| 31 | 0.036 3 | 0.037 7 | 0.040 6 | 0.043 6 | 0.046 7 | 0.050 0 | 0.056 9 | 0.064 1 | 0.071 8 |
| 32 | 0.035 3 | 0.036 7 | 0.039 6 | 0.042 6 | 0.045 8 | 0.049 0 | 0.055 9 | 0.063 3 | 0.071 0 |
| 33 | 0.034 3 | 0.035 7 | 0.038 6 | 0.041 7 | 0.044 9 | 0.048 2 | 0.055 1 | 0.062 5 | 0.070 3 |
| 34 | 0.033 4 | 0.034 8 | 0.037 8 | 0.040 8 | 0.044 0 | 0.047 3 | 0.054 3 | 0.061 8 | 0.069 6 |
| 35 | 0.032 6 | 0.034 0 | 0.036 9 | 0.040 0 | 0.043 2 | 0.046 5 | 0.053 6 | 0.061 1 | 0.069 0 |
| 40 | 0.029 0 | 0.030 5 | 0.033 4 | 0.036 6 | 0.039 8 | 0.043 3 | 0.050 5 | 0.058 3 | 0.066 5 |
| 45 | 0.026 3 | 0.027 7 | 0.030 7 | 0.033 9 | 0.037 3 | 0.040 8 | 0.048 3 | 0.056 3 | 0.064 7 |
| 50 | 0.024 1 | 0.025 5 | 0.028 6 | 0.031 8 | 0.035 3 | 0.038 9 | 0.046 6 | 0.054 8 | 0.063 4 |
| 55 | 0.022 3 | 0.023 7 | 0.026 8 | 0.030 1 | 0.033 7 | 0.037 3 | 0.045 2 | 0.053 7 | 0.062 5 |
| 60 | 0.020 8 | 0.022 2 | 0.025 4 | 0.028 8 | 0.032 4 | 0.036 1 | 0.044 2 | 0.052 8 | 0.061 9 |
| 65 | 0.019 5 | 0.021 0 | 0.024 2 | 0.027 6 | 0.031 3 | 0.035 1 | 0.043 4 | 0.052 2 | 0.061 4 |
| 70 | 0.018 4 | 0.019 9 | 0.023 2 | 0.026 7 | 0.030 4 | 0.034 3 | 0.042 7 | 0.051 7 | 0.061 0 |
| 75 | 0.017 5 | 0.019 0 | 0.022 3 | 0.025 9 | 0.029 7 | 0.033 7 | 0.042 2 | 0.051 3 | 0.060 8 |
| 80 | 0.016 7 | 0.018 2 | 0.021 5 | 0.025 2 | 0.029 0 | 0.033 1 | 0.041 8 | 0.051 0 | 0.060 6 |
| 85 | 0.016 0 | 0.017 5 | 0.020 9 | 0.024 6 | 0.028 5 | 0.032 6 | 0.041 5 | 0.050 8 | 0.060 4 |

续表

| n | 7% | 8% | 9% | 10% | 12% | 15% | 20% | 25% | 30% |
|---|---|---|---|---|---|---|---|---|---|
| 1 | 1.070 0 | 1.080 0 | 1.090 0 | 1.100 0 | 1.120 0 | 0.150 0 | 1.200 0 | 1.250 0 | 1.300 0 |
| 2 | 0.553 1 | 0.560 8 | 0.568 5 | 0.576 2 | 0.591 7 | 0.615 1 | 0.654 5 | 0.694 4 | 0.734 8 |
| 3 | 0.381 1 | 0.388 0 | 0.395 1 | 0.402 1 | 0.416 3 | 0.438 0 | 0.474 7 | 0.512 3 | 0.550 6 |
| 4 | 0.295 2 | 0.301 9 | 0.308 7 | 0.315 5 | 0.329 2 | 0.350 3 | 0.386 3 | 0.423 4 | 0.461 6 |
| 5 | 0.243 9 | 0.250 5 | 0.257 1 | 0.263 8 | 0.277 4 | 0.298 3 | 0.334 4 | 0.371 8 | 0.410 6 |
| 6 | 0.209 8 | 0.216 3 | 0.222 9 | 0.229 6 | 0.243 2 | 0.264 2 | 0.300 7 | 0.338 8 | 0.378 4 |
| 7 | 0.185 6 | 0.192 1 | 0.198 7 | 0.205 4 | 0.219 1 | 0.240 4 | 0.277 4 | 0.316 3 | 0.356 9 |
| 8 | 0.167 5 | 0.174 0 | 0.180 7 | 0.187 4 | 0.201 3 | 0.222 9 | 0.260 6 | 0.300 4 | 0.341 9 |
| 9 | 0.153 5 | 0.160 1 | 0.166 8 | 0.173 6 | 0.187 7 | 0.209 6 | 0.248 1 | 0.288 8 | 0.331 2 |
| 10 | 0.142 4 | 0.149 0 | 0.155 8 | 0.162 7 | 0.177 0 | 0.199 3 | 0.238 5 | 0.280 1 | 0.323 5 |
| 11 | 0.133 4 | 0.140 1 | 0.146 9 | 0.154 0 | 0.168 4 | 0.191 1 | 0.231 1 | 0.273 5 | 0.317 7 |
| 12 | 0.125 9 | 0.132 7 | 0.139 7 | 0.146 8 | 0.161 4 | 0.184 5 | 0.225 3 | 0.268 4 | 0.313 5 |
| 13 | 0.119 7 | 0.126 5 | 0.133 6 | 0.140 8 | 0.155 7 | 0.179 1 | 0.220 6 | 0.264 5 | 0.310 2 |
| 14 | 0.114 3 | 0.121 3 | 0.128 4 | 0.135 7 | 0.150 9 | 0.174 7 | 0.216 9 | 0.261 5 | 0.307 8 |
| 15 | 0.109 8 | 0.116 8 | 0.124 1 | 0.131 5 | 0.146 8 | 0.171 0 | 0.213 9 | 0.259 1 | 0.306 0 |
| 16 | 0.105 9 | 0.113 0 | 0.120 3 | 0.127 8 | 0.143 4 | 0.167 9 | 0.211 4 | 0.257 2 | 0.304 6 |
| 17 | 0.102 4 | 0.109 6 | 0.117 0 | 0.124 7 | 0.140 5 | 0.165 4 | 0.209 4 | 0.255 8 | 0.303 5 |
| 18 | 0.099 4 | 0.106 7 | 0.114 2 | 0.121 9 | 0.137 9 | 0.163 2 | 0.207 8 | 0.254 6 | 0.302 7 |
| 19 | 0.096 8 | 0.104 1 | 0.111 7 | 0.119 5 | 0.135 8 | 0.161 3 | 0.206 5 | 0.253 7 | 0.302 1 |
| 20 | 0.094 4 | 0.101 9 | 0.109 5 | 0.117 5 | 0.133 9 | 0.159 8 | 0.205 4 | 0.252 9 | 0.301 6 |
| 21 | 0.092 3 | 0.099 8 | 0.107 6 | 0.115 6 | 0.132 2 | 0.158 4 | 0.204 4 | 0.252 3 | 0.301 2 |
| 22 | 0.090 4 | 0.098 0 | 0.105 9 | 0.114 0 | 0.130 8 | 0.157 3 | 0.203 7 | 0.251 9 | 0.300 9 |
| 23 | 0.088 7 | 0.096 4 | 0.104 4 | 0.112 6 | 0.129 6 | 0.156 3 | 0.203 1 | 0.251 5 | 0.300 7 |
| 24 | 0.087 2 | 0.095 0 | 0.103 0 | 0.111 3 | 0.128 5 | 0.155 4 | 0.202 5 | 0.251 2 | 0.300 6 |
| 25 | 0.085 8 | 0.093 7 | 0.101 8 | 0.110 2 | 0.127 5 | 0.154 7 | 0.202 1 | 0.250 9 | 0.300 4 |
| 26 | 0.084 6 | 0.092 5 | 0.100 7 | 0.109 2 | 0.126 7 | 0.154 1 | 0.201 8 | 0.250 8 | 0.300 3 |
| 27 | 0.083 4 | 0.091 4 | 0.099 7 | 0.108 3 | 0.125 9 | 0.153 5 | 0.201 5 | 0.250 6 | 0.300 3 |
| 28 | 0.082 4 | 0.090 5 | 0.098 9 | 0.107 5 | 0.125 2 | 0.153 1 | 0.201 2 | 0.250 5 | 0.300 2 |
| 29 | 0.081 4 | 0.089 6 | 0.098 1 | 0.106 7 | 0.124 7 | 0.152 7 | 0.201 0 | 0.250 4 | 0.300 1 |
| 30 | 0.080 6 | 0.088 8 | 0.097 3 | 0.106 1 | 0.124 1 | 0.152 3 | 0.200 8 | 0.250 3 | 0.300 1 |
| 31 | 0.079 8 | 0.088 1 | 0.096 7 | 0.105 5 | 0.123 7 | 0.152 0 | 0.200 7 | 0.250 2 | 0.300 1 |
| 32 | 0.079 1 | 0.087 5 | 0.096 1 | 0.105 0 | 0.123 3 | 0.151 7 | 0.200 6 | 0.250 2 | 0.300 1 |
| 33 | 0.078 4 | 0.086 9 | 0.095 6 | 0.104 5 | 0.122 9 | 0.151 5 | 0.200 5 | 0.250 2 | 0.300 1 |
| 34 | 0.077 8 | 0.086 3 | 0.095 1 | 0.104 1 | 0.122 6 | 0.151 3 | 0.200 4 | 0.250 1 | 0.300 0 |
| 35 | 0.077 2 | 0.085 8 | 0.094 6 | 0.103 7 | 0.122 3 | 0.151 1 | 0.200 3 | 0.250 1 | 0.300 0 |
| 40 | 0.075 0 | 0.083 9 | 0.093 0 | 0.102 3 | 0.121 3 | 0.150 6 | 0.200 1 | 0.250 0 | 0.300 0 |
| 45 | 0.073 5 | 0.082 6 | 0.091 9 | 0.101 4 | 0.120 7 | 0.150 3 | 0.200 1 | 0.250 0 | 0.300 0 |
| 50 | 0.072 5 | 0.081 7 | 0.091 2 | 0.100 9 | 0.120 4 | 0.150 1 | 0.200 0 | 0.250 0 | 0.300 0 |
| 55 | 0.071 7 | 0.081 2 | 0.090 8 | 0.100 5 | 0.120 2 | 0.150 1 | 0.200 0 | 0.250 0 | 0.300 0 |
| 60 | 0.071 2 | 0.080 8 | 0.090 5 | 0.100 3 | 0.120 1 | 0.150 0 | 0.200 0 | 0.250 0 | 0.300 0 |
| 65 | 0.070 9 | 0.080 5 | 0.090 3 | 0.100 2 | 0.120 1 | 0.150 0 | 0.200 0 | 0.250 0 | 0.300 0 |
| 70 | 0.070 6 | 0.080 4 | 0.090 2 | 0.100 1 | 0.120 0 | 0.150 0 | 0.200 0 | 0.250 0 | 0.300 0 |
| 75 | 0.070 4 | 0.080 2 | 0.090 1 | 0.100 1 | 0.120 0 | 0.150 0 | 0.200 0 | 0.250 0 | 0.300 0 |
| 80 | 0.070 3 | 0.080 2 | 0.090 1 | 0.100 0 | 0.120 0 | 0.150 0 | 0.200 0 | 0.250 0 | 0.300 0 |
| 85 | 0.070 2 | 0.080 1 | 0.090 1 | 0.100 0 | 0.120 0 | 0.150 0 | 0.200 0 | 0.250 0 | 0.300 0 |

# 附录 A

## 复利系数表

### 附表 A-7  等差序列终值系数 $(F/G, i, n)$ 表

| n | 1% | 2% | 3% | 4% | 5% | 6% |
|---|---|---|---|---|---|---|
| 1 | 0 | 0 | 0 | 0 | 0 | 0 |
| 2 | 1.000 0 | 1.000 0 | 1.000 0 | 1.000 0 | 1.000 0 | 1.000 0 |
| 3 | 3.010 0 | 3.020 0 | 3.030 0 | 3.040 0 | 3.050 0 | 3.060 0 |
| 4 | 6.040 1 | 6.080 4 | 6.120 9 | 6.161 6 | 6.202 5 | 6.243 6 |
| 5 | 10.100 5 | 10.202 0 | 10.304 5 | 10.408 1 | 10.512 6 | 10.618 2 |
| 6 | 15.201 5 | 15.406 0 | 15.613 7 | 15.824 4 | 16.038 3 | 16.255 3 |
| 7 | 21.353 5 | 21.714 2 | 22.082 1 | 22.457 4 | 22.840 2 | 23.230 6 |
| 8 | 28.567 1 | 29.148 5 | 29.744 5 | 30.355 7 | 30.982 2 | 31.624 5 |
| 9 | 36.852 7 | 37.731 4 | 38.636 9 | 39.569 9 | 40.531 3 | 41.521 9 |
| 10 | 46.221 3 | 47.486 0 | 48.796 0 | 50.152 7 | 51.557 9 | 53.013 2 |
| 11 | 56.683 5 | 58.435 8 | 60.259 9 | 62.158 8 | 64.135 7 | 66.194 0 |
| 12 | 68.250 3 | 70.604 5 | 73.067 7 | 75.645 1 | 78.342 5 | 81.165 7 |
| 13 | 80.932 8 | 84.016 6 | 87.259 7 | 90.670 9 | 94.259 7 | 98.035 6 |
| 14 | 94.742 1 | 98.696 9 | 102.877 5 | 107.297 8 | 111.972 6 | 116.917 8 |
| 15 | 109.689 6 | 114.670 8 | 119.963 8 | 125.589 7 | 131.571 3 | 137.932 8 |
| 16 | 125.786 4 | 131.964 3 | 138.562 7 | 145.613 3 | 153.149 8 | 161.208 8 |
| 17 | 143.044 3 | 150.603 5 | 158.719 6 | 167.437 8 | 176.807 3 | 186.881 3 |
| 18 | 161.474 8 | 170.615 5 | 180.481 2 | 191.135 3 | 202.647 7 | 215.094 2 |
| 19 | 181.089 5 | 192.027 9 | 203.895 6 | 216.780 7 | 230.780 1 | 245.999 9 |
| 20 | 201.900 4 | 214.868 5 | 229.012 5 | 244.452 0 | 261.319 1 | 279.759 9 |
| 21 | 223.919 4 | 239.165 9 | 255.882 9 | 274.230 0 | 294.385 0 | 316.545 4 |
| 22 | 247.158 6 | 264.949 2 | 284.559 3 | 306.199 2 | 330.104 3 | 356.538 2 |
| 23 | 271.630 2 | 292.248 2 | 315.096 1 | 340.447 2 | 368.609 5 | 399.930 5 |
| 24 | 297.346 5 | 321.093 1 | 347.549 0 | 377.065 1 | 410.040 0 | 446.926 3 |
| 25 | 324.320 0 | 351.515 0 | 381.975 5 | 416.147 7 | 454.542 0 | 497.741 9 |
| 26 | 352.563 1 | 383.545 3 | 418.434 7 | 457.793 6 | 502.269 1 | 552.606 4 |
| 27 | 382.088 8 | 417.216 2 | 456.987 8 | 502.105 4 | 553.382 5 | 611.762 8 |
| 28 | 412.909 7 | 452.560 5 | 497.697 4 | 549.189 6 | 608.051 7 | 675.468 5 |
| 29 | 445.038 8 | 489.611 7 | 540.628 3 | 599.157 2 | 666.454 2 | 743.996 6 |
| 30 | 478.489 2 | 528.404 0 | 585.847 2 | 652.123 4 | 728.777 0 | 817.636 4 |
| 31 | 513.274 0 | 568.972 0 | 633.422 6 | 708.208 4 | 759.218 0 | 896.694 6 |
| 32 | 549.406 8 | 611.351 5 | 683.425 3 | 767.536 7 | 865.976 6 | 981.496 3 |
| 33 | 586.900 9 | 655.578 5 | 735.928 0 | 830.238 2 | 941.275 4 | 1 072.386 0 |
| 34 | 625.770 0 | 701.690 1 | 790.005 9 | 896.447 7 | 1 021.339 2 | 1 169.729 2 |
| 35 | 666.027 6 | 749.723 9 | 848.736 1 | 966.305 6 | 1 106.406 1 | 1 273.913 0 |
| 36 | 707.687 9 | 799.718 4 | 909.198 1 | 1 039.957 8 | 1 196.726 5 | 1 385.347 8 |
| 37 | 750.764 7 | 851.712 7 | 972.474 1 | 1 117.556 2 | 1 292.562 8 | 1 504.468 6 |
| 38 | 795.273 4 | 905.747 0 | 1 038.648 3 | 1 199.258 4 | 1 394.190 9 | 1 631.736 6 |
| 39 | 841.225 1 | 961.861 9 | 1 107.807 6 | 1 285.228 7 | 1 501.900 5 | 1 767.641 0 |
| 40 | 888.637 3 | 1 020.099 2 | 1 180.042 0 | 1 375.637 9 | 1 615.995 5 | 1 912.699 4 |
| 45 | 1 148.107 5 | 1 344.635 5 | 1 590.662 0 | 1 900.734 8 | 2 294.003 1 | 2 795.725 2 |
| 50 | 1 446.318 2 | 1 728.970 1 | 2 093.228 9 | 2 566.677 1 | 3 186.959 9 | 4 005.598 4 |

续表

| n | 7% | 8% | 9% | 10% | 15% | 20% |
|---|---|---|---|---|---|---|
| 1 | 0 | 0 | 0 | 0 | 0 | 0 |
| 2 | 1.000 0 | 1.000 0 | 1.000 0 | 1.000 0 | 1.000 0 | 1.000 0 |
| 3 | 3.070 0 | 3.080 0 | 3.090 0 | 3.100 0 | 3.150 0 | 3.200 0 |
| 4 | 6.284 9 | 6.326 4 | 6.368 1 | 6.410 0 | 6.622 5 | 6.840 0 |
| 5 | 10.724 8 | 10.832 5 | 10.941 2 | 11.051 0 | 11.615 9 | 12.208 0 |
| 6 | 16.475 6 | 16.699 1 | 16.925 9 | 17.156 1 | 18.358 3 | 19.649 6 |
| 7 | 23.628 9 | 24.035 0 | 24.449 3 | 24.871 7 | 27.112 0 | 29.579 5 |
| 8 | 32.282 9 | 32.957 8 | 33.649 7 | 34.358 9 | 38.178 8 | 42.495 4 |
| 9 | 42.542 7 | 43.594 5 | 44.678 2 | 45.794 8 | 51.905 9 | 58.994 5 |
| 10 | 54.520 7 | 56.082 0 | 57.699 2 | 59.374 2 | 68.691 5 | 79.793 4 |
| 11 | 68.337 1 | 70.568 6 | 72.892 1 | 75.311 7 | 88.995 2 | 105.752 1 |
| 12 | 84.120 7 | 87.214 1 | 90.452 4 | 93.842 8 | 113.344 4 | 137.902 5 |
| 13 | 102.009 2 | 106.191 2 | 110.593 2 | 115.227 1 | 142.346 1 | 177.483 0 |
| 14 | 122.149 8 | 127.686 5 | 133.546 5 | 139.749 8 | 176.698 0 | 225.979 6 |
| 15 | 144.700 3 | 151.901 4 | 159.565 7 | 167.724 8 | 217.202 7 | 285.175 5 |
| 16 | 169.829 3 | 179.053 5 | 188.926 7 | 199.497 3 | 264.783 1 | 357.210 6 |
| 17 | 197.717 4 | 209.377 8 | 221.930 1 | 235.447 0 | 320.500 6 | 444.652 8 |
| 18 | 228.557 6 | 243.128 0 | 258.903 8 | 275.991 7 | 385.575 7 | 550.583 3 |
| 19 | 262.556 6 | 280.578 4 | 300.205 1 | 321.590 9 | 461.412 1 | 678.700 0 |
| 20 | 299.935 6 | 322.024 6 | 346.223 6 | 372.750 0 | 549.623 9 | 833.440 0 |
| 21 | 340.931 1 | 367.786 5 | 397.383 7 | 430.025 0 | 652.067 5 | 1 020.128 0 |
| 22 | 385.796 3 | 418.209 4 | 454.148 2 | 494.027 5 | 770.877 6 | 1 245.153 6 |
| 23 | 434.802 0 | 473.666 2 | 517.021 5 | 565.430 5 | 908.509 2 | 1 516.184 3 |
| 24 | 488.238 2 | 534.559 5 | 586.553 5 | 644.973 3 | 1 067.785 6 | 1 842.421 2 |
| 25 | 546.414 8 | 601.324 2 | 663.343 3 | 733.470 6 | 1 251.953 4 | 2 234.905 4 |
| 26 | 609.663 9 | 674.430 2 | 748.044 2 | 831.817 7 | 1 464.746 6 | 2 706.886 5 |
| 27 | 678.340 3 | 754.384 6 | 841.368 2 | 940.999 4 | 1 710.458 4 | 3 274.263 8 |
| 28 | 752.824 2 | 841.735 4 | 944.091 3 | 1 062.099 4 | 1 994.027 2 | 3 956.116 6 |
| 29 | 833.521 8 | 937.074 2 | 1 057.059 5 | 1 196.309 3 | 2 321.131 3 | 4 775.339 9 |
| 30 | 920.868 4 | 1 041.040 1 | 1 181.194 9 | 1 344.940 2 | 2 698.301 0 | 5 759.407 8 |
| 31 | 1 015.329 2 | 1 154.323 4 | 1 317.502 4 | 1 509.434 3 | 3 133.046 1 | 6 941.289 4 |
| 32 | 1 117.402 2 | 1 277.669 2 | 1 467.077 6 | 1 691.377 7 | 3 634.003 0 | 8 360.547 3 |
| 33 | 1 227.620 4 | 1 411.882 8 | 1 631.114 6 | 1 892.515 4 | 4 211.103 5 | 10 064.656 8 |
| 34 | 1 346.553 8 | 1 557.833 3 | 1 810.914 9 | 2 114.767 0 | 4 875.769 0 | 12 110.588 1 |
| 35 | 1 474.812 5 | 1 716.460 0 | 2 007.897 3 | 2 360.243 7 | 5 641.134 4 | 14 566.705 7 |
| 36 | 1 613.049 4 | 1 888.776 9 | 2 223.608 0 | 2 631.268 1 | 6 522.304 5 | 17 515.046 9 |
| 37 | 1 761.963 9 | 2 075.879 0 | 2 459.732 8 | 2 940.394 9 | 7 536.650 2 | 21 054.056 3 |
| 38 | 1 922.300 3 | 2 278.949 3 | 2 718.108 7 | 3 240.434 3 | 8 704.147 7 | 25 301.867 5 |
| 39 | 2 094.861 3 | 2 499.265 3 | 3000.738 5 | 3 624.477 8 | 9 787.770 0 | 30 400.241 0 |
| 40 | 2 280.501 6 | 2 738.206 5 | 3 309.804 9 | 4 025.925 6 | 11 593.935 4 | 36 519.289 2 |
| 45 | 3 439.275 9 | 4 268.820 5 | 5 342.874 8 | 6 739.048 4 | 23 600.856 4 | 91 181.549 7 |
| 50 | 5 093.270 4 | 6 547.127 0 | 8 500.924 8 | 11 139.085 3 | 47 784.775 2 | 227 235.953 8 |

## 附录 A 复利系数表

**附表 A-8 等差序列现值系数 $(P/G, i, n)$ 表**

| n | 1% | 2% | 3% | 4% | 5% | 6% |
|---|---|---|---|---|---|---|
| 1 | 0 | 0 | 0 | 0 | 0 | 0 |
| 2 | 0.980 3 | 0.961 2 | 0.942 6 | 0.924 6 | 0.907 0 | 0.890 0 |
| 3 | 2.921 5 | 2.845 8 | 2.772 9 | 2.702 5 | 2.634 7 | 2.569 2 |
| 4 | 5.804 4 | 5.617 3 | 5.438 3 | 5.267 0 | 5.102 8 | 4.945 5 |
| 5 | 9.610 3 | 9.240 3 | 8.888 8 | 8.554 7 | 8.236 9 | 7.934 5 |
| 6 | 14.320 5 | 13.680 1 | 13.076 2 | 12.506 2 | 11.968 0 | 11.459 4 |
| 7 | 19.916 8 | 18.903 5 | 17.954 7 | 17.065 7 | 16.232 1 | 15.449 7 |
| 8 | 26.381 2 | 24.877 9 | 23.480 6 | 22.180 6 | 20.970 0 | 19.841 6 |
| 9 | 33.695 9 | 31.572 0 | 29.611 9 | 27.801 3 | 26.126 8 | 24.576 8 |
| 10 | 41.843 5 | 38.955 1 | 36.308 8 | 33.881 4 | 31.652 0 | 29.602 3 |
| 11 | 50.806 7 | 46.997 7 | 43.533 0 | 40.377 2 | 37.498 8 | 34.870 2 |
| 12 | 60.568 7 | 55.671 2 | 51.248 2 | 47.247 7 | 43.624 1 | 40.336 9 |
| 13 | 71.112 6 | 64.947 5 | 59.419 6 | 54.454 6 | 49.987 9 | 45.962 9 |
| 14 | 82.422 1 | 74.799 9 | 68.014 1 | 61.961 8 | 56.553 8 | 51.712 6 |
| 15 | 94.481 0 | 85.202 1 | 77.000 2 | 69.735 5 | 63.288 0 | 57.554 6 |
| 16 | 107.273 4 | 96.128 8 | 86.347 7 | 77.744 1 | 70.159 7 | 63.459 2 |
| 17 | 120.783 4 | 107.555 4 | 96.028 0 | 85.958 1 | 77.140 5 | 69.401 1 |
| 18 | 134.995 7 | 119.458 1 | 106.013 7 | 94.349 8 | 84.204 3 | 75.356 9 |
| 19 | 149.895 0 | 131.813 9 | 116.278 8 | 102.893 3 | 91.327 5 | 81.306 2 |
| 20 | 165.466 4 | 144.600 3 | 126.798 7 | 111.564 7 | 98.488 4 | 87.230 4 |
| 21 | 181.695 0 | 157.795 9 | 137.549 6 | 120.341 4 | 105.667 3 | 93.113 6 |
| 22 | 198.566 3 | 171.379 5 | 148.509 4 | 129.202 4 | 112.846 1 | 98.941 2 |
| 23 | 216.066 0 | 185.330 9 | 159.656 6 | 138.128 4 | 120.008 7 | 104.700 7 |
| 24 | 234.180 0 | 199.630 5 | 170.971 1 | 147.101 2 | 127.140 2 | 110.381 2 |
| 25 | 252.894 5 | 214.259 2 | 182.433 6 | 156.104 0 | 134.227 5 | 115.973 2 |
| 26 | 272.195 7 | 229.198 7 | 194.026 0 | 165.121 2 | 141.258 5 | 121.468 4 |
| 27 | 292.070 2 | 244.431 1 | 205.730 9 | 174.138 5 | 148.222 6 | 126.860 0 |
| 28 | 312.504 7 | 259.939 2 | 217.532 0 | 183.142 4 | 155.110 1 | 132.142 0 |
| 29 | 333.486 2 | 275.706 4 | 229.413 7 | 192.120 6 | 161.912 6 | 137.309 6 |
| 30 | 355.002 1 | 291.716 4 | 241.361 3 | 201.061 8 | 168.622 6 | 142.358 8 |
| 31 | 377.039 4 | 307.953 8 | 253.360 9 | 209.955 6 | 175.233 3 | 147.286 4 |
| 32 | 399.585 8 | 324.403 5 | 265.399 3 | 218.792 4 | 181.739 2 | 152.090 1 |
| 33 | 422.629 1 | 341.050 8 | 277.464 2 | 227.563 4 | 188.135 1 | 156.768 1 |
| 34 | 446.157 2 | 357.881 7 | 289.543 7 | 236.260 7 | 194.146 8 | 161.319 2 |
| 35 | 470.158 3 | 374.882 6 | 301.626 7 | 244.876 8 | 200.580 7 | 165.742 7 |
| 36 | 494.620 7 | 392.040 5 | 313.702 8 | 253.405 2 | 206.623 7 | 170.038 7 |
| 37 | 519.532 9 | 409.342 4 | 325.762 2 | 261.840 0 | 212.543 4 | 174.207 2 |
| 38 | 544.883 5 | 426.776 1 | 337.779 6 | 270.175 4 | 218.337 8 | 178.249 0 |
| 39 | 570.661 9 | 444.330 4 | 349.794 2 | 278.407 0 | 224.005 4 | 182.165 2 |
| 40 | 596.856 1 | 461.993 1 | 361.749 9 | 286.530 3 | 229.545 2 | 185.956 8 |
| 45 | 733.703 7 | 551.565 2 | 420.632 5 | 325.402 8 | 255.314 5 | 203.109 6 |
| 50 | 879.417 6 | 642.360 6 | 477.480 3 | 361.163 8 | 277.914 8 | 217.457 4 |

续表

| n | 7% | 8% | 9% | 10% | 15% | 20% |
| --- | --- | --- | --- | --- | --- | --- |
| 1 | 0 | 0 | 0 | 0 | 0 | 0 |
| 2 | 0.8734 | 0.8573 | 0.8417 | 0.8264 | 0.7561 | 0.6944 |
| 3 | 2.5060 | 2.4450 | 2.3860 | 2.3291 | 2.0712 | 1.8519 |
| 4 | 4.7947 | 4.6501 | 4.5113 | 4.3781 | 3.7864 | 3.2986 |
| 5 | 7.6467 | 7.3724 | 7.1110 | 6.8618 | 5.7751 | 4.9061 |
| 6 | 10.9784 | 10.5233 | 10.0924 | 9.6842 | 7.9368 | 6.5806 |
| 7 | 14.7149 | 14.0242 | 13.3746 | 12.7631 | 10.1924 | 8.2551 |
| 8 | 18.7889 | 17.8061 | 16.8877 | 16.0287 | 12.4807 | 9.8331 |
| 9 | 23.1404 | 21.8081 | 20.5711 | 19.4215 | 14.7548 | 11.4335 |
| 10 | 27.7156 | 25.9768 | 24.3728 | 22.8913 | 16.9795 | 12.8871 |
| 11 | 32.4665 | 30.2657 | 28.2481 | 26.3963 | 19.1289 | 14.2330 |
| 12 | 37.3506 | 34.6339 | 32.1590 | 29.9012 | 21.1849 | 15.4667 |
| 13 | 42.3302 | 39.0463 | 36.0731 | 33.3772 | 23.1325 | 16.5883 |
| 14 | 47.3718 | 43.4723 | 39.9633 | 36.8005 | 24.9725 | 17.6008 |
| 15 | 52.4461 | 47.8857 | 43.8069 | 40.1520 | 26.6930 | 18.5095 |
| 16 | 57.5271 | 52.2640 | 47.5849 | 43.4164 | 28.2960 | 19.3208 |
| 17 | 62.5923 | 56.5883 | 51.2821 | 46.5819 | 29.7828 | 20.0419 |
| 18 | 67.6219 | 60.8426 | 54.8860 | 49.6395 | 31.1565 | 20.6805 |
| 19 | 72.5991 | 65.0134 | 58.3868 | 52.5827 | 32.4213 | 21.2439 |
| 20 | 77.5091 | 69.0898 | 61.7770 | 55.4069 | 33.5822 | 21.7395 |
| 21 | 82.3393 | 73.0629 | 65.0509 | 58.1095 | 34.6448 | 22.1742 |
| 22 | 87.0793 | 76.9257 | 68.2048 | 60.6893 | 35.6150 | 22.5546 |
| 23 | 91.7201 | 80.6726 | 71.2359 | 63.1462 | 36.4988 | 22.8867 |
| 24 | 96.2545 | 84.2997 | 74.1433 | 65.4813 | 37.3023 | 23.1760 |
| 25 | 100.6765 | 87.8041 | 76.9265 | 67.6964 | 38.0314 | 23.4276 |
| 26 | 104.9814 | 91.1842 | 79.5863 | 69.7940 | 38.6918 | 23.6460 |
| 27 | 109.1656 | 94.4390 | 82.1241 | 71.7773 | 39.2890 | 23.8353 |
| 28 | 113.2264 | 97.5687 | 84.5419 | 73.6495 | 39.8283 | 23.9991 |
| 29 | 117.1622 | 100.5738 | 86.8422 | 75.4146 | 40.3146 | 24.1406 |
| 30 | 120.9718 | 103.4558 | 89.0280 | 77.0766 | 40.7526 | 24.2628 |
| 31 | 124.6550 | 106.2163 | 91.1024 | 78.6395 | 41.1466 | 24.3681 |
| 32 | 128.2120 | 108.8575 | 93.0690 | 80.1078 | 41.5006 | 24.4588 |
| 33 | 131.6435 | 111.3819 | 94.9314 | 81.4856 | 41.8184 | 24.5368 |
| 34 | 134.9507 | 113.7924 | 96.6935 | 82.7773 | 42.1033 | 24.6038 |
| 35 | 138.1353 | 116.0920 | 98.3590 | 83.9872 | 42.3586 | 24.6614 |
| 36 | 141.1990 | 118.2839 | 99.9319 | 85.1194 | 42.5872 | 24.7108 |
| 37 | 144.1441 | 120.3713 | 101.4162 | 86.1781 | 42.7916 | 24.7531 |
| 38 | 146.9730 | 122.3579 | 102.8159 | 87.1673 | 42.9743 | 24.7894 |
| 39 | 149.6883 | 124.2470 | 104.1345 | 88.0908 | 43.1374 | 24.8204 |
| 40 | 152.2928 | 126.0422 | 105.3762 | 88.9525 | 43.2830 | 24.8469 |
| 45 | 163.7559 | 133.7331 | 110.5561 | 92.4544 | 43.8051 | 24.9310 |
| 50 | 172.9051 | 139.5928 | 114.3251 | 94.8889 | 44.0958 | 24.9698 |

附表 A-9　等差序列年值系数 $(A/G, i, n)$ 表

| n | 1% | 2% | 3% | 4% | 5% | 6% |
|---|---|---|---|---|---|---|
| 1 | 0 | 0 | 0 | 0 | 0 | 0 |
| 2 | 0.497 5 | 0.495 0 | 0.492 6 | 0.490 2 | 0.487 8 | 0.485 4 |
| 3 | 0.993 4 | 0.986 8 | 0.980 3 | 0.973 9 | 0.967 5 | 0.961 2 |
| 4 | 1.487 6 | 1.475 2 | 1.463 1 | 1.451 0 | 1.439 1 | 1.427 2 |
| 5 | 1.980 1 | 1.960 4 | 1.940 9 | 1.921 6 | 1.902 5 | 1.883 6 |
| 6 | 2.471 0 | 2.442 3 | 2.413 8 | 2.385 7 | 2.357 9 | 2.330 4 |
| 7 | 2.960 2 | 2.920 8 | 2.881 9 | 2.843 3 | 2.805 2 | 2.767 6 |
| 8 | 3.447 8 | 3.396 1 | 3.345 0 | 3.294 4 | 3.244 5 | 3.195 2 |
| 9 | 3.933 7 | 3.868 1 | 3.803 2 | 3.739 1 | 3.675 8 | 3.613 3 |
| 10 | 4.417 9 | 4.336 7 | 4.256 5 | 4.177 3 | 4.099 1 | 4.022 0 |
| 11 | 4.900 5 | 4.802 1 | 4.704 9 | 4.609 0 | 4.514 4 | 4.421 3 |
| 12 | 5.381 5 | 5.264 2 | 5.148 5 | 5.034 3 | 4.921 9 | 4.811 3 |
| 13 | 5.860 7 | 5.723 1 | 5.587 2 | 5.453 3 | 5.321 5 | 5.192 0 |
| 14 | 6.338 4 | 6.178 6 | 6.021 0 | 5.865 9 | 5.713 3 | 5.563 5 |
| 15 | 6.814 3 | 6.630 9 | 6.450 0 | 6.272 1 | 6.097 3 | 5.926 0 |
| 16 | 7.288 6 | 7.079 9 | 6.874 2 | 6.672 0 | 6.473 6 | 6.279 4 |
| 17 | 7.761 3 | 7.525 6 | 7.293 6 | 7.065 6 | 6.842 3 | 6.624 0 |
| 18 | 8.232 3 | 7.968 1 | 7.708 1 | 7.453 0 | 7.203 4 | 6.959 7 |
| 19 | 8.701 7 | 8.407 3 | 8.117 9 | 7.834 2 | 7.556 9 | 7.286 7 |
| 20 | 9.169 4 | 8.843 3 | 8.522 9 | 8.209 1 | 7.903 0 | 7.605 1 |
| 21 | 9.635 4 | 9.276 0 | 8.923 1 | 8.577 9 | 8.241 6 | 7.915 1 |
| 22 | 10.099 8 | 9.705 5 | 9.318 6 | 8.940 7 | 8.573 0 | 8.216 6 |
| 23 | 10.562 6 | 10.131 7 | 9.709 3 | 9.297 3 | 8.897 1 | 8.509 9 |
| 24 | 11.023 7 | 10.554 7 | 10.095 4 | 9.647 9 | 9.214 0 | 8.795 1 |
| 25 | 11.483 1 | 10.974 5 | 10.476 8 | 9.992 5 | 9.523 8 | 9.072 2 |
| 26 | 11.940 9 | 11.391 0 | 10.853 5 | 10.331 2 | 9.826 6 | 9.341 4 |
| 27 | 12.397 1 | 11.804 3 | 11.225 5 | 10.664 0 | 10.122 4 | 9.602 9 |
| 28 | 12.851 6 | 12.214 5 | 11.593 0 | 10.990 0 | 10.411 4 | 9.856 8 |
| 29 | 13.304 4 | 12.621 4 | 11.955 8 | 11.312 0 | 10.693 6 | 10.103 2 |
| 30 | 13.755 7 | 13.025 1 | 12.314 1 | 11.627 4 | 10.969 1 | 10.342 2 |
| 31 | 14.205 2 | 13.425 7 | 12.667 8 | 11.937 1 | 11.238 1 | 10.574 0 |
| 32 | 14.653 2 | 13.823 0 | 13.016 9 | 12.241 1 | 11.500 5 | 10.798 8 |
| 33 | 15.099 5 | 14.217 2 | 13.361 6 | 12.539 6 | 11.756 6 | 11.016 6 |
| 34 | 15.544 1 | 14.608 3 | 13.701 8 | 12.832 4 | 12.006 3 | 11.227 6 |
| 35 | 15.987 1 | 14.996 1 | 14.037 5 | 13.119 8 | 12.249 8 | 11.431 9 |
| 36 | 16.428 5 | 15.380 9 | 14.368 8 | 13.401 8 | 12.487 2 | 11.629 8 |
| 37 | 16.868 2 | 15.762 5 | 14.695 7 | 13.678 4 | 12.718 6 | 11.821 3 |
| 38 | 17.306 3 | 16.140 9 | 15.018 0 | 13.949 7 | 12.944 0 | 12.006 5 |
| 39 | 17.306 3 | 16.516 3 | 15.336 3 | 14.215 7 | 13.163 6 | 12.185 7 |
| 40 | 18.177 6 | 16.888 5 | 15.650 2 | 14.476 5 | 13.377 5 | 12.359 0 |
| 45 | 20.327 3 | 18.703 4 | 17.155 6 | 15.704 7 | 14.364 4 | 13.141 3 |
| 50 | 22.436 3 | 20.442 0 | 18.557 5 | 16.812 2 | 15.223 3 | 13.796 4 |

续表

| n | 7% | 8% | 9% | 10% | 15% | 20% |
|---|---|---|---|---|---|---|
| 1 | 0 | 0 | 0 | 0 | 0 | 0 |
| 2 | 0.483 1 | 0.480 8 | 0.478 5 | 0.476 2 | 0.465 1 | 0.454 5 |
| 3 | 0.954 9 | 0.948 7 | 0.942 6 | 0.936 6 | 0.907 1 | 0.879 1 |
| 4 | 1.415 5 | 1.404 0 | 1.392 5 | 1.381 2 | 1.326 3 | 1.274 2 |
| 5 | 1.865 0 | 1.846 5 | 1.828 2 | 1.810 1 | 1.722 8 | 1.640 5 |
| 6 | 2.303 2 | 2.276 3 | 2.249 8 | 2.223 6 | 2.097 2 | 1.978 8 |
| 7 | 2.730 4 | 2.693 7 | 2.657 4 | 2.621 6 | 2.449 8 | 2.290 2 |
| 8 | 3.146 5 | 3.098 5 | 3.051 2 | 3.004 5 | 2.781 3 | 2.575 6 |
| 9 | 3.551 7 | 3.491 0 | 3.431 2 | 3.372 4 | 3.092 2 | 2.836 4 |
| 10 | 3.946 1 | 3.871 3 | 3.797 8 | 3.725 5 | 3.383 2 | 3.073 9 |
| 11 | 4.329 6 | 4.239 5 | 4.151 0 | 4.064 1 | 3.654 9 | 3.289 3 |
| 12 | 4.702 5 | 4.595 7 | 4.491 0 | 4.388 4 | 3.908 2 | 3.484 1 |
| 13 | 5.064 8 | 4.940 2 | 4.818 2 | 4.698 8 | 4.143 8 | 3.659 7 |
| 14 | 5.416 7 | 5.273 1 | 5.132 6 | 4.995 5 | 4.362 4 | 3.817 5 |
| 15 | 5.758 3 | 5.594 5 | 5.434 6 | 5.278 9 | 4.565 0 | 3.958 8 |
| 16 | 6.089 7 | 5.904 6 | 5.724 5 | 5.549 3 | 4.752 2 | 4.085 1 |
| 17 | 6.411 0 | 6.203 7 | 6.002 4 | 5.807 1 | 4.925 1 | 4.197 6 |
| 18 | 6.722 5 | 6.492 0 | 6.268 7 | 6.052 6 | 5.084 3 | 4.297 5 |
| 19 | 7.024 2 | 6.769 7 | 6.523 6 | 6.286 1 | 5.230 7 | 4.386 1 |
| 20 | 7.316 3 | 7.036 9 | 6.767 4 | 6.508 1 | 5.365 1 | 4.464 3 |
| 21 | 7.599 0 | 7.294 0 | 7.000 6 | 6.718 9 | 5.488 3 | 4.533 4 |
| 22 | 7.872 5 | 7.541 2 | 7.223 2 | 6.918 9 | 5.601 0 | 4.594 1 |
| 23 | 8.136 9 | 7.778 6 | 7.435 7 | 7.108 5 | 5.704 0 | 4.647 5 |
| 24 | 8.392 3 | 8.006 6 | 7.638 4 | 7.288 1 | 5.797 9 | 4.694 3 |
| 25 | 8.639 1 | 8.225 4 | 7.831 6 | 7.458 0 | 5.883 4 | 4.735 2 |
| 26 | 8.877 3 | 8.435 2 | 8.015 6 | 7.618 6 | 5.961 2 | 4.770 9 |
| 27 | 9.107 2 | 8.636 3 | 8.190 6 | 7.770 4 | 6.031 9 | 4.802 0 |
| 28 | 9.328 9 | 8.828 9 | 8.357 1 | 7.913 7 | 6.096 0 | 4.829 1 |
| 29 | 9.542 7 | 9.013 3 | 8.515 4 | 8.048 9 | 6.154 1 | 4.852 7 |
| 30 | 9.748 7 | 9.189 7 | 8.665 7 | 8.176 2 | 6.206 6 | 4.873 1 |
| 31 | 9.947 1 | 9.358 4 | 8.808 3 | 8.296 2 | 6.254 1 | 4.890 8 |
| 32 | 10.138 1 | 9.519 7 | 8.943 6 | 8.409 1 | 6.297 0 | 4.906 1 |
| 33 | 10.321 9 | 9.673 7 | 9.071 8 | 8.515 2 | 6.335 7 | 4.919 4 |
| 34 | 10.498 7 | 9.820 8 | 9.193 3 | 8.614 9 | 6.370 5 | 4.930 8 |
| 35 | 10.668 7 | 9.961 1 | 9.308 3 | 8.708 6 | 6.401 9 | 4.940 6 |
| 36 | 10.823 1 | 10.094 9 | 9.417 1 | 8.796 5 | 6.430 1 | 4.949 1 |
| 37 | 10.989 1 | 10.222 5 | 9.520 0 | 8.878 9 | 6.455 4 | 4.956 4 |
| 38 | 11.139 8 | 10.344 0 | 9.617 2 | 8.956 2 | 6.478 1 | 4.962 7 |
| 39 | 11.284 5 | 10.459 7 | 9.709 0 | 9.028 5 | 6.498 5 | 4.968 1 |
| 40 | 11.423 3 | 10.569 9 | 9.795 7 | 9.096 2 | 6.516 8 | 4.972 8 |
| 45 | 12.036 0 | 11.044 7 | 10.160 3 | 9.374 0 | 6.583 0 | 4.987 7 |
| 50 | 12.528 7 | 11.410 7 | 10.429 5 | 9.570 4 | 6.620 5 | 4.994 5 |

# 参考文献

[1] 渠晓伟.建筑工程经济[M].北京:机械工业出版社,2011.
[2] 田恒久.工程经济[M].3版.武汉:武汉理工大学出版社,2014.
[3] 吴全利.建筑工程经济[M].重庆:重庆大学出版社,2004.
[4] 陶燕瑜,张宜松.工程技术经济[M].2版.重庆:重庆大学出版社,2014.
[5] 李相然.工程经济学[M].2版.北京:中国电力出版社,2016.
[6] 叶义仁.建设工程经济[M].北京:中国建筑工业出版社,2006.
[7] 刘长滨.建筑工程技术经济学[M].4版.北京:中国建筑工业出版社,2015.
[8] 刘云月,马纯杰.建筑经济[M].2版.北京:中国建筑工业出版社,2010.
[9] 赵彬.工程技术经济[M].北京:高等教育出版社,2003.
[10] 张先玲.建筑工程技术经济[M].重庆:重庆大学出版社,2007.
[11] 冯为民,付晓灵.工程经济学[M].2版.北京:北京大学出版社,2012.
[12] 邵颖红,黄渝祥,邢爱芳.工程经济学[M].5版.上海:同济大学出版社,2020.
[13] 宋国防,贾湖.工程经济学[M].天津:天津大学出版社,2000.
[14] 孙丽萍,李燕华.技术经济分析[M].2版.北京:科学出版社,2013.
[15] 吕靖,梁晶.技术经济学[M].北京:化学工业出版社,2008.
[16] 申金山.工程经济学[M].郑州:黄河水利出版社,2004.
[17] 陈志华,刘勇.建筑工程经济[M].2版.北京:中国水利水电出版社,2012.
[18] 王巾英,王朝纲.中国建设项目评价——理论·方法·案例[M].北京:中国计划出版社,1998.
[19] 蒋红妍,李慧民.工程经济与项目管理[M].2版.北京:中国建筑工业出版社,2018.